普通高等教育财政与税收专业重点规划教材

税收筹划

第三版

应小陆　姜雅净　◎　主编

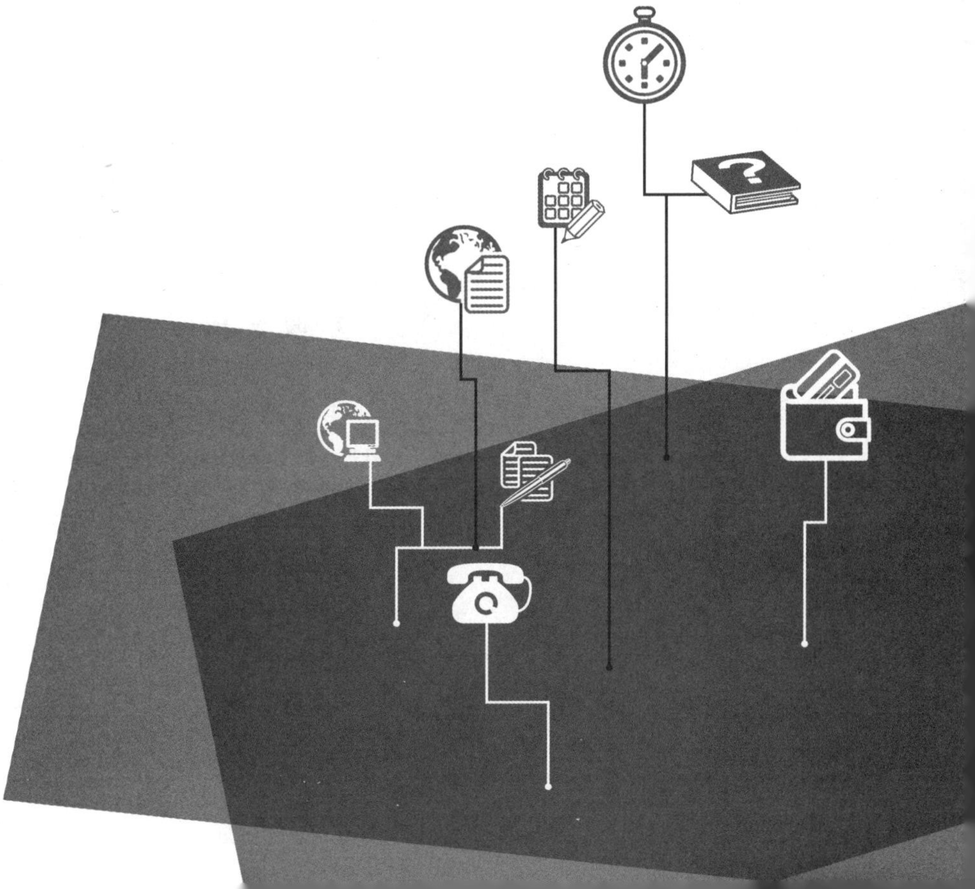

上海财经大学出版社

图书在版编目(CIP)数据

税收筹划/应小陆,姜雅净主编. —3版. —上海:上海财经大学出版社,2020.7

(普通高等教育财政与税收专业重点规划教材)

ISBN 978-7-5642-3536-9/F·3536

Ⅰ.①税… Ⅱ.①应…②姜… Ⅲ.①税收筹划-高等学校-教材 Ⅳ.①F810.423

中国版本图书馆CIP数据核字(2020)第077377号

□ 责任编辑 李嘉毅

□ 封面设计 杨雪婷 贺加贝

税 收 筹 划

(第三版)

应小陆 姜雅净 主编

上海财经大学出版社出版发行

(上海市中山北一路369号 邮编200083)

网 址:http://www.sufep.com

电子邮箱:webmaster@sufep.com

全国新华书店经销

上海华业装璜印刷厂印刷装订

2020年7月第3版 2023年5月第2次印刷

787mm×1092mm 1/16 17.5印张 448千字

印数:12 601—13 600 定价:46.00元

第三版前言

从2018年下半年开始，为进一步优化税收营商环境，促进社会经济的发展，我国在税收方面出台了一系列聚焦市场主体的痛点和难点的政策，主要包括：一是增值税方面，针对降低制造业税率、小规模纳税人的税收优惠和进项税额的加计抵减等，出台了《国家税务总局关于深化增值税改革有关事项的公告》《财政部 税务总局 海关总署关于深化增值税改革有关政策的公告》《财政部 税务总局关于实施小微企业普惠性税收减免政策的通知》《国家税务总局关于小规模纳税人免征增值税政策有关征管问题的公告》等税收政策规定。增值税税率调整为13%、9%、6%和3%，对小微企业实行普惠性税收减免。二是个人所得税方面，2018年8月31日经第十三届全国人民代表大会常务委员会第五次会议第七次修正的《中华人民共和国个人所得税法》正式发布，随后又出台了《中华人民共和国个人所得税法实施条例》《国务院关于印发个人所得税专项附加扣除暂行办法的通知》《国家税务总局关于发布〈个人所得税专项附加扣除操作办法(试行)〉的公告》《财政部 税务总局关于在中国境内无住所的个人居住时间判定标准的公告》《财政部 税务总局关于非居民个人和无住所居民个人有关个人所得税政策的公告》等税收法律法规。将居民纳税人和非居民纳税认定的居住时间标准由原来一个纳税年度在中国境内居住累计满365日调整为183日。对工资、薪金所得，劳务报酬所得，稿酬所得和特许权使用费所得实行综合所得征税；对工资、薪金所得基本扣除费用标准由原来每月3 500元调整为每月5 000元(每年60 000元)，同时增加了子女教育、继续教育、住房贷款利息、住房租金、赡养老人和大病医疗6项专项附加扣除；调整了个人所得额超额累进税；对年终一次性奖金应纳税额的计算做出明确规定。三是企业所得税方面，2019年4月23日国务院修订的《中华人民共和国企业所得税法实施条例》发布，出台《财政部 税务总局关于实施小微企业普惠性税收减免政策的通知》《财政部 税务总局 科技部关于企业委托境外研究开发费用税前加计扣除有关政策问题的通知》《财政部 税务总局关于保险企业手续费及佣金支出税前扣除政策的公告》《财政部 税务总局关于扩大固定资产加速折旧优惠政策适用范围的公告》等多项税收政策规定。对小型微利企业的认定标准进行了调整，明确了小型微利企业所得税的税收优惠政策等。

根据最新税收法律法规和税收政策的规定(截至2020年6月)，在保持第二版编写体例的基础上，我们对《税收筹划》教材进行了较全面的修订和补充，主要包括：一是根据增值税税率调整等的相关规定，修订了“增值税税收筹划”，调整了相关案例；二是修订完善了“消费税税收筹划”和“关税税收筹划”的相关内容；三是对“企业所得税税收筹划”进行调整并增加了案例，修正了一些错误；四是根据个人所得税法及其实施条例的规定，重新编写了“个人所得税税收筹划”；五是修正了第二版中的一些文字错漏和计算错误。

本次修订工作的具体分工如下：第一章由李艳修订，第二、三、四、六、七和九章由应小陆修订，第五章由郭家华修订，第八章由李佳坤修订，最后由应小陆负责总纂并定稿。

在本次修订过程中我们借鉴吸收了许多专家、学者的最新研究成果和案例，在此谨向他们表示诚挚的感谢。尽管我们做了大量的调研工作，收集了大量的最新资料，研读了最新税收法律法规和相关论著、教材，但由于水平有限，加上我国税收法律法规处于不断改革和完善的过程中，书中的错误和纰漏在所难免，希望专家和读者批评指正，以便我们进一步补充和完善。

编　者

2020年7月

第二版前言

自《税收筹划》于2015年3月出版发行以来，我国税收政策在许多方面做了调整，先后发布了如下新的税收行政法规：

一是在全国范围内全面推开营业税改征增值税试点。财政部、国家税务总局印发《关于全面推开营业税改征增值税试点的通知》(财税〔2016〕36号)，自2016年5月1日起在全国范围内全面推开营业税改征增值税试点；同时，为保证营业税改征增值税试点工作的顺利实施，国家税务总局先后出台《营业税改征增值税试点实施办法》《营业税改征增值税试点有关事项的规定》《营业税改征增值税试点过渡政策的规定》《跨境应税行为适用增值税零税率和免税政策的规定》《营业税改征增值税跨境应税行为增值税免税管理办法(试行)》《应税服务适用增值税零税率和免税政策的规定》《适用增值税零税率应税服务退(免)税管理办法》以及《航空运输企业增值税征收管理暂行办法》《铁路运输企业增值税征收管理暂行办法》《邮政企业增值税征收管理暂行办法》《电信企业增值税征收管理暂行办法》《纳税人转让不动产增值税征收管理暂行办法》《不动产进项税额分期抵扣暂行办法》《纳税人提供不动产经营租赁服务增值税征收管理暂行办法》《跨县(市、区)提供建筑服务增值税征收管理暂行办法》《房地产开发企业销售自行开发的房地产项目增值税征收管理暂行办法》等行政法规。2017年4月28日，财政部、国家税务总局印发《关于简并增值税税率有关政策的通知》(财税〔2017〕37号)，自2017年7月1日起简并增值税税率结构，取消13%的增值税税率。国务院发布《关于废止〈中华人民共和国营业税暂行条例〉和修改〈中华人民共和国增值税暂行条例〉的决定》，自2017年11月19日起施行。2017年12月29日，国家税务总局公布《关于增值税一般纳税人登记管理办法》(国家税务总局令第43号)，自2018年2月1日起施行。2018年4月4日，财政部、国家税务总局印发《关于调整增值税税率的通知》(财税〔2018〕32号)，将17%和11%的增值税税率分别调整为16%和10%，自2018年5月1日起执行。

二是调整了消费税相关税收政策。财政部、国家税务总局印发《关于调整卷烟消费税的通知》(财税〔2015〕60号)，调整了卷烟批发环节的消费税税率。财政部、国家税务总局印发《关于调整化妆品消费税政策的通知》(财税〔2016〕103号)，取消对普通美容、修饰类化妆品征收消费税，将“化妆品”税目更名为“高档化妆品”。财政部、国家税务总局印发《关于对超豪华小汽车加征消费税有关事项的通知》(财税〔2016〕129号)，自2016年12月1日起对超豪华小汽车在生产(进口)环节按现行税率征收消费税的基础上，在零售环节加征消费税。

三是全面推进资源税改革。财政部、国家税务总局印发《关于实施稀土、钨、钼资源税从价计征改革的通知》(财税〔2015〕52号),自2015年5月1日起实施。根据党中央、国务院决策部署,财政部、国家税务总局印发《关于全面推进资源税改革的通知》(财税〔2016〕53号)和《关于资源税改革具体政策问题的通知》(财税〔2016〕54号),自2016年7月1日起全面推进资源税改革,对应税资源全面实行从价定率计征,并在河北省开展开征水资源税试点工作。财政部、国家税务总局、水利部印发《关于〈扩大水资源税改革试点实施办法〉的通知》,自2017年12月1日起在北京、天津、山西、内蒙古、山东、河南、四川、陕西、宁夏9个省(自治区、直辖市)扩大水资源税改革试点。

四是进一步完善企业所得税的研究开发费用税前加计扣除政策以及广告费和业务宣传费支出税前扣除政策。财政部、国家税务总局、科技部印发《关于完善研究开发费用税前加计扣除政策的通知》(财税〔2015〕119号),自2016年1月1日起执行;同时,为落实完善研究开发费用扣除政策,国家税务总局于2015年12月29日印发《关于企业研究开发费用税前加计扣除政策有关问题的公告》(国家税务总局公告2015年第97号)。2017年5月27日,财政部、国家税务总局印发《关于广告费和业务宣传费支出税前扣除政策的通知》(财税〔2017〕41号),进一步明确了化妆品制造或销售、医药制造和饮料制造(不含酒类制造)企业以及烟草企业的广告费和业务宣传费支出税前扣除问题。2017年11月8日,国家税务总局发布《关于研发费用税前加计扣除归集范围有关问题的公告》(国家税务总局公告2017年第40号),进一步明确了研发费用税前加计扣除归集的具体范围。

五是进一步规范车船税的税收征收管理。为进一步规范对车船税的管理,促进税务机关与其他部门协作,提高车船税管理水平,国家税务总局制定了《车船税管理规程(试行)》,自2016年1月1日起施行。

根据上述税收法律法规的规定和税收政策的变化,在保持第一版编写体例的基础上,我们对《税收筹划》教材进行了全面的修订和补充,主要包括:一是根据营业税改征增值税的相关规定,全新编写了"增值税税收筹划",调整了大量案例。二是删除了"营业税税收筹划"。三是修订完善了"消费税税收筹划"和"关税税收筹划"的相关内容。四是对"企业所得税税收筹划"进行调整并增加了案例,修正了一些错误。五是结合营业税改征增值税的相关政策规定,调整完善了"个人所得税税收筹划"的相关案例。六是在"其他税种税收筹划"中,根据《关于资源税改革具体政策问题的通知》等规定,重新编写"资源税税收筹划";结合营业税改征增值税的相关政策规定,修订完善了"房产税税收筹划"和"土地增值税税收筹划"的相关案例;根据《车船税管理规程(试行)》,完善了"车船税税收筹划"的相关内容。七是修正了第一版中的一些文字错漏和计算错误。

本次修订工作的具体分工如下:第一章由李艳修订,第二、三、四、六、七和九章由应小陆修订,第五章由郭家华修订,第八章由李佳坤修订;最后由应小陆负责总纂并定稿。

编　者

2018年3月

第一版前言

随着我国税收环境的日渐改善及税收筹划理论和实务的不断发展，会计师事务所、税务师事务所、财务咨询机构等纷纷开展税收筹划业务，这在一定程度上反映了社会对税收筹划的迫切需求，税收筹划也因此成为我国财税、会计、财务管理、金融、工商管理、国际经济与贸易、法学等专业的必修或选修课程，在整个税收学专业课程体系中占据重要地位。常言道："野蛮者抗税，无知者偷税，糊涂者漏税，聪明者避税，智慧者节税，精明者进行税收筹划。"税收筹划并不是纯粹的少缴税，而是为了实现企业战略，在符合税收法律法规的前提下，遵循税收筹划的思路和原理，利用各种税收筹划技术和方法，通过对企业生产经营活动的事先安排，对增值税、消费税、企业所得税以及其他税种进行税收筹划，以维护企业纳税人的权益、减轻纳税人的税收负担、减少涉税风险、获取资金的时间价值来提高企业的效益。

本书以税收筹划的基本原理、方法和技术为理论基础，以我国税收法律法规为税收筹划活动的政策依据，以纳税人涉及的各税种税制要素筹划为主线，在编写过程中，尽量做到理论与方法兼顾，税收法律法规与实务操作融合，力求全面反映税收筹划的基本理论、操作方法及最新发展动态。具体而言，本书具有如下特点：

第一，内容丰富充实。本书第一章为税收筹划的基本理论，主要阐述税收筹划的概念与特征、原则与分类、动因与目标、基本技术方法与前提等；第二至第七章为各税种税收筹划的原理、内容与方法。该部分按照最新的税收法律法规，结合各税种的特点，从贴近实际、利于操作的指导思想出发，阐述了各税种的筹划原理与操作方法；第八章为国际税收筹划，主要阐述了国际税收筹划的基本原理与方法；第九章为税收筹划风险的管理与控制，主要阐述了税收筹划风险的管理原则和模式，以及税收筹划风险评估与控制的基本方法。

第二，文字简洁易懂。本书按照现行税制的分类，以税种顺序排列章节，脉络比较清晰，符合本课程学生及自学者的认知习惯，有助于读者学习和掌握。在表述方面，本书避免了单一化的税收法律法规解释和对税收筹划方法的理论阐述，而是通过案例把繁杂的税收筹划直观地展现在读者面前。

第三，注重案例解释。本书在阐述每个税种的税收筹划的过程中，先有相关税法内容的分析，然后从纳税人、计税依据、税率以及税收优惠等角度分别阐述税收筹划的不同方法，再以典型税收筹划案例加以解释，增强了税收筹划的操作性和可读性。

本书由应小陆、姜雅净担任主编。各章的具体编写分工如下：第一章由李艳编写，第二章由姜雅净编写，第三章、第六章和第七章由应小陆编写，第四章和第九章由赵军红编写，第五章由郭家华编写，第八章由李佳坤编写；最后由应小陆总纂并定稿。

本书在编写过程中借鉴吸收了许多专家、学者的研究成果和案例，在此谨向相关作者表示诚挚的感谢。

尽管我们做了大量的调研工作，收集了大量的最新资料，研读了最新税收法律文件和相关论著，但由于水平有限，加上我国税收制度处于不断改革和完善的过程中，书中的错误和纰漏在所难免，希望专家和读者批评指正，以便我们进一步修改和完善。

编　者
2015 年 3 月

目　录

第一章　税收筹划概述

【本章导读】

本章主要介绍税收筹划的基本理论知识。通过本章的学习，应对税收筹划的概念与特征、原则与分类、动因与目标、基本前提、程序、基本方法等内容有比较全面的理解和掌握。本章作为税收筹划基础知识的介绍，为以后各章的学习奠定了一定的理论基础。

第一节　税收筹划的概念与特征

一、税收筹划的概念

税收筹划与我们的生活息息相关。随着企业涉税业务的不断扩大、居民个人收入水平的不断提高，企业和居民的涉税事务也不断增加。如何在合法的框架下使自己的税负最小化，是每个纳税人应该思考的问题。有没有这样一种载体，通过它的协助，能达成纳税人的心愿？税收筹划就是实现纳税人心愿的一条路径。

税收筹划并不是一个新生事物，其在西方国家已有很长的历史，不仅被政府认可，而且在纳税人中应用得十分普遍，甚至已成为一种行业。会计师事务所、税务师事务所、律师事务所和税务代理事务所的很大一部分收入来自为客户提供税收筹划。尽管早在1994年中国财政经济出版社就出版了我国第一部《税收筹划》①专著，2000年在《中国税务报》专门开辟了筹划周刊，出现了《筹划讲座》专栏，但到目前为止，税收筹划在我国仍处于研究和探索阶段。

专栏1—1

税收筹划的发展

自20世纪中期以来，税收筹划被越来越多的纳税人所垂青，同时也成为社会中介机构受托业务的增长点。“税务筹划是一个巨大的行业，而且投资于税务筹划的回报也十分可观。”米尔斯、埃里克森和梅杜(1998)估计。大公司用于税收筹划的每1美元支出平均能够节税4美元(迈伦·斯科尔等，2004)。税收筹划有风险、有成本，但更有生机和魅力！

进入21世纪后，纳税人的税收筹划呈现如下特点：

(1)最初的税收筹划是借助财务会计手段，但随着税收筹划条件的不断变化，利用税法、税收政策、税收征收管理等进行税收筹划日益广泛。因此，以财务会计为手段的税收筹

① 由原中国国际税收研究会副会长、原福州市税务学会会长唐腾翔和唐向编写。

划已经转变为财务会计手段与非财务会计手段相结合，税收筹划日益成为企业的一种经营行为。

(2)由于税收筹划越来越普遍、各国政府的反避税措施越来越有力，税收筹划不再只是由纳税人自己来运作，而是要借助社会中介力量，因此，会计师事务所、税务师事务所和律师事务所将成为企业税收筹划的主要依靠力量。越来越多的财会人员、税务专家、法律工作者加入这一队伍，成为税收筹划专家，把为企业进行税收筹划当作一种专门的职业。

(3)各国的税收法规、制度不断完善，税收向着国际化的方向发展。税收筹划既要着眼于国内，又要着眼于国际。国内税收筹划与国际税收筹划相互交织、相互促进，税收筹划的实践与理论将会有长足发展。

(4)税收筹划由企业的日常经营行为逐步发展为日常经营行为与企业发展战略相结合，成为企业发展战略的一个重要影响因素，即税收筹划由企业发展战术向企业发展战略——税收战略——转变。

(5)随着世界经济一体化、国际贸易全球化的发展，税收也逐渐成为一种国家竞争力。良好的税制设计、娴熟的税收工具运用既可以保护我国企业的合法权益、维护国家利益，又可以吸引投资、引进先进技术、培育新的经济增长点。在此过程中，纳税人的税收筹划并非总是与国家利益相悖。

当今的税收筹划已不是社会少数人的偶然经济行为，而已经成为有理论依据和法律依据的社会经济活动，越来越具有国际普遍性。从特征上看，税收筹划将逐渐演变成一种高智商的经济技巧和经营艺术。有人断言，税收筹划是 21 世纪的朝阳产业，但“对大多数企业来说，税务筹划仍然是皇冠上的明珠”。

［资料来源］盖地：《税务筹划理论研究——多角度透视》，中国人民大学出版社 2013 年版，第 29 页。

自税收筹划作为跨多个相关领域的新兴专业出现以来，国内外学者对税收筹划的概念做出过不同表述。下面是国内外一些颇具代表性的税收筹划概念：

荷兰国际财政文献局（International Bureau of Fiscal Documentation，IBFD）在《国际税收词汇》中定义：“税收筹划是指纳税人通过经营活动或个人事务活动的安排，实现缴纳最低的税收。”①

印度税务专家 N. J. 雅萨斯威在其所著的《个人投资和税收筹划》一书中称：“税收筹划是纳税人通过财务活动的安排，以充分利用税收法规所提供的包括减免税在内的一切优惠，从而获得最大的税收利益。”②

美国南加州大学的 W. B. 梅格斯博士在与 R. F. 梅格斯合著的《会计学》中写道：“人们合理而又合法地安排自己的经营活动，使之缴纳可能少的税收。他们使用的方法可称为税收筹划……少缴税和递延缴纳税收是税收筹划的目标之所在。”同时提道：“在纳税发生之前，有系统地对企业经营或投资行为做出事先安排，以达到尽量少缴所得税，这个过程就是税收筹划。”③

唐腾翔和唐向在其所著的《税收筹划》一书中认为：“税收筹划指的是在法律规定许可的范围内，通过对经营、投资、理财活动的事先安排和筹划，尽可能地取得‘节税’（Tax Savings）的

① 荷兰国际财政文献局：《国际税收词汇》，中国财政经济出版社 1992 年版，第 158 页。
② N. J. Xawawwy: *Personal Investment and Tax Planning*, New York: Macmillan Publishing Corporation, 1993, p. 49.
③ W. B. Meigs and R. F. Meigs: *Accounting*, New York: Harvard Business School Press, 1989, p. 738.

税收利益。”[①]

高培勇主编的《简明税收辞典》中，将税收筹划的概念表述为：“税收筹划是指纳税人或其代理人在遵守税收法律、法规的前提下，通过对有关销售、投资、筹资、财务成果分配等经营活动的事先安排，实现减轻税收负担目的的一种理财行为。”[②]

盖地在其所著的《企业税务筹划理论与实务》一书中，将税收筹划定义为：“税收筹划是纳税人依据所涉及的税境（Tax Boundary）和现行税法，遵循税收国际惯例，在遵守税法、尊重税法的前提下，根据税法中的‘允许’‘不允许’以及‘非不允许’的项目和内容等，对企业涉税事项进行的旨在减轻税负、有利于实现企业财务目标的谋划、对策与安排。”[③]

计金标在《税收筹划》一书中说：“税收筹划是指在纳税行为发生之前，在不违反法律、法规（税法及其他相关法律、法规）的前提下，通过对纳税主体（法人或自然人）经营活动或投资行为等涉税事项做出的事先安排，以达到少缴税和递延缴纳为目标的一系列谋划活动。”[④]

方卫平在《税收筹划》一书中指出：“税收筹划是指制定可以尽量减少纳税人税收的纳税人的税务计划，即制定可以尽量减少纳税人税收的纳税人投资、经营或其他活动的方式、方法和步骤。”[⑤]

艾华在其所著的《税收筹划研究》一书中认为：“税收筹划是指税收征纳主体双方运用税收这一特定的经济行为及其政策和法律规范，对其预期的目标进行事先策划和安排，确定其最佳实施方案，为自身谋取最大效益的活动过程。”[⑥]

蔡昌在《税收筹划——理论、方法与案例》一书中将税收筹划表述为：“纳税人或扣缴义务人在既定的税制框架内，通过对纳税主体（法人和自然人）的战略模式、经营活动、投资行为等理财涉税事项进行事先规划和安排，以达到节税、递延纳税或降低纳税风险为目标的一系列谋划活动。”[⑦]

税收筹划的概念源于西方，前述解释的共同点是：税收筹划的主体是纳税人（负有纳税义务的单位和个人）；税收筹划的前提是遵守税法且不违背税法精神；税收筹划的主要依据是税法，还包括财务会计和其他经济法规，并且不拘于一国一地的法规；税收筹划的方法是综合的、科学的优选法，在筹划中，纳税人应充分运用自己的权利及税法中有利于减轻税收负担的规定，综合分析其生产经营、投资、理财等情况，结合财务核算与管理，制订不同时期的节税方案，并优选符合企业发展总目标、税负最低的节税方案加以实施；税收筹划的目标是减轻纳税人的税收负担，获得较大税收收益。

综合以上各种观点，我们将税收筹划表述为：税收筹划是纳税人在法律允许的范围内，通过对投资、筹资、经营活动等理财涉税事项进行事先的精心规划和安排，比较和分析各种可能的筹划方案，从而选择最优纳税方案，最大限度地减轻税收负担的一种合法的涉税管理活动。

二、税收筹划的特征

税收筹划是以纳税人为主体的经营管理活动，与减轻税负的其他活动如逃税、欠税及避税

---

① 唐腾翔、唐向：《税收筹划》，中国财政经济出版社 1994 年版，第 14 页。
② 高培勇：《简明税收辞典》，中国财政经济出版社 2005 年版，第 827 页。
③ 盖地：《企业税务筹划理论与实务》，东北财经大学出版社 2005 年版，第 3 页。
④ 计金标：《税收筹划》（第二版），中国人民大学出版社 2006 年版，第 6 页。
⑤ 方卫平：《税收筹划》，上海财经大学出版社 2001 年版，第 3 页。
⑥ 艾华：《税收筹划研究》，武汉大学出版社 2006 年版，第 5 页。
⑦ 蔡昌：《税收筹划——理论、方法与案例》，清华大学出版社 2009 年版，第 11 页。

相比，其特征有以下几个方面：

（一）税收筹划性质具有合法性

合法性是税收筹划的本质特点，是税收筹划与逃避缴纳税款行为的根本区别。这里的“合法性”具有两层含义：一是税收筹划必须在税法及税收法规允许的范围内进行，超越税法及相关法规，抑或逃避税收负担，都属于逃避缴纳税款等的违法行为。二是税收筹划不仅要合法，而且要顺应政府的政策导向。政府根据一定时期政治、经济和社会发展的目标，对某些特定的课税对象、纳税人或地区给予的税收鼓励和照顾措施，是政府调控经济的重要手段。税收筹划的一个切入点就是充分利用税法中所给予的税收优惠，因此，税收筹划是顺应政府的政策导向的，在一定程度上体现了国家的立法精神，贯彻了国家的税收政策。税收筹划活动在考虑税收利益的同时，还必须兼顾其他法规、经营条件、投资环境等，使其选择的纳税方案与国家法规相符，起到有效筹划的作用。有些避税行为虽然不违法，但与国家的立法精神相违背，这是政府所不希望看到的。

可见，税收筹划是在税法允许的范围内，纳税人对税法进行研究和比较后所进行的纳税最优方案选择。税收筹划既不违反税法又符合国家的立法精神，是国家税收政策加以引导和鼓励的。

（二）税收筹划时间具有前瞻性

前瞻性是税收筹划的显著特征。税收筹划中的“筹划”是指事先进行计划、设计、安排。税收筹划是一种指导性、科学性、预见性很强的管理活动，目的是使纳税人的税负最小化，使纳税人的价值最大化。

在经济活动中，纳税义务通常具有滞后性，这在客观上提供了纳税前事先做出筹划的可能性。税收筹划是纳税人在进行筹资、投资、利润分配等经营活动之前，把这些行为所承担的相应税负作为影响最终财务成果的重要因素来考虑，通过对不同筹划方案进行比较来选择最优方案。一般来讲，税收筹划是在纳税义务发生前进行的，而不是在纳税义务发生后才想办法减轻税负，因而具有前瞻性。

（三）税收筹划方案具有目的性

税收筹划具有明确的目的。这里的“目的性”是指纳税人进行税收筹划具有很强的减轻税负、取得税收利益的动机。其有两层含义：一是使税负减轻，意味着经营行为只负担了较低的税收成本，相对而言也就有可能获得更高的投资回报。二是延迟纳税，即在纳税总额相同的若干个方案中选择纳税时间较晚的方案，这样可以获得货币的时间价值，相当于得到一笔无息贷款。纳税人之所以要进行税收筹划，目的就是降低税收成本，以实现收益最大化。

（四）税收筹划方法具有专业性

税收筹划作为一种综合性的管理活动，所采用的方法是多种多样的。这里的“专业性”不仅是指税收筹划要跨会计学、税收学、法学、财务管理学等学科，而且要求从事税收筹划业务的人员具备专业技能，有较丰富的从业经验。税收筹划的专业性有两层含义：一是税收筹划需要由财务、会计尤其是精通税法的专业人员实施。二是随着社会经济的日趋复杂，各国税制也日趋复杂，仅靠纳税人自身进行税收筹划已显得力不从心。在这样的国际大背景下，专业的税务代理和税务咨询机构应运而生。世界各国尤其是发达国家的会计师事务所、律师事务所、税务师事务所和税务咨询公司等纷纷开办和发展有关税收筹划的咨询业务，税收筹划越来越呈现专业化的特点。

(五)税收筹划过程具有多维性

从时间上看,税收筹划贯穿于企业生产经营活动的全过程,对任何一个可能产生税金的环节均应进行税收筹划。不仅生产经营过程中规模的大小、会计方法的选择、购销活动的安排等需要税收筹划,而且在企业设立之前、生产经营活动开展之前、新产品开发设计阶段等都应进行税收筹划,如选择具有节税效应的注册地点、组织类型和产品类型等。

从空间上看,税收筹划不限于本企业内部,应与其他单位联合,共同寻求节税的途径。

三、税收筹划与偷税、漏税、欠税、骗税、抗税的区别

税收筹划是合法的,而偷税(逃避缴纳税款)[①]、漏税、欠税、骗税、抗税等是违反税法的行为。在税收筹划实践中,有的纳税人往往因为筹划不当而构成偷税、骗税甚至抗税,不仅没有达到节税的目的,反而受到行政处罚甚至被刑事制裁。因此,要有效开展税收筹划,必须正确把握和明辨税收筹划与偷税、漏税、欠税、骗税、抗税等的界限。

偷税是指纳税人采取伪造、变造、隐匿、擅自销毁账簿或者记账凭证,在账簿上多列支出、不列或者少列收入、进行虚假申报等手段,不缴或者少缴应纳税款的行为。偷税的表现形式主要有:(1)伪造、变造记账凭证和账簿;(2)隐匿、擅自销毁记账凭证和账簿;(3)虚列支出或不列、少列收入;(4)虚假申报。偷税的法律责任是:纳税人偷税的,由税务机关追缴其不缴或者少缴的税款和滞纳金,并处以不缴或者少缴税款50%以上5倍以下罚金。纳税人偷税数额占应纳税额的10%以上不满30%,并且偷税数额在1万元以上不满10万元的,或者因偷税被税务机关给予两次行政处罚后又偷税的,处3年以下有期徒刑或者拘役,并处偷税数额1倍以上5倍以下罚金;偷税数额占应纳税额的30%以上,并且偷税数额在10万元以上的,处3年以上7年以下有期徒刑,并处偷税数额1倍以上5倍以下罚金。

漏税是指纳税人无意识的疏漏造成少缴税款的行为。漏税是由于纳税人不熟悉税法规定和财务制度,或者由于工作粗心大意等原因造成的,不是其主观故意的,如用错税率、漏报应税项目、少计销售收入和经营利润等。漏税与偷税有着性质上的区别,判定漏税的关键是非故意性。税法规定,对漏税者,税务机关应当令其限期照章补缴所漏税款,逾期未缴的,从漏税之日起按日加收一定的滞纳金。

欠税是指纳税人超过税务机关核定的纳税期限而发生的拖欠税款的行为。欠税的法律责任是:纳税人欠缴应缴税款,采取转移或者隐匿财产等手段,妨碍税务机关追缴欠缴的税款的,由税务机关追缴欠缴的税款和滞纳金,并处欠缴税款50%以上5倍以下罚金。欠税数额达到1万元的,依法追究刑事责任,其中:不满10万元的,处3年以下有期徒刑或者拘役,并处或者单处欠缴税款1倍以上5倍以下罚金;10万元以上的,处3年以上7年以下有期徒刑,并处欠缴税款1倍以上5倍以下罚金。

骗税是指用假报出口等虚构事实或隐瞒真相的方法,经过公开和合法的程序,利用国家税收优惠政策,骗取减免税和出口退税的行为。骗税与偷税相比,具有明显的公开欺骗性,是以公开欺骗的手段骗得税务机关的信任,非法占有国家税款,并在表面上具有合法性。骗税主要有骗取减免税和骗取出口退税两种表现形式。骗税的法律责任是:骗取国家出口退税款的,由税务机关追缴骗取的出口退税款,处以骗取税款1倍以上5倍以下罚金。对骗取国家出口退

---

① 2009年2月28日,第十一届全国人民代表大会常务委员会第七次会议表决通过的《中华人民共和国刑法修正案(七)》对《中华人民共和国刑法》第201条关于不履行纳税义务的定罪量刑标准和法律规定中的相关表述方式进行了重大修改,用"逃避缴纳税款"的表述取代了原法律条文中"偷税"的表述。为了便于理解和阐述,本书仍然使用"偷税"一词。

税款的，税务机关可以在规定期间内停止为其办理出口退税。以假报出口或者其他欺骗手段骗取国家出口退税款，数额较大的，处5年以下有期徒刑或者拘役，并处骗取税款1倍以上5倍以下罚金；数额巨大或者有其他严重情节的，处5年以上10年以下有期徒刑，并处骗取税款1倍以上5倍以下罚金；数额特别巨大或者有其他特别严重情节的，处10年以上有期徒刑或者无期徒刑，并处骗取税款1倍以上5倍以下罚金或者没收财产。

抗税是指纳税义务人以暴力、威胁的手段拒不缴纳税款的行为，是最严重的违反税法和税收征收管理的违法犯罪行为。抗税的法律责任是：对有抗税行为的纳税义务人，除由税务机关追缴其拒缴的税款和滞纳金外，还要由司法机关依照刑法的规定追究刑事责任。情节轻微、未构成犯罪的，由税务机关追缴其拒缴的税款和滞纳金，并处拒缴税款1倍以上5倍以下罚金；构成犯罪的，处3年以下有期徒刑或者拘役，并处拒缴税款1倍以上5倍以下罚金；情节严重的，处3年以上7年以下有期徒刑，并处拒缴税款1倍以上5倍以下罚金。

税收筹划与偷税、漏税、欠税、骗税、抗税等既有联系又有区别。其联系主要表现在：(1)行为实施的主体相同，都是以纳税人为主体所采取的行为；(2)行为实施的目的基本相同，都是以减轻税收负担、不缴或少缴税款为目的；(3)行为实施的税收环境相同，都处在同一税收征管环境和税收立法环境中。其区别主要表现在：(1)法律性质不同。税收筹划是合法行为，而偷税、漏税、欠税、骗税、抗税是违法行为。(2)行为时点不同。偷税、漏税、欠税、骗税、抗税通常是在纳税义务发生后实施的，具有事后性；而税收筹划是在纳税义务尚未发生时实施的，是通过对生产经营活动的事前选择和安排实现的，具有事前性。(3)后果不同。偷税、漏税、欠税、骗税、抗税等行为是与税法的立法精神相违背的，因而会使税收杠杆失灵，并可能造成社会经济不公，容易滋生腐败现象；而税收筹划是符合国家政策导向的，有利于国家采用税收杠杆来调节宏观经济的发展。

综合以上分析，税收筹划与偷税、漏税、欠税、骗税、抗税的法律属性可用图1—1表示。[①]

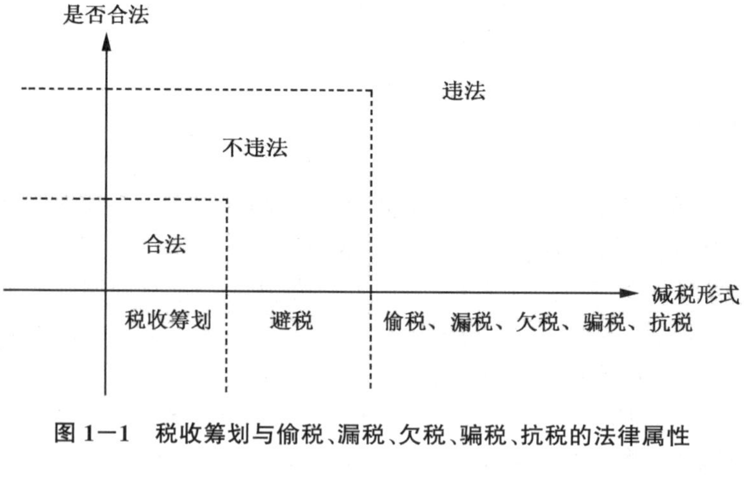

图1—1　税收筹划与偷税、漏税、欠税、骗税、抗税的法律属性

① 盖地：《税务会计与税务筹划》(第四版)，中国人民大学出版社2008年版，第496页。

专栏 1—2

税收筹划——精明人的文明行为

税收已经成为现代经济生活中的一个热点，因为不论是法人还是自然人、富人还是穷人，都可能在直接、间接地纳税，而纳税人都希望减轻自己的税负。

世界首富——微软集团主席比尔·盖茨的父亲老盖茨通过英国《星期日泰晤士报》披露，盖茨计划捐出微软集团20%的财产——1 000亿美元，协助世界各国解决艾滋病、疟疾等疾病问题。这将是迄今为止全球最大的一笔个人名义的慈善捐款。此善举本应得到称颂，但有人提出，"此项捐献将使他在美国享有极大的免税权"。此说并非空穴来风，说明富人捐款既有其想做"好人"的一面，又多与税收有关。

世界媒体大王鲁珀特·默多克在英国的主要控股公司——新闻投资公司——在过去11年中共获利近14亿英镑(约21亿美元)，但其在英国缴纳的公司所得税净额竟然为零，真是"绝顶精明"。看来，这位69岁的商人既精于经营，又精于纳税。他正是靠着独特的"扩张和避税手段创造着超级利润"。

西方的政治家们常常将税收政策作为攻击对手或自己竞选的主要内容。例如，当年的美国总统候选人乔治·布什(小布什)在其竞选演说中就有一段很讨纳税人喜欢的话："如果我们降低税收，我们就会繁荣。我有一个计划，将减少边际税率以创造更多就业机会，同时也对挣扎在贫困边缘的家庭给予帮助。我保证在获得竞选胜利之后，剩余的款项都返还美国人民，而非由政府开销。"

有人说，现在是野蛮者抗税、愚昧者偷税、糊涂者漏税、精明者进行税收筹划。在社会主义市场经济运行机制下，我国在新修改的《宪法》中确立了走依法治国的道路。征税与纳税都应该在税法及相关法律的约束下进行，即征纳双方要共享现代文明。纳税人应该做守法人、文明人、精明人。

[资料来源] 中国财税服务网，http://www.chinatax.com.cn/ArticleShow.asp? ArtID=12174。

第二节　税收筹划的原则与类型

一、税收筹划的原则

税收筹划是纳税主体在法律允许或者不禁止的范围内所从事的一项专业性、实用性和技术性很强的管理活动，涉及投资、融资、生产、经营、管理以及法律等多个领域，通过这些活动节约税收成本，以求取最大的税收收益。纳税主体进行税收筹划需要遵循一些基本原则，同时尽可能降低涉税风险。

(一)合法性原则

税收筹划的首要原则就是合法。所谓合法，主要是指税收筹划使用的筹划方法、筹划方案、实施过程、筹划结果皆合法。税收筹划的合法性原则是税收筹划最基本的原则，也是税收筹划赖以生存的条件。税收筹划的内涵决定了其活动的范围必须以法律许可为边界，并在这一范围内选择税负水平较理想或税收利益最大化的纳税方案。坚持合法性原则是税收筹划成功的前提条件，应当全面、准确地理解税法、财会法规和有关经济法规，理解法规条款、立法背景和立法精神，不可断章取义。违背税收等法律法规的税收筹划必然导致失败；同时，纳税主体及税收筹划参与者会受到相应的惩罚，承担相应的法律责任。因此，从事税收筹划的相关人员一定要掌握国内外税收政策、法规，全面掌握不同国家的税制结构以及我国不同行业、不同地区的税收法规及其差异，只有这样，才能用好、用足税收优惠政策，依法筹划，保证税收筹划的合法性。

（二）成本效益原则

税收筹划作为一种经济行为，在寻求企业利益的同时，必然会发生相应的成本和费用，因此，纳税人在进行税收筹划时应遵循成本效益原则。税收筹划成本包括显性成本和隐性成本。

显性成本是指为进行税收筹划所花费的人力、物力和财力。例如，多数税收筹划方案的实施需要进行大量企业内部或企业之间的组织、协调、沟通与交流，这就涉及交流成本、谈判成本、监督成本和相关管理成本等；有的税收筹划涉及面广，有时需聘请税务专家为其筹划，这就涉及费用支出的问题。

隐性成本即机会成本，是指纳税主体因采用拟订的税收筹划方案从事某项经营、生产某种产品而放弃从事其他经营、生产其他产品的潜在收益。隐性成本在不同的纳税环境和不同的税收筹划方案中表现为不同的形式，一般容易被忽视。税收筹划过程本身是一个决策过程，即在众多方案中选择某个可行且税负较低的方案。选定一个方案必然要舍弃其他方案。不同的税收筹划方案具有不同的优势，有的具有税务优势，即税负较低；有的则具备非税优势。在选择具有税务优势的方案的同时，可能会牺牲另一个方案的非税优势。对于所选择的具有税务优势的税收筹划方案来说，因此而牺牲的非税优势就是此项税收筹划的机会成本。我国税制正处于日趋完善的阶段，税收优惠政策的调整比较频繁，所以，对优惠政策的享用需要充分考虑机会成本。

综上所述，在进行税收筹划时要进行成本效益分析，即当所选择的税收筹划方案的收益大于成本时，应当开展该税收筹划；而当所选择的税收筹划方案的成本大于收益时，应当放弃该税收筹划。

（三）整体性原则

整体性原则是税收筹划效益性的关键。税收筹划人员必须有整体观念，站在整体的高度综合考虑。整体观念主要是指在分别对各税种进行筹划时，要充分考虑税收筹划方案中主体税种对企业所涉及的其他所有税种的影响。例如，独立审视时，某一税种的筹划方案可能是最佳的，但从企业整体税负来看却不一定可取，因为个别税种税负的降低可能会导致其他税种税负的提高，从而引起企业整体税收成本的增加。一般而言，一项成功的税收筹划必然是多种税收筹划方案的优化选择，这就要求税收筹划人员在选择税收筹划总体方案时，应将各个税种的不同方案采用多种组合进行综合评估，然后选择整体税负较轻、能增加企业整体收益的税收筹划方案。

（四）风险防范原则

税收筹划经常在税收法律法规规定的“边缘”上操作，这就意味着其蕴含着很大的操作风险。税收筹划主要有两大风险：经营过程中的风险和税收政策变动的风险。经营过程中的风险主要是指企业不能准确预测经营方案的实现所带来的风险。政策变动风险与税法的“刚性”有关，目前我国的税收政策处于频繁调整时期，政策变动风险不容忽视。税收筹划之所以有风险，还与国家政策、经济环境及企业自身活动的不断变化有关。要做到有效防范风险，税收筹划人员必须精通和准确理解国内外现行的税收法律法规，掌握企业经营过程中的涉税范围，防止出现理解上的偏差；此外，税收法律法规在一定时期内有一定的时效性，会随着客观情况的变化而调整，因此，税收筹划要十分注意及时掌握最新税收法规信息，以便进行合法、有效的筹划。为此，纳税人必须随时做出相应的调整，采取措施分散风险，争取尽可能大的税收收益。只有高度重视税收筹划风险，才不致使自己处于不利地位。如果无视这些风险，税收筹划可能事与愿违。因此，进行税收筹划必须遵循风险防范原则。

（五）因地制宜原则

税收筹划与企业的经营活动息息相关。纳税人应全面考虑、细致分析一切影响税收的条件和因素，不仅要把税收筹划放在整体决策中加以考虑，而且要把它放在具体的经济环境中加以考虑。一种税收筹划方案只有放在特定的环境中，才可能分析其优劣。税收筹划虽然有一些普遍原则，但因企业与企业之间的情况不尽相同，对于某一家企业成功的税收筹划方案对另一家企业可能毫无意义。所以，完全照搬其他企业的税收筹划方案是行不通的。在制订税收筹划方案时，一定要根据企业自身的实际情况，因地制宜地分析、选择、确定最适合自己的方案。

二、税收筹划的类型

（一）按税收筹划需求主体的不同分类

按税收筹划需求主体的不同，税收筹划可分为法人税收筹划和自然人税收筹划两大类。法人税收筹划是指具有法人资格的经济主体的税收筹划，是对法人在组建、筹资、投资、运营、核算、分配等活动过程中所进行的税收筹划，包括企业税收筹划和非营利组织等非企业法人税收筹划。自然人税收筹划是指个人和不具有法人资格的独资企业、合伙企业等经济主体的税收筹划。由于我国现行的税制模式是以流转税、所得税为主体，税收对法人活动的影响很大，因此，法人税收筹划是税收筹划的主要领域，尤其是对企业所得税的税收筹划。自然人税收筹划主要是指个人投资理财领域中个人税负的最小化。随着经济的发展、个人收入水平的提高，我国自然人对税收筹划的需求正在逐步增加。

（二）按税收筹划供给主体的不同分类

按税收筹划供给主体的不同，税收筹划可分为委托税收筹划和自行税收筹划。委托税收筹划是指需求主体委托税务师事务所、会计师事务所、财务咨询公司等中介机构或者外聘税收筹划专家所进行的税收筹划。这一类型的税收筹划需要支付一定的费用。税务师事务所、会计师事务所的税务代理人或税收筹划专家具有丰富的专业知识和较强的税收筹划技能，其制订的税收筹划方案成功率比较高。委托税收筹划比较适用于企业的大型税收筹划项目和难度较大的税收筹划专门项目。自行税收筹划是税收筹划需求主体所进行的税收筹划，主体自身要熟练掌握税收法律法规，具有税收筹划技能。企业实施自行税收筹划的，其财会人员是主要参与者，也包括其他具有税收知识的人员。由于自行税收筹划的筹划者很难像专业人士那样精通和准确把握税收法律法规，因此其成功率相对较低，加之成本和风险都比较大，所以自行税收筹划一般较少采用。

（三）按税收筹划区域的不同分类

按税收筹划区域的不同，税收筹划可分为国内税收筹划和国际税收筹划。国内税收筹划是指国内企业在遵循本国税收法律法规的前提下，通过合理合法的方式安排投资、生产经营及财务活动，以降低企业税收负担的行为。国际税收筹划是指跨国纳税主体的经济活动涉及他国或多国时，通过合理合法的方式，经过周密的安排，以达到减轻税收负担的目的。依据跨国纳税主体投资经营方向的不同，国际税收筹划又可分为三类：一是本国投资者对外投资时的税收筹划，二是外国投资者对本国投资时的税收筹划，三是本国企业从事进出口国际贸易时的税收筹划。

（四）按税种的不同分类

按税种的不同，税收筹划可分为所得税税收筹划、流转税税收筹划、财产税税收筹划、资源税税收筹划和行为税税收筹划等。由于所得税和流转税是我国目前税制结构中最主要的两大税类，因此也是纳税人税收筹划需求最大的两类税种。所得税税收筹划主要是围绕收入实现、经营方式、成本核算、费用列支、筹资方式、投资方向、机构设置、税收优惠政策等涉税项目的税收筹划。所得税的税负弹性较大，相对来说税收筹划的空间也较大，税收筹划的效果往往比较明显，因而这类税收筹划的需求较大。流转税税收筹划主要是围绕纳税人身份的选择、销售方式、结算方式、税收优惠等涉税项目进行的税收筹划。流转税的税负弹性较所得税的税负弹性小，且税负易转嫁，因而其税收筹划空间相对于所得税要小。

（五）按降低税负方式的不同分类

按降低税负方式的不同，税收筹划可分为绝对税收筹划、相对税收筹划和涉税零风险税收筹划。绝对税收筹划是指通过对涉税事项的预先安排，使应纳税款的绝对额减少以降低税负的筹划方式。相对税收筹划是指通过对涉税事项的预先安排，使缴纳税款的时间向后推延以获取资金的时间价值、减轻税收负担的筹划方式。涉税零风险税收筹划是指通过对涉税事项的预先安排和规范处理，规避涉税风险，避免因违反税法招致处罚而增加不必要的税收负担或带来其他利益损失的筹划方式。

（六）按税收筹划对象的不同分类

按税收筹划对象的不同，即按税收筹划是否针对特别的税收事件，税收筹划可分为一般税收筹划和特别税收筹划。一般税收筹划是指在一般情况下制订的，尽量减少纳税人在投资、经营或其他活动中的税收支出的税收筹划。特别税收筹划是指仅针对特别税收事件制订的，尽量减少纳税人在投资、经营或其他活动中的税收支出的税收筹划。特别税收事件是指企业合并、企业收购、企业解散、个人财产捐赠、个人财产遗赠等。这类事件具有一次性、突发性的特点，并不是事前安排的，有些是事后才进行税收筹划操作。

第三节　税收筹划的动因、目标与影响因素

一、税收筹划的动因

税收是国家为了实现其职能，凭借政治权力，按照法律规定，强制地取得财政收入的一种形式。纳税作为一种直接的现金支出，意味着纳税人当期既得经济利益的损失。虽然纳税人会因纳税而享受公共福利，但这些福利既不对等，也不易量化，讲究“等价交换”的纳税人的感觉是纳税“吃亏”，所缴纳的税款越多，纳税人的可支配收入就越少。这种客观存在的经济利益刺激必然促使纳税人想方设法地减轻税负。税收筹划产生的根本原因就是作为“理性经济人”的纳税主体在经济利益的驱动下，减轻纳税风险，降低纳税成本，以追求自身经济利益的最大化。

纳税成本是指企业在履行纳税义务时所支付的和潜在支付的各种资源的价值，一般包括三个部分：税款、纳税费用和风险成本。

税款是直接的现金支出，即税收缴款书上所列的金额，又称外显成本，是纳税成本中最主

要的部分。

纳税费用又称纳税的奉行费用，是企业履行纳税义务时所支付的除税款外的其他费用，是间接支出，也称内涵成本，如企业自身或委托中介机构办理涉税事宜的费用、时间耗费、劳动耗费、企业涉税心理负担和咨询服务费等。

风险成本一般是指因纳税给企业带来或加重的风险，如税款负担风险、税收违法风险、信誉与政策损失风险、投资扭曲风险和经营损益风险等所造成的潜在损失。税款负担风险主要是指企业以现金纳税，或者延迟纳税而造成的税款负担增加等税款支付风险。税收违法风险是因部分纳税人违反税收法律法规，偷税、逃税而造成的风险。信誉与政策损失风险是指纳税人因税收违法行为而被处罚，除了经济损失外，丧失了享受税收优惠待遇的资格，在名誉、声誉或者商誉方面的损失等。投资扭曲风险是指税制对企业投资行为的扭曲，导致企业放弃不存在税收时的“最优”项目而转向税收存在时的“次优”项目，从而造成的利益损失。经营损益风险是指政府课税与共担企业经营损失不对称，即使有一定时期内亏损弥补的规定，在政策期限届满后，企业仍需面临经营损失的风险。

二、税收筹划的目标

（一）减轻税收负担

纳税人税收负担最小化的追求是税收筹划产生的动因，减轻税收负担就成为税收筹划所要达到的目标之一。减轻税收负担包括两层含义：第一层是绝对地减少经济主体的应纳税款数额，第二层是相对地减少经济主体的应纳税款数额。本书采用第二层含义。绝对减少税收负担仅要求应纳税额的减少，而不管经济主体的实际业绩和经济效益。如果应纳税额的减少幅度小于实际业绩的下滑幅度，就不能算是成功的税收筹划；相反，虽然经济主体的应纳税额有所增加，但只要其增加幅度小于经济效益的增加幅度，税收筹划就是成功的。

（二）获取资金的时间价值

纳税人通过一定的手段将当期应缴纳的税款延缓到以后年度缴纳，以获得资金的时间价值，也是税收筹划的目标之一。资金的时间价值是指资金在经历一段时间的投资和再投资后所增加的价值。虽然这笔税款迟早是要缴纳的，但现在无偿地占用这笔资金就相当于从财政部门获得了一笔无息贷款。理论上，如果企业每一期都能将下一期的一笔费用在当期列支，或将当期的一笔收入在下一期计入应纳税所得额，那么每一期都可以使一部分税款缓纳，相当于每一期都获得一笔无息贷款；也就是说，每一期都可以用新“贷款”偿还旧“贷款”，相当于有一笔贷款永远不用清偿。在信用经济高度发展的今天，企业从事生产经营活动，尤其是在扩大生产经营规模时，经常要贷款。这笔“无息贷款”的获得为企业的筹资活动省去了不少麻烦，对于那些资金紧张的企业来说更是如此。企业的筹资规模将在一定程度上影响企业的财务风险和经营风险，这种“无息贷款”不会增加企业风险，反而有利于企业增强实力以抵御风险。既然资金具有时间价值，尽量减少当期的应纳税所得额以延缓当期税款的缴纳就具有理论与现实意义。

（三）实现涉税零风险

涉税零风险是指纳税人账目清楚，纳税申报正确，缴纳税款及时、足额，不会出现任何涉税处罚，即在税收方面没有任何风险，或风险可以忽略不计的一种状态。在这种状态下，纳税人虽然不能直接获取税收上的好处，但能间接地获取一定的经济利益，更加有利于企业的长远发展和规模扩大。

第一，实现涉税零风险可以避免发生不必要的经济损失。虽然这种税收筹划不会使纳税人直接获取税收上的好处，但可以避免税务机关的经济处罚，相当于获取了一定的经济利益。

第二，实现涉税零风险可以避免发生不必要的名誉损失。在商品经济高速发展的今天，企业的好品牌意味着其产品容易被消费者所接受并带来经济效益；个人的口碑越好，个人就越容易被社会所接受。一旦某家企业或个人被税务机关认定为偷税、漏税，甚至犯罪，该企业或个人的声誉将会遭受严重损失。

第三，实现涉税零风险可以使企业的账目更加清楚，有利于企业控制成本费用，管理更加有条不紊，实现企业的健康发展。

第四，纳税人若账目不清，纳税不正确，即使未被税务机关查处，未遭受任何经济上、名誉上的损失，也会承受精神上的压力。

（四）追求经济效益最大化

纳税人从事经济活动的最终目标应定位于经济效益的最大化，而不应是绝对意义上的少缴税款。如果纳税人从事经济活动的最终目标仅为后者，那么该纳税人最好不从事任何经济活动，因为这样其应负担的税款数额就会很少，甚至没有。

纳税人在以获取最大的经济效益作为税收筹划活动的最终目标时，应注意考虑以下几个方面的问题：加强企业生产经营管理，提高管理水平；加大科技投入，改进生产技术；寻找生产规模的最佳转折点，实现规模经济；促进制度创新，获取超额利润；等等。

（五）维护自身合法权益

依法治税是一把“双刃剑”，不仅要求纳税人依照税法规定及时足额地缴纳税款，而且要求税务机关依照税法规定合理合法地征收税款。我国法制建设还不够完善，法治水平还有待提高，税务机关需要完成的税收任务正在逐年增加。税务机关为完成任务想尽办法，运用征税权力时偶尔会发生“越位”现象。例如，有些地方实行“包税”，有些地方为了完成税收任务而“寅吃卯粮”等，这些人治因素影响着纳税人的正常经营活动。如果纳税人不通过税收筹划维护自身的合法权益而任由税务机关根据需要征收税款，那么必然会造成税务机关滥用征税权和不注重提高征管业务水平，使税收执法环境恶化。这样，无论纳税人如何进行生产经营管理和税收筹划都将无济于事。因此，注意维护自身合法权益也是纳税人进行税收筹划必不可少的重要目标。

三、影响税收筹划的因素

税收筹划是纳税人为达到减轻税负和实现经济利益最大化的目的，在税收法律法规允许的范围内，对企业的经营、投资、理财、组织和交易等各项活动进行事先计划和安排的活动。对于追求经济利益最大化的企业来说，选择最优的纳税方案是理所当然的。但好的税收筹划方案并非都能达到预期的效果，税收筹划是否成功受多种因素共同影响。

（一）税收制度因素

税收制度是规范国家与纳税人之间税收征纳关系的法律规范的总称，也是体现国家政策导向的宏观调控手段之一。经济活动中新情况、新问题的出现使得原税收规定出现漏洞。税法属于上层建筑，由于其制定和修订程序等原因无法对实际情况立即做出反应，并且因为税收法规的制定者主观引导、客观认知和实践能力的局限性，税收制度不可避免地存在缺陷，其中包括国家为引导经济的良性运行而故意设置的税收差异等，这就为企业提供了税收筹划的空间。但这些缺陷不是永远存在的，税收筹划方案会因政策的变动而变得毫无价值，甚至带来风险。

企业在利用税收制度因素进行税收筹划时，要注意以下两个原则：

第一，合法与合理原则。税收筹划是纳税人在不违法的前提下对纳税行为的巧妙安排。税收筹划不仅要符合税法的规定，而且要符合国家的政策导向。纳税人应正确理解税收政策的规定，贯彻税收法律精神，在税收法律法规允许的范围内进行税收筹划；否则，税收筹划会变成违法活动。

第二，动态性原则。从法制完善的角度来看，税法被不断地补充、完善，纳税人可利用的税法缺陷会越来越少。从宏观调控的角度来看，社会经济环境的变化会引起宏观政策导向的变化，企业税收筹划所依据的税收政策重点也会发生转移，税收筹划需因时而异。

（二）经济环境因素

税收筹划是市场经济个体即纳税人的一种经营决策，个体的经济活动必然会受整体经济环境的影响，很多理论上可行的方案在实践时会变得难以取舍或举步维艰。例如，一般新办企业的投资地点会建议选在税负较低的经济特区或沿海经济开放区，但这会使企业不得不面对激烈的市场竞争、高昂的经营成本和偏低的投资收益等问题；企业在西部开发地区或者民族自治地区投资经营可以享受税收优惠政策，但会面临投资环境不完善、经济管理手段相对落后、供求关系不稳定、经营风险较高等问题。总之，企业应根据国民经济运行的宏观环境，客观分析对企业经营管理活动的影响，并科学预测行业的发展前景，为企业的税收筹划提供可靠的参考；尤其是在投融资方面，企业必须充分掌握与投融资项目相关的经济信息并进行合理分析，如果割裂投融资计划与客观经济环境的有机联系，片面强调税收筹划，终将导致税收筹划的失败。

（三）执法因素

我国经济活动情况复杂，税收征管人员的业务素质参差不齐，造成了税收政策和执法水平的差异，这也为税收筹划提供了可利用的空间，主要表现在以下三个方面：

1. 自由裁量权

我国税法对纳税人具体涉税事项的征收管理常留有一定的政策选择空间，即在一定范围内，税务人员可以选择具体的征管措施和方式。例如，《税收征收管理办法》中规定税务机关可以根据纳税人的具体情况选择税款征收方式，包括定期定额、查账征收、查定征收、查验征收等。

2. 征管水平

由于税务人员的业务素质参差不齐，在对税收政策的理解、贯彻执行的方式、执法的公平公正程度等方面会存在差异。

3. 监管部门之间的不协调

这主要是指税务部门与其他经济监管部门之间行政管理活动的沟通与协同性差异、信息交流缺乏等。

纳税人在利用执法差异进行税收筹划时，要有良好的政策沟通能力，包括与税务部门和其他经济管理部门的联系。在税收筹划工作中，应争取税务部门有利于企业的具体征收管理方式，合法合理地取得税务管理人员对税收筹划方案的认可；否则，企业精心制订的税收筹划方案可能会由于执法尺度上的差异而变成一纸空文。

（四）财务管理因素

在税收筹划的运行过程中需要一些基本的财务处理技术，包括合理安排收入的确认时间以延期纳税、选择合理的成本计算方式以降低税负水平、费用扣除最大化的费用分类策划、筹资方案评估的成本收益比较等。这些技术都与企业的财务管理水平密切相关。例如，财务人员在日常核算时，对费用进行合理合法的分类，使其满足税法的相关条件，分别记入不同的明细科目，避免全部记入“业务招待费”这一明细科目，这样就可以做到应扣尽扣，使企业税前费用扣除最大化，从而减少应纳税所得额。

纳税人在利用这一因素进行税收筹划时，财务人员及其他经营管理人员应具备法律、税收、会计、财务、金融等各方面的专业知识，还要具备统筹谋划的能力；否则，即使有迫切的筹划愿望也难有具体的行动方案。为此，企业管理人员应加强业务学习，积极主动地了解各项经济法规和经济运行规律，提升自身的涉税业务素质，提高企业管理水平。同时，纳税人在进行税收筹划时，应征询税务专家的意见，加强与专业中介机构的合作，提高技术水平，使税收筹划方案更加合理、规范，以降低税收筹划的风险。

（五）税收筹划目标因素

税收筹划是纳税人根据企业的经营发展预期做出的事前税收安排。税收筹划目标是判断企业税收筹划成功与否的一个重要指标，不同企业的税收筹划目标有差异。我国实行的是流转税与所得税并重的复合税制，各税种之间存在紧密的联系。纳税人在进行税收筹划时，应以整体税负下降和企业经济效益增长为目标，如果以单一税种或某一环节的节税或绝对税收支出额的节约为目标，就容易顾此失彼，使整个税收筹划计划失败。例如，某企业的应纳税所得额为 20 万元，税收筹划前的应纳税额为 5 万元（20×25%）。现在，该企业决定利用捐赠的办法缩小企业所得税税基，税收筹划方案是通过我国境内的非营利机构向农村义务教育捐赠 5 万元。由于捐赠可以在税前全额扣除，因此，企业应纳税所得额为 15 万元（20－5），应纳税额变为 3.75 万元（15×25%），企业的整体税收负担在税收筹划后减轻了 1.25 万元（5－3.75）。但是，如果不考虑社会公益效应，仅从金额上来看，这 1.25 万元的税负减轻是以 5 万元为代价的，而且在税收筹划后，该企业的税后收益并没有增加。所以，企业在进行税收筹划时要通盘考虑，着眼于整体税后收益最大化，只有当收益大于成本时，税收筹划才是可行的。

（六）筹划方案实施因素

税收筹划不仅是管理人员和财务人员的事务，而且是企业上下层级共同努力的目标。税收筹划是预先的税务安排，经济发展的情况是否如先前所料需要跟踪分析。税收筹划人员能否及时调整税收筹划方案、避免失败，要依赖各管理层的信息反馈。如果税收筹划方案得不到大多数员工的认可，没有相应的配合实施政策，就会影响方案的落实，致使税收筹划失败。因此，企业在实施具体的税收筹划方案时要在企业内部进行必要的沟通，保证方案的顺利施行。此外，税收筹划方案要具有可调节性，税收筹划能随经济信息的变动及时做出调整。更重要的是，税收筹划人员要主动收集数据，考核方案的实施情况，对方案进行动态分析，避免税收筹划风险，真正成就税收筹划。

第四节　税收筹划的基本前提与程序

一、税收筹划的基本前提

由于税收筹划是在不违法的前提下对涉税事务进行的谋划和安排，因此，从制度、价值、空间和时间等现实环境角度来看，税收筹划的基本前提应包括以下四个方面：

（一）制度性前提：税制差异

税制是税收制度的简称，是一个国家在一定时期内各种税收法令和征管办法的总称。税制作为一种由国家制定的税收分配活动的工作规程和准则，为税收筹划提供了制度安排，税收筹划必须内置于其所涉及的税制环境中。如果税制完全等同，税收筹划就失去了存在的意义和可能。差异化的税制安排为税收筹划提供了可能性。税制差异一般体现在以下三个方面：首先，由于经济发展程度的不同，世界上不同国家之间的税制差异显著，并且这种差异在短期内不能消除；其次，即使在一国之内，由于受国家宏观政策等诸多因素的影响，税制在不同地区、不同行业、不同纳税人之间存在差异，税收的公平、中性原则不会完全、彻底地得以体现；最后，税制差异还体现在各国税制的不完善、不健全上，由于客观环境的变化，税制漏洞的识别和堵塞是一个博弈的过程。

（二）价值性前提：货币的时间价值和理性经济人

货币的时间价值是指货币经过一段时间的投资和再投资所增加的价值。无论是否存在通货膨胀，现在的1元比以后的1元值钱。在现实中，货币的时间价值的一个重要运用就是“早收晚付”，即对于不附带利息的货币收支，与其晚收不如早收，与其早付不如晚付。这一基本前提已经成为税收立法和税收征管的基点。正因为货币的时间价值的存在，在税收筹划中才会考虑对涉税事项确认时间的不同所产生的时间性差异，尽可能晚缴税，享受延迟纳税带来的货币的时间价值上的好处，“它深刻地揭示了纳税人进行税收筹划的目标之一——纳税最迟标准”。因此，税收筹划是有效利用货币的时间价值的体现，使其在一定程度上具有融资功能。

理性经济人假设是现代经济学最为重要的理论假设之一，它假定人是自利的，在面对交易时会权衡收益和代价，并会选择对自己最有利的方案来行动。具体到税收筹划中，理性经济人假设要求理性税收筹划主体通过开展税收筹划来实现自身理财效用的最大化；也就是说，税收筹划主体是追求自身效用最大化的理性经济人，并且他们有动力、有能力通过有效的规划、实施、协调和控制来组织理财活动。

货币的时间价值和理性经济人共同构成了税收筹划的价值基础，并为税收筹划的实施奠定了主观可能。

（三）空间性前提：税收筹划主体

税收筹划主体又称税收筹划实体，是税收筹划服务的特定对象。税收筹划主体限定了税收筹划的立场和空间范围。设定税收筹划主体基于以下两个方面的考虑：一是该前提决定了纳入税收筹划的事项的范围，凡是与税收筹划主体的经济利益相关的交易或事项，均作为该主体税收筹划的对象；二是该前提界定了经济主体与经济主体所有者之间的利益界限，为准确谋划某一主体的税收活动提供了条件。税收筹划主体作为开展税收筹划工作的前提，其必要性和重要性是毋庸置疑的。但应当注意的是，税收筹划主体不同于会计主体。税收筹划主体不一定是会计主体，如对个人所得税进行筹划时，筹划主体为自然人而非会计主体；同时，会计主体也不一定是税收筹划主体，如集团公司的基层单位是会计主体，但其并非税收筹划主体。

（四）时间性前提：多筹划期间

多筹划期间是指税收筹划应立足于定期的无限系列谋划和安排。多筹划期间界定了税收筹划的时间范围，是对筹划主体经营时间长度的描述，即税收筹划期数应是无限的，各期间是确定的和相等的。由此，多筹划期间前提包含持续筹划和筹划分期两个方面的含义：

持续筹划前提是指在可以预见的将来，税收筹划主体将会按照当前的状态持续正常经营，不会倒闭、破产或清算，是一种理想状态的前提条件。持续筹划是针对市场经济环境下，企业因竞争而具有的不确定性提出的。该前提将税收筹划主体置于稳定的状态下,使税收筹划活动按照既定的目标有条不紊地持续下去,从而提高税收筹划主体的经营管理水平。

筹划分期前提是对持续筹划前提的补充,是对筹划主体正常经营活动情况下持续不断的筹划活动的一种人为中断,把筹划活动按照一定的时间间隔分割开来,形成一个个筹划期间,有效地解决了筹划收益与筹划成本的分配等问题。筹划分期的存在与筹划主体的管理职能密切相关:一方面,筹划分期缩短了时间限制,使税收筹划活动的信息更加准确;另一方面,可以通过不同筹划主体以及同一主体不同筹划期间的横向和纵向比较,及时找出税收筹划中存在的问题。

二、税收筹划的程序

税收筹划是一项周密而审慎的工作,必须依据有效的方法和合理的程序安排才能实现税收筹划的目标。通常,税收筹划的程序可分为三个阶段:准备阶段、筹划阶段和实施阶段(如图1—2所示)。

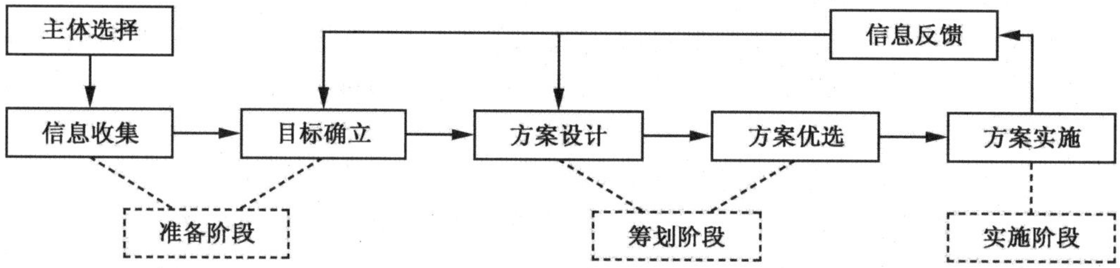

图1—2　税收筹划的程序

(一)准备阶段

1. 选择税收筹划供给主体

纳税人在制订税收筹划方案之前,必须先确定税收筹划的供给主体,可以自行设计税收筹划方案,也可以委托税务师事务所、会计师事务所和财务咨询公司等中介机构或者通过外聘税务专家进行税收筹划。自行税收筹划要求纳税人熟练掌握税收法律法规,具有税收筹划的业务技能。由于我国税收政策的复杂性,自行税收筹划的筹划主体很难像专业人员那样精通且准确地把握税收法律法规,因此,自行税收筹划成功的概率相对较小,成本与风险较大,一般采用得较少。虽然委托税收筹划需要支付一定的费用,但由于税务师事务所、会计师事务所的税务代理人或税收筹划专家具有丰富的专业知识和较强的税收筹划技能,因此,制订的税收筹划方案成功率比较高。相比较而言,委托税收筹划适用于企业的大型税收筹划项目和难度较大的税收筹划专门项目。

2. 收集税收筹划相关信息

税收筹划的供给主体确定后,就要对纳税人的基本情况进行详细调查。信息收集主要集中在两个方面:一是纳税人的内部信息,二是纳税人的外部信息。

(1)纳税人的内部信息

任何税收筹划方案的制订都必须基于纳税人的实际经济活动和经营管理情况。[①] 由于我

① 按税收筹划需求主体的不同,税收筹划可分为法人税收筹划和自然人税收筹划两大类。法人税收筹划是指具有法人资格的经济主体的税收筹划,主要是对法人在组建、筹资、投资、运营、核算、分配等活动过程中所进行的税收筹划。自然人税收筹划是指个人和不具有法人资格的独资企业、合伙企业等经济主体的税收筹划,主要是在个人投资理财领域实施。

国现行的税制模式是以流转税、所得税为主体，税收对法人活动的影响很大，因此，法人税收筹划是税收筹划的主要领域，在制订税收筹划方案时必须充分了解税收筹划需求主体的相关信息，具体包括：

①纳税人的经营状况。这主要包括注册资金、注册地点、主营及兼营业务、投资情况等，目的是初步了解纳税人的行业、规模和业务特点等，便于制订税收筹划方案时依据自身的特点做到有的放矢。

②纳税人的财务状况。财务状况既可以反映纳税人的经营状况和纳税能力，又可以在某种程度上反映纳税人的潜在纳税风险；同时，要了解纳税人会计机构的具体情况，因为财务人员的专业水平和能力是执行税收筹划方案的基础。

③纳税人的筹划动机与涉税情况。良好的筹划动机有助于正确理解和执行税收筹划方案，不良的筹划动机会扭曲税收筹划方案，不仅达不到预期目标，而且有可能给纳税人带来风险。了解纳税人的涉税情况可以获知纳税人的纳税能力以及税企关系等。

④纳税人的其他信息。纳税人与关联方关系的性质、业务范围以及所处的地域可以为纳税人提供一定的税收筹划空间；纳税人的总体战略决定其财务战略，财务战略是税收筹划的重要依据；税收筹划应得到管理层的充分支持，管理层的态度往往决定税收筹划方案能否被有力地执行；还要考虑企业对风险的态度、企业的供应商和客户。供应商和客户对税收筹划来说至关重要，有的方案需要纳税人的外部相关单位的支持和配合；否则，方案就无法顺利实施。

(2)纳税人的外部信息

纳税人的外部信息包括纳税人的税收制度环境和政府行为信息。在税收筹划的博弈过程中，筹划者应对与纳税人所在地域、所属行业有关的国家税收法律法规有精准的认知。国家的税收法规和税收政策会对纳税人产生影响，有的是具有普遍效力的，有的是针对特定行业的，有的是针对特定区域的，有的是针对特定纳税人的，特别是税收环境的趋势变化、政府反避税的运作规程、最新税收法规资料、最新会计准则、最新会计法规资料、近期政府机关的其他相关政策等，充分掌握政府涉税行为信息是税收筹划成功的重要保证。此外，纳税人所在地的地方性税收法律法规及有关政策、主管税务机关具体的征管措施和方法、企业涉及的税种的具体规定特别是税收优惠的规定、不同税种之间的关联度等，在制订税收筹划方案时也要充分考虑。

3. 确定税收筹划目标

税收筹划者在收集和准备相关资料以备查询的基础上确定企业的税收筹划目标。具体目标可以是：选择低税负点，包括税基最小化、减免额最大化、税率最低化等具体内容；选择零税负点，包括纳税义务的免除和避免成为纳税人；选择递延纳税；等等。

(二)筹划阶段

1. 分析税收筹划方案

在掌握相关信息和确立目标后，税收筹划者根据纳税人的要求和实际情况着手设计税收筹划的具体方案。由于税收筹划者关注角度的不同，会产生多种设计方案。税收筹划者需要将具体方案逐一列示，并选出最优方案。

(1)合法性分析

制订税收筹划方案的首要原则就是合法性原则，任何税收筹划方案都必须遵循该原则，因此，对设计的税收筹划方案首先要进行合法性分析，控制法律风险。

(2)可行性分析

税收筹划方案的实施需要多方面的条件,企业必须对税收筹划方案的可行性做出评估,包括实施时间的选择、人员素质以及未来趋势的预测等。

(3)符合性分析

税收筹划实际上是一个决策过程,是众多经营管理决策中的一项内容,决策结果必须服从企业的总体目标和发展战略。有时,仅就税收筹划来说,可能是一个好的方案,但对于企业整体的发展思路来说,也许是一个不良的方案。每一种税收筹划方案都会产生不同的纳税结果,纳税结果是否符合企业既定的目标,是选择税收筹划方案的基本依据。因此,必须对税收筹划方案进行目标符合性分析,选择最佳方案。

(4)成本效益分析

税收筹划是一项决策活动,也是一项管理活动。无论是决策还是管理,都有成本,主要包括:一是筹划成本,主要是指人员成本和信息成本;二是实施成本,是指落实税收筹划方案的成本;三是风险成本,是指一旦税收筹划方案失败,可能使纳税人承担的成本,是一种潜在成本。税收筹划者对上述三种成本都应该加以考虑,并且要与可能取得的税收筹划收益相比较,综合分析。当一个税收筹划方案所能获得的利益小于为设计和执行此方案所花费的成本时,该税收筹划方案就不具有可行性。

对所列示的税收筹划方案进行逐项分析后,方案的设计者可能获得新的信息,并以此为基础对原税收筹划方案进行调整。

2. 选择税收筹划方案

在进行上述分析的基础上,进一步要做的工作就是对税收筹划方案进行选择。对于每一个税收筹划方案,都有很多影响因素,包括企业经营中的变化、税收政策的变化、宏观经济周期和政治变化等;对于国际税收筹划,影响因素则更多,还需要考虑国际税收政策的稳定期等因素。税收筹划者在选择税收筹划方案时,要注意:一是选择节税较多或可得到最大财务利益的税收筹划方案,二是选择节税成本较低的税收筹划方案,三是选择执行较便利的税收筹划方案。

(三)实施阶段

1. 税收筹划方案的实施

税收筹划方案选定后,经管理机关批准,即进入实施阶段。任何一个税收筹划方案的实施都会涉及企业的财务人员、办税人员和负责财务会计的总经理,重大的税收筹划方案可能涉及供销等更多部门和更多人员。在税收筹划方案付诸实践前,要做好各部门之间的沟通协调工作,以便更好地开展税收筹划活动,取得良好的效果;同时,企业应当按照选定的税收筹划方案,对自己的纳税人身份、组织形式、注册地点、所从事的产业、经济活动以及会计处理等做出相应的调整,并且记录税收筹划方案的收益。

2. 税收筹划方案的反馈

在税收筹划方案的实施过程中,可能因为执行偏差、环境改变或者原方案的设计存在缺陷等导致与预期结果产生差异。这些差异要及时反馈给税收筹划方案的设计者,以便对原方案进行修订乃至重新设计。税收筹划的设计者要及时收集和反馈信息,不断调整方案,增强企业的税收筹划能力。

第五节 税收筹划的基本方法与基本技术

一、税收筹划的基本方法

税收筹划的方法是针对一定的纳税主体而言的，所以，税收筹划方法与税收筹划的纳税主体是密不可分的，是通过对税收筹划的纳税主体合法合理的调整，以达到预期的节税目的。税收筹划的方法有多种，下面介绍几种较常用的方法。

(一)税制要素筹划方法

税制要素包括纳税主体、课税对象、税率、纳税环节、纳税期限、纳税地点和税收优惠等。税制要素与税收筹划密切相关，直接影响纳税人的税负，因此，有必要对每个税种的税制要素进行分析和研究，以达到为纳税人减轻税负的目的。

1. 纳税主体筹划方法

纳税主体是指依法参与税收法律关系，享有权利，承担义务，对国家负有并实际履行纳税义务的单位和个人，一般有自然人和法人两种。我国税制对不同身份的纳税人有不同的纳税计算方法，甚至在一定条件下，对某些有同样行为的主体不纳入征税范围。所以，在一定条件下，预先安排和界定纳税主体的性质及其行为能够达到减轻税负的目的。例如，通过纳税主体的变化来降低增值税的税负，就是将一个纳税主体的应税流转额变为非应税流转额，以有效减轻或降低企业税负。我国增值税关于纳税义务的相关规定是：企业对外提供应税劳务，就是指一个纳税主体对另一个纳税主体提供增值税应税劳务，而一个纳税主体内部各部门之间相互提供劳务属于同一个纳税主体内部各部门之间的经济活动，不属于对外提供劳务的范畴，所以不需要缴纳增值税。因此，如果将两个互相提供增值税应税劳务的纳税主体合并成一个纳税主体，就可以将“对外提供劳务”转化为“内部互供劳务”，以减少两个纳税主体的整体税费支出。

2. 征税范围筹划方法

纳税人按照税法规定的具体税种的课税对象和征税范围缴纳税款。征税范围的税收筹划就是要反其道而行之，改变交易性质，将交易事项变为非交易事项，将课税业务变为非课税业务，将纳税人的经济行为和业务内容合理地安排在征税范围外，以达到降低税负的目的。企业的合并、分立、产权重组是将交易变为非交易的重要方法。重组可以将应税劳务变为非应税劳务，是通过纳税主体的变化将对外的交易活动变为纳税主体内部的劳务互供活动实现的。按照营业税改征增值税政策的规定，不动产和无形资产的投资行为不是交易行为，不需要缴纳增值税，而不动产和无形资产的交易行为需要缴纳增值税。如果将不动产和无形资产在纳税主体之间的转移由交易行为变为非交易行为，就可以达到回避纳税的目的。

【案例 1—1】 A、B 两个企业拟合作建房，A 提供土地使用权，B 提供资金。A、B 约定，房屋建成后，双方均分。完工后，经有关部门评估，该建筑物价值 1 000 万元，于是，A、B 各分得 500 万元。根据规定，A 通过转让土地使用权而拥有了部分新建房屋的所有权，从而产生了转让无形资产应缴纳增值税的义务。此时，A 转让土地使用权的营业额为 500 万元，应纳的增值税为 45 万元(500×9%)。

若 A 进行税收筹划，则可以不缴纳增值税，具体操作过程如下：A 以土地使用权、B 以货币资金合资成立合营企业，合作建房，房屋建成后双方采取风险共担、利润共享的分配方式。

根据规定，以无形资产投资入股、参与接受投资方的利润分配、共同承担投资风险的行为，不征收增值税。由于A投入的土地使用权是无形资产，因此，无须缴纳增值税。如此，A可以少缴45万元税款。

3. 税基筹划方法

税基用以计算课税对象的数额，是课税对象的数量化，也称计税依据，是决定国家税收收入和纳税人税收负担的重要因素之一。在税率一定的条件下，税基越小，纳税人应承担的税款就越少；在超额累进税率的情况下，税基的大小决定着适用税率的高低。各个税种对税基的规定存在差异，使我们对税基进行筹划成为可能。税基筹划方法的目标一般是实现税基最小化，可通过关联交易、税前扣除、减免税、分期支付、选择有利的纳税方式和压低计税价格等实现。

【案例1—2】 陈某于2020年5月接了A公司的一份兼职，根据双方签订的协议，陈某在一个月内为A公司的产品设计图纸，A公司支付陈某劳务报酬50 000元。劳务报酬的支付有两种方案可供选择：方案一，A公司一次性支付陈某劳务报酬50 000元；方案二，A公司分5个月支付陈某劳务报酬，每个月支付10 000元。假定不考虑陈某当年的其他综合所得项目。

方案一，陈某应缴纳的个人所得税为：

应纳个人所得税＝50 000×(1－20%)×30%－4 410＝7 590(元)

方案二，陈某应缴纳的个人所得税为：

应纳个人所得税＝10 000×(1－20%)×10%－210＝590(元)

陈某5个月共应纳个人所得税＝590×5＝2 950(元)

显然，方案二比方案一少缴纳个人所得税4 640元(7 590－2 950)。在考虑理财收益的情况下，一次性支付50 000元，扣除7 590元个人所得税，陈某能拿到42 410元。若投资年化收益率为15%，5个月的收益为2 650.63元，分开支付从时间上并不亏；若理财年化收益率能达到18%，5个月的收益则有3 180.75元，从数额上看，一次性支付更划算。但一般情况下，理财是有风险的，所以纳税人在采用税基筹划方法进行税收筹划时要进行一番衡量。

4. 税率筹划方法

税率是指应纳税额占课税对象数量的比例，是计算应纳税额的尺度，体现征税的深度，是税制的中心环节。在其他因素不变的情况下，税率的高低直接决定税收负担率的高低，关系到国家财政收入的多少和纳税人负担的轻重，关系到国家与纳税人之间的经济利益关系，同时反映国家一定时期的财政经济政策。其形式主要有定额税率、比例税率和累进税率三种。不同税种的税率之间大多存在差异，即便是同一税种，使用的税率也会因税基分布或区域的不同而有所差异。一般情况下，税率低，应纳税额少，税后利润就多。但是，税率低并不一定等于税后收益最大化。对税率进行筹划，重在寻求税后收益最大化的最低税负点或最佳税负点。税率筹划方法有两种：一是比例税率筹划，即分析不同征税对象适用的不同税收政策，尽量降低适用税率；二是累进税率筹划，主要是寻找税负临界点，防止税率攀升。

5. 税收优惠筹划方法

国家为了扶持特定地区、行业、企业和产品的发展，或者为了照顾某些有实际困难的纳税人，通常在税法中做出某些特殊规定，如免除其应缴纳的全部或者部分税款以减轻其税收负担等。这种在税法中规定的、用于减轻特定纳税人税收负担的规定，就是税收优惠政策。所谓税收优惠筹划方法，就是指纳税人充分利用税收优惠政策来达到为自己降低税负的目的。它是税收筹划中最重要的内容，因为它最符合国家税法的立法意图。

国家税收优惠政策的出台促进了我国经济的发展，加速了我国社会主义市场经济的建设，因而国家对纳税人利用税收优惠政策进行的税收筹划是支持和鼓励的。纳税人对税收优惠政策利用得越多，越有利于国家特定政策目标的实现，这是国家和纳税人"双赢"的选择。

除此之外，纳税环节、抵扣环节、纳税时间和纳税地点也可以提供税收筹划的空间。纳税人可以通过合同控制、交易控制及流程控制延长纳税时间，也可以合理安排进项税额抵扣、所得税预缴、汇算清缴的时间及额度，合理推迟纳税。

【案例 1－3】 我国《企业所得税法》规定，企业综合利用资源，生产符合国家产业政策规定的产品①所取得的收入，可以在计算应纳税所得额时减按 90%计入收入总额。②

江西某水泥有限公司旋窑余热利用电厂利用该公司旋窑水泥生产过程中产生的余热发电，其生产活动符合《资源综合利用企业所得税优惠目录(2008 年版)》的规定范围。旋窑余热利用电厂属于独立法人机构，是企业所得税纳税人，且其余热发电产品直接供给周围居民取暖，2019 年取得的供暖收入 1 100 万元计入企业收入，因此，旋窑余热利用电厂利用该公司旋窑水泥厂生产过程中产生的余热发电的业务能享受资源综合利用减按 90%，即按 990 万元计入收入总额的企业所得税优惠政策。

(二)差异运用筹划方法

现实经济生活中存在地域差异、行业差异、企业性质差异等各种各样的差异，税制反映和认同这种差异性，并规定了各种不同的政策和制度，从而为税收筹划提供了广阔的空间。纳税人可以积极主动地运用差异，在合法的范围内达到为自己减轻税负的目的。

税收筹划应充分考虑地域差异。目前，我国税制涉及的特殊地域主要有经济特区、沿海经济开放区、经济技术开发区、边境对外开放城市、沿江开放城市、中西部地区、高新技术产业开发区、保税区、贫困地区、少数民族地区等。纳税人在投资、经营及筹资时要利用地域之间的税负差异，合理筹划。

国家基于宏观经济发展的需要，在不同的时期对不同的行业有不同的政策，对一些事关国计民生的基础产业和能够带动经济发展的主导产业有一定的政策倾斜，导致这些产业的税负较低。例如，自改革开放以来，国家对教育产业、信息产业、高新技术产业、环保产业等实施低税负政策。纳税人在自身条件许可的情况下，可以通过战略转移、经营调整等进入这些行业，充分享受税收优惠。

企业性质差异主要是指国家对不同性质的企业往往有不同的税收政策，由此形成税负差异。纳税人通过利用企业性质差异进行税收筹划，可以享受更多税收优惠政策。

不同国家对税收管辖权、税收构成要素和税源等所制定的制度和法律法规不同，税制差异非常明显，纳税人可以通过对税制差异的筹划实现国际税收筹划。纳税人对这些差异的运用不仅维护了自己的经济利益，而且为减轻跨国纳税找到了强有力的制度及法律保障。

(三)税负转嫁筹划方法

税负转嫁是指纳税人将其应缴纳的税金转移给他人负担的过程。税负转嫁主要有前转、后转、消转等形式。

前转的税收筹划方法是纳税人以提高商品或生产要素价格的方式，将税负转移给购买生产要素的下游企业或消费者负担。这种转嫁技术一般适用于市场紧俏的生产要素或知名品牌

---

① 该类产品是指企业以《资源综合利用企业所得税优惠目录(2008 年版)》规定的资源作为主要原材料生产的国家非限制或禁止并符合国家和行业相关标准的产品，且原材料占所生产产品材料的比例不低于《资源综合利用企业所得税优惠目录(2008 年版)》规定的标准。

② 参见《中华人民共和国企业所得税法》第三十三条及其实施细则第九十九条。

商品。

后转的税收筹划方法是纳税人以降低生产要素购进价格的方式，将税负转移给要素供应商。这种转嫁技术一般适用于生产要素或商品积压时的买方市场；但在交易与结算有时间差时，购买方也可以借此实现税负转嫁。

消转的税收筹划方法是纳税人通过压低工资、提高劳动生产率、降低成本等方式内部消化税款。

【案例 1—4】 国家税务总局制定的《白酒消费税最低计税价格核定管理办法(试行)》中的消费税税率保持不变，但将税基提高至出厂价的 50%～70%，其中，对规模较大和利润较高的大企业原则上提高至 60%～70%。税基的提高导致在市场销售价格不变的前提下，白酒生产厂商尤其是知名白酒生产厂商的利润空间被压缩，如果要维持原有的利润水平，厂商就得采取压低原材料购入价格或者提高产品售价等措施。

我国高端白酒的消费群体相对固定，尽管多次提价，但始终难以撼动，一些品牌白酒的消费群体反而更加固定。知名白酒厂家可以把增加的税收成本转嫁到零售终端，由消费者买单。从 2009 年 6 月底开始，五粮液和茅台提价，涨幅在 5%左右。提高白酒的市场销售价格会使低端白酒厂商受到很大冲击。因此可以说，消费税的提高有利于白酒行业的整合。以飞天茅台为例，“公司出厂价”约为 220 元，“销售公司出厂价”约为 439 元。按以前的标准计算，按“公司出厂价”征税，只需上缴消费税 44 元[220×20%(从价税率)]；执行新标准后，将以销售单位的对外销售价格(销售公司出厂价)和最低计税价格计算，上缴消费税为 52.68 元(439×60%×20%)。

(四)组织形式筹划方法

组织形式是指企业采用何种形式配置企业的资源。企业的组织形式通常有公司制和合伙制、分公司和子公司等。企业对不同组织形式即产权关系的选择将极大地影响企业的经营管理和税收负担。因此，企业根据自身所处的环境，变化组织形式以适应税制变迁和税收政策的调整，可以合理降低或免除纳税人的税收负担，实现企业利润最大化。

【案例 1—5】 王某与其两位朋友打算合开一家花店，总资产投资约为 150 万元，如果不准备招募其他员工，预计年盈利 3 000 000 元。如果不考虑其他因素，花店应采取合伙制还是有限责任公司形式？哪种形式的税收负担较轻？

①采用合伙制形式的税负情况如下：

根据我国税法的规定，个人独资企业和合伙企业不再缴纳企业所得税，只对投资者个人取得的生产经营所得征收个人所得税。合伙企业以每一位合伙人为纳税义务人，在计算个人所得税时，其税率按照“经营所得”应税项目，适用 5%～35%的五级超额累进税率。合伙企业的投资者按照合伙企业的全部生产经营所得和合伙协议约定的分配比例确定应纳税所得额；合伙协议没有约定分配比例的，以全部生产经营所得和合伙人数量平均计算每位投资者的应纳税所得额。投资者的费用扣除标准为 60 000 元/年(5 000 元/月)。投资者的工资不得在税前扣除。

假如王某及其两位合伙人各占合伙企业 1/3 的股份，企业利润平分，三位合伙人的工资为每人每月 5 300 元，规定的费用扣除标准为每人每月 5 000 元，则每个人的应税所得为 1 003 600 元[3 000 000÷3+(5 300—5 000)×12]，适用 35%的个人所得税税率，每个人应纳个人所得税税额为：

应纳个人所得税税额＝1 003 600×35%－65 500＝285 760(元)

三位合伙人共计应纳税额＝285 760×3＝857 280(元)

税收负担率＝857 280÷3 000 000×100％＝28.58％

②采用有限责任公司形式的税负情况如下：

根据我国税法的规定，有限责任公司性质的私营企业为企业所得税纳税义务人，适用25％的企业所得税税率。

应纳所得税税额＝(3 000 000＋5 300×12×3)×25％＝797 700(元)

税后净利润＝3 190 800－797 700＝2 393 100(元)

若企业的税后利润分配给投资者，则还要按“股息、利息、红利”所得税税目计算缴纳个人所得税，适用税率为20％。

每位投资者应纳个人所得税税额＝2 393 100÷3×20％＝159 540(元)

共计应纳个人所得税税额＝159 540×3＝478 620(元)

共计负担所得税税款＝797 700＋478 620＝1 276 320(元)

税收负担率＝1 276 320÷2 393 100×100％＝53.33％

由以上计算可知，采取有限责任公司形式比采取合伙制形式多负担税款 419 040 元(1 276 320－857 280)，税收负担率增加 24.75％(53.33％－28.58％)。

(五)临界处理筹划方法

我国现行税种的法律法规中存在大量关于临界点的规定，当突破这些临界点时，该税种所适用的税率和优惠会发生改变，从而为我们进行税收筹划提供了空间。临界处理筹划方法的关键在于寻找临界点，从而控制税负。一般而言，临界点的变化会造成税负的巨大差别，如个人所得税的费用扣除额、个人所得税的税率跳跃临界点、企业所得税的税前扣除限额等，对其进行合理筹划可以降低税负。在我国现行税制中，税基有临界点，税率分级有临界点，优惠政策分层也有临界点，临界处理筹划方法的应用非常广泛。

【案例 1－6】　承案例 1－5，王某与其两位朋友打算合开一家花店，注册类型为有限责任公司，总资产为 150 万元，预计年盈利 3 000 000 元，每位投资者除年底分红外每月获得工资 5 300 元，聘请店内清洁工的工资为每人每月 4 000 元。如果不考虑其他因素，请分析投资者是否聘请店内清洁工与企业的税后利润水平有怎样的关系。

如果不聘请店内清洁工，根据我国税法的规定，该花店为企业所得税纳税义务人，应纳税所得额为 3 190 800 元，适用 25％的企业所得税税率，则：

应纳所得税税额＝(3 000 000＋5 300×12×3)×25％＝797 700(元)

税后利润＝3 190 800－797 700＝2 393 100(元)

如果聘请店内清洁工 5 名，根据我国税法的规定，员工工资支出可以税前扣除，则该花店的应纳税所得额为 2 950 800 元(3 000 000＋5 300×12×3－4 000×12×5)，该有限责任公司属于小型微利企业[①]，适用 20％的优惠税率。按规定，对年应纳税所得额超过 100 万元但不超过 300 万元的部分，减按 50％计入应纳税所得额，按 20％的税率缴纳企业所得税。

应纳企业所得税税额＝2 950 800×50％×20％＝295 080(元)

---

① 小型微利企业是指从事国家非限制或禁止行业，且同时符合年度应纳税所得额不超过 300 万元、从业人数不超过 300 人、资产总额不超过 5 000 万元等三个条件的企业。财政部、国家税务总局发布的《关于实施小微企业普惠性税收减免政策的通知》(财税〔2019〕13 号)规定，自 2019 年 1 月 1 日至 2021 年 12 月 31 日，对小型微利企业年应纳税所得额不超过 100 万元的部分，减按 25％计入应纳税所得额，按 20％的税率缴纳企业所得税；对年应纳税所得额超过 100 万元但不超过 300 万元的部分，减按 50％计入应纳税所得额，按 20％的税率缴纳企业所得税。小型微利企业无论是按查账征收方式还是按核定征收方式缴纳企业所得税，均可享受上述优惠政策。

税后利润=2 950 800－295 080=2 655 720(元)

通过比较可以发现,聘请5名清洁工虽然发生了员工工资支出,但税后利润反而提高了262 620元(2 655 720－2 393 100),主要原因是该花店的应纳税所得额在300万元附近,略微变动将导致使用的企业所得税税率产生差异,所以,当企业的应纳税所得额达到300万元这个临界点时,就必须认真筹划:若企业的年度应纳税所得额刚刚达到300万元,如300.1万元,就要按照全额缴纳25%的企业所得税;若企业减少0.1万元应纳税所得额,就可以减按50%计入应纳税所得额,按20%的税率缴纳企业所得税。

(六)转化技巧筹划方法

我国现行税制存在税种繁多、计算复杂、自由裁量权广泛存在、具体规定和解释性政策多等现象,为纳税人进行税收筹划提供了广阔的空间。纳税人只要在遵守税法的前提下,就可以通过变通和转化寻找节税方法。例如,购买、销售、运输、建房等业务可以合理转化为代购、代销、代运、代建等业务,无形资产转让可以合理转化为投资,企业雇员工资与非雇员劳务报酬之间的转化等。纳税人可以利用这些转化,尽可能地降低税负。

二、税收筹划的基本技术

从税制构成要素的角度探讨,税收筹划的基本技术可以归纳为以下几类:

(一)免税技术

免税技术是指在合理合法的前提下,使纳税人成为免税人,或使纳税人从事免税活动,或使征税对象成为免税对象而免纳税款的税收筹划技术。

免税技术税收筹划的要点:

第一,争取更多免税待遇。在合理合法的前提下,争取尽可能多的项目获得免税待遇。与缴纳税款相比,免征的税款就是减少的税款,免征的税款越多,减少的税款就越多。

第二,使免税期最长化。许多免税优惠有期限的规定,在合理合法的前提下,免税期越长,减少的税额就越多,所以,应尽量使免税期延长。

(二)减税技术

减税技术是指在法律允许的范围内,使纳税人减少应纳税款而直接节税的税收筹划技术。

减税技术税收筹划的要点:

第一,使减税期最长化。减税时间越长,减少的税额越多,企业的税后利润就越多。

第二,使减税项目最多化。减税项目越多,企业的收益就越大。

(三)税率差异技术

税率差异技术是指在合理合法的前提下,利用税率的差异而直接减轻税负的税收筹划技术。企业可以利用不同地区、不同行业之间的税率差异减轻税负,实现企业利润最大化。

税率差异技术税收筹划的要点:

第一,尽可能寻找税率较低的地区或产业,使其适用税率最低化。

第二,尽量寻求税率差异的稳定性和长期性,使企业税率差异存在的时间最长化和稳定化。

(四)分劈技术

分劈技术是指在合理合法的前提下,使所得、财产在两个或更多纳税人之间分劈而直接节税的税收筹划技术。出于调节收入等社会政策的考虑,各国的所得税和一般财产税通常采用累进税率,计税基数越大,适用的最高边际税率就越高。使所得、财产在两个或更多纳税人之间分劈，可以使计税基数降至低税率级次，从而降低最高边际税率，减轻税负。

分劈技术税收筹划的要点：

第一，使分劈合理化。使用分劈技术节税，除了要合法外，特别要注意的是所得或财产分劈的合理化，要使分劈合理合法。

第二，使节税最大化。在合理合法的前提下，尽量通过分劈技术使减少的税额最大化。

（五）扣除技术

扣除技术是指在合理合法的前提下，使扣除额增加而直接节税，或调整各个计税期的扣除额从而相对节税的税收筹划技术。在相同的收入水平下，各项扣除额、宽免额、冲抵额等越大，计税基数就越小，应纳税额越小，所减少的税款就越多。

扣除技术税收筹划的要点：

第一，使扣除项目最多化。在合理合法的前提下，尽量使更多项目得到扣除。在其他条件相同的情况下，扣除的项目越多，计税基数越小，应纳税额越小，减少的税额就越多。使扣除项目最多化可以达到节税的最大化。

第二，使扣除金额最大化。在合理合法的前提下，尽量使各项扣除额最大化。在其他条件相同的情况下，扣除的金额越大，计税基数越小，应纳税额越小，减少的税额就越多。使扣除金额最大化可以达到节税的最大化。

第三，使扣除最早化。在合理合法的前提下，尽量使各允许扣除的项目在最早的计税期得到扣除。在其他条件相同的情况下，扣除得越早，早期缴纳的税款越少，早期的现金流量越大，可用于扩大流动资本和进行投资的资金越多，将来的收益越多，减少的税款就越多。使扣除最早化可以实现节税的最大化。

（六）抵免技术

抵免技术是指在合理合法的前提下，使税收抵免额增加而绝对节税的税收筹划技术。税收抵免额越大，冲抵应纳税额的数额越大，应纳税额越小，减少的税额就越多。

抵免技术税收筹划的要点：

第一，使抵免项目最多化。在合理合法的前提下，尽量争取更多抵免项目。在其他条件相同的情况下，抵免项目越多，冲抵的应纳税项目越多，应纳税额越小，减少的税额就越多。使抵免项目最多化可以实现节税的最大化。

第二，使抵免金额最大化。在合理合法的前提下，尽量使各抵免项目的抵免金额最大化。在其他条件相同的情况下，抵免金额越大，冲抵应纳税额的金额越大，应纳税额越小，减少的税额就越多。使抵免金额最大化可以实现节税的最大化。

（七）延期纳税技术

延期纳税技术是指在合理合法的前提下，使纳税人延期缴纳税款而相对节税的税收筹划技术。纳税人延期缴纳本期税款并不能减少纳税人纳税的绝对额，但相当于得到一笔无息贷款，可以增加纳税人本期的现金流量，使纳税人在本期有更多资金以扩大流动资本、用于资本投资，从而相对减少税额。

延期纳税技术税收筹划的要点：

第一，使延期纳税项目最多化。在合理合法的前提下，尽量争取更多项目延期纳税。在其他条件相同的情况下，延期纳税的项目越多，本期缴纳的税款越少，现金流量越大，可用于扩大流动资本和进行投资的资金越多，将来的收益越多，相对减少的税额就越多。使延期纳税项目最多化可以实现节税的最大化。

第二，使延长期最长化。在合理合法的前提下，尽量争取纳税延长期的最长化。在其他条件相同的情况下，纳税延长期越长，由延期纳税增加的现金流量所产生的收益越多，减少的税额就越多。使纳税延长期最长化可以实现节税的最大化。

（八）退税技术

退税技术是指在合理合法的前提下，使税务机关退还纳税人已纳税款而直接节税的税收筹划技术。在已缴纳税款的情况下，退税无疑是偿还了缴纳的税款，相当于减少了应纳的税款，所退税额越大，减少的税额就越多。

退税技术税收筹划的要点：

第一，使退税项目最多化。在合理合法的前提下，尽量争取更多退税待遇。在其他条件相同的情况下，退税项目越多，退还的已纳税款越多，减少的税款就越多。使退税项目最多化可以实现节税的最大化。

第二，使退税额最大化。在合理合法的前提下，尽量使退税额最大化。在其他条件相同的情况下，退税额越大，退还的已纳税额越多，减少的税额就越多。使退税额最大化可以实现税收利益的最大化。

复习思考题

1. 什么是税收筹划？
2. 税收筹划的特征是什么？
3. 税收筹划的原则和目标是什么？
4. 税收筹划与逃避缴纳税款、漏税、抗税、骗税有什么区别？
5. 税收筹划的操作程序是什么？
6. 如何理解税收筹划与依法纳税之间的关系？
7. 税收筹划的方法有哪些？
8. 税收筹划的基本技术有哪些？

第二章　增值税税收筹划

【本章导读】

增值税为我国目前流转税中的第一大税种，其税收筹划是广大纳税人重点关注的问题之一。本章从我国增值税纳税人的法律界定和增值税的特点出发，借助无差别平衡点抵扣率和增值率等判别方法，对增值税纳税人的身份、计税依据、税率和税收优惠政策等税收筹划的重要内容进行阐述。通过对本章内容的学习，应了解增值税税收筹划的主要方法与思路，并掌握典型案例的税收筹划方案。

第一节　增值税纳税人的税收筹划

一、纳税人的法律界定

我国增值税是对在我国境内销售货物或者加工、修理修配劳务，销售服务、无形资产、不动产以及进口货物的单位和个人，就其应税销售行为的金额计税，并实行税款抵扣的一种流转税。

根据《增值税暂行条例》的规定，凡在我国境内销售货物或者加工、修理修配劳务，销售服务、无形资产、不动产以及进口货物的单位和个人，均为增值税的纳税义务人。

为了便于对增值税的征收管理，我国将纳税人按生产经营规模的大小和会计核算是否健全，划分为一般纳税人和小规模纳税人。

（一）一般纳税人①

一般纳税人是指年应税销售额超过规定的小规模纳税人标准，且会计核算健全的企业和企业性单位。

所谓“年应税销售额”，是指纳税人在连续不超过12个月或4个季度的经营期内累计应征增值税销售额，包括纳税申报销售额、稽查查补销售额、纳税评估调整销售额。销售服务、无形资产或者不动产（以下简称应税行为）有扣除项目的纳税人，其年应税销售额按未扣除之前的销售额计算。纳税人偶然发生的销售无形资产、转让不动产的销售额，不计入年应税销售额。

所谓“会计核算健全”，是指能够按照国家统一的会计制度的规定设置账簿，根据合法有效的凭证进行核算。

纳税人应当向其机构所在地主管税务机关办理一般纳税人登记手续，下列纳税人不办理一般纳税人登记：(1)按照政策规定，选择按照小规模纳税人纳税的；(2)年应税销售额超过规定标准的其他个人。

---

①　国家税务总局颁布《关于增值税一般纳税人登记管理办法》（国家税务总局令第43号），自2018年2月1日起施行。

（二）小规模纳税人

小规模纳税人是指年应税销售额在规定标准以下，并且会计核算不健全，不能按规定报送有关税务资料的增值税纳税人。所谓“会计核算不健全”，是指不能按照国家统一的会计制度规定设置账簿，无法根据合法有效的凭证核算。

小规模纳税人的具体确认标准为年应征增值税销售额500万元（含本数）以下。

年应税销售额超过小规模纳税人标准的其他个人按小规模纳税人纳税；非企业性单位、不经常发生应税行为的企业可选择按小规模纳税人纳税。

年应税销售额未超过规定的小规模纳税人标准的纳税人，会计核算健全，能够提供准确税务资料的，可以向主管税务机关办理一般纳税人登记。纳税人登记为一般纳税人后，不得转为小规模纳税人，国家税务总局另有规定的除外。

二、纳税人的税收筹划

增值税纳税人的税收筹划主要包括两个方面的内容：一是不同类别纳税人所采取的税率和征收方法不同，可以在一般纳税人与小规模纳税人之间做出选择的税收筹划；二是混合销售行为中，对纳税人身份进行选择的税收筹划。

（一）一般纳税人与小规模纳税人身份选择的税收筹划

1. 增值税一般纳税人与小规模纳税人的计税方法

增值税一般纳税人销售货物或者加工、修理修配劳务，销售服务、无形资产、不动产，采用一般计税方法计算缴纳增值税。一般计税方法的应纳税额，是指当期销项税额抵扣当期进项税额后的余额。应纳税额的计算公式为：

$$应纳税额=当期销项税额-当期进项税额$$

小规模纳税人销售货物或者加工、修理修配劳务，销售服务、无形资产、不动产，按简易计税方法计算缴纳增值税。

一般纳税人发生财政部、国家税务总局规定的特定应税销售行为，可以选择适用简易计税方法计税，但一经选择，36个月内不得变更。

简易计税方法的应纳税额，是指按照销售额和增值税征收率计算的增值税税额，其不得抵扣进项税额。应纳税额的计算公式为：

$$应纳税额=销售额\times征收率$$

采用简易计税方法与一般计税方法计算的应纳增值税销售额的内容一致，都是销售货物或者加工、修理修配劳务，销售服务、无形资产、不动产向购买方（接受方）收取的全部价款和价外费用，但不包括按征收率收取的增值税税额。

纳税人采用销售额和应纳税额合并定价方法的，按照下列公式计算销售额：

$$销售额=\frac{含税销售额}{1+征收率}$$

纳税人适用简易计税方法计税的，因销售折让、中止或者退回而退还给购买方的销售额，应当从当期销售额中扣减。扣减当期销售额后仍有余额而多缴的税款，可以从以后的应纳税额中扣减。

2. 两类纳税人身份选择的税收筹划

增值税纳税人进行税收筹划的目的是通过减少税款的支付来节约经营成本。纳税人为了减轻增值税税负，就需要综合考虑各种因素，从而决定如何在纳税人身份之间做出选择。一般来说，纳税人可以通过以下方法判别一般纳税人与小规模纳税人之间的税负差异，从而选择一种对自身有利的纳税人身份。

(1)增值率筹划法

从两类增值税纳税人的计税原理来看，一般纳税人的应纳增值税税额是以增值额为计税依据，而小规模纳税人是以不含税的全部收入为计税依据。在销售额相同的情况下，两类纳税人税负的轻重主要取决于增值率的大小，增值率较高的企业适宜作为小规模纳税人，增值率较低的企业则适宜作为一般纳税人。为了判断税负的轻重，需要借助于两类纳税人身份的增值税税负平衡点做出判别，这一点所对应的增值率称为税负平衡点增值率。

①不含税销售额税负平衡点增值率的计算

$$\begin{aligned}\text{一般纳税人应纳增值税税额}&=\text{销项税额}-\text{进项税额}\\&=\text{销售额}\times\text{增值税税率}-\text{销售额}\times(1-\text{增值率})\times\text{增值税税率}\\&=\text{销售额}\times\text{增值税税率}\times[1-(1-\text{增值率})]\\&=\text{销售额}\times\text{增值税税率}\times\text{增值率}\end{aligned}$$

$$\text{小规模纳税人应纳增值税税额}=\text{销售额}\times\text{征收率}$$

当两类纳税人的税负相等时，其增值率为税负平衡点增值率，即：

$$\text{销售额}\times\text{增值税税率}\times\text{增值率}=\text{销售额}\times\text{征收率}$$

$$\text{增值率}=\frac{\text{征收率}}{\text{增值税税率}}$$

②含税销售额税负平衡点增值率的计算

$$\begin{aligned}\text{一般纳税人应纳增值税税额}&=\text{销项税额}-\text{进项税额}\\&=\frac{\text{含税销售额}}{1+\text{增值税税率}}\times\text{增值税税率}\times\text{增值率}\end{aligned}$$

$$\text{小规模纳税人应纳增值税税额}=\frac{\text{含税销售额}}{1+\text{征收率}}\times\text{征收率}$$

当两类纳税人的税负相等时，其增值率为税负平衡点增值率：

$$\frac{\text{含税销售额}}{1+\text{增值税税率}}\times\text{增值税税率}\times\text{增值率}=\frac{\text{含税销售额}}{1+\text{征收率}}\times\text{征收率}$$

$$\text{增值率}=\frac{(1+\text{增值税税率})\times\text{征收率}}{(1+\text{征收率})\times\text{增值税税率}}$$

根据我国目前一般纳税人与小规模纳税人适用的增值税税率，依据上述公式可分别计算得出不含税销售额税负平衡点增值率和含税销售额税负平衡点增值率(如表2—1所示)。

表2—1　增值税两类纳税人税负平衡点增值率

一般纳税人税率	小规模纳税人征收率	税负平衡点增值率	
		不含税平衡点增值率	含税平衡点增值率
13%	3%	23.08%	25.32%
9%	3%	33.33%	35.28%
6%	3%	50.00%	51.46%
13%	5%	38.46%	41.39%
9%	5%	55.56%	57.67%
6%	5%	83.33%	84.13%

在不含税销售额相同的情况下，税负的高低主要取决于增值率的大小。当一般纳税人适用13%的税率时，如果其增值率大于23.08%，就适宜作为小规模纳税人；如果其增值率低于该值，就适宜作为一般纳税人。当一般纳税人适用9%的税率时，如果其增值率大于33.33%，就适宜作为小规模纳税人；如果其增值率低于该值，就适宜作为一般纳税人。纳税人可以按照实际购销情况，根据表2—1做出选择。

【案例2—1】 某生产型企业为增值税一般纳税人，其年销售收入(不含税)为520万元，可抵扣购进金额为380万元，适用的增值税税率为13%，年应纳增值税为18.2万元。请根据增值税税负平衡点对该企业的纳税人类别进行筹划。

$$\begin{aligned}\text{该企业的增值率}&=\frac{\text{销售额}-\text{可抵扣购进项目金额}}{\text{销售额}}\times 100\%\\&=\frac{520-380}{520}\times 100\%\\&=26.92\%\end{aligned}$$

因为26.92%>23.08%，所以该纳税人适宜作为小规模纳税人。在不考虑增值税专用发票使用需求的情况下，建议该企业分设为3家独立核算的企业，使每家企业的年销售额小于500万元，各自符合小规模纳税人的年应税销售额标准，分立后3家企业的纳税总额为15.6万元(520÷3×3%×3)，每年可节税2.6万元(18.2—15.6)。

(2)抵扣率筹划法

从一般纳税人应纳增值税税额的基本计算公式可知，一般纳税人税负的轻重除了取决于销项税额外，还取决于进项税额的多少。如果可抵扣的进项税额较多，选择作为一般纳税人的税负就较轻；如果可抵扣的进项税额较少，就适宜作为小规模纳税人。当抵扣额占销售额的比重(即抵扣率)达到某一数值时，两类增值税纳税人的税负相等，这一抵扣率称为税负平衡点抵扣率。借助这一指标，可以在抵扣率不同的情况下，选择税负较轻的增值税纳税人身份。

①不含税销售额税负平衡点抵扣率的计算

$$\begin{aligned}\text{增值率}&=\frac{\text{销售额}-\text{可抵扣购进金额}}{\text{销售额}}\\&=1-\frac{\text{可抵扣购进金额}}{\text{销售额}}\\&=1-\text{抵扣率}\end{aligned}$$

则：

$$\begin{aligned}\text{进项税额}&=\text{可抵扣购进金额}\times\text{增值税税率}\\&=\text{销售额}\times(1-\text{增值率})\times\text{增值税税率}\end{aligned}$$

又：

$$\begin{aligned}\text{一般纳税人应纳增值税税额}&=\text{销项税额}-\text{进项税额}\\&=\text{销售额}\times\text{增值税税率}-\text{销售额}\times(1-\text{增值率})\times\text{增值税税率}\\&=\text{销售额}\times\text{增值税税率}\times[1-(1-\text{增值率})]\\&=\text{销售额}\times\text{增值税税率}\times\text{增值率}\\&=\text{销售额}\times\text{增值税税率}\times(1-\text{抵扣率})\end{aligned}$$

$$\text{小规模纳税人应纳增值税税额}=\text{销售额}\times\text{征收率}$$

当两类纳税人的税负相等时，其抵扣率为税负平衡点抵扣率，即：

$$\text{销售额}\times\text{增值税税率}\times(1-\text{抵扣率})=\text{销售额}\times\text{征收率}$$

所以：

$$抵扣率=1-\frac{征收率}{增值税税率}$$

②含税销售额税负平衡点抵扣率的计算

当两类纳税人的税负相等时，其抵扣率为税负平衡点抵扣率，即：

$$\frac{含税销售额}{1+增值税税率}\times 增值税税率\times(1-抵扣率)=\frac{含税销售额}{1+征收率}\times 征收率$$

$$抵扣率=1-\frac{(1+增值税税率)\times 征收率}{(1+征收率)\times 增值税税率}$$

根据一般纳税人与小规模纳税人适用的税率，依上述公式可分别计算得出不含税销售额税负平衡点抵扣率和含税销售额税负平衡点抵扣率(如表2—2所示)。

表2—2　　增值税两类纳税人税负平衡点抵扣率

一般纳税人税率	小规模纳税人征收率	税负平衡点抵扣率	
		不含税平衡点抵扣率	含税平衡点抵扣率
13%	3%	76.92%	74.68%
9%	3%	66.67%	64.72%
6%	3%	50.00%	48.54%
13%	5%	61.54%	58.61%
9%	5%	44.44%	42.33%
6%	5%	16.67%	15.87%

在不含税销售额相同的情况下，税负的高低主要取决于抵扣率的大小。当一般纳税人适用13%的税率时，如果抵扣率等于76.92%，则两类纳税人的税负相当；如果抵扣率小于76.92%，就适宜作为小规模纳税人；如果抵扣率大于该值，就适宜作为一般纳税人。当一般纳税人适用9%的税率时，如果抵扣率等于66.67%，则两类纳税人的税负相当；如果抵扣率小于66.67%，就适宜作为小规模纳税人；如果抵扣率大于该值，就适宜作为一般纳税人。

【案例2—2】 甲、乙两企业为生产资料批发商，甲企业不含税年销售额为270万元，年可抵扣金额为260万元；乙企业不含税年销售额为260万元，年可抵扣金额为250万元。由于两企业未达到一般纳税人的年销售额标准，税务机关采取小规模纳税人征收方式，两纳税人的年应纳增值税税额为15.9万元[(270+260)×3%]。如何对纳税人身份进行选择?

甲企业抵扣率=260÷270×100%=96.30%>76.92%

乙企业抵扣率=250÷260×100%=96.15%>76.92%

因为甲、乙两企业的抵扣率均大于税负平衡点抵扣率，所以两者均适宜选择作为增值税一般纳税人。通过税务筹划，可以考虑将两企业合并为一个批发商，这样，年不含税销售额可以达到530万元(270+260)，符合一般纳税人的登记条件。合并后年应纳增值税税额为2.6万元[(530—510)×13%]，比合并前少缴纳增值税13.3万元(15.9—2.6)。

(3)成本利润率筹划法①

增值税在对视同销售货物和价格明显偏低销售货物的销售额的确认方法中，组成计税价格=成本×(1+成本利润率)。纳税人可以根据成本利润率这一指标对两类增值税纳税人的

① 都新英：《税收筹划》，北京大学出版社2012年版，第64页，编写时按增值税的现行税率做了改动。

身份进行选择。当成本利润率达到某一数值时，两类增值税纳税人的税负相等，这一数值对应的成本利润率称为税负平衡点成本利润率。借助这一指标，可以在成本利润率不同的情况下，选择税负较轻的增值税纳税人身份。

①不含税销售额税负平衡点成本利润率的计算

假设纳税人销售货物的成本利润率为 R，销售货物的价款为 S，购进货物的价款为 P，一般纳税人的适用税率为 T_1，小规模纳税人的征收率为 T_2，则有：

$$S=P\times(1+R)$$

$$\text{一般纳税人应纳增值税税额}=S\times T_1-P\times T_1=P\times(1+R)\times T_1-P\times T_1$$

$$\text{小规模纳税人应纳增值税税额}=S\times T_2=P\times(1+R)\times T_2$$

当两类纳税人的应纳增值税税额相等时，则：

$$P\times(1+R)\times T_1-P\times T_1=P\times(1+R)\times T_2$$

$$R=\frac{T_2}{T_1-T_2}\times 100\%$$

②含税销售额税负平衡点成本利润率的计算

假设纳税人销售货物的成本利润率为 R，销售货物的价款为 S，购进货物的价款为 P，一般纳税人的适用税率为 T_1，小规模纳税人的征收率为 T_2，则有：

$$\text{一般纳税人应纳增值税税额}=\frac{(1+R)\times P}{1+T_1}\times T_1-\frac{P}{1+T_1}\times T_1=\frac{R\times P}{1+T_1}\times T_1$$

$$\text{小规模纳税人应纳增值税税额}=\frac{(1+R)\times P}{1+T_2}\times T_2$$

当两类纳税人的应纳增值税税额相等时，则：

$$\frac{R\times P}{1+T_1}\times T_1=\frac{(1+R)\times P}{1+T_2}\times T_2$$

$$R=\frac{T_2(1+T_1)}{T_1-T_2}\times 100\%$$

根据我国目前一般纳税人与小规模纳税人适用的税率，依据上述公式计算可得不含税销售额税负平衡点成本利润率（如表 2—3 所示）。

表 2—3　增值税两类纳税人税负平衡点成本利润率

一般纳税人税率	小规模纳税人征收率	税负平衡点成本利润率	
		不含税平衡点成本利润率	含税平衡点成本利润率
13%	3%	30%	33.9%
9%	3%	50%	54.5%
6%	3%	100%	106%
13%	5%	62.5%	70.63%
9%	5%	125%	136.25%
6%	5%	500%	530%

当增值税一般纳税人适用13%的增值税税率时，如果其实际成本利润率大于30%或33.9%，则其增值税负担重于小规模纳税人；如果其实际成本利润率小于30%或33.9%，则其增值税负担轻于小规模纳税人。同理可得当一般纳税人适用9%和6%的增值税税率时，两类纳税人税收负担的比较结果。所以，在成本利润率较高的情况下，可抵扣的进项税额越低，一般纳税人的税负就越重。

【案例2—3】 太平洋商场为大型商业零售企业，下设甲、乙两个批发部。2019年10月甲批发部的不含税销售收入为75万元、销售成本为45万元，乙批发部的不含税销售收入为68万元、销售成本为38万元。如果两个批发部由太平洋商场统一核算，会计核算健全，则符合一般纳税人的条件，适用税率为13%；如果两个批发部分别注册为企业，实行独立核算，则甲、乙分别为小规模纳税人，适用征收率为3%。应如何进行选择？

$$统一核算的企业成本利润率=\frac{(75-45)+(68-38)}{45+38}\times 100\%=72.29\%$$

统一核算的企业成本利润率为72.29%，大于两类纳税人税负平衡点成本利润率30%。若甲、乙两个批发部分别注册为独立核算的小规模纳税人，则合计增值税税负轻于作为一般纳税人的税负。

统一核算下的应纳增值税税额＝(75＋68)×13%－(45＋38)×13%＝7.8(万元)

分别核算下的应纳增值税税额＝75×3%＋68×3%＝4.29(万元)

分别核算下的增值税税负降低3.51万元(7.8－4.29)。因此，该商场应选择将甲、乙两个批发部独立为分别核算的两个小规模纳税人。

上述三种判别一般纳税人与小规模纳税人之间税负差异的税收筹划方法，首先是确定两类纳税人的税负平衡点，然后据以判断实际税负较轻的身份，最后根据纳税人的具体业务，确定采用合并或分立等税收筹划方案。在进行税收筹划时，要注意我国税法对增值税一般纳税人认定的年销售额标准和具体认定程序的规定，结合自身的财务利益最大化目标、企业产品性质和客户要求等确定合理的税收筹划安排。例如，企业产品的销售对象大多是一般纳税人，要求获取增值税专用发票，那么，为了扩大企业的销量，应选择成为增值税一般纳税人；反之，如果企业产品的销售对象大多是小规模纳税人，对发票类型没有严格要求，那么，企业对是否成为增值税一般纳税人就具有较大的税收筹划空间。

(二)混合销售行为中纳税人身份选择的税收筹划

一项销售行为如果既涉及服务又涉及货物，就为混合销售。从事货物的生产、批发或者零售的单位和个体工商户的混合销售行为，按照销售货物缴纳增值税；其他单位和个体工商户的混合销售行为，按照销售服务缴纳增值税。

上述从事货物的生产、批发或者零售的单位和个体工商户包括以从事货物的生产、批发或者零售为主，兼营销售服务的单位和个体工商户。

纳税人可以通过控制销售货物和服务所占的比例，结合销售货物和服务的税率或征收率的大小来选择是按销售货物还是按销售服务缴纳增值税。在混合销售行为中，对于混合销售按照销售货物缴纳增值税的企业，其销售服务的税率会被提高，因此，可以考虑将销售服务的业务分拆出来单独成立公司，独立核算，尽量使适用低税率的销售服务类的销售额占总销售额的比例在50%以上，从而降低混合销售行为的税负，达到节税的目的。

【案例2—4】 A公司主要生产高科技产品，2019年10月取得不含税销售额1 000万元，当月可抵扣进项税额为100万元；同时，该公司下设的技术指导部门为客户提供上门技术指导服务，取得不含税收入100万元。该公司应如何进行税收筹划？

A公司的行为属于增值税混合销售行为，如果不进行税收筹划，销售高科技产品和提供技术指导服务统一按销售货物的适用税率13%缴纳增值税。

应纳增值税=(1 000+100)×13%-100=43(万元)

如果该公司进行税收筹划，把技术指导部门分立出来，成立独立核算的咨询服务公司，销售货物与销售服务的销售额分开核算：技术指导服务属于应税服务，适用6%的增值税税率；销售高科技产品为销售应税货物，适用13%的增值税税率。

应纳增值税=1 000×13%+100×6%-100=36(万元)

由计算结果可知，进行税收筹划后，A公司可少缴纳增值税税额7万元(43-36)。

第二节　增值税计税依据的税收筹划

一、计税依据的法律界定

（一）增值税一般计税方法应纳税额的计算

增值税一般纳税人销售货物或者加工、修理修配劳务，销售服务、无形资产、不动产，采用一般计税方法计算缴纳增值税。一般计税方法的应纳税额，是指当期销项税额抵扣当期进项税额后的余额，计算公式为：

应纳税额=销项税额-进项税额

销项税额是指纳税人销售货物或者加工、修理修配劳务，销售服务、无形资产、不动产，按照销售额和规定税率计算并向购买方收取的增值税税额。这个概念包括两层含义：其一，销项税额是计算出来的，对销货方来说，在没有依法抵扣其进项税额前，销项税额不是其应纳增值税税额，而是其销售货物或者加工、修理修配劳务，销售服务、无形资产、不动产的整体税负；其二，销项税额是向购买方收取的。销项税额的计算公式为：

销项税额=销售额×增值税适用税率

1. 销售额确认的一般规定

销售额是指纳税人销售货物或者加工、修理修配劳务，销售服务、无形资产、不动产，向购买方收取的全部价款和价外费用，但不包括收取的增值税销项税额。

价外费用包括价外向购买方收取的手续费、补贴、基金、集资费、返还利润、奖励费、违约金、滞纳金、延期付款利息、赔偿金、代收款项、代垫款项、包装费、包装物租金、储备费、优质费、运输装卸费以及其他各种性质的价外收费，但下列项目不包括在内：

(1)受托加工应征消费税的消费品所代收代缴的消费税。

(2)同时符合以下条件的代垫运输费用：①承运部门的运输费用发票开具给购买方的；②纳税人将该项发票转交给购买方的。

(3)同时符合以下条件代为收取的政府性基金或者行政事业性收费：①由国务院或者财政部批准设立的政府性基金，由国务院或者省级人民政府及其财政、价格主管部门批准设立的行政事业性收费；②收取时开具省级以上财政部门印制的财政票据；③所收款项全额上缴财政。

(4)销售货物的同时代办保险等而向购买方收取的保险费，以及向购买方收取的代购买方缴纳的车辆购置税、车辆牌照费。

凡随同销售货物或者加工、修理修配劳务，销售服务、无形资产、不动产向购买方收取的价外费用，无论会计制度规定如何核算，均应并入销售额计算应纳税额。但是应当注意，对增值税一般纳税人向购买方收取的价外费用和逾期包装物押金，应视为含税收入，在征税时应换算成不含税收入再并入销售额。

纳税人按人民币以外的货币结算销售额的，其销售额的人民币折合率可以选择销售额发生的当日或者当月 1 日的人民币汇率中间价。纳税人应在事先确定采用何种折合率，确定后 1 年内不得变更。

根据《增值税暂行条例》的规定，纳税人销售货物价格明显偏低且无正当理由或者视同销售货物行为而无销售额的，按下列顺序确定销售额：(1)按纳税人最近时期同类货物的平均销售价格确定；(2)按其他纳税人最近时期同类货物的平均销售价格确定；(3)按组成计税价格确定。

组成计税价格的计算公式为：

$$组成计税价格=成本\times(1+成本利润率)$$

属于应征消费税的货物，其组成计税价格中应加计消费税税额，计算公式为：

$$组成计税价格=成本\times(1+成本利润率)+消费税税额$$

$$或=\frac{成本\times(1+成本利润率)}{1-消费税税率}$$

关于公式中的“成本”，销售自产货物的为实际生产成本，销售外购货物的为实际采购成本。公式中的“成本利润率”由国家税务总局确定。

2. 销售额确认的特殊规定

(1)建筑服务业销售额的确认

一般纳税人跨县(市)提供建筑服务，适用一般计税方法计税的，应以取得的全部价款和价外费用为销售额计算应纳税额。纳税人应以取得的全部价款和价外费用扣除支付的分包款后的余额，按照 2%的预征率在建筑服务发生地预缴税款后，向机构所在地主管税务机关进行纳税申报。

按照规定允许从其取得的全部价款和价外费用中扣除的分包款，是指支付给分包方的全部价款和价外费用。

纳税人取得的全部价款和价外费用扣除支付的分包款后的余额为负数的，可结转下次预缴税款时继续扣除。

纳税人按照上述规定从取得的全部价款和价外费用中扣除支付的分包款，应当取得符合法律、行政法规和国家税务总局规定的合法有效凭证，否则不得扣除。

(2)金融、保险业销售额的确认

①贷款服务，以提供贷款服务取得的全部利息及利息性质的收入为销售额。

金融机构开展贴现、转贴现业务，以其实际持有票据期间取得的利息收入作为贷款服务的销售额计算缴纳增值税。

②直接收费金融服务，以提供直接收费金融服务收取的手续费、佣金、酬金、管理费、服务费、经手费、开户费、过户费、结算费、转托管费等各类费用为销售额。

③金融商品转让，按照卖出价扣除买入价后的余额为销售额。

转让金融商品，以盈亏相抵后的余额为销售额。若相抵后出现负差，可结转下一纳税期与下期转让金融商品的销售额相抵；但年末仍出现负差的，不得转入下一个会计年度。

金融商品的买入价，可以选择按照加权平均法或者移动加权平均法进行核算，选择后 36

个月内不得变更。

金融商品转让，不得开具增值税专用发票。

④保险服务以收取的人身保险和财产保险的保费为销售额。

⑤经纪代理服务，以取得的全部价款和价外费用，扣除向委托方收取并代为支付的政府性基金或者行政事业性收费后的余额为销售额。向委托方收取的政府性基金或者行政事业性收费，不得开具增值税专用发票。

⑥融资租赁和融资性售后回租业务。

经人民银行、银监会或者商务部批准从事融资租赁业务的试点纳税人，提供融资租赁服务，以取得的全部价款和价外费用扣除支付的借款利息（包括外汇借款和人民币借款利息）、发行债券的利息和车辆购置税后的余额为销售额。

经人民银行、银监会或者商务部批准从事融资租赁业务的试点纳税人，提供融资性售后回租服务，以取得的全部价款和价外费用（不含本金）扣除对外支付的借款利息（包括外汇借款和人民币借款利息）、发行债券的利息后的余额为销售额。

试点纳税人根据2016年4月30日前签订的有形动产融资性售后回租合同，在合同到期前提供的有形动产融资性售后回租服务，可继续按照有形动产融资租赁服务缴纳增值税。

继续按照有形动产融资租赁服务缴纳增值税的试点纳税人，经人民银行、银监会或者商务部批准从事融资租赁业务的，根据2016年4月30日前签订的有形动产融资性售后回租合同，在合同到期前提供的有形动产融资性售后回租服务，可以选择以下方法之一计算销售额：

一是以向承租方收取的全部价款和价外费用，扣除向承租方收取的价款本金，以及对外支付的借款利息（包括外汇借款和人民币借款利息）、发行债券的利息后的余额为销售额。

纳税人提供有形动产融资性售后回租服务，计算当期销售额时可以扣除的价款本金为书面合同约定的当期应当收取的本金；无书面合同或者书面合同没有约定的，为当期实际收取的本金。

试点纳税人提供有形动产融资性售后回租服务，向承租方收取的有形动产价款本金，不得开具增值税专用发票，可以开具普通发票。

二是以向承租方收取的全部价款和价外费用扣除支付的借款利息（包括外汇借款和人民币借款利息）、发行债券的利息后的余额为销售额。

经商务部授权的省级商务主管部门和国家经济技术开发区批准的从事融资租赁业务的试点纳税人，2016年5月1日后实收资本达到1.7亿元的，从达到标准的当月起按照上述规定执行；2016年5月1日后实收资本未达到1.7亿元但注册资本达到1.7亿元的，在2016年7月31日前仍可按照上述规定执行；2016年8月1日后开展的融资租赁业务和融资性售后回租业务，不得按照上述规定执行。

（3）转让不动产销售额的确认

①一般纳税人销售其2016年4月30日前取得（不含自建）的不动产，适用一般计税方法计税的，以取得的全部价款和价外费用为销售额计算应纳税额。上述纳税人应以取得的全部价款和价外费用减去该项不动产的购置原价或者取得不动产时的作价后的余额，按照5%的预征率在不动产所在地预缴税款。

②一般纳税人销售其2016年4月30日前自建的不动产，适用一般计税方法计税的，应以取得的全部价款和价外费用为销售额计算应纳税额。纳税人应以取得的全部价款和价外费用，按照5%的预征率在不动产所在地预缴税款。

③一般纳税人销售其2016年5月1日后取得(不含自建)的不动产,应适用一般计税方法,以取得的全部价款和价外费用为销售额计算应纳税额。纳税人应以取得的全部价款和价外费用减去该项不动产的购置原价或者取得不动产时的作价后的余额,按照5%的预征率在不动产所在地预缴税款。

④一般纳税人销售其2016年5月1日后自建的不动产,应适用一般计税方法,以取得的全部价款和价外费用为销售额计算应纳税额。纳税人应以取得的全部价款和价外费用,按照5%的预征率在不动产所在地预缴税款。

⑤房地产开发企业中的一般纳税人销售其开发的房地产项目(选择简易计税方法的房地产老项目除外),以取得的全部价款和价外费用扣除受让土地时向政府部门支付的土地价款后的余额为销售额。

⑥房地产开发企业中的一般纳税人销售房地产老项目,以及一般纳税人出租其2016年4月30日前取得的不动产,适用一般计税方法计税的,应以取得的全部价款和价外费用,按照3%的预征率在不动产所在地预缴税款。

房地产老项目,是指"建筑工程施工许可证"注明的合同开工日期在2016年4月30日前的房地产项目。

⑦个人转让其购买的住房,按照以下规定缴纳增值税:

个人转让其购买的住房,按照有关规定全额缴纳增值税的,以取得的全部价款和价外费用为销售额,按照5%的征收率计算应纳税额。

个人转让其购买的住房,按照有关规定差额缴纳增值税的,以取得的全部价款和价外费用扣除购买住房价款后的余额为销售额,按照5%的征收率计算应纳税额。

个体工商户应按规定的计税方法向住房所在地主管地税机关预缴税款,向机构所在地主管国税机关申报纳税;其他个人应按规定的计税方法向住房所在地主管地税机关申报纳税。

(4)部分服务业销售额的确认

①航空运输企业的销售额不包括代收的机场建设费和代售其他航空运输企业客票而代收转付的价款。

②航空运输销售代理企业提供境外航段机票代理服务,以取得的全部价款和价外费用扣除向客户收取并支付给其他单位或者个人的境外航段机票结算款和相关费用后的余额为销售额。其中,支付给境内单位或者个人的款项,以发票或行程单为合法有效凭证;支付给境外单位或者个人的款项,以签收单据为合法有效凭证,税务机关对签收单据有疑义的,可以要求其提供境外公证机构的确认证明。

③航空运输销售代理企业提供境内机票代理服务,以取得的全部价款和价外费用扣除向客户收取并支付给航空运输企业或其他航空运输销售代理企业的境内机票净结算款和相关费用后的余额为销售额。其中,支付给航空运输企业的款项,以国际航空运输协会(IATA)开账与结算计划(BSP)对账单或航空运输企业的签收单据为合法有效凭证;支付给其他航空运输销售代理企业的款项,以代理企业之间的签收单据为合法有效凭证。

④一般纳税人提供客运场站服务,以取得的全部价款和价外费用扣除支付给承运方运费后的余额为销售额。

⑤纳税人提供旅游服务,可以选择以取得的全部价款和价外费用扣除向旅游服务购买方收取并支付给其他单位或者个人的住宿费、餐饮费、交通费、签证费、门票费和支付给其他接团旅游企业的旅游费用后的余额为销售额。

⑥中国移动通信集团公司、中国联合网络通信集团有限公司、中国电信集团公司及其成员单位通过手机短信公益特服号为公益性机构接受捐赠服务，以取得的全部价款和价外费用扣除支付给公益性机构捐款后的余额为销售额。

⑦一般纳税人提供知识产权代理服务、货物运输代理服务和代理报关服务，以取得的全部价款和价外费用扣除向委托方收取并代为支付的政府性基金或行政事业性收费后的余额为销售额。向委托方收取并代为支付的政府性基金或行政事业性收费，不得开具增值税专用发票。

⑧一般纳税人提供国际货物运输代理服务，以取得的全部价款和价外费用扣除支付给国际运输企业的国际运输费后的余额为销售额。

上述一般纳税人从全部价款和价外费用中扣除的价款，应当取得符合法律、行政法规和国家税务总局规定的有效凭证；否则，不得扣除。

(5)含税销售额的换算

增值税属于价外税，纳税人在销售货物并开具发票时，应将销售额和增值税税额分项记录。但是，对于只能开具普通发票的纳税人，由于普通发票上价款和税款不能分别注明，因此就会出现将销售额与增值税税额合并定价的方法，从而出现了含税销售额。为了准确计算应纳税额，需要将含税销售额换算成不含税销售额，计算公式如下：

$$不含税销售额=\frac{含税销售额}{1+增值税税率}$$

3. 进项税额

进项税额是指纳税人购进货物、劳务、服务、无形资产、不动产所支付或负担的增值税税额。这个概念包括两层含义：第一，增值税税额是销售方于价外收取的，因此，进项税额实际上是购货方支付给销售方的税额；第二，进项税额是发票上注明的，或者按照规定的扣除率计算出来的。

(1)准予抵扣进项税额的一般规定

按照规定，准予从销项税额中抵扣的进项税额限于下列增值税扣税凭证上注明的增值税税额和按规定的扣除率计算的进项税额。增值税扣税凭证是指增值税专用发票、海关进口增值税专用缴款书、农产品收购发票、农产品销售发票和完税凭证。

①从销售方取得的增值税专用发票上注明的增值税税额。

②从海关取得的海关进口增值税专用缴款书上注明的增值税税额。

纳税人进口货物，凡已缴纳了进口环节增值税的，不论其是否已经支付货款，其取得的海关进口增值税专用缴款书均可作为增值税进项税额抵扣凭证，在规定的期限内申报抵扣进项税额。

③纳税人购进农产品，按下列规定抵扣进项税额：

a. 除下面第 b 项规定外，纳税人购进农产品，取得一般纳税人开具的增值税专用发票或海关进口增值税专用缴款书的，以增值税专用发票或海关进口增值税专用缴款书上注明的增值税税额为进项税额；从按照简易计税方法依照 3%征收率计算缴纳增值税的小规模纳税人取得增值税专用发票的，以增值税专用发票上注明的金额和 9%的扣除率计算进项税额；取得(开具)农产品销售发票 或收购发票的，以农产品销售发票或收购发票上注明的农产品买价和 9%的扣除率计算进项税额。

b. 纳税人购进用于生产销售或委托加工 13%税率货物的农产品，按照 10%的扣除率计算进项税额。

纳税人从批发、零售环节购进适用免征增值税政策的蔬菜、部分鲜活肉蛋而取得的普通发票,不得作为计算抵扣进项税额的凭证。

c. 纳税人购进农产品既用于生产销售或委托受托加工13%税率货物,又用于生产销售其他货物服务的,应当分别核算用于生产销售或委托受托加工13%税率货物和其他货物服务的农产品的进项税额;未分别核算的,统一以增值税专用发票或海关进口增值税专用缴款书上注明的增值税税额为进项税额,或以农产品收购发票或销售发票上注明的农产品买价和9%的扣除率计算进项税额。

d. 继续推进农产品增值税进项税额核定扣除试点,纳税人购进农产品的进项税额已实行核定扣除的,仍按照《财政部、国家税务总局关于在部分行业试行农产品增值税进项税额核定扣除办法的通知》(财税〔2012〕38号)、《财政部、国家税务总局关于扩大农产品增值税进项税额核定扣除试点行业范围的通知》(财税〔2013〕57号)执行。其中,《农产品增值税进项税额核定扣除试点实施办法》(财税〔2012〕38号)第四条第(二)项规定的扣除率调整为9%;第(三)项规定的扣除率调整为按第a项、第b项规定执行。

④增值税一般纳税人自用的应征消费税的摩托车、汽车、游艇,其进项税额准予从销项税额中抵扣。但是,如果购进的摩托车、汽车、游艇用于简易计税方法计税项目、免征增值税项目、集体福利或者个人消费以及发生非正常损失,其进项税额不得抵扣。

⑤增值税一般纳税人从境外单位或者个人购进服务、无形资产或者不动产,按照规定应当扣缴增值税的,准予从销项税额中抵扣的进项税额为自税务机关或者扣缴义务人取得的解缴税款的完税凭证上注明的增值税税额。

纳税人凭完税凭证抵扣进项税额的,应当具备书面合同、付款证明和境外单位的对账单或者发票;资料不全的,其进项税额不得从销项税额中抵扣。

⑥增值税一般纳税人购进货物或者接受加工、修理修配劳务,用于《销售服务、无形资产或者不动产注释》所列项目的,不属于《增值税暂行条例》第十条所称的用于非增值税应税项目,其进项税额准予从销项税额中抵扣。

⑦自2018年1月1日起,纳税人租入固定资产、不动产,既用于一般计税方法计税项目,又用于简易计税方法计税项目、免征增值税项目、集体福利或者个人消费的,其进项税额准予从销项税额中全额抵扣 。

⑧提供保险服务的纳税人以实物赔付方式承担机动车辆保险责任的,自行向车辆修理劳务提供方购进的车辆修理劳务,其进项税额可以按规定从保险公司销项税额中抵扣。以现金赔付方式承担机动车辆保险责任的,将应付给被保险人的赔偿金直接支付给车辆修理劳务提供方,不属于保险公司购进车辆修理劳务,其进项税额不得从保险公司销项税额中抵扣 。

⑨按规定不得抵扣且未抵扣进项税额的固定资产、无形资产、不动产,发生用途改变,用于允许抵扣进项税额的应税项目,可在用途改变的次月按照下列公式,依据合法有效的增值税扣税凭证,计算可以抵扣的进项税额:

$$\text{可以抵扣的进项税额}=\frac{\text{固定资产、无形资产、不动产净值}}{1+\text{适用税率}}\times\text{适用税率}$$

(2)不得抵扣的进项税额

按照规定,纳税人下列项目的进项税额不得从销项税额中抵扣:

①用于简易计税方法计税项目、免征增值税项目、集体福利或者个人消费的购进货物、劳务、服务、无形资产和不动产。其中涉及的固定资产、无形资产、不动产,仅指专用于上述项目

的固定资产、无形资产(不包括其他权益性无形资产)、不动产。

纳税人的交际应酬消费属于个人消费。

②非正常损失的购进货物,以及相关的加工、修理修配劳务和交通运输服务。

非正常损失,是指因管理不善造成货物被盗、丢失、霉烂变质,以及因违反法律法规造成货物或者不动产被依法没收、销毁、拆除的情形。

③非正常损失的在产品、产成品所耗用的购进货物(不包括固定资产),加工、修理修配劳务和交通运输服务。

④非正常损失的不动产,以及该不动产所耗用的购进货物、设计服务和建筑服务。

⑤非正常损失的不动产在建工程所耗用的购进货物、设计服务和建筑服务。纳税人新建、改建、扩建、修缮、装饰不动产,均属于不动产在建工程。

上述第④项、第⑤项所称货物,是指构成不动产实体的材料和设备,包括建筑装饰材料和给排水、采暖、卫生、通风、照明、通信、煤气、消防、中央空调、电梯、电气、智能化楼宇设备及配套设施。

⑥购进的贷款服务、餐饮服务、居民日常服务和娱乐服务。

⑦纳税人接受贷款服务向贷款方支付的与该笔贷款直接相关的投融资顾问费、手续费、咨询费等费用。

⑧纳税人取得的增值税扣税凭证不符合法律、行政法规或者国家税务总局有关规定的。

⑨财政部和国家税务总局规定的其他项目。

⑩适用一般计税方法的纳税人,兼营简易计税方法计税项目、免征增值税项目而无法划分不得抵扣的进项税额,按照下列公式计算不得抵扣的进项税额:

$$\text{不得抵扣的进项税额}=\frac{\text{当期无法划分的全部进项税额}\times(\text{当期简易计税方法计税项目销售额}+\text{免征增值税项目销售额})}{\text{当期全部销售额}}$$

主管税务机关可以按照上述公式,依据年度数据对不得抵扣的进项税额进行清算。

⑪已抵扣进项税额的固定资产、无形资产,发生规定不得抵扣销项税额情形的,按照下列公式计算不得抵扣的进项税额:

$$\text{不得抵扣的进项税额}=\text{固定资产、无形资产净值}\times\text{适用税率}$$

固定资产、无形资产净值,是指纳税人根据财务会计制度计提折旧或摊销后的余额。

⑫已抵扣进项税额的购进货物(不含固定资产)、劳务、服务,发生规定不得抵扣销项税额情形(简易计税方法计税项目、免征增值税项目除外)的,应当将该进项税额从当期进项税额中扣减;无法确定该进项税额的,按照当期实际成本计算应扣减的进项税额。

(二)增值税简易计税方法应纳税额的计算

小规模纳税人销售货物或者加工、修理修配劳务,销售服务、无形资产、不动产,按简易计税方法计算缴纳增值税。

增值税一般纳税人发生财政部、国家税务总局规定的下列特定应税行为,可以选择适用简易计税方法计算缴纳增值税,但一经选择,36个月内不得变更:(1)应税服务;(2)建筑服务;(3)转让不动产;(4)不动产经营租赁服务;(5)提供物业管理服务。

简易计税方法的应纳税额是指按照销售额和增值税征收率计算的增值税税额,不得抵扣进项税额。采用简易计税方法的应纳税额的计算公式如下:

$$\text{应纳税额}=\text{销售额}\times\text{征收率}$$

简易计税方法的销售额与增值税一般纳税人采用一般计税方法计算应纳增值税的销售额

的内容一致，是销售货物或者加工、修理修配劳务，销售服务、无形资产、不动产向购买方（接受方）收取的全部价款和价外费用，但不包括按征收率收取的增值税税额。

纳税人采用销售额和应纳税额合并定价方法的，按照下列公式计算销售额：

$$\text{销售额}=\frac{\text{含税销售额}}{1+\text{征收率}}$$

二、一般纳税人销项税额的税收筹划

增值税一般纳税人销项税额税收筹划的关键在于销售额。对销售额的筹划大体包括销售价格、销售方式、结算方式、分解销售额等几个方面。

（一）销售价格的税收筹划

1. 充分利用定价自主权进行税收筹划

在市场经济条件下，企业拥有法律所赋予的充分的定价自主权，增值税相关法规对企业产品定价的幅度没有具体限定。增值税纳税人作为市场法人主体，可以在有着共同利益的关联企业之间通过转移价格和利润的方式开展税收筹划。与之相关的定价策略主要包括：关联企业之间合作定价，以减轻企业之间的主体税负；薄利多销，从而获得更多经营收益。

【案例 2－5】 A、B、C 为集团公司内部三家独立核算的企业，彼此存在着购销关系：A 生产的产品可以作为 B 的原材料，B 制造的产品的 80％提供给 C，各企业的生产周期均为 3 个月，有关资料如表 2—4 所示。

表 2—4　　A、B、C 三家企业的相关生产情况

企业名称	增值税税率（％）	生产数量（件）	正常市价（元）	转移价格（元）
A	13	2 000	500	400
B	13	2 000	600	500
C	13	1 600	700	700

注：以上价格均为含税价。

假设 A 的进项税额为 80 000 元，市场平均年利率为 2％。如果三家企业均按正常市场价格结算货款，则应纳增值税税额如下：

$$A\text{应纳增值税税额}=\frac{2\,000\times500}{1+13\%}\times13\%-80\,000=35\,044.25(\text{元})$$

$$B\text{应纳增值税税额}=\frac{2\,000\times600}{1+13\%}\times13\%-115\,044.25=23\,008.85(\text{元})$$

$$C\text{应纳增值税税额}=\frac{1\,600\times700}{1+13\%}\times13\%-138\,053.10\times80\%=18\,407.08(\text{元})$$

集团公司合计应纳增值税税额＝35 044.25＋23 008.85＋18 407.08＝76 460.18（元）

当三家企业采用转移价格定价进行增值税筹划时，应纳增值税情况如下：

$$A\text{应纳增值税税额}=\frac{2\,000\times400}{1+13\%}\times13\%-80\,000=12\,035.40(\text{元})$$

$$B\text{应纳增值税税额}=\frac{1\,600\times500+400\times600}{1+13\%}\times13\%-92\,035.40=27\,610.62(\text{元})$$

$$C\text{应纳增值税税额}=\frac{1\,600\times700}{1+13\%}\times13\%-\frac{1\,600\times500}{1+13\%}\times13\%=36\,814.16(\text{元})$$

集团公司合计应纳增值税税额＝12 035.40＋27 610.62＋36 814.16＝76 460.18（元）

就静态的总额来看，前后应纳的增值税税额完全相同，但集团公司总体税负的减轻恰恰隐藏在这一看似相同的数额中。在此，具有决定性作用的是集团公司纳税时间差异带来的资金的时间价值。由于三家企业的生产具有连续性，这就使得当期本应由A缴纳的税款相对减少23 008.85元(35 044.25－12 035.40)，延至第二期通过B缴纳，从而使得B第二期与C第三期应缴纳的税额分别增加了4 601.77元(27 610.62－23 008.85)和18 407.08元(36 814.16－18 407.08)。考虑到资金的时间价值——各企业生产周期为3个月的情况下，可将增减金额折合为现值，则该集团公司通过转移定价使得总税负下降了2 327.5元$\left[23\,008.85-\frac{4\,601.77}{(1+2\%)^3}-\frac{18\,407.08}{(1+2\%)^6}\right]$。

2. 避免价外费用并入销售额的税收筹划

增值税一般纳税人应税销售行为中的价外费用如果并入销售额计算销项税额，由于13%的税率比较高，其可以抵扣的进项税额又很少，因此会带来比较重的税收负担。所以，对销售过程中的价外费用应该尽量回避。

当销售对象为增值税一般纳税人时，由于增值税专用发票互相制约，降低销售额意味着降低购买者的购进额及进项税额，因此，不能采取少开专用发票、降低销售额的做法，但可以采取联营方式、股份合作方式或者固定资产投资方式收取价外费用，避免价外收入；对于随同货物销售的包装物，要单独处理，不要计入销售收入；销售货物后的加计收入或者价外补贴收入，可以考虑与销售额分开收取，转作其他项目收入，尽量不计入销售收入。

当销售对象为小规模纳税人或者消费者时，由于销售对象不需要专用发票计算抵扣进项税额，因此，在销售货物时，如果价外费用一同收取，那么，只需要降低售价，减少的那部分价款在其他业务收入核算即可。

【案例2－6】 新知公司为生产家具的工业企业。其销售家具分为两个部分：一部分为门市部零售，销售额为300万元，随同家具收取包装物费用5万元；另一部分为直接销售给消费者，销售额为100万元，同时收取运输费用3万元。假定不考虑进项税额，该公司应如何进行税收筹划才能减少应纳税额？

税收筹划前的当期销项税额$=\frac{300+5+100+3}{1+13\%}\times13\%=46.94$(万元)

将门市部销售收取的包装物费用以仓库名义另收取包装费；将公司车队独立，运输费用以公司车队名义收取。

税收筹划后的当期销项税额$=\frac{300+100}{1+13\%}\times13\%=46.08$(万元)

运输费应纳增值税$=\frac{3}{1+9\%}\times9\%=0.25$(万元)

包装费应纳增值税$=\frac{5}{1+6\%}\times6\%=0.28$(万元)

与税收筹划前相比，税收筹划后该公司的增值税销项税额减少了0.33万元(46.94－46.08－0.25－0.28)。

需要特别补充的是，无论是把自营运费转成外购运费，还是把运费补贴收入转成代垫运费，都必然会增加相应的转换成本，如设立运输子公司的开办费、管理费等支出。当节税额大于转换支出时，说明税收筹划是成功的；反之，当节税额小于转换支出时，则应维持原状。另外，运费在转换过程中可能会遇到一些非经济因素障碍，实际运作中也应予以考虑。

(二)销售方式的税收筹划

在企业的销售活动中,为了达到促销的目的,往往采取多种多样的销售方式。一般情况下,企业的促销方式有打折销售、以旧换新销售、购买商品按比例返还销售、购买商品赠送礼品销售等。企业应根据税法的规定,选择有利于企业降低税收负担的方式进行税收筹划。

1. 折扣销售

纳税人销售过程中的折扣分为两种:商业折扣和现金折扣。

商业折扣也称价格折扣或折扣销售,是销货方为鼓励购货方增加购买数量而给予的价格优惠,即购买数量越多,价格越低。商业折扣一般从销售价格中直接扣除,即购买方的价款和销售方所收的货款都是按打折后的售价来计算。在大多数情况下,销售额和折扣额需要在同一张发票上注明。① 但纳税人销售货物并向购买方开具增值税专用发票后,由于购买方在一定时期内累计购买货物达到一定数量,或者由于市场价格下降等原因,销货方给予购买方相应的价格优惠或补偿等折扣、折让行为,销货方也可按现行有关规定开具红字增值税专用发票。

现金折扣也称销售折扣,是销货方为鼓励购买方在一定期限内早日偿还货款而给予购买方的一种债务扣除。例如,某企业销售一批商品,付款条件为:2/10,1/20,n/30。这表示,如果购买方在10日内付款,货款折扣为2%;20日内付款,货款折扣为1%;30日内付款,要全额支付。现金折扣发生在销货后,是一种融资性理财费用,因此,税法规定现金折扣不得从销售额中扣除。

在理解以折扣方式销售货物时,还需要注意以下两点:第一,必须将现金折扣与销售折让准确区分。销售折让是指货物销售后,由于其品种、质量等原因,购货方未退货但销货方需给予购货方的一种价格折让。销售折让与现金折扣相比,虽然两者都是在货物销售后发生的,但因为销售折让是由于货物的品种和质量引起的销售额的减少,所以,对销售折让可以折让后的货款为销售额。第二,商业折扣仅限于货物价格的折扣,如果销货方将自产、委托加工和购买的货物用于实物折扣,则该实物的款额或折合的价值量不能从货物销售额中减除,且该实物应按"视同销售货物"中的"赠送他人"计算征收增值税。

【案例2—7】 某大型商场是增值税一般纳税人,购货均能取得增值税专用发票。该商场为促销欲采用三种方式:一是商品七折销售;二是购物满200元赠送价值60元的商品(成本为40元,均为含税价);三是购物满200元返还60元现金。假定该商场的销售利润率为40%,即售价200元的商品,其成本为120元。如果消费者购买200元商品,当仅考虑增值税负担时,该商场选择哪种促销方式最有利?

①商品七折销售时,价值200元的商品的售价为140元(200×70%),应纳增值税为:

$$\frac{140}{1+13\%}\times 13\%-\frac{120}{1+13\%}\times 13\%=2.3(\text{元})$$

②购物满200元赠送价值60元的商品时,应纳增值税为:

$$\frac{200}{1+13\%}\times 13\%-\frac{120}{1+13\%}\times 13\%=9.2(\text{元})$$

赠送60元商品视同销售,应纳增值税为:

---

① 国家税务总局发布的《关于折扣额抵减增值税应税销售额问题的通知》(国税函〔2010〕56号)规定,纳税人采取折扣方式销售货物,销售额和折扣额在同一张发票上分别注明,是指销售额和折扣额在同一张发票上的"金额"栏中分别注明,可按折扣后的销售额征收增值税;未在同一张发票上的"金额"栏中注明折扣额而仅在"备注"栏中注明折扣额的,折扣额不得从销售额中减除。

$$\frac{60}{1+13\%}\times13\%-\frac{40}{1+13\%}\times13\%=2.3(\text{元})$$

合计应纳增值税＝9.2＋2.3＝11.5(元)

此时，商场赠送给消费者的商品还应缴纳个人所得税。根据国税函〔2000〕57号的规定，为其他单位或部门的有关人员发放现金、实物等，应由支付单位代扣代缴个人所得税。为保证让利于消费者，商场赠送的价值60元的商品应不含个人所得税，该税应由商场承担，因此，赠送该商品时商场需代缴消费者偶然所得个人所得税15元[60÷(1－20%)×20%]。

③销售200元商品返还现金60元时，应纳增值税为：

$$\frac{200}{1+13\%}\times13\%-\frac{120}{1+13\%}\times13\%=9.2(\text{元})$$

商场向消费者返还现金时需代缴消费者偶然所得个人所得税15元[60÷(1－20%)×20%]。

上述三种方案中，在只考虑企业增值税负担时，方案①最优，此时，企业上缴的增值税税额最少。

2. 以旧换新

以旧换新是指纳税人在销售货物时，以一定的价格同时收回相关旧货，以达到促销的目的。根据增值税相关税法的规定，因为销售货物和有偿收购旧货是两项不同的业务活动，销售额与收购额不能相互抵减，所以，对于使用以旧换新方式销售商品的企业而言，应按新货物的同期销售价格确定销售额，不得冲减旧货物的收购价格。

3. 以物易物

以物易物是指交易双方不以货币结算，而是以同等价款的货物相互交换，以实现货物购销的一种交易方式。根据增值税相关税法的规定，纳税人采取以物易物方式销售货物的，应以各自发出的货物视同销售，计算销售额和销项税额；以各自收到的货物视同购进，计算购货额和进项税额。对纳税人以低于正常价格作价销售的，由主管税务机关根据纳税人当月同类产品的平均销售价格作价或最近时期同类产品平均销售价核定其销售额。

【案例2—8】 甲为生产棉布的企业，乙为加工服装的企业。经认定，甲、乙均为增值税一般纳税人。由于棉布价格处于上涨趋势，而服装价格处于下跌趋势，乙企业预测未来市场以棉布加工的休闲服装利润较高，而目前资金紧张；甲企业则考虑将该批服装作为本企业职工的工作服。因此，甲企业和乙企业签订物物交换协议，甲企业以成本为6万元、市场价为9万元、作价10万元的棉布置换乙企业积压的成本为9万元、市场价为11万元、作价10万元的服装。假定银行同期贷款利率为5.68%。

甲企业缴纳增值税的情况：

换出商品的销项税额＝9×13%＝1.17(万元)

换入商品的进项税额＝11×13%＝1.43(万元)

该项业务应纳增值税税额＝1.17－1.43＝－0.26(万元)

乙企业缴纳增值税的情况：

换出商品的销项税额＝11×13%＝1.43(万元)

换入商品的进项税额＝9×13%＝1.17(万元)

该项业务应纳增值税税额＝1.43－1.17＝0.26(万元)

从上述计算结果可以看出，甲企业减少了销项税额0.13万元[(10－9)×13%]，增加了进项税额 0.13 万元[(11－10)×13%]，应纳增值税税额为－0.26 万元；而乙企业增加了销项税额 0.13 万元[(11－10)×13%]，减少了进项税额 0.13 万元[(10－9)×13%]，应纳增值税税额为 0.26 万元。对于甲企业而言，降低了增值税税负 0.26 万元；对于乙企业而言，增加了增值税税负 0.26 万元，资金成本率为 2.89%(0.26÷9×100%)，低于银行同期贷款利率 5.68%，对于国家税收收入未产生任何影响。

(三)结算方式的税收筹划

企业的销售结算方式通常有直接收款、委托收款、托收承付、赊销或分期收款、预收款销售、委托代销等。不同结算方式的纳税义务发生时间是不同的。

根据规定，销售货物或者加工、修理修配劳务，销售服务、无形资产、不动产，增值税纳税义务发生的时间为收讫销售款项或者取得索取销售款项凭据的当日；如果先开具发票的，为开具发票的当日。在这里，按销售结算方式的不同，增值税纳税义务发生的具体规定为：采取直接收款方式销售货物，不论货物是否发出，均为收到销售款或者取得索取销售款凭据的当日；采取托收承付和委托银行收款方式销售货物，为发出货物并办妥托收手续的当日；采取赊销和分期收款方式销售货物，为书面合同约定的收款日期的当日，无书面合同或者书面合同没有约定收款日期的，为货物发出的当日；采取预收货款方式销售货物，为货物发出的当日，但生产工期超过 12 个月的大型机械设备、船舶、飞机等货物，为收到预收款或者书面合同约定的收款日期的当日；委托其他纳税人代销货物，为收到代销单位的代销清单或收到全部或部分货款的当日；未收到代销清单及货款的，为发出代销货物满 180 日的当日；销售应税劳务，为提供劳务的同时收讫销售款或者取得索取销售款凭据的当日；纳税人发生视同销售货物行为的，为货物移送的当日。

与销售结算方式相关的增值税税收筹划就是在税法允许的范围内，尽量采取对本企业有利的结算方式，推迟纳税时间，获得纳税期的递延。[①] 在实际操作中，采取收款与开具发票同步进行的原则，即在征得采购方理解的基础上，未收到货款不开发票，这样可以达到递延纳税的目的；尽量避免采用托收承付和委托收款的结算方式，以防垫付税款；在不能及时收到货款的情况下，采用赊销或分期收款的结算方式，避免垫付税款；尽可能采用支票、银行本票和汇兑结算方式销售；多用折扣销售，少用销售折扣。

1. 充分利用赊销和分期收款方式进行税收筹划

赊销和分期收款结算方式都以合同约定日期为纳税义务发生时间，这就表示，在纳税义务发生时间的确定上，企业有充分的自主权和筹划空间。因此，企业在销售过程中，在应收货款一时无法收回或部分无法收回的情况下，可选择赊销或分期收款结算方式，尽量回避直接收款方式。采用直接收款方式，不论货款是否收回，都应在提货单移交并办理索要销售凭据之日计提增值税销项税额，承担纳税义务。企业可以充分利用赊销和分期收款结算方式，有效推迟增值税纳税时间。

【案例 2—9】 红枫纸业集团为增值税一般纳税人，2019 年 10 月发生销售业务 4 笔，共计 4 000 万元(含税)，货物已全部发出。其中，两笔业务共计 2 400 万元，货款两清；一笔业务为 600 万元，2 年后一次结清；还有一笔业务一年后付 500 万元，一年半后付 300 万元，余款 200 万元 2 年后结清。假定市场年利率为 2%，请结合直接收款、赊销和分期收款结算方式的具体

---

① 纳税期的递延也称延期纳税，即按照税收法规的相关规定，经税务部门批准，允许企业在规定的期限内分期或延期缴纳税款。

规定，对该集团的增值税业务进行税收筹划。

如果该集团全部采用直接收款方式，则应在当月将货款全部计算为销售额，计提增值税销项税额。

$$销项税额=\frac{4\ 000}{1+13\%}\times13\%=460.18(万元)$$

在货物已发出的情况下，其中的1 600万元货款实际并未收到。按照税法的规定，企业必须按照销售额全部计提增值税销项税额，同时垫付应缴增值税税金。

对于未收到的600万元和1 000万元两笔应收账款，如果企业在货款结算中分别采用赊销和分期收款结算方式，则既能推迟纳税，又不违反税法的规定，可达到延缓纳税的目的。

假设以月底发货计算，可推迟缴纳的增值税销项税额的具体金额及天数为：

$\frac{600+200}{1+13\%}\times13\%=92.04$(万元)，天数为730日(2年)

$\frac{300}{1+13\%}\times13\%=34.51$(万元)，天数为548日(1.5年)

$\frac{500}{1+13\%}\times13\%=57.52$(万元)，天数为365日(1年)

在此情况下，企业可节约的流动资金利息支出为：

$92.04\times2\%\times2+34.51\times2\%\times1.5+57.52\times2\%\times1=5.87$(万元)

可见，采用赊销和分期收款结算方式可以达到推迟纳税的效果，既能为企业节约大量流动资金，又能为企业节约大量银行利息支出。

2. 利用委托代销方式销售货物进行税收筹划

委托代销商品是指委托方将商品交给受托方，受托方根据合同要求将商品出售后，开具销货清单交给委托方，这时，委托方才确认销售收入的实现并计提增值税销项税额，确认纳税义务的发生。根据这一原理，如果企业的产品销售对象是商业企业，且在商业企业实现销售后再付款结算，则可采用委托代销、托收承付和委托银行收款等结算方式。这样，企业可以根据其实际收到的货款分期计算销项税额，从而延缓纳税。

【案例2—10】 顺达企业为增值税一般纳税人，2019年7月向外地A公司销售货物，含税价为226万元，货款结算采用销售后付款方式。当年10月，顺达企业收到A公司汇来的部分货款60万元。请比较委托代销与购进后销售两种方式，分析哪一种方式对顺达企业更有利。

如果顺达企业按照委托代销方式处理，则7月份可不计提增值税销项税额，10月份按规定向代销单位索取销货清单并计算销售额和增值税销项税额，即：

$\frac{60}{1+13\%}\times13\%=6.9$(万元)

对于未收到销货清单的货款，可暂缓申报增值税销项税额。

如果不按委托代销处理，而作为购进后销售，则7月份必须全部计算增值税销项税额，即：

$\frac{226}{1+13\%}\times13\%=26$(万元)

可见，此类业务选择委托代销结算方式进行税收筹划对企业更有利。

委托代销还有视同买断和收取手续费两种方式。视同买断代销方式的税收筹划与前述基本相同，受托方赚取实际价格与协议价格之差。收取手续费的代销方式与视同买断销售合计缴纳的增值税税额是相同的，但在收取手续费的方式下，受托方要缴纳增值税，而视同买断方式的代销也会受到一些限制。在实际经营活动中，企业要灵活选择代销方式和经营方式，才能达到税收筹划的目的。

【案例 2－11】[①] 利群商贸公司按照视同买断的方式为中华制衣厂代销品牌服装，中华制衣厂以 800 元/件(不含税)出售服装给利群商贸公司，利群商贸公司再按 1 000 元/件(不含税)对外销售。利群商贸公司共销售服装 100 件，假设本月中华制衣厂购进货物的进项税额为 7 000 元。暂不考虑地方教育费附加，应如何进行税收筹划。

在现行方案下，利群商贸公司和中华制衣厂的纳税情况如下：

利群商贸公司应纳增值税＝1 000×100×13%－800×100×13%＝2 600(元)

利群商贸公司应纳城市维护建设税及教育费附加＝2 600×(7%＋3%)＝260(元)

利群商贸公司共缴纳税额＝2 600＋260＝2 860(元)

中华制衣厂应纳增值税＝800×100×13%－7 000＝3 400(元)

中华制衣厂应纳城市维护建设税及教育费附加＝3 400×(7%＋3%)＝340(元)

中华制衣厂共缴纳税额＝3 400＋340＝3 740(元)

两家公司共缴纳税额＝2 860＋3 740＝6 600(元)

假设利群商贸公司用收取手续费的方式为中华制衣厂代销品牌服装，销售单价为 1 000 元/件(不含税)，每件收取手续费 200 元(不含税)。本月利群商贸公司共销售服装 100 件，收取手续费 20 000 元。其他资料不变，则双方纳税情况如下：

利群商贸公司应纳增值税＝20 000×6%＝1 200(元)

利群商贸公司应纳城市维护建设税及教育费附加＝1 200×(7%＋3%)＝120(元)

利群商贸公司共缴纳税额＝1 200＋120＝1 320(元)

中华制衣厂应纳增值税＝1 000×100×13%－7 000－1 200＝4 800(元)

中华制衣厂应纳城市维护建设税及教育费附加＝4 800×(7%＋3%)＝480(元)

中华制衣厂共缴纳税额＝4 800＋480＝5 280(元)

两家公司共缴纳税额＝1 320＋5 280＝6 600(元)

在视同买断方式下，利群商贸公司多缴纳增值税 1 400 元(2 600－1 200)，多缴纳城市维护建设税及教育费附加 140 元(260－120)。但从两家公司合计缴纳税额角度看，两种方式下的应纳税额是相等的。因此，在代销业务中，受托方应选择收取手续费方式。

(四)分解销售额的税收筹划

根据规定，一般纳税人提供客运场站服务，以其取得的全部价款和价外费用扣除支付给承运方的运费后的余额为销售额；提供旅游服务，可以选择以取得的全部价款和价外费用扣除向旅游服务购买方收取并支付给其他单位或者个人的住宿费、餐饮费、交通费、签证费、门票费和支付给其他接团旅游企业的旅游费用后的余额为销售额；提供建筑服务适用简易计税方法的，以取得的全部价款和价外费用扣除支付的分包款后的余额为销售额；房地产开发企业中的一般纳税人销售其开发的房地产项目(选择简易计税方法的房地产老项目除外)，以取得的全部价款和价外费用扣除受让土地时向政府部门支付的土地价款后的余额为销售额；从事融资租赁业务的纳税人提供融资租赁服务，以取得的全部价款和价外费用扣除支付的借款利息(包括外汇借款和人民币借款利息)、发行债券利息和车辆购置税后的余额为销售额；从事融资租赁业务的纳税人提供融资性售后回租服务，以取得的全部价款和价外费用(不含本金)扣除对外

① 梁俊娇:《税收筹划》(第五版)，中国人民大学出版社 2016 年版，第 75 页。增值税适用税率按现行规定做了调整。

支付的借款利息(包括外汇借款和人民币借款利息)、发行债券利息后的余额为销售额。上述规定为纳税人提供了一定的税收筹划空间。

纳税人利用差额征税规定进行税收筹划时,从全部价款和价外费用中扣除的价款应当取得符合法律、行政法规和国家税务总局规定的有效凭证;否则,不得扣除。

【案例 2—12】 上海 A 旅行社主要从事组团出境旅游。为方便业务开展,该旅行社与某国外旅行社签订合作协议,规定出境后由国外旅行社负责接团及旅游事宜,但上海 A 旅行社必须派一名随团导游,导游费用由上海 A 旅行社支付。2019 年 11 月上海 A 旅行社组团出境游收取游客旅游费 500 万元,其中,支付给国外旅行社的旅游费 240 万元、导游报销境外费用 60 万元。考虑到要与国外旅行社签订下个月的合作协议,上海 A 旅行社应如何签订协议才有利于节税?

税收筹划前,上海 A 旅行社应纳增值税为:

$$\frac{500-240}{1+6\%}\times 6\%=14.72(\text{万元})$$

税收筹划后,上海 A 旅行社在与国外旅行社签订合作协议时约定,上海 A 旅行社派出随团导游的相关费用先由国外旅行社支付,然后由上海 A 旅行社将导游的相关费用并入应支付给国外旅行社的旅客旅游费一起支付,这样就可以增加扣除额,降低应税销售额。假定按照 2019 年 11 月的业务状况,上海 A 旅行社组团出境旅游支付给境外旅行社的旅游费用合计为 300 万元(240+60),则上海 A 旅行社应纳增值税为:

$$\frac{500-300}{1+6\%}\times 6\%=11.32(\text{万元})$$

经税收筹划后,上海 A 旅行社可少缴纳增值税 3.4 万元(14.72—11.32)。

三、一般纳税人进项税额的税收筹划

我国现行增值税实行的是购进扣税法,当期的应纳税额是当期销项税额大于当期进项税额的差额。因此,增值税一般纳税人在购进货物或者接受应税劳务(以下简称购进货物或者应税劳务)时,支付的进项税额凭借增值税扣税凭证进行抵扣。进项税额的大小和允许抵扣的时间直接影响当期应纳税额,可以尽早抵扣,合理选择供货方进行税收筹划。

(一)利用进项税额抵扣时间进行税收筹划

增值税一般纳税人进项税额抵扣的时间按下列规定执行:

(1)自 2017 年 7 月 1 日起,增值税一般纳税人取得的 2017 年 7 月 1 日及以后开具的增值税专用发票和机动车销售统一发票,应自开具之日起 360 日内认证或登录增值税发票选择确认平台进行确认,并在规定的纳税申报期内向主管国税机关申报抵扣进项税额。

(2)实行海关进口增值税专用缴款书“先比对,后抵扣”管理办法的增值税一般纳税人取得的 2017 年 7 月 1 日及以后开具的海关进口增值税专用缴款书,应自开具之日起 360 日内向主管国税机关报送“海关完税凭证抵扣清单”,申请稽核比对。

(3)一般纳税人取得的增值税专用发票、机动车销售统一发票以及专用缴款书未在规定期限内到税务机关办理认证、申报抵扣或者申请稽核比对的,不得作为合法的增值税扣税凭证,不得计算进项税额抵扣。

但是,增值税一般纳税人发生真实交易,由于客观原因造成增值税专用发票、海关进口增值税专用缴款书或机动车销售统一发票未能按照规定期限办理认证、确认或者稽核比对的,经

主管税务机关核实、逐级上报，由省国税局认证并稽核比对后，对比对相符的增值税扣税凭证，允许纳税人继续抵扣其进项税额。①

(4)增值税一般纳税人购进货物或应税劳务，其进项税额申报抵扣的时间按以下规定执行：工业生产企业购进货物(包括外购货物所支付的运输费用)，必须在购进的货物已经验收入库后才能申报抵扣进项税额；对货物尚未到达企业或尚未验收入库的，其进项税额不得作为纳税人的当期进项税额予以抵扣。商业企业购进货物(包括外购货物所支付的运输费用)，必须在购进的货物付款后才能申报抵扣进项税额；尚未付款或尚未开出承兑商业汇票的，其进项税额不得作为纳税人的当期进项税额予以抵扣。一般纳税人购进应税劳务，必须在劳务费用支付后才能申报抵扣进项税额，对接受应税劳务但尚未支付款项的，其进项税额不得作为纳税人的当期进项税额予以抵扣。

对于增值税一般纳税人而言，在购进货物或者接受应税劳务时，进项税额申报抵扣的时间直接影响当期的应纳税额。尽管这在整体上不会降低纳税人应税产品的税负，但可以延缓纳税，利用时间价值因素相对降低税负。利用进项税额抵扣时间进行税收筹划应注意：根据增值税税制的购进扣税法，工业生产企业购进货物(包括外购货物所支付的运输费用)，在购进的货物验收入库后就能申报抵扣，计入当期进项税额(当期进项税额不足以抵扣的部分可以结转至下期继续抵扣)。所以，工业企业应加快购进货物的验收入库工作，使抵扣时间提前。商业企业购进货物采取分期付款结算方式的，可以考虑将付款合同按照日期分成多个延期付款合同，这样，在每次付款时就可以抵扣进项税额了。

(二)合理选择供货方进行税收筹划

增值税实行凭增值税专用发票抵扣进项税制度，一般纳税人在日常业务中可以使用增值税专用发票，按规定的税率进行抵扣；而小规模纳税人日常不使用增值税专用发票，其使用的普通发票不能进行抵扣(农产品除外)，需要使用增值税专用发票时要去主管税务所代开，抵扣率也与一般纳税人有所不同。因此，纳税人在选择供货方时，需要考虑上述税收规定差异对纳税的影响。

一般纳税人在小规模纳税人处采购货物，在取得普通发票时不能进行抵扣(农产品除外)，在取得小规模纳税人主管税务所代开的增值税专用发票时抵扣率为3%，与一般纳税人采购货物的抵扣率有所不同。为了弥补抵扣率不同而造成的损失，一般纳税人往往要求小规模纳税人在货物销售价格上给予适当优惠。那么，在实际交易中，多少价格折让可以弥补上述损失呢？我们可以在理论上求得一个价格折让的临界点，并据此选择供货方。②

假设某一般纳税人从供货方甲(一般纳税人)处购货的金额(含税)为A，从供货方乙(小规模纳税人)处购货的金额(含税)为B，则：

从供货方甲处购货实现的利润为：

$$\begin{aligned}\text{净利润额}&=\text{销售额}-\text{购货成本}-\text{城市维护建设税及教育费附加}-\text{所得税}\\&=(\text{销售额}-\text{购货成本}-\text{城市维护建设税及教育费附加})\times(1-\text{所得税税率})\\&=\left[\text{销售额}-\frac{A}{1+\text{增值税税率}}-\left(\text{销售额}\times\text{增值税税率}-\frac{A}{1+\text{增值税税率}}\times\text{增值税税率}\right)\right.\\&\quad\left.\times(\text{城市维护建设税税率}+\text{教育费附加征收率})\right]\times(1-\text{所得税税率})\end{aligned}$$

① 国家税务总局发布《关于进一步优化增值税消费税有关涉税事项办理程序的公告》(国家税务总局公告2017年第36号)，自2018年1月1日起施行。

② 计金标：《税收筹划》(第六版)，中国人民大学出版社2016年版，第81页。增值税适用税率按现行规定做了调整。

从供货方乙处购货实现的利润为：

$$\text{净利润额}=\text{销售额}-\text{购货成本}-\text{城市维护建设税及教育费附加}-\text{所得税}$$

$$=(\text{销售额}-\text{购货成本}-\text{城市维护建设税及教育费附加})\times(1-\text{所得税税率})$$

$$=\left[\text{销售额}-\frac{B}{1+\text{征收率}}-\left(\text{销售额}\times\text{增值税税率}-\frac{B}{1+\text{征收率}}\times\text{征收率}\right)\right.$$

$$\left.\times(\text{城市维护建设税税率}+\text{教育费附加征收率})\right]\times(1-\text{所得税税率})$$

注意：以上销售额均为不含税销售额，征收率为税务所代开的增值税专用发票上注明的征收率。

当该纳税人从供货方甲与从供货方乙处购货所实现的利润相等时，得：

$$\frac{A}{1+\text{增值税税率}}\times\left[1-\begin{matrix}\text{增值税}\\\text{税率}\end{matrix}\times\left(\begin{matrix}\text{城市维护建}\\\text{设税税率}\end{matrix}+\begin{matrix}\text{教育费附}\\\text{加征收率}\end{matrix}\right)\right]=\frac{B}{1+\text{征收率}}\times\left[1-\text{征收率}\times\left(\begin{matrix}\text{城市维护建}\\\text{设税税率}\end{matrix}+\begin{matrix}\text{教育费附}\\\text{加征收率}\end{matrix}\right)\right]$$

当该纳税人适用的增值税税率为13%、城市维护建设税税率为7%、教育费附加征收率为3%时：

$$\frac{A}{1+13\%}\times(1-13\%\times10\%)=\frac{B}{1+3\%}\times(1-3\%\times10\%)$$

$$B=90.24\%\times A$$

也就是说，当小规模纳税人处的货物价格为一般纳税人处的货物价格的90.24%时，该纳税人从一般纳税人和小规模纳税人处采购物资所获得的利润是相等的。同理，我们可以获得纳税人适用增值税税率为9%或6%时的价格折让临界点（对于城市维护建设税税率的其他情况可同理计算）。

分别将一般纳税人增值税税率为13%、9%、6%和小规模纳税人征收率为3%代入上式，可以得到表2—5。

表2—5　　购货方选择的价格折让临界点

一般纳税人增值税税率	小规模纳税人征收率	价格折让临界点
13%	3%	90.24%
9%	3%	93.93%
6%	3%	96.88%

需要注意的是，如果一般纳税人采购的货物是用于在建工程、集体福利、个人消费等非应税项目，其选择方法同上，由于不能进行抵扣，因此，只需比较不同供货方的含税价格，选择较优惠的即可而无须考虑价格折让的临界点问题。价格折让临界点在选择供货方时并不是唯一的、决定性的因素，在实际经营中还需要考虑供货方的商业信誉、售后服务、产品性能等具体因素。

【案例2—13】 光明厨具公司（增值税一般纳税人）在外购钢材时，若从北方钢铁厂（一般纳税人，增值税税率为13%）处购入，每吨价格为50 000元（含税）；若从得平钢铁贸易公司（小规模纳税人）处购入，则可取得由税务所代开的征收率为3%的专用发票，含税价格为48 000元。已知城市维护建设税税率为7%，教育费附加征收率为3%。试判断光明厨具公司是否应从小规模纳税人处购货。[①]

由表2—5可知，本案例的价格折让临界点为90.24%，即临界点的价格为45 120元

① 计金标：《税收筹划》（第二版），中国人民大学出版社2006年版，第109页。增值税适用税率按现行规定做了调整。

(50 000×90.24%)，小规模纳税人的实际价格48 000元高于临界点的价格，因此，适宜从一般纳税人处采购钢材。

从利润角度来看，从北方钢铁厂购进钢材的净成本为：

$$\frac{50\ 000}{1+13\%}-\frac{50\ 000}{1+13\%}\times 13\%\times(7\%+3\%)=43\ 672.57(\text{元})$$

注：依进项税额计提的城市维护建设税和教育费附加可以抵减产品销售税金及附加。

从得平钢铁贸易公司购进钢材的净成本为：

$$\frac{48\ 000}{1+3\%}-\frac{48\ 000}{1+3\%}\times 3\%\times(7\%+3\%)=46\ 462.14(\text{元})$$

可以看出，从得平钢铁贸易公司购进钢材的成本大于从北方钢铁厂购进钢材的成本，因此，应选择从北方钢铁厂购入钢材。

企业在采购货物时，可根据价格折让临界点正确计算出临界点价格，将这一价格与从小规模纳税人处进货的价格进行比较，从中选择供货方，从而取得较大的税后收益。

（三）兼营简易计税方法计税项目或免税项目进项税额的税收筹划

增值税一般纳税人兼营简易计税方法计税项目或免征增值税项目，应当正确划分不得抵扣的进项税额。应税项目与简易计税方法计税项目或免征增值税项目的进项税额可以准确划分的，用于生产应税项目产品的进项税额可按规定抵扣，用于生产简易计税方法计税项目或免征增值税项目产品的进项税额不得抵扣。对无法划分不得抵扣的进项税额的，按照下列公式计算不得抵扣的进项税额：

$$\text{不得抵扣的进项税额}=\text{当期无法划分的全部进项税额}\times\frac{\text{当期简易计税方法计税项目销售额}+\text{免征增值税项目销售额}}{\text{当期全部销售额}}$$

纳税人可将按照上述公式计算的不得抵扣的进项税额与实际实行简易计税方法计税项目或免征增值税项目不得抵扣的进项税额进行对比。如果前者大于后者，则应准确划分两类不同的进项税额，并按规定转出进项税额；如果前者小于后者，则无须准确划分，而是按公式计算结果确定不得抵扣的进项税额。

【案例2－14】①　某网球馆（增值税一般纳税人）既提供网球场地及器械以供网球爱好者活动，又销售网球相关器械。某月，该网球馆从体育器械公司购进网球相关器械，取得的增值税专用发票上注明价款为100万元、增值税税款为13万元。当月，该批器械的50%用于销售，取得不含税收入200万元；另外50%用于网球爱好者的活动，取得含税收入900万元。该网球馆应如何进行税收筹划？

根据规定，一般纳税人的文化体育服务可选择简易计税方法计税，适用3%的征收率。

如果该纳税人对销售文化体育活动选择一般计税方法，进项税额可全部抵扣：

$$\text{应纳增值税}=200\times 13\%+\frac{900}{1+6\%}\times 6\%-13=63.94(\text{万元})$$

如果该纳税人对销售文化体育活动选择简易计税方法计税，则根据进项税额是否准确划分来确定不得抵扣的进项税额金额：

①不能准确划分不得抵扣的进项税额：

$$\text{不得抵扣的进项税额}=13\times\frac{900\div 1.03}{200+900\div 1.03}=10.58(\text{万元})$$

---

①　梁俊娇：《税收筹划》（第五版），中国人民大学出版社2016年版，第84页。

应纳增值税 $=200\times13\%+\frac{900}{1+3\%}\times3\%-(13-10.58)=49.79$（万元）

②能准确划分不得抵扣的进项税额：

不得抵扣的进项税额 $=13\times50\%=6.5$（万元）

应纳增值税 $=200\times13\%+\frac{900}{1+3\%}\times3\%-(13-6.5)=45.71$（万元）

由此可见，准确划分两类不同项目的进项税额可以少缴纳增值税 4.08 万元（10.58－6.5）。这是因为用于出售的器械占购进的器械的 50%，而这部分收入只占总收入的 18.63% $\left[200\div\left(200+\frac{900}{1+3\%}\right)\right]$；如果能占到 50%以上，则不准确划分不得抵扣的进项税额所纳增值税更少。另外，无论进项税额是否能准确划分，选择简易计税方法均比选择一般计税方法少缴纳增值税。

（四）利用降低非正常损失购进货物进行税收筹划

根据规定，纳税人非正常损失购进货物的进项税额不能抵扣销项税额，因此，在合理且精确地计算购进货物非正常损失额的基础上，尽量降低非正常损失购进货物的金额可以在一定程度上达到少缴增值税的目的。

【案例 2－15】 A 公司为增值税一般纳税人，2019 年 6 月购进一批原材料，不含税价格为 200 万元，取得的增值税专用发票注明的增值税税额为 26 万元，认证通过后已作为进项税额抵扣。2019 年 8 月该批原材料由于仓库发生火灾而发生损失，A 公司对其进行盘存清查，发现有不含税价格 50 万元的材料经过一定处理仍然可以使用，为回笼资金，A 公司决定将这些材料变价出售。2019 年 8 月 A 公司其他业务的增值税销项税额为 200 万元，可抵扣进项税额为 80 万元。A 公司应如何进行税收筹划？

方案一：A 公司会计核算上将 200 万元作为非正常损失。

进项税额转出金额 $=200\times13\%=26$（万元）

原材料变价销售的销项税额 $=50\times13\%=6.5$（万元）

应纳增值税税额 $=200+6.5-(80-26)=152.5$（万元）

方案二：A 公司会计核算上将 150 万元作为非正常损失。

进项税额转出金额 $=150\times13\%=19.5$（万元）

原材料变价销售的销项税额 $=50\times13\%=6.5$（万元）

应纳增值税税额 $=200+6.5-(80-19.5)=146$（万元）

方案二比方案一少缴纳增值税 6.5 万元（152.5－146），因此，A 公司在处理非正常损失购进货物时，应当选择方案二。

（五）利用应税服务项目之间的收费调整进行税收筹划

根据规定，纳税人购进的旅客运输服务、贷款服务、餐饮服务、居民日常服务和娱乐服务的进项税额不得从销项税额中抵扣，但购进的住宿服务的进项税额可以从销项税额中抵扣，这在一定程度上为税收筹划提供了空间。纳税人可以合理分配购进的餐饮服务和住宿服务支出额度，以增加可抵扣的进项税额。

【案例 2－16】 某公司 2019 年 11 月因业务需要拟派出 100 名职工到外地出差，餐饮和住宿预算支出为 800 000 元（含增值税）。该公司应如何进行税收筹划？

方案一：购进餐饮服务 500 000 元，购进住宿服务 300 000 元。

可抵扣进项税额 $=\frac{300\ 000}{1+6\%}\times 6\%=16\ 981.13$(元)

方案二:购进餐饮服务 300 000 元,购进住宿服务 500 000 元。

可抵扣进项税额 $=\frac{500\ 000}{1+6\%}\times 6\%=28\ 301.89$(元)

方案二比方案一可抵扣的进项税额多 11 320.76 元(28 301.89－16 981.13),因此,该公司应当选择方案二。

第三节　增值税税率的税收筹划

一、税率的法律规定①

根据规定,增值税一般纳税人适用 13%、9%和 6%三档比例税率;小规模纳税人适用 3%或 5%征收率;纳税人出口货物、境内单位和个人发生跨境应税行为适用 0%税率。增值税的税目、税率如表 2－6 所示。

表 2－6　增值税税目税率表

序号	税　目	税　率
1	纳税人销售或者进口货物,除第 2 项和第 3 项规定外	13%
2	(1)粮食、食用植物油	9%
	(2)自来水、暖气、冷气、热水、煤气、石油液化气、天然气、沼气、居民用煤炭制品	
	(3)图书、报纸、杂志	
	(4)饲料、化肥、农药、农机、农膜	
	(5)农产品	
	(6)音像制品	
	(7)电子出版物	
	(8)二甲醚	
	(9)食用盐	
	(10)国务院规定的其他货物	
3	纳税人出口货物,国务院另有规定的除外	0%
4	纳税人提供加工、修理修配劳务	13%
5	提供增值电信服务、金融服务、现代服务(租赁服务除外)、生活服务,转让土地使用权以外的其他无形资产	6%
6	提供交通运输、邮政、基础电信、建筑、不动产租赁服务,销售不动产,转让土地使用权	9%
7	提供有形动产租赁服务	13%
8	境内单位和个人发生的跨境应税行为	0%

① 财政部、税务总局、海关总署发布《关于深化增值税改革有关政策的公告》(财政部 税务总局 海关总署公告 2019 年第 39 号),自 2019 年 4 月 1 日起执行。

纳税人销售货物或者加工、修理修配劳务，销售服务、无形资产、不动产适用不同税率或者征收率的，应当分别核算适用不同税率或者征收率的销售额；未分别核算销售额的，按照以下方法适用税率或者征收率：(1)兼有不同税率的销售货物或者加工、修理修配劳务，销售服务、无形资产、不动产，从高适用税率；(2)兼有不同征收率的销售货物或者加工、修理修配劳务，销售服务、无形资产、不动产，从高适用征收率；(3)兼有不同税率和征收率的销售货物或者加工、修理修配劳务，销售服务、无形资产、不动产，从高适用税率。

二、税率的税收筹划

对于增值税税率的税收筹划，主要是掌握低税率的适用范围。例如，低税率中的农机是指农机的整机而非农机零部件，这样，生产农机零部件的企业可以通过与整机生产厂商合并重组等使产品符合适用低税率标准，从而实现节税效益。如果纳税人兼营税率不同的产品且不能统一适用低税率，那么，一定要分别核算各自的销售额，避免统一适用高税率的情况发生。

(一)选择有利核算形式以适用低税率的税收筹划

企业兼营业务时，如果分别核算有利于企业降低税负，则应选择分别核算；如果合并纳税能减轻税负，则应选择合并核算。一般情况下，分开核算有利于企业节税。

另外，企业所收取的运输费与税收有着密切的联系，增值税一般纳税人支付运费可抵扣进项税，收取运费应缴纳增值税。运费收支核算形式的变化对企业纳税会产生一定的影响。

【案例2—17】 某商场2019年7月的商品零售额为1 200万元；此外，商场还经营餐饮业务，10月份营业额为150万元。商场该月的不含税商品采购额为1 000万元，无增值税专用发票的食品采购额为60万元。该商场应如何进行税收筹划？

未分别核算时的纳税情况如下：

$$应纳增值税=\frac{1\ 200+150}{1+13\%}\times13\%-1\ 000\times13\%=25.31(万元)$$

分别核算时的纳税情况如下：

$$销售商品应纳增值税=\frac{1\ 200}{1+13\%}\times13\%-1\ 000\times13\%=8.05(万元)$$

$$餐饮业务应纳增值税=\frac{150}{1+6\%}\times6\%=8.49(万元)$$

应纳增值税总额=8.05+8.49=16.54(万元)

分别核算可以为该商场在流转税环节节约8.77万元(25.31－16.54)。

【案例2—18】 C厂销售给D企业某产品10 000件，不含税销售价格为100元/件，价外运费为10元/件，若进项税额为108 000元(其中，自营汽车耗用的油料及维修费抵扣进项税8 000元)，应如何进行税收筹划？

税收筹划前，C厂应纳增值税税额为：

$$应纳税额=\left(10\ 000\times100\times13\%+10\ 000\times\frac{10}{1+13\%}\times13\%\right)-108\ 000=33\ 504.42(元)$$

如果C厂将自营车辆“单列”出来设立独立法人的运输子公司，让该子公司开具普通发票收取这笔运费。那么，加上运输子公司应缴纳的增值税，C厂总的纳税情况为：

$$\begin{aligned}应纳税额&=(10\ 000\times100\times13\%-100\ 000)+\left(10\ 000\times\frac{10}{1+9\%}\times9\%-8\ 000\right)\\&=30\ 256.88(元)\end{aligned}$$

经过税收筹划，C厂总体应纳增值税税额比筹划前减少了3 247.54元（33 504.42－30 256.88）。因此，从C厂的角度看，降低税收负担的主要原因是设立运输子公司后，运输费适用9%的低税率。

（二）选择有利销售方式以适用低税率的税收筹划

由于适用增值税10%低税率的产品采用列举法给出，因此，往往会有列举不全面、边界不清晰等情况，纳税人应当在符合税法要求的前提下，尽量使增值税应税产品适用10%的低税率。

【案例2－19】 某农产品加工企业于2019年7月发生一笔农产品受托加工业务，双方商定结算时由委托方支付113万元加工费。通常情况下，加工费适用13%的增值税税率。该加工企业应如何进行税收筹划？

通常情况下，该农产品加工企业应纳增值税如下：

$$应纳增值税=\frac{113}{1+13\%}\times 13\%=13(万元)$$

筹划安排：该农产品加工企业首先与委托方签订一份农产品采购协议，采购价格为113万元（含税），然后与之签订一份加工好的农产品的销售协议，销售价款为226万元（含税）。这时，该农产品加工企业的适用税率就变为9%，应纳增值税如下：

$$应纳增值税=\frac{226-113}{1+9\%}\times 9\%=9.33(万元)$$

筹划后，该农产品加工企业实际少缴纳增值税3.67万元（13－9.33）。

（三）选择有利经营模式以适用低税率的税收筹划

交通运输企业出租运输工具可以分为两种模式：一种是只出租运输工具，实质上是让渡资产的使用权，如水路运输服务中的光租和航空运输服务中的干租；另一种是将配备操作人员的运输工具出租，实质上是提供运输服务，如水路运输服务中的程租、期租和航空运输服务中的湿租。光租业务和干租业务属于经营租赁，按照有形动产经营租赁服务缴纳增值税，适用13%的税率。程租业务、期租业务和湿租业务属于交通运输服务，适用9%的增值税税率。因此，企业应当尽量提供程租、期租业务和湿租业务，以适用较低的增值税税率。

【案例2－20】 位于某市市区的甲公司为增值税一般纳税人，主要从事货物运输业务；此外，该公司还将闲置的车辆用于对外经营租赁。假设可抵扣的进项税额为700万元，其他税费仅考虑城市维护建设税和教育费附加，以下两种经营模式发生的费用相同：

①如果某月取得不含税经营租赁业务收入10 000万元，此项收入属于有形动产租赁服务收入，其应纳税额为：

应纳增值税税额＝10 000×13%－700＝600（万元）

应纳城市维护建设税和教育费附加＝600×（7%＋3%）＝60（万元）

应纳税额合计＝600＋60＝660（万元）

②如果该公司在对外出租车辆的同时为出租的车辆配备司机，并收取不含税收入10 000万元，则此项收入就由原来的有形动产租赁服务转变为交通运输服务缴纳增值税，其应纳税额为：

应纳增值税税额＝10 000×9%－700＝200（万元）

应纳城市维护建设税和教育费附加＝200×（7%＋3%）＝20（万元）

应纳税额合计＝200＋20＝220（万元）

由此可见，第二种经营模式比第一种经营模式少缴纳税额440万元（660－220）。同样是10 000万元收入，通过对经营模式的合理选择，就能够达到少缴纳税款的目的。

【案例 2—21】 A 公司于 2019 年 7 月为 B 公司提供了一次光租服务，收费 200 万元，相关成本费用为 100 万元，可抵扣进项税额为 13 万元；若提供期租服务，A 公司就要多支出成本费用 50 万元，需向 B 公司收费 250 万元，可抵扣进项税额为 19.5 万元；若提供程租服务，A 公司就要多支出成本费用 100 万元，需向 B 公司收费 300 万元，可抵扣进项税额为 23 万元。在考虑增值税、城市维护建设税和教育费附加的情况下，A 公司应选择哪种经营模式？

方案一：提供光租服务。

$$应纳增值税=\frac{200}{1+13\%}\times13\%-13=10.01(万元)$$

应纳城市维护建设税和教育费附加$=10.01\times(7\%+3\%)=1$(万元)

$$税后收益=\frac{200}{1+13\%}-100-1=75.99(万元)$$

方案二：提供期租服务。

$$应纳增值税=\frac{250}{1+9\%}\times9\%-19.5=1.14(万元)$$

应纳城市维护建设税和教育费附加$=1.14\times(7\%+3\%)=0.11$(万元)

$$税后收益=\frac{250}{1+9\%}-100-50-0.11=79.25(万元)$$

方案三：提供程租服务。

$$应纳增值税=\frac{300}{1+9\%}\times9\%-23=1.77(万元)$$

应纳城市维护建设税和教育费附加$=1.77\times(7\%+3\%)=0.18$(万元)

$$税后收益=\frac{300}{1+9\%}-100-100-0.18=75.05(万元)$$

由此可见，方案二比方案一多获税后收益 3.26 万元(79.25—75.99)，方案二比方案三多获税后收益 4.2 万元(79.25—75.05)。因此，A 公司应选择第二种经营模式。当然，提供期租、程租服务的运输企业需要承担一定的责任，企业应当权衡利弊，综合考虑并选择最优的经营模式。

(四)选择有利货物运输代理服务以适用低税率的税收筹划

根据规定，交通运输业适用 9%的增值税税率，经纪代理服务适用 6%的增值税税率，两者有 3 个百分点的差额，这就为税收筹划提供了空间。从事交通运输的企业可以单独成立货物运输代理公司，将非核心业务采用代理的方式处理，以达到适用低税率的目的。

【案例 2—22】 某交通运输企业为增值税一般纳税人。2019 年 7 月该企业采用水路运输方式为某钢铁厂运送一批钢材，并以运输企业的名义办理船舶进港手续，共收取含税运输费用 1 110 万元，当期可抵扣的进项税额为 50 万元。请提出税收筹划方案。

$$税收筹划前的应纳增值税=\frac{1\,110}{1+9\%}\times9\%-50=41.65(万元)$$

如果该运输企业单独成立货物运输代理公司——甲公司，并与钢铁厂协商由甲公司以钢铁厂名义办理船舶进港手续，钢铁厂向甲公司支付 110 万元(含税)、向该运输公司支付 1 000 万元。假定甲公司无可抵扣的进项税额，交通运输企业可抵扣进项税额仍为 50 万元。

$$税收筹划后的应纳增值税=\frac{1\,000}{1+9\%}\times9\%-50+\frac{110}{1+6\%}\times6\%=38.80(万元)$$

经税收筹划后，该运输企业可少缴纳增值税税额 2.85 万元(41.65—38.80)。

第四节　增值税税收优惠的税收筹划

一、增值税税收优惠的规定

（一）增值税规定的免税项目

我国《增值税暂行条例》规定下列项目免征增值税：(1)农业生产者销售的自产农产品；(2)避孕药品和用具；(3)古旧图书；(4)直接用于科学研究、科学试验和教学的进口仪器、设备；(5)外国政府、国际组织无偿援助的进口物资和设备；(6)由残疾人的组织直接进口供残疾人专用的物品；(7)销售的自己使用过的物品。

（二）增值税先征后返优惠

先征后返（包括即征即退）是指纳税人先按规定缴纳增值税后，由财政部门或税务部门将纳税人已缴纳的增值税全部或部分返还给纳税人。目前，我国实行这一政策的范围主要有：

1. 国家物资储备局系统销售储备物资

对国家物资储备局系统销售的储备物资，采取先征后返的办法，由税务部门照章征收增值税，财政部门将已征的税款返还给纳税单位。为了保证"菜篮子"商品的市场供应、稳定市场价格，在税收方面规定对国有、集体商业企业批发肉、禽、蛋、水产品和蔬菜的业务征收增值税后所增加的税款采取先征后返优惠政策。从企业范围看，先征后返政策原则上只适用于国有、集体商业企业，包括兼营肉、禽、蛋、水产品和蔬菜批发业务的国有、集体加工企业（如肉联厂批发冻肉），承包给个人经营的企业不能享受该优惠。

2. 资源综合利用及其他产品实行增值税先征后返优惠

这些产品包括：(1)利用煤炭开采过程中伴生的舍弃物——油母页岩生产加工的页岩油及其他产品；(2)在生产原料中掺有不少于30%的废旧沥青混凝土生产的再生沥青混凝土；(3)利用城市生活垃圾生产的电力或者热力[利用城市生活垃圾生产电力，城市生活垃圾用量（重量）占发电燃料的比重必须达到80%以上（含80%）]；(4)在生产原料中掺有不少于30%的煤矸石、石煤、粉煤灰、烧煤锅炉的炉底渣（不包括高炉水渣）及其他废渣生产的水泥；(5)采用旋窑法工艺生产并且生产原料中掺兑废渣比例不低于30%的水泥（包括水泥熟料）；(6)利用煤矸石、煤泥、石煤、油母页岩生产的电力，煤矸石、煤泥、石煤、油母页岩用量（重量）占发电燃料的比重必须达到60%以上（含60%）。①

除上述规定外，我国对部分资源综合利用产品的增值税实行即征即退50%的政策，包括：(1)以退役军用发射药为原料生产的涂料硝化棉粉，退役军用发射药在生产原料中的比重不低于90%；(2)对燃煤发电厂及各类产业企业产生的烟气、高硫自然气进行脱硫生产的副产品；②(3)以废弃酒糟和酿酒底锅水为原料生产的蒸汽、活性炭、白炭黑、乳酸、乳酸钙、沼气，废弃酒糟和酿酒底锅水在生产原料中所占的比重不低于80%；(4)以煤矸石、煤泥、石煤、油母页岩为燃料生产的电力和热力，煤矸石、煤泥、石煤、油母页岩用量占发电燃料的比重不低于60%；(5)利用风力生产的电力；(6)部分新型墙体材料产品。

---

① 参见财政部、国家税务总局发布的《关于部分资源综合利用及其他产品增值税政策问题的通知》（财税〔2001〕198号）。

② 副产品是指石膏（其二水硫酸钙含量不低于85%）、硫酸（其浓度不低于15%）、硫酸铵（其总氮含量不低于18%）和硫黄。

3. 民政福利工业企业

民政福利工业企业享受增值税先征后返税收优惠政策，适用范围包括：(1)安置的“四残”人员占企业生产人员50%以上的民政福利工业企业，其生产增值税应税货物，除按规定不得享受税收优惠政策的项目外，经税务机关审核后，可采取先征后返的办法返还全部已纳的增值税；但企业必须按期如实申请，并填开税票缴纳税款，由县级税务机关填开“收入退还书”，将已缴税款全部退还。(2)安置的“四残”人员占企业生产人员35%以上未达到50%的民政福利工业企业，其生产销售的增值税应税货物，除按规定不能享受优惠政策的项目外，如发生亏损，可给予部分或全部返还已征增值税的优惠，具体比例以不亏损为限。返还办法是：企业先按规定纳税，全年发生亏损的，年底向当地主管税务机关提出申请，由县级主管税务机关审批返还。

4. 软件开发企业

一般纳税人销售其自行开发生产的软件产品，按13%的法定税率征税后，对其增值税实际税负超过3%的部分实行即征即退。①

5. 集成电路生产企业

一般纳税人销售其自行生产的集成电路产品，按13%的法定税率征税后，对其增值税实际税负超过6%的部分实行即征即退。②

（三）增值税起征点的政策规定

增值税起征点的适用范围限于个人，包括个体工商户及其他个人，但不适用于登记认定为一般纳税人的个体工商户。纳税人销售额未达到规定增值税起征点的，免征增值税；达到起征点的，全额计算缴纳增值税。增值税起征点的幅度如下：(1)销售货物的，为月销售额5 000～20 000元；(2)销售应税劳务的，为月销售额5 000～20 000元；(3)按期纳税的应税服务，为月销售额5 000～20 000元；(4)按次纳税的应税服务，为每次(日)销售额300～500元。

二、税收优惠的税收筹划

（一）利用免税农产品抵扣政策进行税收筹划

由于国家规定的税率不同(13%、9%、6%、免税)、企业形式的不同，会导致企业实际增值税税负的不同，因此，可以通过企业拆分或合并的方式充分享受税收优惠进而实现增值税的节税目标。

【案例2—23】 B市某牛奶公司的生产流程如下：饲养奶牛生产牛奶，将生产的鲜奶加工成奶制品，再将奶制品销售给各大商业机构或直接通过销售网络分销给B市及其他地区的居民。奶制品适用13%的增值税税率，进项税额主要包括两个部分：一是向农民个人收购的草料可以抵扣10%的进项税额，二是公司水电费和修理用配件等按规定可以抵扣进项税额。与销项税额相比，这两个部分的进项税额较少，经过一段时间的运营，公司增值税的税收负担高达9.4%。该公司应当如何进行税收筹划以减轻税收负担？

从该公司的实际情况看，税负高的原因在于进项税额较少。因此，公司进行税收筹划的关键在于增加进项税额。围绕进项税额，该公司采取了以下方案：将生产流程分成饲养奶牛与牛奶制品加工两个部分，饲养场与奶制品加工厂分别核算。分开后，饲养场属于农产品生产单位，农业生产者销售的自产农产品按规定可以免征增值税；奶制品加工厂从饲养场购进的牛奶

① 参见《进一步鼓励软件产业和集成电路产业发展的若干政策》(国发〔2011〕4号)。
② 参见《进一步鼓励软件产业和集成电路产业发展的若干政策》(国发〔2011〕4号)。

可以按规定抵扣10%的进项税额。

现将该公司实施税收筹划前后的增值税相关数据进行对比分析。

税收筹划实施前：假定从农民生产者处购入草料金额100万元，允许抵扣的进项税额为10万元，其他水电费、修理费等进项税额为8万元，全年奶制品销售额为500万元，则：

应纳增值税税额＝500×13%－(10＋8)＝47(万元)

$$税收负担率=\frac{47}{500}\times100\%=9.4\%$$

税收筹划实施后：饲养场免征增值税。如果饲养场销售给奶制品加工厂的牛奶的售价为350万元，其他条件不变，则：

应纳增值税税额＝500×13%－(350×10%＋8)＝22(万元)

$$税收负担率=\frac{22}{500}\times100\%=4.4\%$$

可见，税收筹划的实施取得了良好的收益，实施后比实施前少缴纳增值税25万元(47－22)，税收负担下降了5%(9.4%－4.4%)。

但是，在进行税收筹划的同时应当注意，奶牛饲养场和牛奶制品加工厂存在着关联关系，两者之间的销售行为应当按照正常的市场销售价格进行，或到税务机关进行预约定价安排备案，而不能单纯地为了增加奶制品加工厂的进项税额而擅自抬高售价；否则，税务机关将依法调整奶制品加工厂的原材料购进价格和进项税额。

(二)利用增值税起征点进行税收筹划

【案例2－24】 嘉和机械维修店从事维修服务，属于增值税征收范围，为小规模纳税人，征收率为3%。当地政府规定的增值税起征点为20 000元。由于增值税起征点所指的销售额为不含税销售额，小规模纳税人使用普通发票，而普通发票上的销售额为含税销售额，因此，在确定起征点时，该店需要将不含税销售额换算为含税销售额，按含税销售额确定的起征点为20 600元[20 000×(1＋3%)]。如果嘉和机械维修店的月销售额为20 000～28 000元，请结合上述规定判别该店理想的销售收入范围。

当该店的月销售收入在20 600元以下时，因为没有达到增值税的起征点而无须纳税，所以销售收入越多越好。

当该店的月销售收入在20 600元以上时，就需要考虑增值税的税负问题。由于月销售收入达到或超过20 600元要全额征税，小规模纳税人的综合征收率为3.3%(一并考虑城市维护建设税和教育费附加)，因此，存在一个增值税纳税临界点的问题，即该店月销售收入为多大时，税后收益与取得20 599.99元相等(此处仅考虑增值税)。假设此时的月营业收入为X，则：

$$X-\frac{X}{1+3\%}\times3.3\%=20\ 599.99$$

$$X=21\ 281.84(元)$$

计算结果说明，当纳税人的月销售收入为21 281.84元时，缴纳增值税后的收益等于月销售收入20 599.99元。当月销售收入为20 600～21 281.84元时，税后收益反而小于20 599.99元；当月销售收入大于21 281.84元时，税后收益大于20 599.99元，此时，销售收入越大，其税后收益也越大。

复习思考题

一、简答题

1. 如何对增值税纳税人的身份进行税收筹划?
2. 如何对混合与兼营行为进行税收筹划?
3. 如何对生产兼营活动中的运费进行税收筹划?
4. 增值税纳税人如何选择购货方?
5. 增值税纳税人如何通过不同结算方式的选择进行税收筹划?

二、实务题

1. 红星公司为增值税一般纳税人,预计2019年采购原材料产生货物运费800万元,其中,可抵扣物耗金额为100万元。现有两种运输方式可供选择:一是自备车辆运输;二是将自备车辆设立为独立的运输公司,购买该独立运输公司的运输劳务。假设独立运输公司每年的运营成本为20万元。

要求:请对红星公司进行税收筹划。

2. 宏达建筑装饰公司既销售材料,又代客户装修。2019年,该公司承包的装修工程总收入为234万元,为装修购进材料200万元(含13%的增值税)。

要求:

(1)请对该公司进行税收筹划。

(2)如果装修工程总收入为257万元,购进装修材料仍为200万元(含13%的增值税),应如何进行税收筹划?

第三章　消费税税收筹划

【本章导读】

本章主要介绍税收筹划基本策略在消费税中的具体运用方法以及相关案例分析。读者应全面了解关于消费税纳税人的规定、消费税计税依据的一般规定和特殊规定、消费税应纳税额的计算、消费税税率的规定和征收管理等知识。通过本章的学习，应掌握消费税纳税人税收筹划、消费税计税依据税收筹划、消费税税率税收筹划和消费税特殊规定税收筹划的基本原理与方法，并能借助税收筹划的基本原理、策略，解决涉及消费税的相关税收筹划问题。

第一节　消费税纳税人的税收筹划

一、纳税人的法律规定

在我国境内生产、委托加工和进口规定的应税消费品的单位和个人，以及国务院确定的销售规定应税消费品的其他单位和个人，为消费税的纳税人。这里所称的单位，是指企业、行政单位、事业单位、军事单位、社会团体及其他单位；所称的个人，是指个体工商户及其他个人。

(一)生产应税消费品的单位和个人

生产应税消费品用于销售的，于销售成立时缴纳消费税。生产应税消费品自己使用而没有对外销售的，按不同的用途区别处理：将生产的应税消费品用于连续生产应税消费品的，不征收消费税；将生产的应税消费品用于非生产应税消费品、在建工程、管理部门、非生产机构和提供劳务，以及用于馈赠、赞助、集资、广告、样品、职工福利、奖励等方面的，于消费品移送使用时缴纳消费税。

(二)从事卷烟批发的单位和个人①

从事卷烟批发的单位和个人批发销售的所有牌号、规格的卷烟，按批发卷烟的销售额(不含增值税)和适用税率计算缴纳消费税。纳税人销售给纳税人以外的单位或个人的卷烟，于销售时纳税；纳税人之间销售卷烟，不缴纳消费税。

(三)委托加工的单位和个人

委托加工的应税消费品，除受托方为个人外，由受托方在向委托方交货时代收代缴消费税。委托加工的应税消费品直接出售的，不再缴纳消费税。委托加工的应税消费品，委托方用于连续生产应税消费品的，所纳消费税准予按规定抵扣。委托个人加工的应税消费品，由委托

---

①　2009年5月26日，财政部、国家税务总局颁布《关于调整烟产品消费税政策的通知》规定，在卷烟批发环节加征一道从价税，纳税人为在我国境内从事卷烟批发业务的单位和个人。

方收回后缴纳消费税。

（四）进口应税消费品的单位和个人

进口应税消费品由货物进口人或代理人在报关进口时缴纳消费税。

（五）从事金银首饰、钻石及钻石饰品零售的单位和个人

在我国境内从事金银首饰、钻石及钻石饰品零售业务的单位和个人为金银首饰、钻石及钻石饰品消费税的纳税人。

（六）将超豪华小汽车[①]销售给消费者的单位和个人

将超豪华小汽车销售给消费者的单位和个人，在生产（进口）环节按现行税率征收消费税的基础上，在零售环节按10%的税率加征消费税。

二、纳税人的税收筹划

一般而言，成为消费税的纳税人需同时具备两个条件：一是在我国境内生产、批发、零售、委托加工、进口应税消费品；二是所经营的产品是消费税税目税率表中列明的应税消费品。由此可知，如果单位和个人能够使自己的经营范围避开相应的环节，或者所生产、委托加工、批发、进口、零售的产品是非应税消费品，就可以避免成为消费税的纳税人，从而避免缴纳消费税。

（一）利用并购进行税收筹划

消费税是针对特定纳税人征收的，如果对相关业务往来的企业采取重组、合并的方式，就会因为纳税人的改变而给企业带来税收筹划空间，使原来企业之间按正常购销价格缴纳消费税的环节转变为不用缴税的企业内部原材料转让环节，从而延缓至原材料被加工成产成品进入销售环节再征收消费税。如果后一环节的消费税税率较前一环节的低，则可直接减轻企业的消费税税负。

【案例3—1】 某地区有两家大型酒厂甲和乙，它们都是独立核算的法人企业。甲酒厂主要生产粮食类白酒，以当地生产的大米和玉米为原料进行酿造，适用的消费税税率为20%，定额税税率为每500克0.5元。乙酒厂以甲酒厂生产的粮食白酒为原料生产系列药酒，适用的消费税税率为10%。甲酒厂每年要向乙酒厂提供价值2亿元、计5 000万千克粮食白酒。在生产经营过程中，乙酒厂由于缺乏资金和人才，无法经营而已申请破产。此时，乙酒厂共欠甲酒厂5 000万元货款。经评估，乙酒厂的资产恰好为5 000万元。经过决策层的研究，甲酒厂决定收购乙酒厂。从税收筹划的角度来看，其主要依据如下：

第一，收购乙酒厂所需费用较少。由于收购前，乙酒厂的资产和负债均为5 000万元，净资产为零，因此，按照现行税法的规定，该收购行为属于承担被兼并企业的全部债务的吸收合并，不视为被兼并企业按公允价值转让、处置全部资产，不计算资产转让所得，无须缴纳所得税；另外，两家酒厂之间的行为属于产权交易行为，按照税法的规定，不用缴纳增值税。

第二，合并可递延部分税款。合并前，甲酒厂向乙酒厂提供的粮食白酒每年应缴纳的税款为：

消费税＝20 000×20%＋5 000×2×0.5＝9 000（万元）

增值税＝20 000×13%＝2 600（万元）

这两笔税款在合并后，一部分可以递延到药酒销售环节缴纳（从价计征的消费税和增值税）从而获得递延纳税的好处，另一部分（从量计征的消费税）则免于缴纳。

第三，乙酒厂生产的药酒市场前景很好，两厂合并后可以将经营的主要方向转向药酒的生

---

① 超豪华小汽车是指每辆零售价格为130万元（不含增值税）及以上的乘用车和中轻型商用客车。

产，这样就能减少白酒购销这一中间纳税环节；此外，药酒适用的消费税税率低于白酒，企业应缴纳的消费税税款将减少。

假定药酒实现的销售额为2.5亿元，销售数量为5 000万千克。

合并前乙酒厂应纳消费税税额＝25 000×10%＝2 500(万元)

两酒厂应纳消费税税额合计＝9 000＋2 500＝11 500(万元)

合并后应纳消费税税额＝25 000×10%＝2 500(万元)

合并后少缴消费税税额＝11 500－2 500＝9 000(万元)

通过上述案例可以看出，通过甲酒厂对乙酒厂的吸收合并，将原来分别作为消费税纳税人的两家酒厂转变成一家酒厂，避免了中间购销环节重复缴纳消费税的情形，从而获得一定的税收收益。

【案例3－2】 A市某药酒生产企业(甲企业)委托某白酒厂(乙企业)为其加工粮食白酒6吨，粮食由委托方甲企业提供，发出粮食成本为510 000元，支付加工费60 000元，增值税为7 800元，用银行存款支付。受托方无同类粮食白酒销售价格。收回的粮食白酒全部用于连续生产套装礼品药酒100吨，每吨不含税售价为30 000元，当月全部销售。白酒消费税的比例税率为20%，定额税率每500克0.5元，药酒消费税税率为10%。应如何进行税收筹划？

$$受托方应代收代缴消费税=\frac{510\ 000+60\ 000+6\times1\ 000\times2\times0.5}{1-20\%}\times20\%+6\times1\ 000\times2\times0.5$$
$$=150\ 000(元)$$

由于委托加工收回的粮食白酒缴纳的消费税不得予以抵扣，委托方支付的150 000元消费税将计入原材料成本。

销售套装礼品药酒应纳消费税＝100×30 000×10%＝300 000(元)

应纳城市维护建设税及教育费附加＝300 000×(7%＋3%)＝30 000(元)

若不考虑销售费用，则：

利润＝销售收入－销售成本－销售税金

＝100×30 000－(510 000＋60 000＋150 000)－(300 000＋30 000)

＝1 950 000(元)

如果改变方案，甲企业将乙企业吸收合并，甲企业在委托加工环节支付的150 000元消费税将得到免除，节省的消费税、城市维护建设税和教育费附加165 000元[150 000＋150 000×(7%＋3%)]将转化为企业利润。

专栏3－1

制酒行业消费税税收筹划方法

根据国际惯例和我国实际，我国对制酒行业的消费税税收制度进行了多次补充和完善。近年来，国家对酒类消费税政策的调整使制酒行业大受影响，但仔细研究，其消费税仍有筹划的空间。

一、制酒行业有关消费税的税收规定

根据《消费税征收范围注释》(国税发〔1993〕153号)、《关于调整酒类产品消费税政策的通知》及相关的税收文件，酒分粮食白酒、薯类白酒、黄酒、啤酒、其他酒五类。外购或委托加工已税酒和酒精生产的酒包括以外购已税白酒加浆降度，用外购已税的不同品种的白酒勾兑的白酒，用曲香、香精对外购已税白酒进行调香、调味以及外购散装白酒装瓶出售等。外购酒及酒精的已纳税款或受托方代收代缴的税款不予抵扣。

二、制酒行业消费税的主要筹划方法

(一)选择低税率的原料生产酒

不同原料生产的酒的消费税税率不同,其中,粮食白酒最高、薯类白酒次之、其他酒最低。所以,应尽量用其他酒、薯类白酒为原料(如果品、野生植物等)生产酒,少用粮食白酒为原料生产酒。

(二)选择低税率的工艺生产酒

同一种原料,生产的工艺不同,其消费税的税率也不同。一般来说,蒸馏法比过滤法制出的酒的税率高。同样是大米,经加温、糖化、发酵后,采用压榨酿制的酒属于黄酒;而经糖化、发酵后,采用蒸馏法酿制的酒属于粮食白酒。为了降低税负,在条件许可的情况下,应改变旧工艺,开发新流程,尽量采用非蒸馏法生产酒。另外,以白酒为酒基的配制酒、泡制酒相对应的税率较高,所以,配制酒、泡制酒(包括制药酒)可尽量用黄酒作酒基。

(三)尽量生产中、高档酒

消费税政策调整后,每斤白酒增加0.5元消费税(即每吨白酒增加1 000元消费税),使目前市场销售价格在5元以下的低档白酒的消费税税负大大增加,其中,出厂价每斤5元的白酒的税负增加10%、每斤3元的白酒的税负增加16%、每斤2元的白酒的税负增加20%,如果加上酒厂为减轻税负不得已将产品提价而增加的增值税及地方税附加,则低档白酒的税负更高。与低档白酒相比,每斤0.5元的消费税对出厂价在15元以上的中、高档白酒影响不大(税负仅增加3%),对价格在50元以上的高档白酒的影响更是微乎其微。为了减轻税负,企业由生产低档酒改为生产中、高档酒势在必行。

(四)尽量少采用外购、委托加工已税酒和酒精生产酒

由于外购、委托加工已税酒和酒精所含消费税不能抵扣,因此,应减少用外购、委托加工已税酒和酒精生产酒。解决途径有两条:一是扩大生产规模,自己生产;二是合并有这种生产能力的企业,实现优势互补,获得税收利益。

例如,某瓶装酒生产企业A过去一直从另一白酒生产企业B购进粮食白酒生产瓶装酒,年购进白酒1 000吨,价格为3元/斤。如果A兼并B,年超额负担为100万元。如果A仍需外购白酒生产瓶装酒,那么,A兼并B是否有利?

分析:酒类消费税未调整前,A从B处购进的白酒所含的消费税可按当期生产领用的数量相对应的消费税抵减当期应纳的消费税。税收政策调整后,取消了该项优惠,如果不合并,A每年应纳消费税为250万元(1 000×1 000×2×3×25%+1 000×1 000×2×0.5)。

如果A兼并B,B与A就是同一家企业,B生产白酒再由A生产瓶装酒属于连续生产应税消费品,前一自产过程可免征消费税。虽然年增加了超额负担100万元,但可获得税收收益150万元(250—100)。所以,A兼并B的经营方式更有利。

[资料来源] 110法律咨询网,http://www.110.com/falv/shuifa/sschouhua/xfsch/2010/0715/118455.html。

(二)利用降低价格规避纳税义务进行税收筹划

根据《消费税暂行条例》,某些消费品是否成为消费税的征税对象取决于其价格的高低。例如,高档手表的销售价格在1万元以上需按20%的税率缴纳消费税,销售价格在1万元以下则无须缴纳消费税。对于此类消费品,如果能在定价策略方面做些调整,使产品价格达不到

征税要求，就可以达到规避纳税义务的效果。

【案例3－3】 星光手表厂（增值税一般纳税人）于2019年6月生产了一种新型手表，该手表做工精良、外观设计大方，预计销售业绩会令人满意。因此，星光手表厂决定将该手表的单价定为1万元（不含增值税），使之正好为高档手表。假定不考虑缴纳其他税费。

销售每块手表向购买方收取11 300元（10 000＋10 000×13%），其中，应纳增值税1 300元（10 000×13%）（未考虑增值税进项抵扣）、应纳消费税2 000元（10 000×20%），共计纳税3 300元（1 300＋2 000），税后收益为9 300元（11 300－2 000）。

考虑到手表销售的上述应纳税情况，该厂财务部门提议：从2019年8月1日起，将该手表的销售单价降低100元，为每块9 900元，该手表就不属于消费税征税范围所称的高档手表，可以不缴纳消费税。于是，销售每块手表向购买方收取11 187元（9 900＋9 900×13%），应纳增值税1 287元（9 900×13%）（未考虑增值税进项抵扣），税后收益为11 187元。

通过上面的计算可知，每块手表的销售单价降低100元，手表厂每销售一块手表反而能多获收益1 887元（11 187－9 300），原因在于降低价格后，手表厂避免了缴纳消费税。

可以对这类通过价格调整获取更多税后收益的筹划方案做进一步分析：假设生产每块手表需购进材料的成本为Y，销售价格为M（不含增值税，且刚好超过1万元），那么，厂家购进材料时现金流出为$1.13Y$，销售手表的现金流入为$1.13M$。其应纳增值税为$(M-Y)\times 13\%$，应纳消费税为$M\times 20\%$，应纳企业所得税为$[(M-Y-M\times 20\%)\times 25\%]$（为方便起见，不考虑其他税前扣除，且假设适用25%的企业所得税税率，下同）。

合计应纳税额：$(M-Y)\times 13\%+M\times 20\%+(M-Y-M\times 20\%)\times 25\%=M\times 53\%-Y\times 38\%$。

税后收益：$1.13M-1.13Y-(0.53M-0.38Y)=0.60M-0.75Y$。

假若该手表的销售价格N刚好少于1万元，则厂家向购买方收取的价税合计为$1.13N$。由于其不属于高档手表，因此无须缴纳消费税，只需缴纳增值税$(N-Y)\times 13\%$，应纳企业所得税为$(N-Y)\times 25\%$。

合计应纳税额：$(N-Y)\times 13\%+(N-Y)\times 25\%=(N-Y)\times 38\%$。

税后收益：$1.13N-1.13Y-0.38(N-Y)=0.75N-0.75Y$。

对此进行比较，当$0.75N-0.75Y>0.60M-0.75Y$，即$N>0.8M$时，手表定价低反而能取得更高收益。应当说明的是，这一思路的操作空间有限，当M大于12 500元时，12 500×0.8＝10 000（元），同样属于高档手表，要征收消费税，此时，该方案就不适用了。

（三）利用改变生产流程规避纳税义务进行税收筹划

消费税的征税范围采用列举方式，选择部分商品为其征收对象，但这些商品中有些对某些企业来说不是最终产品而只是企业在生产过程中所用到的中间材料。如果利用这种产品所生产出的最终产品无须缴纳消费税，那么，企业将这些中间产品用于连续生产仍然需要缴纳消费税。如果能通过改变生产流程避免采用这些中间产品，就能够规避消费税纳税义务。当然，是否可以采取这一措施，取决于企业是否有相应的生产工艺。

【案例3－4】[①] B市某化工厂主要生产经营醋酸酯。2019年产品销售收入为80 000万元，实现利润3 000万元，缴纳各种税金7 500万元，其中，消费税1 500万元。该企业的生产

---

① 《醋酸制法不同 节税效果迥异》，财税律师网，http://www.Cpa-lawyer.net/ReadNews.asp? NewsID＝21432。按现行消费税规定做了改动。

流程如下:(1)以粮食为原材料生产其他酒,一般发酵中仅含10%的乙醇,经蒸馏后可得到95.6%的其他酒;(2)将其他酒进一步发酵制取醋酸;(3)醋酸与乙醇发生酯化反应,生成醋酸酯。

该企业的最终产品是醋酸酯,按照消费税的规定,醋酸酯不属于消费税的征税范围,不是应税消费品,但由于生产醋酸酯需要使用自产的属于消费税征税范围的其他酒,因此,领用其他酒时需要缴纳消费税。根据《消费税暂行条例》及其实施细则的有关规定,纳税人将自产应税消费品用于连续生产非应税消费品的,应视同销售,要按规定计算缴纳消费税。视同销售业务应按同期同类产品的售价计算消费税;若无同类产品售价的,应按组成计税价格计算。

已知,2019年该化工厂领用自产其他酒的生产成本为28 000万元,成本利润率为5%,则应纳消费税的情况如下:

$$应纳消费税=组成计税价\times消费税税率$$

$$=\frac{成本\times(1+成本利润率)}{1-消费税税率}\times消费税税率$$

$$=\frac{28\ 000\times(1+5\%)}{1-10\%}\times10\%$$

$$=3\ 266.67(万元)$$

面对如此高额的消费税,能否通过税收筹划降低税负呢?该化工厂之所以要缴纳消费税,是因为其中间产品——其他酒是消费税的应税消费品。如果能够通过改变生产流程,把作为中间产品的其他酒替换掉,但同样可以生产出醋酸酯,就可以规避消费税纳税义务。

生产醋酸酯必然需要醋酸,而生产醋酸的渠道很多,既可以通过粮食发酵方法取得,也可以通过其他方法生产。该厂采用的发酵方法制取醋酸是比较原始的方法,这种方法不仅耗费粮食,而且生产成本高,国外大多数企业早已不采用此制作方法了。其实,制取醋酸还有以下几种方法:

第一种,用合成法制取工业醋酸。这种方法由乙烯或电石合成乙醛,乙醛在乙酸锰催化下,用空气中的氧气氧化成醋酸。

第二种,用石油气 C_2~C_4 直接馏分氧化制取醋酸。这种方法在国外早已投产使用,并有逐渐替代乙醛氧化法的趋势。

第三种,用甲醇和一氧化碳在常压下制取醋酸。因为甲醇是由一氧化碳和氢制得的,所以,可用一氧化碳和氢作为原料生产醋酸。

以上三种制取醋酸的方法均无须缴纳消费税。经过调查分析,在以上三种方法中,采取石油气 C_2~C_4 直接馏分氧化制取醋酸不仅简便易行,而且投资成本低,所以,化工厂决定采用这种方法。

第二节　消费税计税依据的税收筹划

一、计税依据的法律规定

我国现行消费税的计税依据分为纳税人生产销售应税消费品的销售额和销售数量两种。

(一)销售额的确定

1. 销售额的构成

增值税与消费税是交叉征收的税种,为了便于管理,作为消费税计税依据的销售额为不含增值税但含消费税的销售额,即纳税人销售应税消费品向购买方收取的全部价款和价外费用。这里所称的价外费用,是指价外向购买方收取的手续费、补贴、基金、集资费、返还利润、奖励费、违约金、滞纳金、延期付款利息、赔偿金、代收款项、代垫款项、包装费、包装物租金、储备费、优质费、运输装卸费以及其他性质的价外收费,但下列项目不包括在内:

(1)同时符合以下条件的代垫运输费用:①承运部门的运输费用发票开具给购买方的;②纳税人将该发票转交给购买方的。

(2)同时符合以下条件代为收取的政府性基金或者行政事业性收费:①由国务院或者财政部批准设立的政府性基金,由国务院或者省级人民政府及其财政、价格主管部门批准设立的行政事业性收费;②收取时开具省级以上财政部门印制的财政票据;③所收款项全额上缴财政。

2. 自产自用应税消费品的计税依据

纳税人自产自用的应税消费品,按照纳税人生产的同类消费品的销售价格计算纳税;没有同类消费品销售价格的,按照组成计税价格计算纳税。

实行从价定率办法计算纳税的组成计税价格的计算公式如下:

$$组成计税价格=\frac{成本+利润}{1-消费税比例税率}$$

实行复合计税办法计算纳税的组成计税价格的计算公式如下:

$$组成计税价格=\frac{成本+利润+自产自用数量\times 消费税定额税率}{1-消费税比例税率}$$

3. 委托加工应税消费品的计税依据

委托加工的应税消费品,按照受托方生产的同类消费品的销售价格计算纳税;没有同类消费品销售价格的,按照组成计税价格计算纳税。

实行从价定率办法计算纳税的组成计税价格的计算公式如下:

$$组成计税价格=\frac{材料成本+加工费}{1-消费税比例税率}$$

实行复合计税办法计算纳税的组成计税价格的计算公式如下:

$$组成计税价格=\frac{材料成本+加工费+委托加工数量\times 消费税定额税率}{1-消费税比例税率}$$

4. 进口应税消费品的计税依据

进口的应税消费品,按照组成计税价格计算纳税。

实行从价定率办法计算纳税的组成计税价格的计算公式如下:

$$组成计税价格=\frac{关税完税价格+关税}{1-消费税比例税率}$$

实行复合计税办法计算纳税的组成计税价格的计算公式如下:

$$组成计税价格=\frac{关税完税价格+关税+进口数量\times 消费税定额税率}{1-消费税比例税率}$$

(二)销售数量的确定

销售应税消费品的计税数量为应税消费品的销售数量,自产自用应税消费品的计税数量为应税消费品的移送使用数量,委托加工应税消费品的计税数量为纳税人收回的应税消费品数量,进口应税消费品的计税数量为海关核定的应税消费品的进口征税数量。

（三）计税依据的特殊规定

1．卷烟消费税计税价格的核定[①]

卷烟消费税的计税价格由国家税务总局按照卷烟批发环节销售价格扣除卷烟批发环节批发毛利核定并发布。计税价格的核定公式为：

$$某牌号、规格卷烟计税价格＝批发环节销售价格\times(1-适用批发毛利率)$$

卷烟批发环节销售价格按照税务机关采集的所有卷烟批发企业在价格采集期内销售的该牌号、规格卷烟的数量、销售额进行加权平均计算。其计算公式为：

$$卷烟批发环节销售价格=\frac{\sum 该牌号、规格卷烟各采集点的销售额}{\sum 该牌号、规格卷烟各采集点的销售数量}$$

卷烟批发毛利率的具体标准为：调拨价格满146.15元的一类卷烟34％、其他一类卷烟29％、二类卷烟25％、三类卷烟25％、四类卷烟20％、五类卷烟15％。[②]

已经国家税务总局核定计税价格的卷烟，生产企业的实际销售价格高于计税价格的，按实际销售价格确定适用税率、计算应纳税款并申报纳税；实际销售价格低于计税价格的，按计税价格确定适用税率、计算应纳税款并申报纳税。

未经国家税务总局核定计税价格的新牌号、新规格卷烟，生产企业应按卷烟调拨价格申报纳税。[③]

已经核定计税价格的卷烟，发生下列情况，国家税务总局将重新核定计税价格：(1)卷烟价格调整的；(2)卷烟批发毛利率调整的；(3)通过“卷烟批发企业月份销售明细清单”[④]（以下简称清单）采集的卷烟批发环节销售价格扣除卷烟批发毛利后，卷烟平均销售价格连续6个月高于国家税务总局已核定计税价格的10％，且无正当理由的。

计税价格的核定时限分别为：

(1)新牌号、新规格的卷烟，国家税务总局于收到国家烟草专卖局相关信息满8个月或信息采集期满6个月后的次月核定并发布。

(2)已经核定计税价格的卷烟：①全行业卷烟价格或毛利率调整的，由国家烟草专卖局向国家税务总局提请重新调整计税价格，国家税务总局于收到申请调整计税价格文件后1个月内核定并发布；②个别牌号、规格卷烟价格调整的，由卷烟生产企业向主管税务机关提出重新核定计税价格的申请，主管税务机关逐级上报至国家税务总局，国家税务总局于收到申请调整计税价格文件后1个月内核定并发布；③连续6个月高于计税价格的，经相关省国家税务局核实且无正当理由的，国家税务总局于收到省国家税务局核实文件后1个月内核定并发布。

对于在6个月内未按规定向国家税务总局报送资料的新牌号、新规格卷烟，国家税务总局将按照清单采集的实际销售价格适用最低档批发毛利率核定计税价格。

卷烟批发企业编制虚假批发环节实际销售价格信息的，由主管税务机关按照《税收征收管理法》的有关规定处理。

---

① 《卷烟消费税计税价格信息采集和核定管理办法》(国家税务总局令第26号)，自2012年1月1日起施行。

② 一类卷烟，是指每标准条(200支，下同)调拨价格满100元的卷烟；二类卷烟，是指每标准条调拨价格满70元不满100元的卷烟；三类卷烟，是指每标准条调拨价格满30元不满70元的卷烟；四类卷烟，是指每标准条调拨价格满16.5元不满30元的卷烟；五类卷烟，是指每标准条调拨价格不满16.5元的卷烟。

③ 新牌号卷烟，是指在国家工商行政管理总局商标局新注册商标牌号，且未经国家税务总局核定计税价格的卷烟。新规格卷烟，是指2009年5月1日卷烟消费税政策调整后，卷烟名称、产品类型、条与盒包装形式、包装支数等主要信息发生变更时，必须作为新产品重新申请新的卷烟商品条码的卷烟。卷烟调拨价格，是指卷烟生产企业向商业企业销售卷烟的价格(不含增值税)。

④ “卷烟批发企业月份销售明细清单”为卷烟批发企业申报缴纳消费税的附报资料，由卷烟批发企业按月填写，于每月申报纳税时一并向主管税务机关报送。

卷烟生产企业套用其他牌号、规格卷烟已核定计税价格，造成企业少缴消费税税款的，由主管税务机关自新牌号、新规格卷烟投放市场之日起调整卷烟生产企业的应纳税收入，追缴少缴的消费税税款，并按照《税收征收管理法》的有关规定处理。

2. 白酒消费税最低计税价格的核定

根据国家税务总局《关于加强白酒消费税征收管理的通知》（国税函〔2009〕380 号）的规定，自 2009 年 8 月 1 日起，为保全税基，对设立销售公司的白酒生产企业依据《白酒消费税最低计税价格核定管理办法（试行）》，对白酒消费税实行最低计税价格核定。

（1）白酒消费税最低计税价格核定范围

白酒生产企业销售给销售单位的白酒，生产企业消费税的计税价格低于销售单位对外销售价格（不含增值税，下同）70％以下的，税务机关应核定消费税最低计税价格。这里的销售单位，是指销售公司、购销公司以及委托境内其他单位或个人包销生产企业生产的白酒的商业机构。销售公司、购销公司，是指专门购进并销售生产企业生产的白酒，且与该生产企业存在关联关系的企业。包销，是指销售单位依据协定价格从生产企业购进白酒，同时承担大部分包装材料等成本费用，并负责销售白酒。

白酒生产企业应将各种白酒的消费税计税价格和销售单位的销售价格，按照规定的式样及要求，在主管税务机关规定的时限内填报。白酒消费税的最低计税价格由白酒生产企业自行申报，税务机关核定。

主管税务机关应将白酒生产企业申报的销售给销售单位的消费税计税价格低于销售单位对外销售价格 70％以下、年销售额 1 000 万元以上的各种白酒，按照规定的式样及要求，在规定的时限内逐级上报至国家税务总局，国家税务总局选择其中部分白酒核定消费税最低计税价格。除国家税务总局已核定消费税最低计税价格的白酒外，其他符合《白酒消费税最低计税价格核定管理办法（试行）》第二条需要核定消费税最低计税价格的白酒，消费税最低计税价格由各省、自治区、直辖市和计划单列市国家税务局核定。

（2）白酒消费税最低计税价格核定标准

白酒生产企业销售给销售单位白酒，其消费税计税价格高于销售单位对外销售价格 70％（含 70％）以上的，税务机关暂不核定消费税最低计税价格。

白酒生产企业销售给销售单位白酒，其消费税计税价格低于销售单位对外销售价格 70％以下的，消费税最低计税价格由税务机关根据其生产规模、白酒品牌、利润水平等情况在销售单位对外销售价格 50％～70％的范围内自行核定。其中，生产规模较大、利润水平较高的企业生产的需要核定消费税最低计税价格的白酒，税务机关核价幅度原则上应选择在销售单位对外销售价格 60％～70％的范围内。

根据国家税务总局《关于部分白酒消费税计税价格核定及相关管理事项的通知》（国税函〔2009〕416 号）的规定，国家税务总局选择核定消费税计税价格的白酒，核定比例统一确定为 60％。纳税人应按下列公式计算确定白酒消费税的计税价格：

当月该品牌、规格白酒消费税计税价格＝该品牌、规格白酒销售单位上月平均销售价格×核定比例

已核定最低计税价格的白酒，生产企业实际销售价格高于消费税最低计税价格的，按实际销售价格申报纳税；实际销售价格低于消费税最低计税价格的，按最低计税价格申报纳税。已核定最低计税价格的白酒，销售单位对外销售价格持续上涨或下跌时间达 3 个月以上、累计上涨或下跌幅度在 20％（含）以上的，税务机关重新核定其最低计税价格。

白酒生产企业未按规定上报销售单位销售价格的，主管国家税务局应按照销售单位的销售价格征收消费税。

3. 关于消费税计税依据的其他规定

纳税人通过自设非独立核算门市部销售的自产应税消费品，应当按照门市部的对外销售数量或者销售额计算征收消费税。

纳税人用于换取生产资料和消费资料、投资入股和抵偿债务等方面的应税消费品，应当以纳税人同类应税消费品的最高销售价格作为计税依据计算征收消费税。

纳税人兼营不同税率的应税消费品，应当分别核算不同税率应税消费品的销售额、销售数量；未分别核算销售额、销售数量，或者将不同税率的应税消费品组成成套消费品销售的，从高适用税率。

二、计税依据的税收筹划

消费税属于单一环节征收的税种，也就是通常所说的单环节征收，因此，消费税的税基都集中在单一的纳税环节。如果纳税人将其应税消费品的计税依据在其应纳税环节予以降低，就能有效降低该环节的消费税税额，同时不会将少缴的消费税转移到下一个环节，从而达到少缴税的目的。

（一）利用设立销售公司或购销公司等进行税收筹划

消费税的纳税行为发生在生产领域（包括生产、委托加工和进口），而不是流通领域（除少数应税产品外）或终端的消费环节。因此，关联企业中生产（委托加工和进口）应税消费品的企业如果以较低的销售价格将应税消费品销售给独立核算的销售公司或购销公司，然后由销售公司或购销公司按市场价格对外销售，就可以降低销售额，从而减少应纳税额。独立核算的销售公司或购销公司由于处在销售环节，因此只缴纳增值税而不缴纳消费税，这样可以使企业的整体消费税税负降低、增值税税负保持不变。企业在向销售公司或购销公司低价销售时，尽管降低了利润，但实际上只是将利润转移到了销售公司或购销公司，并不会减少企业投资者的整体利益。

利用设立销售公司或购销公司，通过关联企业转让定价进行税收筹划，白酒消费税最低计税价格的核定标准必须符合国家税务总局《白酒消费税最低计税价格核定管理办法（试行）》[①]的规定；否则，这种税收筹划方法不可行。所以，对于不同的行业和不同的产品，采用的转让定价方法不同。在运用转让定价进行税收筹划时，一定要结合税法的有关规定，以免税收筹划失败。

【案例3—5】 本市某酒厂主要生产粮食白酒，产品销售给全国各地的批发商。按照以往的经验，本市的一些商业零售户、酒店、消费者每年到该厂直接购买白酒大约2 000箱（每箱12瓶，每瓶500克）。该厂销售给批发商的价格为每箱1 200元（不含税），销售给零售户及消费者的价格为每箱1 400元（不含税）。经过税收筹划，该厂在本市设立独立核算的经销部，按销售给批发商的价格销售给经销部，再由经销部销售给零售户、酒店及消费者。已知白酒的消费税税率为20%，定额税率为每500克0.5元。

方案一：直接销售给零售户、酒店及消费者。

应纳消费税＝1 400×2 000×20%＋12×2 000×0.5＝572 000（元）

---

① 2009年7月17日，国家税务总局下发《关于加强白酒消费税征收管理的通知》，专门制定了《白酒消费税最低计税价格核定管理办法（试行）》，规定了白酒消费税最低计税价格核定标准。

方案二：销售给经销部。

应纳消费税＝1 200×2 000×20％＋12×2 000×0.5＝492 000(元)

通过设立独立核算的经销部，可少缴消费税 80 000 元(572 000－492 000)。

(二)利用选择合理的加工方式进行税收筹划

委托加工的应税消费品与自行加工的应税消费品的税基不同。委托加工时，受托方(个体工商户除外)代收代缴税款，税基为受托方同类产品的销售价格或组成计税价格；自行加工时，税基为产品销售价格或组成计税价格。在通常情况下，委托方收回委托加工的应税消费品后，要以高于成本的价格售出以求盈利。不论委托加工费大于还是小于自行加工成本，只要收回的应税消费品的计税价格低于收回后的直接出售价格，委托加工应税消费品的税负就会低于自行加工的税负。对委托方来说，其产品的对外售价高于收回委托加工应税消费品的计税价格的部分实际上并未纳税。

消费税是价内税，企业在计算应纳税所得额时，消费税可以作为扣除项目，因此，消费税的多少会影响所得税，进而影响企业的税后利润和所有者权益。

应税消费品加工方式的不同会使纳税人的税负不同，纳税人可以利用这一点进行税收筹划，尤其是利用关联方关系，压低委托加工成本，达到节税的目的。即使不是关联方关系，纳税人也可以预估委托加工费的上限，以求使税负最低、利润最多。

【案例 3－6】 长江酿酒厂接到一笔生产 10 吨粮食白酒的业务，合同约定销售价格为 1 000 万元。该厂负责人了解到不同生产运作方式的财务成果不同，于是请税务专家为其进行税收筹划。该专家根据白酒生产过程以及税负变化的特点，分析了不同生产方式的税负情况，提出了两个方案。

方案一：在委托加工环节直接加工成产成品，收回后直接销售。

长江酿酒厂可以将酿酒原料交给另一家白酒生产企业 A 厂，由 A 厂完成所有制作程序，即长江酿酒厂从 A 厂收回的产品就是指定的某品牌粮食白酒。酿酒原料的成本为 250 万元，协议加工费为 220 万元。产品运回后，长江酿酒厂以合同约定的价格直接销售。

长江酿酒厂在收回委托加工产品时向 A 厂支付加工费，同时支付由其代扣代缴的消费税。

$$应纳消费税=\frac{250+220}{1-20\%}\times 20\%+10\times 2\times 0.5=127.5(万元)$$

方案二：长江酿酒厂自己完成该品牌白酒的生产制作过程。

假设长江酿酒厂自己生产该品牌白酒发生的生产成本恰好等于委托 A 厂的加工费，即 220 万元。

应纳消费税＝1 000×20％＋10×2×0.5＝210(万元)

比较方案一和方案二可以发现，该笔业务由长江酿酒厂自行生产比委托加工多支付消费税 82.5 万元(210－127.5)。产生这种结果的原因是：在各相关因素相同的情况下，自行加工方式的流转增值率大，消费税的计税依据大，应纳消费税多；而委托加工方式(收回后不再加工而是直接销售)是以组成计税价格作为计税依据的，消费税税负较轻。因此，企业可结合自身的实际情况确定应税消费品的加工方式。

【案例 3－7】 金翠珠宝有限公司于 2019 年 8 月 2 日从香港购进金石一批，价值 200 000 元；然后自己进行加工，产生加工费用 70 000 元；最后进行销售，取得销售收入 513 000 元。

该公司的应纳消费税＝513 000×10％＝51 300(元)

该公司财务经理认为，如果能委托其他宝石厂加工后再销售，则可以达到节税目的。经生产部门联系，该公司找到了晶美珠宝加工厂进行加工，支付加工费 60 000 元，支付对方代扣的消费税 14 000 元，合计 74 000 元(60 000+14 000)。在销售额仍为 513 000 元的情况下，金翠珠宝有限公司经过税收筹划后的应纳消费税为：

应纳消费税=51 300-14 000=37 300(元)

公司共节税=51 300-37 300=14 000(元)

(三)利用包装物不作价出售方式进行税收筹划

在一般产品销售活动中，包装物随产品销售是很普遍的，从形式上看，可以分成如下几种类型：第一，随同产品出售且不单独计价的包装物；第二，随同产品出售且单独计价的包装物；第三，出租或出借给购买产品的单位使用的包装物。在出租、出借这种形式下，还可以有具体的分类：一是包装物不作价随同产品出售，只是单纯收取押金；二是包装物既作价随同产品出售，又另外收取押金；三是包装物不作价随同产品出售，在收取租金的基础上又收取包装物押金。例如，某啤酒厂在销售啤酒的过程中，对周转箱不作价销售，只收取押金，这属于第一种情况；如果该啤酒厂以较低的价格对周转箱作价，计入销售额，又规定归还包装物的时间并收取押金，则属于第二种情况；如果周转箱不作价销售，而是借给购货方使用，该啤酒厂对周转箱按实际使用期限收取租金，且为了保证包装物的完好，又另外收取部分押金，则属于第三种情况。

根据《消费税暂行条例》及其实施细则的规定，应税消费品连同包装物销售的，无论包装物是否单独计价以及在会计上如何核算，均应并入应税消费品的销售额缴纳消费税。如果包装物不作价随同产品销售，而是收取押金，则此项押金不应并入应税消费品的销售额中征税；但对因逾期未收回的包装物不再退还或者已收取的时间超过 12 个月的押金，应并入应税消费品的销售额，按应税消费品的适用税率缴纳消费税。对既作价随同应税消费品销售，又另外收取的包装物押金，凡纳税人在规定期限内没有退还的，均应并入应税消费品的销售额，按应税消费品的适用税率缴纳消费税。

可见，根据包装物的实际处理情况，不同产品的包装物押金以及押金的逾期与否直接影响包装物是否要计算缴纳消费税。因此，利用包装物及其押金进行税收筹划是节税的方式之一。

【案例 3-8】 某高尔夫球及球具制造厂属增值税一般纳税人，某月销售高尔夫球及球具 5 000 套，每套售价为 500 元(不含增值税)，这批高尔夫球及球具耗用包装盒 5 000 只，每只包装盒售价 20 元(不含增值税)，高尔夫球及球具的消费税税率为 10%。该高尔夫球及球具制造厂对包装盒应如何处理才能最大限度地节税？

方案一：如果制造厂将包装盒作价连同高尔夫球及球具一起销售，包装盒应并入高尔夫球及球具的售价中一并征收消费税。

应纳消费税=(5 000×500+20×5 000)×10%=260 000(元)

方案二：如果制造厂将包装盒不作价销售而是每只包装盒收取 20 元押金，则此项押金不应并入应税消费品的销售额计征消费税。

应纳消费税=5 000×500×10%=250 000(元)

虽然暂时少纳的税款最终是要缴纳的，但由于其缴纳时限延缓了一年，相当于免费使用银行资金，增加了制造厂的营运资金，获取了资金的时间价值，为制造厂的生产经营提供了便利。

方案三：如果押金在规定期限内(一般为 12 个月)未退还，应将此项押金作为销售额纳税。由于收取的押金作为价外费用，应属含税的款项，因此，应将押金换算成不含税收入计算税款。

应纳消费税$=5\ 000\times500\times10\%+\frac{20\times5\ 000}{1+13\%}\times10\%=258\ 849.56$(元)

从上述三个方案计算缴纳的消费税税额来看,方案二缴纳的消费税最少。由此可见,该制造厂如果想在包装物上节省消费税,关键是包装物不能作价随同产品销售,而应采用收取押金的方式,且此项押金必须在规定的时间内退还才能实现最大限度地少缴税。

(四)充分利用最低计税价格进行税收筹划

工业企业自制产品、半成品用于生活福利设施、专项工程、基本建设和其他非生产项目,用于销售产品或者提供劳务,以及用于馈赠、赞助、集资、职工福利、奖励等方面的,于移送使用时,按照规定的税率计算应纳消费税。税法规定,计税依据为同类产品的销售价格;没有同类产品销售价格的,按组成计税价格纳税。目前,同一产品的市场销售价高低不同,企业为达到节税目的,可按较低的销售价计算纳税。

【案例3—9】 假定某企业按统一的原材料、费用分配标准计算的自产自用高尔夫球及球具的成本为20万元,没有同类产品的销售价格,按组成计税价格计算应纳消费税税额,消费税税率为10%,成本利润率为10%。

组成计税价格$=\frac{20\times(1+10\%)}{1-10\%}=24.44$(万元)

应纳消费税$=24.44\times10\%=2.44$(万元)

企业通过加强对高尔夫球及球具的成本管理,使本批自产自用产品的成本为10万元时,其组成计税价格和应纳消费税计算如下:

组成计税价格$=\frac{10+10\times10\%}{1-10\%}=12.22$(万元)

应纳消费税$=12.22\times10\%=1.22$(万元)

通过降低组成计税价格少纳消费税1.22万元(2.44—1.22)。

(五)利用选择最佳的计税价格进行税收筹划

按照规定,纳税人自产的应税消费品用于换取生产资料和消费资料、投资入股或抵偿债务等方面,应当以纳税人同类应税消费品的最高售价作为计税依据。因此,当纳税人用应税消费品换取生产资料和消费资料、投资入股或抵偿债务等时,可以采用先销售,然后以货币资金投资、换取生产资料和消费资料以及抵偿债务,从而达到降低企业消费税税收负担的目的。

【案例3—10】 2019年10月5日,上诚汽车厂以气缸容量为2.0升的小汽车20辆向南风出租汽车公司投资。按双方协议,每辆汽车的折价款为20万元。该类型小汽车的正常销售价格为20万元(不含税)。上诚汽车厂本月销售该种小汽车的最高售价为25万元。该种小汽车适用的消费税税率为9%。

在这项业务中,上诚汽车厂虽然没有直接发生销售行为,但以汽车进行投资属于有偿转让应税消费品的行为,应当按企业销售该种汽车的最高销售价格计算缴纳消费税。

上诚汽车厂该项业务应纳的消费税税额$=25\times20\times9\%=45$(万元)

上诚汽车厂的实际投资额为400万元。其可以采用如下方法进行税收筹划:首先向南风出租汽车公司投资400万元,然后由南风出租汽车公司向上诚汽车厂购买小汽车20辆,价格为每辆20万元。在这种情况下,上诚汽车厂投资的汽车数一样,投资额也一样,而且每辆20万元完全在正常价格区间内,尽管上诚汽车厂和南风出租汽车公司为关联企业,但不会被税务机关认为价格偏低而调整计税价格。

上诫汽车厂的应纳消费税税额＝20×20×9％＝36(万元)

先销售后入股的方式可以少缴消费税9万元(45－36)。

从本例中可以看出，当纳税人用应税消费品换取货物或者投资入股时，一般是按照双方的协议价或评估价确定的，而协议价往往是市场的平均价。如果以同类应税消费品的最高售价作为计税依据，显然会加重纳税人的税收负担。

【案例3－11】 A化妆品生产企业当月对外销售同类高档化妆品3种，其中，单价为80元的销售1 000盒、单价为85元的销售800盒、单价为90元的销售200盒。A企业当月以500盒同种高档化妆品向另一企业换取原材料，双方按当月的加权平均销售价格确定高档化妆品的价格。高档化妆品的消费税税率为15％。

按照税法的规定，A企业向另一家企业换取原材料的500盒高档化妆品应纳的消费税为6 750元(90×500×15％)，即按每盒90元的高价计算纳税。

若纳税人采用先销售再购买的方式，可避免以同类应税消费品的最高销售价格作为计税依据。经过筹划，将这500盒化妆品按照当月的加权平均价销售后，再购买材料，应纳消费税为6 225元$\left(\frac{80\times1\,000+85\times800+90\times200}{1\,000+800+200}\times500\times15\%\right)$。这样，企业可少缴消费税525元(6 750－6 225)。

由此可知，如果采取先销售换货、抵债，则会少缴消费税，从而达到减轻税负的目的。

(六)利用进口环节的价格调整进行税收筹划

纳税人进口应税消费品的计税依据为组成计税价格，其组成计税价格的构成主要包括关税完税价格、关税；在需要同时从量定额计税时，还包括消费税定额税。其中，可以进行税收筹划的主要为关税完税价格及关税。我国以海关审定的正常成交价格为基础的到岸价格作为关税完税价格，具体包括货物价格、货物运抵我国关境输入地点起卸前的包装费、运费、保险费和其他费用。显然，如果可以适当降低货物价格或费用，就可以降低相应的关税完税价格，从而减少消费税的计税依据，达到少缴进口环节消费税的目的。

【案例3－12】① 奔马汽车公司是一家跨国公司，该公司生产的汽车在世界汽车市场上占有一席之地。2009年8月，该公司希望扩大在中国的市场份额，决定利用我国汽车关税税率从30％下降到25％的有利时机，大幅度降低汽车在中国的销售价格。该公司汽车的消费税税率为12％，以前的到岸价格为80万元(不含增值税)。

关税税率降低后，该公司汽车进口时的应纳关税及消费税为：

应纳关税＝80×25％＝20(万元)

应纳消费税$=\frac{80+20}{1-12\%}\times12\%=13.64$(万元)

关税税率降低前，该公司汽车进口时的应纳关税及消费税为：

应纳关税＝80×30％＝24(万元)

应纳消费税$=\frac{80+24}{1-12\%}\times12\%=14.18$(万元)

相比原来的关税税率，该公司汽车价格的下降空间为4.54万元(24＋14.18－20－13.64)，空间不大。因此，该公司决定采用另一种方案，由公司在中国寻找一家销售公司作为合作伙伴，以60万元的价格将汽车销售给销售公司，然后由销售公司在中国进行销售。该公

① 王韬、刘芳：《企业税收筹划》，科学出版社2009年版，第227页。

司与其合作伙伴之间签订相关协议，销售价格减少的20万元由合作伙伴以其他方式返还给该公司。经此筹划，奔马汽车公司汽车进口时的应纳关税及消费税为：

应纳关税＝60×25%＝15(万元)

$$应纳消费税=\frac{60+15}{1-12\%}\times 12\%=10.23(万元)$$

这样，奔马汽车公司在进口环节缴纳的税收较关税税率降低前减少了12.95万元(24＋14.18－15－10.23)，如果考虑增值税因素，减少的税收会更多。因此，该公司可以在保证利润不减少的情况下，将汽车的市场价格下降15万元以下，从而降低进口关税和消费税，大幅度提高汽车的市场竞争力。当然，在采用类似方法进行税收筹划时，完税价格的调整应尽量做到在法律许可的范围内。

第三节 消费税税率的税收筹划

一、税率的法律规定

消费税的税率是根据具体课税对象的情况确定的，每种应税消费品的税率各不相同。对一些供求平衡、价格差异不大、计量单位规范的消费品实行定额税率，采用从量定额方法征收；而对一些供求矛盾突出、价格差异较大、计量单位又不是十分规范的消费品，则采取比例税率，实行从价定率方法征收，税率为1%～56%[①]不等；也有的应税消费品采用从价定率和从量定额复合计税的办法计算应纳消费税税额。

纳税人对税率的运用，应注意以下几个方面的规定：

(1)凡生产、进口、委托加工应税消费品的单位和个人，均应根据产品所对应的税目，按照“消费税税目税率表”所规定的税率(税额)计算缴纳消费税。

(2)对于卷烟类应税消费品，按规定采用复合计税的办法计算消费税，即先从量对每箱征150元；再从价对每标准条(200支，下同)调拨价格在70元(含70元，不含税价)以上的，按甲类卷烟56%的税率征收，对每标准条调拨价格在70元(不含税价)以下的，按乙类卷烟36%的税率征收。

(3)每吨出厂价格(含包装物及包装物押金)在3 000元(含3 000元，不含增值税)以上的啤酒为甲类啤酒，税额为每吨250元；每吨出厂价格在3 000元以下的啤酒为乙类啤酒，税额为每吨220元。

(4)纳税人将超豪华小汽车销售给消费者的，在生产(进口)环节按现行税率征收消费税的基础上，在零售环节按10%的税率加征消费税。

(5)纳税人兼营不同税率的应税消费品，应当分别核算不同税率应税消费品的销售额、销售数量，按不同税率分别征税；未分别核算销售额、销售数量的，从高适用税率。

纳税人兼营不同税率的应税消费品，是指纳税人生产和销售两种税率以上的应税消费品。所谓“从高适用税率”，是指对兼营不同税率的应税消费品，当不能分别核算销售额、销售数量时，以应税消费品适用的最高税率与混合在一起的销售额或销售数量相乘，得出应纳消费税

---

① 2009年5月26日，财政部、国家税务总局发布《关于调整烟产品消费税政策的通知》(财税〔2009〕84号)，将甲类卷烟生产环节的税率由原来的45%调整为56%，将乙类卷烟生产环节的税率由原来的30%调整为36%，将雪茄烟生产环节的税率由原来的25%调整为36%，并在卷烟批发环节加征了一道5%的从价税。

税额。

(6)纳税人将不同税率的应税消费品组成成套消费品销售的,从高适用税率。

二、税率的税收筹划

应税消费品所适用的税率与消费品类型是一一对应的,每一种应税消费品都有明确而固定的税率,看似难以进行税收筹划,但在很多情形下,“消费税税目税率表”中界定的消费品类型具有一定的可转换性,转换后就可以适用不同的税率,因此,这种可转换性为税收筹划提供了一定的空间。

(一)合理降低产品销售价格进行税收筹划

在消费税税目中,有一些对于同一种产品根据价格的差异制定了不同的税率,如啤酒和卷烟。对于此类应税产品,当企业的销售价格位于“消费税税目税率表”中规定的临界价格附近时,一定要注意价格变化所导致的税率变化,因为此时的税率变化会形成实质上的全额累进税,所以,当销售价格在临界价格附近时,税收是存在较大差异的,相对高的收入可能会由于税收的更大幅度增加而导致实际收益的减少。如果企业的产品定价刚刚在临界价格上,不妨考虑将价格做适当调整,使价格降低到临界价格以下,征税可以适用低税率,从而取得更高的税收收益。

【案例3—13】 某啤酒厂于2019年6月生产啤酒500吨,每吨啤酒的出厂价格为3 010元。该啤酒厂是否应该降低其出厂价格以使消费税税负减少?

方案一:不降低啤酒的出厂价格。

出厂销售额=500×3 010=1 505 000(元)

应纳税额=500×250=125 000(元)

税后收益=1 505 000—125 000=1 380 000(元)

方案二:将啤酒的出厂价格降为2 990元。

出厂销售额=500×2 990=1 495 000(元)

应纳税额=500×220=110 000(元)

税后收益=1 495 000—110 000=1 385 000(元)

可见,将啤酒的出厂价格降低到2 990元,其税后收益反而比价格为3 010元时多5 000元(1 385 000—1 380 000),而且价格优势可以增强其市场竞争力。但是,我们不可以通过盲目降低价格以使税负减少,在使用这一方法时应注意以下问题:一是关注生产成本;二是降低价格可以增强市场竞争力,但不能忽视其带来的出厂销售额的减少。例如,如果啤酒的出厂价格降低到2 900元,则税后收益为1 340 000元(500×2 900—500×220),与每吨啤酒出厂价格为3 010元时的税后收益相比,减少的税负15 000元(125 000—110 000)根本就不足以弥补降低价格后所减少的40 000元(1 380 000—1 340 000)税后收益。

【案例3—14】 某卷烟厂生产出一种新产品,主要财务指标如下:每箱成本4 320元,包括原材料、水电、人员工资等,经测算,可抵扣的进项税额占成本的10%左右。对该卷烟的调拨价即出厂价定为每条75元(不含税价64.1元)或87.75元(不含税价75元),相应的单箱不含税金额为16 025元或18 750元。

也许有人会认为定价87.75元实现的利润肯定比定价75元高,其实不然,因为利润的大小受税费的影响很大。当每条定价为75元时,一箱须缴纳消费税5 919元(16 025×36%+150);当每条定价为87.75元时,一箱须缴纳消费税10 650元(18 750×56%+150)。增值税分别为 1 651.25 元(16 025×13%－4 320×10%)和 2 005.5 元(18 750×13%－4 320×10%),城市维护建设税及教育费附加分别为 757.03 元[(5 919＋1 651.25)×10%]和 1 265.55 元[(10 650＋2 005.5)×10%],期间费用分别为 808.31 元和 945.73 元。

两种销售价格下的销售利润分别为:

16 025－5 919－757.03－808.31－4 320＝4 220.66(元)

18 750－10 650－1 265.55－945.73－4 320＝1 568.72(元)

显然,低定价获得的利润比高定价获得的利润多,而且因为定价低,可能极大地增加销售量,累积获得的利润更多。形成这种结果的原因就是 70 元是税率变动临界点,每标准条含税价为 75 元的卷烟的不含税价为 64.1 元,低于 70 元,消费税按乙类卷烟 36%的税率征收;而每标准条含税价为 87.75 元卷烟的不含税价为 75 元,高于 70 元,消费税按甲类卷烟 56%的税率征收。

(二)兼营不同税率应税消费品的税收筹划

应税消费品所适用的税率是固定的,只有在出现兼营不同税率应税消费品的情况下,纳税人才可以选择合适的销售方式和核算方式以达到适用较低消费税税率的目的,从而降低税负。

消费税的兼营行为主要是指消费税纳税人同时经营两种以上税率的应税消费品的行为。对于这种行为,税法明确规定:纳税人兼营多种不同税率的应税消费品,应当分别核算不同税率应税消费品的销售额和销售数量;未分别核算销售额和销售数量的,应从高适用税率。这一规定要求企业在会计核算的过程中做到账目清楚,以免蒙受不必要的损失。

【案例 3－15】 上海迪斯特酒业公司生产粮食白酒、碳酸汽酒和活血提神药酒。2019 年共计销售额 9 000 万元,公司合并向税务机关报税,按 20%的税率计算缴纳消费税 1 800 万元(9 000×20%)。

该公司于 2020 年 1 月实行人才招聘制,公开招聘财务总监一名。该财务总监认真检查账目,立即要求财务部经理实行三种酒分开核算,分开申报纳税。当时很多财务人员认为工作量太大,不太愿意。财务总监说:“只要你们认真仔细地分开核算清楚,每人每月加发奖金 1 000 元。”

2020 年该公司的销售额为 8 700 万元,其中,粮食白酒 4 600 万元、碳酸汽酒 1 900 万元、活血提神药酒 2 200 万元,三种酒应纳的消费税分别为:

粮食白酒应纳税额＝4 600×20%＝920(万元)

碳酸汽酒应纳税额＝1 900×10%＝190(万元)

活血提神药酒应纳税额＝2 200×10%＝220(万元)

应纳税总额＝920＋190＋220＝1 330(万元)

尽管上海迪斯特酒业公司 2020 年的销售额减少了 300 万元(9 000－8 700),但因财务总监正确采用分酒种核算,共计少缴消费税 470 万元(1 800－1 330),所以,在减少销售额的情况下反而使该公司 2020 年增加收益 170 万元(1 800－1 330－300)。

(三)利用产品包装时机进行税收筹划

税法规定,纳税人将应税消费品与非应税消费品,以及适用税率不同的应税消费品组成成套消费品销售的,应根据组合产品的销售金额按应税消费品的最高税率征税。

在涉及成套消费品销售的问题时,要看是否有必要组成成套的消费品,以避免给企业造成不必要的税收负担。对于有必要组成成套消费品的情况,可以采用变“先包装,后销售”为“先销售,后包装”方式,这样往往可以大大降低消费税税负,同时保持增值税税负不变,具体的操作方法可以从两个方面着手：第一，将上述产品先分品种销售给零售商，再由零售商包装后对外销售，这样做实际上只是在生产流程上换了一个包装地点，在销售环节对不同品种的产品分别开具发票，在账务处理环节对不同的产品分别核算销售收入；第二，如果当地税务机关对有关操作环节要求比较严格，还可以采取分设机构的方法，即另外设立一个独立核算且专门从事包装业务，之后对外销售的门市部来完成将产品成套包装后销售的工作。

【案例3－16】 为了进一步扩大销售，信达公司采取多样化生产策略，生产粮食白酒与药酒组成的礼品套装进行销售。2019年9月，该公司对外销售700套套装酒，单价为100元/套。其中，粮食白酒、药酒各1瓶，每瓶均为500克装（若单独销售，粮食白酒为30元/瓶，药酒为70元/瓶）。假设此包装属于简易包装，包装费忽略不计，则该公司对此销售行为应当如何进行税收筹划？（白酒的比例税率为20%，定额税率为0.5元/500克；药酒的比例税率为10%。）

方案一：采取"先包装，后销售"的方式。

根据"将不同税率的应税消费品组成成套消费品销售的，应按最高税率征税"的规定，药酒不仅要按20%的高税率从价计税，而且要按0.5元/500克的定额税率从量计税。这样，该公司的应纳消费税税额为：

应纳税额＝100×700×20%＋700×2×0.5＝14 700(元)

在现实经营活动中，很多企业销售应税消费品时，为图方便而习惯采用"先包装，后销售"的方式，人为地将低税率产品和非应税产品并入高税率产品一并计税，造成不必要的税负增加。如果改为"先销售，后包装"的方式，就可以大大降低消费税税负，增加企业的收益。

方案二：采取"先销售，后包装"的方式。

先将上述粮食白酒和药酒分品种销售给零售商，在销售环节对粮食白酒和药酒分别开具发票，在账务处理环节对不同的产品分别核算销售收入，再由零售商包装成套装消费品后对外销售。在这种情况下，药酒不仅只需要按10%的比例税率从价计税，而且不必每500克按0.5元的定额税率从量计税，该公司的应纳消费税税额为：

应纳税额＝30×700×20%＋70×700×10%＋700×1×0.5＝9 450(元)

方案二比方案一节税5 250元(14 700－9 450)，所以，方案二是较优方案。

由此可见，企业兼营不同税率应税消费品时，没有必要组成成套消费品销售的，最好单独销售，以尽量降低企业的税收负担；对于有必要组成成套消费品销售的，可以采用变通的方式，即"先销售，后包装"，以降低应税消费品的总体税负率，从而降低税负。

（四）利用联合企业中的税率高低进行税收筹划

消费税按不同产品分别设计高低不同的税率，纳税人可以利用这种多层次的税率进行税收筹划，也就是将分散的企业联合成企业集团，或者将独立的企业分解成由若干分公司或者子公司组成的企业联合体，通过税率由高到低的转换，从整体上减轻企业的税收负担。

当企业为一个大的联合企业或企业集团时，内部各分厂及所属的商店、劳动服务部门等彼此之间购销商品、进行连续加工或销售时，通过内部定价可以巧妙而有效地达到整个联合企业合理节税的目的。当适用高税率的分厂将其产品卖给适用低税率的分厂时，通过制定较低的内部价格，便把产品原有的一部分价值由税率高的部门转到税率低的部门。适用高税率的企业，销售收入减少，应纳税额减少；适用低税率的企业，销售收入不变，应纳税额不变，但由于其得到了低价的原材料，成本降低，从而利润增加。至于内部各分厂之间的利益分配不均等问题，企业可以通过其他方式予以解决，如把一些开支放在获利多的企业等进行调剂。

【案例 3－17】 恒顺销售公司由明达公司、高亚公司两家公司组成，进行连续加工，明达公司为高亚公司提供原料。若明达公司的产品适用税率为 20%，高亚公司的产品适用税率为 5%，则当明达公司的产品销售收入为 100 万元、高亚公司产品的销售收入为 120 万元时，恒顺公司的应纳消费税为：

明达公司的应纳消费税＝100×20%＝20(万元)

高亚公司的应纳消费税＝120×5%＝6(万元)

合计应纳消费税＝6＋20＝26(万元)

当明达公司的产品降价卖给高亚公司，销售收入为 80 万元时，恒顺公司的应纳消费税为：

明达公司的应纳消费税＝80×20%＝16(万元)

高亚公司的应纳消费税＝120×5%＝6(万元)

合计应纳消费税＝16＋6＝22(万元)

明达公司减少的利润、消费税均通过降低高亚公司的购料成本而形成了高亚公司的利润，从恒顺公司的总体情况来看，其利润不受任何影响，却通过改变内部定价，减轻了消费税的总体税负，形成了更多利润。

第四节　消费税其他方面的税收筹划

一、利用连续生产不纳税的规定进行税收筹划

根据《消费税暂行条例》的规定，纳税人自产自用的应税消费品用于连续生产应税消费品的，不纳税。这一规定为纳税人在纳税环节进行税收筹划提供了空间。当两个或两个以上纳税人分别生产某项最终消费品的不同环节时，可以考虑组成一家企业，这样就可以运用条例所规定的连续生产不纳税政策，减轻消费税负担。

【案例 3－18】 某瓶装酒生产企业 A 过去一直从另一白酒生产企业 B 购进散装白酒生产瓶装酒。A 购进白酒 1 000 吨，白酒的价格为 4 元/斤。如果 A 兼并 B，年超额负担为 100 万元。如果 A 仍需外购白酒生产瓶装酒，则应如何进行税收筹划？

方案一：A 不兼并 B。

B 每年的应纳消费税＝1 000×1 000×2×4×20%＋1 000×1 000×2×0.5＝260(万元)

方案二：A 兼并 B。

B 生产白酒再由 A 生产瓶装酒，属于连续生产应税消费品，前一自产过程可免征消费税 260 万元。虽然年增加超额负担 100 万元，但企业还是可获得收益 160 万元(260－100)。因此，A 应采用方案二。

二、利用外汇结算折合率进行税收筹划

《消费税暂行条例》及其实施细则规定，纳税人销售应税消费品，以人民币以外的货币结算销售额的，其销售额的人民币折合率可以选择销售额发生当日或者当月 1 日的人民币汇率中间价。纳税人应在事先确定采用何种折合率，1 年内不得变更。

纳税人以外汇销售应税消费品时存在的税收筹划的可能性在于对人民币折合率的选择，也就是选择使折算后的人民币销售额尽可能少的汇率，以达到节税的目的。越是以较低的人民币汇率计算应纳税额，越有利于税收筹划。一般来说，外汇市场波动越大，通过选择折合率

进行税收筹划的必要性和可能性也越大。当然，在选择折合率的时候，需要纳税人对未来的经济形势及汇率走势做出恰当的判断。

【案例3—19】 某外商独资企业专营鞭炮、焰火，其大部分销售业务以美元结算。在将外汇结算的销售额换算成人民币时，该企业长期以来选择当日的国家外汇牌价（中间价）作为折合率。2019年第一季度，该企业的销售额为50万美元，其销售的具体情况及按当月1日的汇率折算后应缴纳的消费税见表3—1。

表3—1　　某外商独资企业2019年第一季度销售统计（采用当月1日汇率折算）

时间	销售额（万美元）	汇率	折合人民币（万元）	税率	消费税（万元）
1月5日	10	6.836 7	68.338	15%	10.250 7
2月6日	15	6.837 1	102.597	15%	15.389 6
2月20日	10	6.835 7	68.398	15%	10.259 7
3月16日	15	6.834 9	102.583 5	15%	15.387 5

第一季度该企业应纳消费税税额为51.287 5万元（10.250 7＋15.389 6＋10.259 7＋15.387 5）。

本案例中，当预计人民币币值上升时，该企业应在年初及时调整折合率，采用当日的人民币汇率中间价作为折合率折算人民币销售额，如此，该企业第一季度各月的人民币销售额和缴纳消费税的情况如表3—2所示。

表3—2　　某外商独资企业2019年第一季度销售统计（采用当日汇率折算）

时间	销售额（万美元）	汇率	折合人民币（万元）	税率	消费税（万元）
1月5日	10	6.836 7	68.367	15%	10.255 1
2月6日	15	6.837 1	102.556 5	15%	15.383 5
2月20日	10	6.835 7	68.357	15%	10.253 6
3月16日	15	6.834 9	102.523 5	15%	15.378 5

由表3—2可知，以当日汇率折算人民币销售额后计算的第一季度应纳消费税税额为51.270 7万元（10.255 1＋15.383 5＋10.253 6＋15.378 5），可节税0.016 8万元（51.287 5—51.270 7）。

三、利用外购应税消费品及节税发票进行税收筹划

按照《消费税暂行条例》及其实施细则的规定，纳税人外购已税烟丝等10种应税消费品用于连续生产应税消费品的，允许扣除外购已税消费品已缴纳的消费税税额。允许扣除已纳消费税的外购消费品仅限于直接从生产企业购进的，不包括从商品流通企业购进的应税消费品；另外，同品种的消费品，在同一时期，商家的价格往往高于生产厂家，因此，当纳税人决定外购应税消费品用于连续生产时，应尽量选择生产厂家作为进货渠道，除非生产企业的价格扣除已纳消费税税款后的余额比商家的价格高。

【案例3—20】 广安卷烟厂2019年7月1日库存的外购烟丝的购进成本为45万元。其

于2019年7月10日从沪金烟叶加工厂购进烟丝一批，价款为20万元，增值税专用发票上注明的增值税税额为2.6万元。7月末该厂库存的外购烟丝的购进成本为50万元。当月销售甲类卷烟取得不含税销售收入60万元，增值税税额为7.8万元；销售乙类卷烟取得不含税销售收入40万元，增值税税额为5.2万元。假定不考虑卷烟应缴纳的定额消费税，甲类卷烟的税率为56%，乙类卷烟的税率为36%，计算广安卷烟厂2019年7月应缴纳的消费税。

按照规定，广安卷烟厂用外购已税烟丝生产的卷烟可以从应纳消费税税额中扣除烟丝已纳的消费税税额，因此，计算应纳消费税的过程如下：

当期准予扣除外购烟丝的买价＝45＋20－50＝15(万元)

外购烟丝已纳消费税＝15×30%＝4.5(万元)

7月份应纳消费税＝60×56%＋40×36%－4.5＝43.5(万元)

如果广安卷烟厂选择从商业企业购进烟丝，按规定则不能扣除烟丝的已纳消费税，从而增加企业的成本。例如，在烟丝的购进价格、取得卷烟的销售收入完全相同的情况下，广安卷烟厂应向税务机关缴纳消费税48万元(60×56%＋40×36%)，比上述计算结果多缴纳消费税4.5万元(48－43.5)。

当然，税收筹划应该以税后利润作为比较方案优劣的依据，而不是税收负担最小化。例如，广安卷烟厂在取得卷烟的销售收入相同的情况下，假定7月份所耗用烟丝的成本为15万元，该批烟丝从商业企业购进时价格低于10.5万元(15－4.5)，则广安卷烟厂应从商业企业购进烟丝。

对于纳税人购进的已税消费品，如果开具的是普通发票，按规定应换算成不含增值税的销售额。在换算成不含增值税的销售额时，一律采用3%的征收率换算。因此，纳税人在利用外购已税消费品连续生产时，获得的是普通发票还是增值税专用发票会影响其应纳增值税税额和消费税税额。对于小规模纳税人而言，在向一般纳税人购进商品需要同时缴纳增值税和消费税的情况下，不管是取得增值税专用发票还是普通发票，其应纳增值税都不能作为进项税额抵扣；但如果向对方取得普通发票，因为可按3%的征收率换算成不含税的销售额，比按13%的税率换算出的不含税销售额要大，所以可以获取更多消费税扣除。因此，当小规模纳税人向一般纳税人购进应税消费品时，应向对方索取普通发票。对于一般纳税人而言，索取普通发票会导致不能抵扣增值税税额，因此，需要比较索取普通发票时多抵扣的消费税税额和不允许抵扣的增值税税额的大小后再做出选择。

【案例3－21】 泰豪化妆品公司(小规模纳税人)于2019年8月以价税合计200 000元购进某种应税高档化妆品用于连续生产另一种高档化妆品，消费税税率为15%。对购买方来说，开具哪种发票更有利？

若取得普通发票，那么，允许抵扣的消费税税额为：

$$\frac{200\ 000}{1+3\%}\times 15\%=29\ 126.21(元)$$

若取得增值税专用发票，那么，允许抵扣的消费税税额为：

$$\frac{200\ 000}{1+13\%}\times 15\%=26\ 548.67(元)$$

取得普通发票比取得增值税专用发票可多抵扣消费税2 577.54元(29 126.21－26 548.68)。

该笔业务对销售方来说，无论开具何种发票，其应纳增值税和消费税都是不变的；对购买方来说，由于小规模纳税人不享受增值税进项税额抵扣，因此，并不会增加增值税税负。显然，对购买方来说，取得普通发票比取得增值税专用发票有利。这里需要说明的是，如果购买方为增值税一般纳税人，由于取得普通发票不能抵扣进项税额，因此，还是获取增值税专用发票更能节约税收成本。

四、利用纳税义务发生时间的规定进行税收筹划

消费税纳税义务的发生时间以货款结算方式或行为发生时间分别确定。根据《消费税暂行条例》及其实施细则的规定，消费税纳税义务发生的时间分别为：

纳税人销售应税消费品的，按下列不同的销售结算方式确定：(1)采取赊销和分期收款结算方式的，为书面合同约定的收款日期的当日；书面合同没有约定收款日期或者无书面合同的，为发出应税消费品的当日。(2)采取预收货款结算方式的，为发出应税消费品的当日。(3)采取托收承付和委托银行收款方式的，为发出应税消费品并办妥托收手续的当日。(4)采取其他结算方式的，为收讫销售款或者取得索取销售款凭据的当日。

纳税人自产自用应税消费品的，为移送使用的当日。

纳税人委托加工应税消费品的，为提货的当日。

纳税人进口应税消费品的，为报关进口的当日。

【案例 3—22】 某外资公司于 2019 年 4 月在中国上海成立生产销售小汽车的 A 企业。企业成立之初，为了占领市场，实行了优惠政策，允许全国经销商最长半年的收款期。A 在 2019 年 6 月 25 日提供浙江经销商 B 价值 1 200 万元的商品；2019 年 8 月 18 日提供江苏经销商 C 价值 1 800 万元的商品。A 将在 2019 年 12 月 18 日收款 900 万元，2020 年 2 月 18 日收款 900 万元。到 2019 年 11 月初，A 的外资老总发现企业资金非常紧张，通过财务部门了解到，企业于 2019 年 7 月 15 日和 2019 年 9 月 15 日分别缴纳了消费税 120 万元和 180 万元。他认为，企业在货款未收到的情况下提前垫缴消费税是引起企业资金紧张的主要原因之一，要求财务部门想办法进行税收筹划。

财务部门与注册税务师沟通。注册税务师指出，A 在签订合同时没有很好地利用纳税义务发生时间的规定：一是没有指出企业的销售方式和结算方式，导致企业会计按其他结算方式进行核算，以取得索取销售款凭据的当日作为纳税义务发生时间(企业按时缴纳消费税是正确的)；二是企业若要递延缴纳消费税，必须与经销商签订赊销和分期收款销售合同，并注明规定的收款日期，这样就可以将消费税延后缴纳。

例如，A 在 2019 年 6 月 25 日提供浙江经销商 B 价值 1 200 万元的商品，签订赊销合同并确定收款日期为 2019 年 12 月 25 日。根据规定，纳税人采取赊销和分期收款结算方式的，纳税义务发生时间为书面合同约定的收款日期的当日；书面合同没有约定收款日期或者无书面合同的，纳税义务发生时间为发出应税消费品的当日。也就是说，A 消费税的纳税义务发生时间为 2019 年 12 月，递延消费税缴纳时间为 6 个月。

又如，A 于 2019 年 8 月 18 日提供江苏经销商 C 价值 1 800 万元的商品，将在 2019 年 12 月 18 日收款 900 万元、2020 年 2 月 18 日收款 900 万元。若在合同中注明了是分期收款销售，规定收款日期为 2019 年 12 月 18 日和 2020 年 2 月 18 日，那么，A 消费税纳税义务发生的时间分别为 2019 年 12 月和 2020 年 2 月，递延缴纳消费税的时间分别为 4 个月和 6 个月。

复习思考题

一、简答题

1. 简述消费税纳税人的税收筹划方法。
2. 简述消费税计税依据的税收筹划方法。
3. 如何通过选择合理的加工方式进行消费税税收筹划？
4. 如何利用产品包装时机进行消费税税收筹划？
5. 如何选择合理的销售方式进行消费税税收筹划？
6. 简述消费税税率的税收筹划原理及方法。
7. 以外汇结算的应税消费品如何进行税收筹划？
8. 对自产自用应税消费品如何进行税收筹划？

二、实务题

1. 某酒厂需要一批其他酒作为原料生产白酒，现有两种方案可供选择：

方案一：自行加工。自行加工的其他酒成本为 4 万元。

方案二：委托外单位加工。委托外单位加工需支付原材料成本 16 万元、加工费 4 万元。假设受托方无同类其他酒的售价，其他酒的消费税税率为 10%。

要求：试在自行加工与委托加工之间做出选择。

2. 某摩托车生产企业在 2019 年 7 月对外销售同型号的摩托车时共有三种价格：以 4 000 元的单价销售 10 辆，以 5 000 元的单价销售 15 辆，以 4 800 元的单价销售 5 辆。该摩托车生产企业当月欲购买甲企业的材料，购买方案有两种：一种是直接用 25 辆摩托车换取原材料，另一种是将摩托车销售后再购买原材料。已知摩托车的消费税税率为 10%，上述价格均不含增值税。

要求：分析两种方案的纳税情况并进行选择。

3. A 卷烟厂拟生产一批甲类卷烟，有下列三种加工方式：

方式一：委托加工的消费品收回后继续加工成甲类卷烟，即 A 卷烟厂委托 B 厂将一批价值 100 万元的烟叶加工成烟丝，协议规定加工费为 75 万元；加工的烟丝运回 A 卷烟厂后继续加工成甲类卷烟，加工成本、分摊费用共计 95 万元，该批卷烟的售价（不含税）为 7 000 万元，出售数量为 0.4 万箱。烟丝的消费税税率为 30%，卷烟的消费税税率为 56%，每箱的定额税为 150 元（不计增值税）。

方式二：A 卷烟厂委托 B 厂将烟叶加工成甲类卷烟，烟叶成本不变，支付加工费 170 万元。A 卷烟厂收回后直接对外销售，售价仍为 7 000 万元。

方式三：A 卷烟厂自行加工甲类卷烟的生产费用为 170 万元，售价为 7 000 万元。

要求：分析哪一种生产方式对 A 卷烟厂最有利。

第四章　关税税收筹划

【本章导读】

关税是由海关代表国家依法对进出国境(关境)的货物或物品征收的一种税,属于流转课税范畴。关税是进出口商品成本的组成部分,其税额的多少直接关系到商品的市场价格和经营成果,直接影响商品进出口经营者的合法权益和经济效益,因此,关税的税收筹划备受进出口企业的关注。本章阐述了关税税收筹划的基本原则,提出了关税税收筹划的基本方法与思路。通过本章的学习,应了解关税纳税人、计税依据、税率及税收征管等方面的基本法律规定,熟悉关税税收筹划的基本原则、内容与方法,掌握关税纳税人、计税依据、税率及税收征管等税收筹划的具体内容与方法。

第一节　关税纳税人的税收筹划

一、纳税人的法律规定

关税是对进出国境的货物、物品征收的一种税收,包括进口关税和出口关税。进口货物或入境物品应当缴纳进口关税,出口货物或出境物品应当缴纳出口关税。从我国境外采购进口的原产于我国境内的货物,也应当缴纳进口关税。具有进出口经营权的工业企业直接进出口货物,没有进出口经营权的工业企业委托有进出口经营权的企业代理进出口货物,都必须按规定缴纳进出口关税。

关税的纳税人是指根据关税法的规定,负有缴纳关税义务的单位和个人。关税法规定,进口准许进口的货物的收货人、出口准许出口的货物的发货人以及准许进出境的物品的所有人,均是关税的纳税人。具体而言,关税的纳税人可分为以下两类:

一类是贸易性进出口货物的纳税人。贸易性进出口货物的纳税人是指进口货物的收货人和出口货物的发货人。进出口货物的收货人、发货人是依法取得对外贸易经营权,并进口或者出口货物的法人或者其他社会团体。

另一类是非贸易性进出口货物的纳税人。非贸易性进出口货物的纳税人是指进出境物品的所有人,包括该物品的所有人和推定为所有人的人。一般情况下,对于携带进境的物品,推定其携带人为所有人;对于分离运输的行李,推定其相应的进出境旅客为所有人;对于以邮递方式进境的物品,推定其收件人为所有人;对于以邮递或其他运输方式出境的物品,推定其寄件人或托运人为所有人。

二、纳税人的税收筹划

关税纳税人的税收筹划空间较小，其筹划的基本思路是结合税法的有关规定和企业的生产经营情况，避免成为关税纳税人；或者运用贸易合同的签订，将税负转嫁给他人。

（一）调整产品生产地，避免成为关税纳税人

纳税人的出口产品面临关税时，可以考虑在该产品的主要出口国设厂，将产品的生产转移到该国国内生产，以避免成为该国关税的纳税人，减轻关税或特别关税负担。

【案例4—1】 为了应对日本政府自2001年4月23日起对我国3种农产品实施的不公正紧急限制进口，我国从2001年6月22日开始，对日本的汽车、手机和车载无线电话、空调机在现行关税的基础上加征100%的特别关税。2000年，日本向我国出口的上述3种商品的金额分别为：轿车452亿日元、手机和车载无线电话111亿日元、空调机56亿日元，因被征收特别关税后售价大幅提高，上述产品有可能在事实上停止对我国的出口。为了应对产品被加征100%特别关税这一局面，日本商用空调最大的生产厂家——大金工业——从2001年10月开始，把在我国销售的楼房所用的大型商用空调由出口改为我国国内生产。为此，大金将向上海的工厂（目前生产的是面向店铺及办公室的小型机种，年产值约为100亿日元）投入数亿日元引进大型机种的生产设备。此前，该大型机种在我国的市场规模较小，且由大金在日本大阪的工厂生产后再出口到我国，每年的出口额约为50亿日元。如果该企业的战略得以顺利实施，将彻底避免承担关税和特别关税的税负。该方法可能是最有效的关税筹划方法，但也是最困难的方法，因为其涉及投资战略的转变，耗费的物力、财力和时间较多，不是任何企业都可以采用的。

（二）转嫁关税税负

商品流转顺序是生产→批发→零售→消费。关税是间接税，在具备条件的情况下，关税可以随进出口货物的流转而转嫁，即通过税负转嫁，将所纳关税转移给进出口货物的真正购买者。关税转嫁分为前转、后转和消转三种形式。关税由购买者负担的为前转，由供给者负担的为后转，由进出口商降低进出口成本而不转嫁给他人的为消转。

【案例4—2】 江源进出口贸易有限公司2019年7月进口一批法国香水，共200瓶，每瓶的海关完税价格为580元，消费税税率为15%，增值税税率为13%，关税税率为10%。请对该公司的关税税负进行税收筹划。

该批香水进口后，每瓶应纳税情况如下：

应纳关税＝580×10%＝58(元)

$$\text{应纳进口环节消费税}=\frac{580+58}{1-15\%}\times 15\%=112.59(\text{元})$$

应纳进口环节增值税＝(580＋58＋112.59)×13%＝97.58(元)

三项税负合计＝58＋112.59＋97.58＝268.17(元)

因该品牌香水属于奢侈品，国内市场消费群体需求稳定，而且购买力可观，所以，江源进出口贸易有限公司应采取提高国内市场价格的前转方式转嫁进口环节关税。

专栏 4—1

关税转嫁的影响因素与政府作用

影响关税转嫁的主要因素包括国家的对外贸易关系及贸易政策、国际市场的影响程度、商品质量与创新程度、国家之间对于某种商品的供求弹性等。

一国的对外贸易政策可归纳为三种基本类型：自由贸易政策、保护贸易政策和管理贸易政策。管理贸易政策是指国家对内制定一系列贸易政策、法规，加强对外贸易的管理，实现一国对外贸易的有序、健康发展；对外通过谈判签订双边、区域及多边贸易条约或协定，协调与其他贸易伙伴之间的权利和义务。管理贸易政策是自 20 世纪 80 年代以来，在国际经济联系日益密切而新贸易保护主义重新抬头的双重背景下逐步形成的。在这种背景下，为了既保护本国市场，又不伤害国际贸易秩序，保证世界经济的正常发展，各国政府纷纷加强了对外贸易的管理和协调，从而逐步形成了管理贸易政策或者说协调贸易政策。管理贸易是介于自由贸易和保护贸易之间的一种对外贸易政策，是一种协调和管理兼顾的国际贸易体制，是各国对外贸易政策发展的方向。对于经济发展不快或者实行进口限制的国家来说，进口商品不管需求弹性如何，其关税都会由进口目的地企业或消费者承担，而不会由进口商品的外国供应商承担。

随着国际贸易各国管制的逐步取消、自由化程度的提高，关税能否实现转嫁取决于商品和服务的质量及创新速度。例如，一种技术创新垄断的商品，即使进口国的关税税率比较高，由于需求旺盛，供给又有一定的垄断性，也只能由商品的购买者承担关税。如果购买者不承担关税，则有两种选择：一是在高关税造成的高价格前望而却步，停止交易，最终损害消费者利益；二是取消关税，自由贸易，让消费者完全根据自己的意愿真正在世界市场上进行选择。

在国际贸易中，关税的转嫁形式和转嫁程度与国家之间对某种商品的供求状况及需求程度有关，对他们在充当最终关税承担者方面有重大影响。例如，当甲国的某种消费品完全依靠从乙国进口时，进出口税负会由乙国转嫁给甲国，要么转嫁给甲国政府，要么转嫁给甲国消费者。但是，如果甲国所需商品可由国内生产者生产，那么，对乙国进口商品课征的关税就具有保护性质。此时，物价上涨，税负由甲国消费者负担，生产者得利；物价下降，税负由乙国进口商负担，甲国政府获益。当甲国国内工业发达、物价水平低于国际市场时，其进口关税均由乙国进口商承担。以英国和加拿大为例，假设两国之间仅有一种交易，即加拿大用其小麦换英国的毛货，这种交易意味着加拿大对英国小麦的供给程度就是加拿大对英国毛货的需求程度。如果英国对加拿大小麦的需求强烈，加拿大就可将其小麦征收的进口关税全部或部分转嫁给英国政府或英国消费者，甚至还可将从英国进口的毛货的关税转嫁给英国。如果英国小麦能自给自足，加拿大出口到英国的小麦所缴纳的进口关税就会视英国小麦市场价格的高低而决定其是否能够转嫁。两国之间贸易交往的一般惯例是，双方分担的关税比例与交易满足程度和迫切程度成正比。

政府应承担起从事或研究关税向外转嫁的任务，核心是着眼于国际社会，向外转嫁给国外商品的供给者及政府，不能只把注意力放在国内，因为单从国内情况来看，一般进口商品的关税会由国内消费者缴纳。关税转嫁是一门技巧，它要求设计者掌握这样一些基本情况：本国进出口商品的总规模和结构，进口商品中哪些是本国生产和生活必需的，哪些在本国具有垄断性；本国出口商品的规模和结构，出口商品中哪些是在国际市场有影响的，有无在国际市场上的垄断商品和近似垄断商品；等等。在掌握这些情况的条件下，一国政府可以根据进口商品在国际市场上的供求状况实行压价、减价、免税或增税的做法。压价是指在允许的范围内尽可能地削减进口商品的价格，使进口关税可以因进口商品降低价格而取消。在实行压价措施不奏效的情况下，政府可以实行减免关税的做法，允许或鼓励这种商品的输入（这种进口商品必须是国内不能生产或不能满足需要的必需品）。增税的做法是指当进口商品不属于国内不能生产或不能满足需要的商品，而是尚处于发展过程中或外国出口商为倾销商品而做的抛售，这时增加关税税率的目的是抑制外国商品倾销、防止外国商品占领本国市场的一种手段，与关税转嫁的关系不大。当本国某种出口商品在国际市场上具有一定垄断性时，即本国出口商品在国际市场上占有一定地位，该国完全可以对原本不征出口关税的这种商品加征与进口商品承担的部分或全部税款相同的税额；也就是说，用出口商品价格升高来弥补进口关税对国内购买者和消费者造成的损失。在这种情况下，进口国可以对部分或全部进口商品不征或少征进口关税，从而使出口关税成为政府的主要收入来源。

［资料来源］北京市地方税务局网站，http://shiju. tax861. gov. cn/bjds/wenzi/ wenzi. asp? more_id＝669629。

第二节　关税计税依据的税收筹划

一、计税依据的法律规定

我国对进出口货物征收关税主要采取从价计征的办法，以进出口货物的完税价格为计税依据。关税完税价格是海关计征关税的价格，由海关以该货物的成交价格为基础审查确定，并且应当包括货物运抵我国境内输入地点起卸前的运输及相关费用、保险费；成交价格不能确定时，完税价格由海关依法估定。我国纳税人进出口货物的完税价格由海关依据 2014 年 2 月 1 日起实施的《中华人民共和国海关审定进出口货物完税价格办法》（以下简称《完税价格办法》）审定。

（一）进口货物的完税价格

进口货物将以海关审定的正常成交价格为基础的到岸价格作为完税价格。到岸价格包括货价，货物运抵我国关境内输入地点起至卸货前的包装费、运费、保险费和其他劳务费等费用。

货物的成交价格通常有到岸价格（货价＋运费＋保险费，即 CIF）、货价＋运费（即 CFR）、离岸价格（货价，即 FOB）三种。若是以到岸价格成交，该成交价格就是进口货物的完税价格；若是以货价加运费成交，还应加上保险费；若是以离岸价格成交，则应加上运费和保险费才能成为进口货物的完税价格。

在货物成交的过程中，进口者在成交价格外另行支付给卖方的佣金应列入完税价格；对于卖方付给进口者的正常回扣，应从完税价格中扣除。对于卖方违反合同规定延期交货而产生的罚款，如果卖方在货价中冲减，这项罚款则不应从完税价格中扣除。

进口货物以国外口岸离岸价格成交的，应加上该项货物从国外发货或交货口岸运到我国口岸以前所实际支付的运费和保险费。如果实际支付的运费和保险费无法确定，运费可按外运公司规定的运费率计算，保险费可按保险公司规定的保险费计算。保险费的计算公式如下：

$$保险费=CFR\times 保险费费率$$

将其换算成完税价格的公式如下：

$$进口货物的完税价格=\frac{CFR}{1-保险费}$$

（二）出口货物的完税价格

出口货物应当以海关审定的货物售予境外的离岸价格扣除出口税后作为完税价格。其计算公式如下：

$$出口货物的完税价格=\frac{离岸价格}{1+出口税率}$$

出口货物的离岸价格应以该货物运离国境前的最后一个口岸的离岸价格为实际离岸价格。若该货物从内地起运，则从内地口岸至国境口岸所支付的国内段运输费用应予以扣除。出口货物的成交价格若为货价加运费或为国外口岸的到岸价格，应先将运费或保险费扣除后再按规定的公式计算完税价格。同样，出口货物在成交价格以外支付给国外的佣金应予扣除；未单独列明的，可以不予扣除。国外另行支付的货物包装费应加入成交价格，然后计算完税价格。

（三）海关对进出口货物完税价格的审定

进出口货物的成交价格是完税价格的基础。收发货人应主动报明货物的成交价格，并经海关审查确认后才能据以确定货物的完税价格。海关审定的进出口货物的成交价格应该是该货物在公开市场上可以采购到的正常价格。如果海关对申报人提供的进口货物的成交价格经审查未能确定的，原则上应当以从该货物的同一出口国或者地区购进的相同或类似货物的正常成交价格为基础的到岸价格为完税价格。具体可以下列价格为基础估定完税价格：(1)从该进口货物的同一出口国或者地区购进的相同或者类似货物的成交价格；(2)该进口货物的相同或者类似货物在国际市场上的成交价格；(3)与该进口货物相同或者类似的货物在国内市场上的批发价格减去进口关税、进口环节的其他税收和进口后的运输、储存、营业费用及利润后的价格；(4)海关用其他合理的方法估定的价格。

运往境外修理的机械器具、运输工具或者其他货物，出境时已向海关报明并在海关规定的期限内复运进境的，应当以境外修理费和料件费为基础审查确定完税价格。

运往境外加工的货物，出境时已向海关报明并在海关规定期限内复运进境的，应当以境外加工费和料件费以及该货物复运进境的运输及相关费用、保险费为基础审查确定完税价格。

采用租赁方式进口的货物，按照下列方法审查确定完税价格：以租金方式对外支付的租赁货物，在租赁期间以海关审查确定的租金作为完税价格，利息应当予以计入；留购的租赁货物以海关审查确定的留购价格作为完税价格。

对于境内留购的进口货样、展览品和广告陈列品，以海关审定的留购价格作为完税价格。

易货贸易、寄售、捐赠、赠送等不存在成交价格的进口货物，海关与纳税义务人进行价格磋商后，按照一般进口货物估价方法审查确定完税价格。

减税或者免税进口的货物需要补税时，应当以海关审查确定的该货物原进口时的价格扣除折旧部分的价值作为完税价格。

进口货物的完税价格应当包括为了在境内制造、使用而向境外支付的与该进口货物有关的专利、商标、著作权以及专有技术、计算机软件和资料等的费用。

进出口货物的到岸价格、离岸价格或者租金、修理费、料件费等以外国货币计价的，应当按照海关填发税款缴纳证之日的汇价折合人民币后计算纳税。

进出口货物的收发货人或者他们的代理人应当如实向海关申报进出口货物的成交价格。如果申报的成交价格明显低于或者高于相同或者类似货物的成交价格，海关可以根据相同或者类似货物的成交价格、国际市场价格、国内市场价格或者其他合理的方法估定完税价格。

进出口货物的收发货人或者他们的代理人在向海关递交进出口货物报关单时，应当交验载明货物真实价格、运费、保险费和其他费用的发票、包装清单和其他有关单证（必要时，海关还可以检查买卖双方的有关合同、账册、单据和文件，或者做其他调查）；否则，应当按照海关估定的完税价格纳税。

二、计税依据的税收筹划

关税以从价计征为主，从量计征较少，因此，从量计征的筹划空间比较小，而从价计征具有一定的筹划空间。进口货物以海关审定的正常到岸价格为完税价格，出口货物以海关审定的正常离岸价格扣除出口税为完税价格；到岸价格和离岸价格不能确定时，完税价格由海关估定。

凡是适用从价计征的物品，完税价格就是它的税基。在税率固定的情况下，进出口货物完税价格的情况直接关系到纳税人关税负担的多少。完税价格高，税负重；完税价格低，税负轻。因此，关税计税依据的税收筹划应在不违背税法的前提下，尽可能从完税价格和经济活动的转移定价等方面入手，降低进出口货物的计税依据，以获得较大的税收筹划收益。如果进出口货物在许可的范围内能够制定或获取较低的完税价格，则可以达到节约税收成本的目的。

（一）关税完税价格的筹划方法

1. 进口货物完税价格的筹划

进口货物将以海关审定的正常成交价格为基础的到岸价格作为完税价格，到岸价格包括货价加上货物运抵我国关境内输入地点起卸前的包装费、运费、保险费和其他劳务费等费用。依据成交价格的规定，对进口货物的海关估价主要有两种情况：一种是海关审查可确定的完税价格，另一种是成交价格经海关审查未能确定的。因此，要分别两种情况进行税收筹划。

（1）按审定成交价格法进行关税筹划

审定成交价格法是指进口商向海关申报的进口货物价格，经海关审定认为符合成交价格的要求和有关规定的，可以作为计算完税价格的依据，经海关对货价和运费、保险费、运杂费等费用项目进行必要的调整后，确定其完税价格。审定成交价格法是我国海关在实际工作中最基本、最常用的海关估价方法，如何既降低进口货物的申报价格又被海关审定认可为“正常成交价格”成为税收筹划的关键。

成交价格是指进口货运的买方为购买该货物而向卖方实际支付的或应当支付的价格。该成交价格的核心内容是货物本身的价格，不包括运费、保险费、运杂费等费用。该价格除了包括货物的生产、销售等成本费用外，还包括买方在成交价格外另行向卖方支付的佣金。因此，要想达到降低实际税负的目的，只有选择同类产品中成交价格比较低的，运输费、杂项费用相对较少的货物进口，才能真正降低完税价格。

【案例4—3】 某钢铁企业需要进口100万吨铁矿石，可供选择的进货渠道：一是澳大利亚，二是加拿大。澳大利亚的铁矿石品质较高，价格为20美元/吨，运费为60万美元；加拿大的铁矿石品质较低，价格为19美元/吨，但运杂项费用高达240万美元。暂不考虑其他条件，该钢铁企业应该选择从哪一个国家进口铁矿石？

澳大利亚铁矿石完税价格＝20×100＋60＝2 060(万美元)

加拿大铁矿石完税价格＝19×100＋240＝2 140(万美元)

经过计算可知，应该选择从澳大利亚进口铁矿石。如果按 20%征收进口关税，则至少可以节税 16 万美元[(2 140－2 060)×20%]。

(2)无法按审定成交价格法确定成交价格的关税筹划

国际市场上，高新技术、特种资源、新产品等稀缺产品的进口没有确定的市场价格，而且其预期价格一般远远高于市场类似产品的价格，这就为进口完税价格的申报留下了较大的空间，税收筹划的关键在于充分运用海关估定完税价格的有关规定。目前，对无法按审定成交价格法确定进口商品成交价格的，海关主要按以下方法依次估定完税价格：相同货物成交价格法、类似货物成交价格法、国际市场价格法、国内市场价格倒扣法、由海关按其他合理方法估定的价格。

【案例 4－4】 某公司经批准投资 3 亿元建立一个新能源实验室，其中的核心设备只有西欧某国才能制造。这是一种高新技术产品，由于这种新产品刚刚走出实验室，其确切的市场价格尚未形成，该公司已确认其未来的市场价格将远远高于目前市场上类似产品的价格。开发商预计此种产品进口到中国国内市场的售价将达到 2 000 万美元。经过多次友好协商，该公司以 1 800 万美元的价格购得该设备作为该国的技术援助项目，类似产品的市场价格为 1 000 万美元，关税税率为 25%，银行美元兑人民币汇率为 1∶6.852。由于该公司处于资金比较紧张的时期，希望能在资金上得到各方面的帮助，减免关税成为他们考虑的一个重点。目前的问题是，虽然该项目是有关部门特批的，但没有关税减免的依据，这样，在报关环节仍应照章征收关税。如果按照交易的实际情况进行申报，则该项设备在进口环节应缴纳的关税为 3 083.4 万元(1 800×6.852×25%)。

如此巨额的关税该公司难以承担，于是，他们请来了税收筹划专家为他们出谋划策。税收筹划专家对该业务的情况进行了全面调研后，提出了一个申报方案：以 900 万美元的价格向海关申报。但是，当该公司向当地海关申报进口时，海关认为其资料不真实，于是立案调查。

经过调查，海关发现与该设备相近的产品的市场价格为 1 000 万美元，而该设备是一种刚刚研制开发出来的新产品，其价格应当高于 1 000 万美元，于是，海关比照类似货物的成交价格依法进行估价，确定其价格为 1 000 万美元。这样，实验室进口这套设备应当缴纳的关税为 1 713 万元(1 000×6.852×25%)。该公司通过税收筹划，实际减少关税 1 370.4 万元(3 083.4－1 713)。

(3)正常回扣的关税筹划

根据税法的规定，在进出口贸易中，对于买方付给卖方的正常回扣，可以从关税完税价格中扣除。例如，在一笔交易中获取了 100 万美元的回扣，如果不了解此项规定，在关税税率为 20%的情况下，企业就可能多纳税 20 万美元(100×20%)。

2. 出口货物完税价格的筹划

出口货物的海关估价应是成交价格，即该出口货物售予境外的应售价格。该成交价格是扣除关税后的离岸价格，由出口货物的境内生产成本、合理利润及外贸所需的储运、保险等费用组成。因此，如何合理地确定出口货物的成交价格是关税税收筹划的重点。

出口货物的离岸价格应以该项货物运离国境前的最后一个口岸的离岸价格为实际离岸价格，因此，可以采取尽可能降低实际离岸价格的方法：

(1)若该货物从内地起运，则从内地口岸至国境口岸所支付的国内段运输费用应予扣除。

(2)出口货物的成交价格如果是货价加运费，或者是国外口岸的到岸价格，则应扣除运费和保险费后，按规定公式计算完税价格。当运费成本在价格中所占的比重较大时，这一点就显得尤为重要。

(3)如果在成交价格外还支付了国外与此项业务有关的佣金，则应在纳税申报表上单独列明，加以确认和反映。因为税法明确规定，此类单独列明的佣金可予以扣除；但未单独列明的，不予扣除。

值得注意的是，降低完税价格不可片面地理解为降低申报价格。如果为了少缴关税而一味降低申报价格，该行为就不再是节税，而是违法偷税。海关对此将区别情况做出相应的处理：

申报价格低于海关审定价格的，应由出口商品的发货人或其代理人缴纳相当于申报价格与海关审定价格之间的差额的保证金后，由海关放行货物，并通知有关进出口商会和国家外汇管理部门进行调查。经过调查，对有确凿证据表明属低报价格逃、套外汇的，由外汇管理部门依据《违反外汇管理处罚实施细则》的规定处理，并由海关处以货物等值以下的罚款或罚金。

申报价格明显低于海关审定价格，经海关调查构成隐瞒价格行为的，海关可将货物予以扣留，不准出口，并处货物等值以下的罚款；同时，通知有关进出口商会和国家外汇管理部门。

（二）利用转让定价进行关税筹划

世界贸易组织的关税保护原则允许成员对国内工业进行保护，但只能利用关税而不得采用其他非关税壁垒，因此，世界各国主要是利用关税来保护国内市场和工业。关税的计算公式如下：

应纳税额＝进(出)口应税货物数量×单位定税价格×适用税率

关税是影响跨国公司发展的重要因素，公司内部转让交易和对无关联买主的销售会因为关税而提高进口价格。尽管关税的税率是纳税人无法改变的，但在从价计征的比例关税税率下，卖方通过采取较低的转让价格向关联的买方出口货物，可以减轻关税的影响；但如果是从量计征的情况，则不会达到减少关税税负的效果。

跨国公司为了减轻关税的影响，往往采用压低进出口价格的办法，目的是控制转让价格。但是，任何企业都不愿压低价格向其他企业销售货物，因为这等于将自己的利润无偿地送给了他人。跨国公司为了配合价格下调节省关税的筹划，往往在相应国设立子公司或分支机构，并使其服从于全球战略目标，进行各国之间的转让定价关税筹划，获取整体的最大利润。公司之间的转让定价可以高于或低于产品成本，也可以等于产品成本，具体采用何种形式取决于母、子公司所在国税率的高低和母公司对子公司的控股比例。

【案例4－5】 某汽车公司为跨国公司，由于经营策略得当，该公司生产的汽车在世界汽车市场上已经占有一席之地。随着市场的进一步拓展，跨国税收筹划成了该公司财务部门的日常活动。根据公司市场部提供的信息，A国最近几年经济有了长足的发展，人们的物质生活水平有了很大的提高，对汽车的需求也越来越强烈，因此，有着巨大的市场潜力。该公司董事会决定打入A国市场。据了解，A国的关税税则规定，汽车整车进口关税的税率为50%，汽车零配件进口关税的税率为18%。为了在打开市场的同时享受低税收待遇，该公司请来税收筹划专家为其出谋划策。税收筹划专家认为，关税负担的轻重与单位定税价格有很大的关系：进出口价格越高，应该缴纳的关税就越多；进出口价格越低，应该缴纳的关税就越少。经过实际研究论证，税收筹划专家初步拟订了以下两套方案：

方案一：在A国设立一家销售企业作为该汽车公司的子公司，通过国家间转让定价，压低汽车的进口价格，从而减少关税。这样使得A国境内子公司的利润增加，以便于扩大规模，占领A国市场。该方案利用转让定价进行税收筹划，从而实现关税的降低。尤其是A国处于快速发展阶段，正在采取多种政策吸引外资，其中包括税收优惠；而在国内则实行区域性判别税率，沿海地带优惠较多。利润从高税国家转到低税国家可以节税。但是，该国也与其他国家一样，对跨国公司的转让定价有着严密的防范措施。汽车市场的价格信息比较透明，A国很容易获得与汽车销售相关的信息，并根据国际惯例对超出范围的转让定价行为依法进行纳税调整，从而导致该公司税收筹划方案失败。

方案二：在A国境内设立一家总装配公司作为该汽车公司的子公司，通过国家间转让定价，压低汽车零部件的进口价格，从而减少关税。这样可以使得A国境内子公司的利润增加，以便更好地占领A国汽车市场。该方案既可以得到第一种方案所说的好处，操作起来又隐蔽，A国对其转让定价的防范难度较大。这是因为：①由于零部件的进口关税税率比成品汽车低很多，较低的关税税率可以帮助企业节省不少税款。A国汽车整车进口关税的税率为50%，汽车零配件进口关税的税率为18%，即使公司不进行转让定价的税收策划，也能得到32%的节税好处。②由于零部件的价格在市场上可比性不大，进行转让定价筹划更加容易实现，因此可以提高税收筹划的经济效益。③可以获得税收以外的好处。例如，A国的劳动力价格较低，可以进一步降低公司产品的制造成本；节约运费，可以进一步降低经营成本；距离消费市场比较近，可以及时反馈信息，及时调整产品结构；等等。

经过反复论证，该汽车公司董事会发现第二套方案更加优越，于是决定采纳第二套方案。

在从事进出口贸易活动的过程中，关税是影响跨国公司发展的诸多因素中很重要的一项。但是，如果对关税的税则进行深入研究就不难发现，虽然整体税率是相对不变的，但各类产品之间的关税税率存在差异。由于关税负担的轻重与单位定税价格有很大关系，因此，进出口价格越高，应该缴纳的关税就越多；进出口价格越低，应该缴纳的关税就越少。一般来说，原材料和零部件的关税税率最低，半成品的关税税率次之，整机的关税税率最高。这种税率上的差异为纳税人提供了一种税收筹划思路：纳税人可以考虑将本来打算进口整机的产品在经营组合上做必要的调整，分拆成半成品或原材料、零部件进口，通关后再进行装配形成整机，这样可以有效减少关税支出。案例4－5中，方案二就是利用不同加工程度的产品之间关税税率上的差异进行筹划的。关税筹划的主要切入点就是通过降低商品的进(出)口价格，使关税的税基变窄。不过，企业采用上述思路时应对有关法律的规定和经营运作成本进行综合分析。

专栏4—2

理性筹划完税价格以免招致反倾销待遇

我国加入世界贸易组织后，国内企业面对全球市场，产品和劳务的出口规模及品种日益扩大。但是，国内企业出口产品价格过低可能会遭遇进口国竞争者的倾销起诉，一旦被裁定倾销行为成立，过高的反倾销税会使得来不易的国际市场消失殆尽。因此，国内企业在进行对外贸易时，必须全面了解贸易伙伴国的关税政策并做好准备，避免出口产品受到倾销指控。若遇到被征收反倾销税，应积极应诉，以维护自己在国际市场上的正当利益。具体应从以下几个方面着手：

1. 尽力减少被控诉的可能性

(1)提高产品附加值,取消片面的低价策略。我国出口产品基本上属于资源密集型和劳动密集型,初级产品比重高,产品档次低,附加值少,价格很难提高。从长远来看,我国企业应着手从初级产品的形象中走出来,改变出口产品结构。

(2)组建出口企业行业协会,加强内部协调和管理,一旦出现反倾销调查,可以集中力量应对。

(3)分散出口市场,降低被指控风险。

2. 避免采用被认为倾销的技术手段

(1)及时上调价格。欧美商业裁判机构每征满1年反倾销税,就会重新调查该倾销商是否仍有倾销行为,这时及时上调价格就不被认为是倾销,从而避免被征收反倾销税。

(2)调整产品利润预测,改进企业财务会计核算,以符合国际规范和商业惯例;同时,密切注意外汇汇率的浮动状况。

(3)推动国外进口商组织开展反贸易保护活动。我国产品被征收反倾销税会使外国进口商蒙受损失。企业可通过加强与当地工商组织的交流,以实际的商业利益为砝码促使其向政府施加压力。

3. 避免被裁定为损害进口国产业

(1)不要迫使进口国厂商采取降价促销的营销手段。

(2)全面收集有关信息,有效获取进口国市场的商情动态,查证控诉方并未受到损失,以便在应诉中掌握主动权。

(3)在出口地设厂或筹建跨国公司,以避免我国产品受进口配额等歧视性贸易条款的限制。

(4)以便利的销售条件、优质的产品、高水平的服务和良好的运输条件占领市场,提高单位产品的价值与效用,降低其替代率,从而增强外国消费市场对我国产品的依赖,获取稳定的客户群。

[资料来源]中国会计网,http://www.canet.com.cn/wenyuan/swlw/sssw/200807/18—25572_2.html。

第三节　关税税率的税收筹划

一、税率的法律规定

关税税率分为进口税率和出口税率两个部分。

(一)进口关税税率

进口关税税率分为普通税率和优惠税率两种。

对于原产于与我国未订有关税互惠协议的国家或者地区的进口货物,按照普通税率纳税(经国务院关税税则委员会特别批准的除外);对于与我国订有关税互惠协议的国家或者地区的进口货物,按照优惠税率纳税。为对付有些国家对我国出口产品的歧视,对于原产于我国的产品征收歧视性关税或者给予其他歧视性待遇的国家的产品,海关可以征收特别关税,以维护我国的合法权益。我国进口税则设有最惠国税率、协定税率、特惠税率和关税配额税率,对进口货物在一定时期内可以实行暂定税率。

（二）出口关税税率

出口关税只限于少数产品，主要是国家控制出口的产品，盈利特别高且利润比较稳定的大宗商品，我国出口在国际市场上已占相当比例的商品，国内紧俏又大量进口的商品以及国际市场容量有限、大量出口、容易在国外形成削价竞销的商品等。出口关税税率按不同商品实行从价差别比例税率，出口税率为20%～50%，对某些特定商品实行年度暂定税率。

进出口货物应当按照我国《海关进出口税则》规定的分类原则归入合适的税号，并按照适用的税率纳税。

根据我国《进出口关税条例》的规定，国务院关税税则委员会可以根据国家对外经济贸易政策的需要制定关税暂定税率，即在海关进出口税则规定的进口优惠税率和出口税率的基础上，对某些进口货物（只限于从与我国订有关税互惠协议的国家和地区进口的货物）和出口货物实施更为优惠的关税税率。这种税率一般按照年度制定，并且随时可以根据需要恢复按照法定税率征税。

（三）关税税率的适用

进出口货物应当按照纳税义务人申报进口或者出口之日实施的税率征税。

进口货物到达前，经海关核准先行申报的，应当按照装载此货物的运输工具申报进境之日实施的税率征税。

进出口货物的补税和退税适用该进出口货物原申报进口或者出口之日所实施的税率，但下列情况除外：

（1）按照特定减免税办法批准予以减免税的进口货物，后因情况改变，经海关批准转让或出售或移作他用需予以补税的，适用海关接受纳税人再次填写报关单申报办理纳税及有关手续之日实施的税率征税。

（2）加工贸易进口料件等属于保税性质的进口货物，如经批准转为内销，应按向海关申报转为内销之日实施的税率征税；如未经批准擅自转为内销的，则按海关查获日期所施行的税率征税。

（3）暂时进口货物转为正式进口需予以补税时，应按其申报正式进口之日实施的税率征税。

（4）分期支付租金的租赁进口货物分期付税时，应适用海关接受纳税人再次填写报关单申报办理纳税及有关手续之日实施的税率征税。

（5）溢卸、误卸货物，事后确定需征税时，应按其原运输工具申报进口日所实施的税率征税；如原进口日无法查明，则可按确定补税当日实施的税率征税。

（6）对由于税则归类的改变、完税价格的审定或其他工作差错而需补税的，应按原征税日实施的税率征税。

（7）对经批准缓税进口的货物，以后交税时，不论是分期还是一次交清税款，都应按货物原进口之日实施的税率征税。

（8）查获的走私进口货物需补税时，应按查获日实施的税率征税。

二、税率的税收筹划

关税税率税收筹划的基本思路与方法是尽可能在进出口产品时选择较优惠的低税率。例如，进口产品时，在同等条件下应选择与我国签有关税互惠协议的国家和地区。

（一）利用低关税税率的规定

根据关税的规定，入境旅客行李物品和个人邮递物品是指进入我国关境的非贸易性应税自用物品，包括馈赠物品。对这些物品征收的进口税包括关税、代征国内增值税和消费税。纳税人是入境行李物品的携带人和进口邮件的收件人。2018 年 9 月 30 日，国务院关税税则委员会审定公布实施新的“中华人民共和国进境物品进口税税率表”，我国现行进境物品进口税税率分别为 15%、25%、50%三个档次。其中，烟、酒、贵重首饰及珠宝玉石、高尔夫球及球具、高档手表、高档化妆品的税率为 50%；运动用品（不含高尔夫球及球具）、钓鱼用品、纺织品及其制成品、电视摄像机及其他电器用具、自行车税率为 25%；书报、刊物、教育用影视资料、计算机、视频摄录一体机、数字照相机等信息技术产品、食品、饮料、金、银、家具、玩具、游戏品等税率为 15%。

【案例 4—6】 李先生从国外购买了 3 000 美元酒、5 000 美元视频摄像机和 4 000 美元手表作为礼物馈赠亲朋，他所负担的进口关税为多少？

应纳关税＝3 000×50%＋5 000×25%＋4 000×50%＝4 750（美元）

如果李先生用 12 000 美元购买金、银及其制品或包金饰品，由于金银制品及包金饰品税率较低，那么，他就只需负担 1 800 美元（12 000×15%）关税，即节税 2 950 美元（4 750－1 800）。当然，这只是从税收筹划角度进行的分析，现实生活中还有许多因素，如亲朋的喜好、需求等也会影响李先生的购买决策。

（二）利用实质性加工标准和低税率的规定

对货物原产地的确认有两种标准：一是全部产地标准，即对于完全在一个国家内生产或制造的进口货物，其生产或制造国就是该货物的原产国；二是实质性加工标准，即经过几个国家加工制造的进口货物，以最后一个对货物进行加工的、经济上可以视为实质性加工的国家作为该货物的原产国。所谓实质性加工，是指产品经过加工后，在《海关进出口税则》中已不按原有的税目征税，而应归入另外的税目征税；或者其加工的增值部分所占新产品总值的比例已经超过 30%。

另外，根据关税的有关规定，对于机器、仪器或车辆所用零件、部件、配件、备件以及工具，如与主件同时进口而且数量合理，其原产地按全件的原产地予以确定；如果是分别进口的，则应按其各自的原产地确定。石油产品以购自国为原产国。

【案例 4—7】 某汽车公司是一家从事跨国经营的汽车生产厂商，由多家设在不同国家和地区的子公司提供零配件：韩国子公司生产汽车仪表，新加坡子公司生产汽车轴承和发动机，马来西亚子公司生产阀门，菲律宾子公司生产汽车轮胎，越南子公司生产汽车玻璃。最近，该公司发现中国具有巨大的汽车市场，而且在未来的几年内，中国的汽车消费将呈增长趋势。因此，该公司决定将产品打进中国市场。该公司首先面临的是产品的总装地选择问题。按照该公司的计划，总装地工厂将首批投产最近研制的甲品牌高档小汽车 100 辆，并出口到中国市场。该种小汽车在中国国内市场的销售价格为每辆 90 万元，而与此款汽车相近的其他品牌小汽车的销售价格为每辆 70 万元。据了解，小汽车的关税税率为 50%。该公司应该如何筹划才能将关税降到最低？

该公司与税务专家协商发现，可以利用原产地与中国是否签订有关协议来进行税收筹划。中国的进口税率分为普通税率和优惠税率两种：对于原产地未与中国签订关税互惠协议的国家和地区的进口货物，按普通税率征税；对于原产地与中国签订了关税互惠协议的国家和地区的进口货物，按优惠税率征税。海关对进口货物原产地按全部产地标准和实质性加工标准两种方法确定。该汽车公司应怎样避免普通税率的重负以取得优惠税率呢？

第一个条件是从定性的角度来判断，即加工后的进口货物在《海关进出口税则》中的税目或税率发生了改变。如果这家汽车生产商在新加坡、中国台湾、菲律宾、马来西亚都设有供应零配件的子公司，那么，其应将制造汽车新产品整体形象的最终装配厂设在哪里呢？首先，要选择那些与中国签有关税互惠协议的国家或地区作为所在地，排除那些没有签订协议的国家和地区；其次，要综合考虑从装配所在国到中国口岸的运输条件、装配所在国的汽车产品进口关税和出口关税等因素；最后，当普通税率和优惠税率的区别不再存在时，选择产品的实质性加工地点，关税的因素就不再存在，那时，只有两个因素可供考虑：一是成本，二是风险，如总装厂所在国的政治经济局势、外汇管制情况和出口配额控制情况等。在综合考虑上述因素的基础上，选出一个最优惠的方案。

第二个条件是从定量的角度来判断，即加工增值部分所占新产品总值的比例已经超过30%，可视为实质性加工。如果该汽车公司已经在一个未与中国签订关税互惠协议的国家或地区建立了装配厂，要改变厂址，无疑需要付出较多成本，那么，这家厂商可以将原装配厂作为汽车的半成品生产厂家，再在已选定的国家或地区建立一家最终装配厂，只要使最终装配的增值部分占汽车总价值的30%以上，生产出来的汽车即可享受优惠税率；假如最终装配的增值部分没有达到所要求的30%，则可以采取转让定价的方法，降低原装配厂生产半成品汽车的价格，减少半成品的增值比例，争取使最终装配的增值比例达到或超过汽车总价值的30%。

综上所述，根据实际情况进行测算、比较，选择最经济的国家或地区作为进口汽车的原产地，该汽车公司就可以通过享受优惠税率而获得较大的比较收益。

【案例4—8】 某汽车公司是一家全球性的汽车制造商，为了打开中国市场，2019年年初，该公司董事会初步拟订了以下两套方案：

方案一：在中国境内设立一家总装配公司作为子公司。通过各国之间转让定价，压低汽车零部件的进口价格，从而减少关税。这样可以使中国境内子公司的利润增加，以便更好地占领中国市场。

方案二：在中国设立一家销售公司作为子公司，通过各国之间转让定价，压低汽车的进口价格，从而减少关税。这样使中国境内子公司的利润增加，以便扩大规模，占领中国市场。

在通常情况下，原材料和零部件的关税税率最低，半成品的关税税率次之，产成品的关税税率最高。如果采用进出口原材料而不是进出口产成品的方法，会节省更多关税，像汽车这种关税税率很高的产成品更是如此。所以，在第一个方案中，由于汽车零部件的关税税率远远低于汽车产成品的关税税率，低的关税税率可以节省更多关税，而且由于零部件比较分散，进行转让定价筹划更加容易，可以在多个国家之间进行转让定价筹划，不但可以降低整个集团公司的税负，而且可以起到减少关税的作用，因此，公司董事会通过了第一个方案。

第四节　关税税收优惠的税收筹划

一、税收优惠的法律规定

关税是海关依法对进出境货物、物品征收的一种税。关税减免从类别上可分为法定减免税、特定减免税和临时减免税三类。

（一）关税法定减免

法定减免税是税法中明确列出的减税或免税。按照我国《海关法》和《进出口关税条例》的规定，下列货物、物品可以减免关税：

（1）关税税额在人民币 50 元以下的一票货物可免税。

（2）无商业价值的广告品和货样可免税。

（3）国际组织、外国政府无偿赠送的物资可免税。

（4）进出境运输工具装载途中必需的燃料、物料和饮食用品可免税。

（5）经海关核准暂时进境或者暂时出境并在 6 个月内复运出境或者复运进境的货样、展览品、施工机械、工程车辆、工程船舶、供安装设备时使用的仪器和工具、电视或者电影摄制器械、盛装货物的容器以及剧团服装、道具，在货物收发货人向海关缴纳相当于税款的保证金或者提供担保后，可予暂时免纳关税。

（6）为境外厂商加工、装配成品和为制造外销产品而进口的原材料、辅料、零件、部件、配套件、包装物料，海关按照实际加工出口的成品数量免征进口关税；或者对进口料件先征进口关税，再按照实际加工出口的成品数量予以退税。

（7）因故退还的境外进口货物，由原收货人或者其代理人申报出境，并提供原进口单证，经海关审查核实，可以免征出口关税；但是，已征收的进口关税不予退还。

（8）因故退还的我国出口货物，由原发货人或者他们的代理人申报进境，并提供原出口单证，经海关审查核实，可以免征进口关税；但是，已征收的出口关税不予退还。

（9）有下列情形之一的进口货物，经海关查明属实，可以酌情减免关税：一是在境外运输途中或者在起卸时遭受损坏或者损失的；二是起卸后海关放行前，因不可抗力遭受损坏或者损失的；三是海关查验时已经破漏、损坏或者腐烂，经证明不是保管不慎造成的。

（10）我国缔结或者参加的国际条约规定减征、免征关税的货物、物品，海关按照规定予以减免关税。

（11）法律规定减征、免征关税的其他货物。

（二）关税特定减免

特定减免税是指在法定减免税外，为了适应经济发展的需要，由海关总署、财政部根据国务院的政策所规定的减免税，以及对某些情况经过特别批准实施的减免税，包括科教用品、残疾人专用品、扶贫慈善性捐赠物资、加工贸易产品、边境贸易进口物资、保税区进出口货物、出口加工区进出口货物、进口设备、特定行业或用途的减免税政策和特定地区的减免税政策。

由于特殊减免主要是针对特定地区、特定企业或者有特定用途的进出口货物，因此，这类优惠措施具有较强的时效性。

（三）关税临时减免

临时减免税是指以上法定和特定减免税以外的其他减免税，是由国务院根据《海关法》的规定，对某个单位、某类商品、某个项目或某批进出口货物的特殊情况给予特别照顾，一案一批，专文下达的减免税。

二、税收优惠的税收筹划

在关税的税收筹划中，减免税占有极其重要的地位。由于税收减免可以给纳税人带来巨大的税收收益，因此，在进行关税税收筹划时应尽可能利用有关减免税的规定以降低实际税负。

（一）充分利用法定减免进行关税税收筹划

关税的法定减免虽然规定得比较严格，但纳税人可依据生产经营的实际情况，结合税法的规定申请税收减免。例如，对为境外厂商加工、装配成品和制造外销产品而进口的原材料、辅料、零件、部件、配套件和包装物料，企业可以按照实际加工出口的成品数量向海关申请免征进口关税；如果有进口料件先征进口关税的，企业还可以按照实际加工出口的成品数量向海关申请退税。又如，在进出口业务中应特别关注我国缔结或者参加的国际条约规定的减征、免征关税的货物、物品，因为这类货物或物品，海关可按照有关规定给予减免关税。

（二）充分利用特定减免进行关税税收筹划

由于多数关税特殊减免的规定主要是针对特定地区、特定企业或者有特定用途的进出口货物，具有较强的时效性，因此，在利用关税特殊减免规定进行税收筹划时，可从以下两个方面入手：

一方面，关注关税特殊减免政策的变化，结合企业的实际生产经营情况，在规定的时间及范围内尽可能用足、用好有关减免政策。例如，尽可能投资国家鼓励发展的国内投资项目和外国投资项目进口设备，以获取免征关税的税收收益。

另一方面，利用保税货物的有关政策进行关税的税收筹划。保税货物是指经过海关批准，未办理纳税手续，在境内储存、加工、装配后复运出境的货物。保税货物属于海关监管货物，未经海关许可并补缴税款，不能擅自出售；未经海关许可，也不能擅自拆开、提取、支付、发运、改装、转让或者变更标记。目前，我国的保税制度包括保税仓库、保税工厂和保税区等。

保税制度的运行是一个包含众多环节的过程。假设进口货物最终将复运出境，那么，基本环节就是进口和出口。在这两个环节中，企业必须向海关报关。在填写的报关表中有“单耗计量单位”一栏。所谓“单耗计量单位”，是指生产一单位成品耗费几单位原料，通常有以下几种形式：一是度量衡单位/自然单位，如吨/块、米/套等；二是自然单位/自然单位，如件/套、匹/件等；三是度量衡单位/度量衡单位，如吨/立方米等。

【案例4—9】 某生产出口产品的家具生产公司从加拿大进口一批木材，并向当地海关申请保税。该公司报关表上填写的单耗计量单位为280块/套，即做成一套家具需耗用280块木材。在加工过程中，该公司引进先进设备，做成一套家具只需耗用200块木材。家具生产出来后，公司将成品复运出口，完成了一个保税过程。如果公司进口木材10万块，每块价格为120元，海关关税税率为50%，则按此方案可以减少税收1 714 285.71元[(100 000－100 000÷280×200)×120×50%]。

可见，关税税收优惠税收筹划的关键是关注优惠政策、研究优惠政策和充分利用优惠政策。

（三）充分利用临时减免进行关税税收筹划

关税临时性减免是由于特殊原因给予纳税人的减免规定。尽管此类减免可筹划的空间比较小，但纳税人仍应充分予以关注，一旦可以申请减免，应准备好必要的资料，按规定向有关海关机关申请，以获取最大的税收收益。

第五节　关税征收管理的税收筹划

一、征收管理的法律规定

关税的征收管理包括关税的缴纳，关税的缓缴，关税的退还、补征和追征，保税制度等几个方面。

(一)关税的缴纳

进口货物自运输工具申报进境之日起14日内,出口货物在货物运抵海关监管区后装货的24小时前,应由进出口货物的纳税义务人向货物进(出)境地海关申报,海关根据税则归类和完税价格计算应缴纳的关税和进口环节代征税,并填发税款缴款书。纳税义务人应当自海关填发税款缴款书之日起15日内向指定银行缴纳税款。如关税缴纳期限的最后一日是周末或法定节假日,则关税缴纳期限顺延至周末或法定节假日过后的第一个工作日。为方便纳税义务人,经申请且海关同意,进(出)口货物的纳税义务人可以在设有海关的启运地办理海关申报、纳税手续。

纳税人因不可抗力或者在国家税收政策调整的情形下,不能按期缴纳税款的,经海关总署批准,可以延期缴纳税款,但最长不得超过6个月。

(二)关税的缓缴

纳税人因缺乏资金或由于其他原因而造成缴纳关税困难,不能在关税缴纳期内履行纳税义务的,可以向海关申请缓纳关税。依据政策的规定,申请缓纳关税的纳税人应于有关货物申报进口之日起7日内向主管海关提出书面申请,并递交关税缴纳计划和开户银行或其上级主管机关出具的纳税担保书,经海关审核批准后,可在规定期限内纳税并按月支付10‰的利息。

(三)关税的退还

关税的退还是指关税纳税义务人按海关核定的税额缴纳关税后,因某种原因,海关将实际征收多于应当征收的税额(称为溢征关税)退还给原纳税义务人的一种行政行为。根据《海关法》的规定,海关多征的税款,海关发现后应当立即退还。

按规定,有下列情形之一的,进出口货物的纳税义务人可以自缴纳税款之日起1年内书面声明理由,连同原纳税收据向海关申请退税并加算银行同期活期存款利息,逾期不予受理:(1)因海关误征,多纳税款的;(2)海关核准免验进口的货物,在完税后发现有短卸情形,经海关审查认可的;(3)已征出口关税的货物,因故未将其运至出口、申报退关,经海关查验属实的。

海关应当自受理退税申请之日起30日内查实并通知纳税人办理退还手续。纳税人应当自收到通知之日起3个月内办理有关退税手续。

对已征出口关税的出口货物和已征进口关税的进口货物,因货物品种或规格原因(非其他原因)原状复运进境或出境,经海关查验属实的,也应退还已征关税。海关应当自受理退税申请之日起30日内做出书面答复并通知退税申请人。如果属于其他原因且不能以原状复运进境或出境的,则不能退税。

(四)关税补征和追征

补征和追征是海关在关税纳税义务人按海关核定的税额缴纳关税后,发现实际征收的税额少于应当征收的税额(称为短征关税)时,责令纳税义务人补缴所差税款的一种行政行为。《海关法》根据短征关税的原因,将海关征收原短征关税的行为分为补征和追征两种:纳税人因违反海关规定造成短征关税的,称为追征;非因纳税人违反海关规定造成短征关税的,称为补征。区分关税追征和补征的目的是区别不同情况适用不同的征收时效,超过规定的期限,海关就丧失了追补关税的权力。根据《海关法》的规定,进出境货物和物品放行后,海关发现少征或者漏征税款的,应当自缴纳税款或者货物、物品放行之日起1年内向纳税义务人补征;因纳税义务人违反规定而造成少征或者漏征的税款自纳税义务人应缴纳税款之日起3年内可以追征,并从缴纳税款之日起按日加收少征或者漏征税款0.5‰的滞纳金。

（五）保税制度

保税制度是允许对特定的进口货物在入关进境后、确定内销或复出口的最终去向前暂缓征缴关税和其他国内税，由海关监管的一种海关制度。也就是说，进口货物可以缓缴进口关税和其他国内税，在海关监管下于指定或许可的场所、区域进行储存、中转、加工或制造，是否征收关税视货物最终进口内销或复运出口而定。保税制度按方式和实行区域的不同，有保税仓库、保税工厂、保税区、保税集团等不同形式。

1. 保税仓库

保税仓库是经海关批准，进口货物可以不办理进口手续而较长时间储存的场所。进口货物再出口而不必纳税，便于货主把握交易时机出售货物，有利于业务的顺利进行和转口贸易的发展。

2. 保税工厂

保税工厂是经海关批准对专为生产出口而进口的物料进行保税加工、装配的企业。这些进口的原材料、元器件、零部件、配套件、辅料和包装物料等在进口加工期间免征进口税，加工后的成品必须返销境外；特殊情况需部分内销的，须经海关批准并补征关税。这些物料必须在保税工厂内存放和使用，未经海关许可不得随意移出厂外或移作他用。我国《海关对加工贸易保税工厂管理办法》规定了设立保税工厂的条件：凡经国家批准有权经营进出口业务的企业或具有法人资格的承接进口料件加工复出口的出口生产企业，均可向主管地海关申请建立保税工厂。

3. 保税区

保税区是经海关批准专门划定的实行保税制度的特定地区。进口货物进入保税区内可以免征关税，如复出口，也免纳出口税。运入保税区的商品可进行储存、改装、分类、混合、展览、加工和制造等。海关对保税区的监管主要是控制和限制运入保税区内的保税货物销往国内。保税区一般设在港口或邻近港口、国际机场等地方。设立保税区的目的是吸引外商投资、扩大加工工业和出口加工业的发展，增加外汇收入。因此，国家对保税区除了在关税等税收方面给予优惠外，一般还在仓储、厂房等基本设施方面提供便利。

4. 保税集团

保税集团是经海关批准由多数企业组成，承接进口保税的料件进行多次保税加工生产的保税管理形式，即对经批准为加工出口产品而进口的物料，海关免征关税。这些保税货物被准许在境内加工成初级产品或半成品，然后转厂进行深度加工，如此反复多次，直至产品最终出口，对每一次加工和转厂深加工，海关均予以保税。保税集团的特点是海关对转厂加工、多层次深加工、多道生产工序的进口料件实行多次保税，从而有利于鼓励和促进深加工出口，扩大出口创汇，提高出口商品的档次，增加外汇收入。

二、征收管理的税收筹划

关税征收管理的税收筹划方法主要是在未逾期的情况下，充分利用税法的规定，合理、充分、有效地获取最大限度的税款资金的时间价值。对于企业而言，特别是长期进行大批量进出口业务的企业，其巨额的资金周转对时间占用提出了特别的要求，几千万美元的税款迟缴一日，多占用一日，就可以获取数万美元的时间收益。在流动资金周转紧张时，每笔资金都能起到决定企业存亡的重要作用。

（一）对关税纳税方式的选择进行税收筹划

1. 口岸纳税方式

这是关税最基本的纳税方式，也是我国关税最基本的纳税方式。采用这种方式时，由进出口人向货物进出口地海关进行申报，经当地海关对实际货物进行监管和查验后，逐票计算应纳关税税额并填发关税缴纳书，由纳税人在规定的纳税期内凭此向海关或指定银行办理税款交付或转账入库手续后，海关再凭银行回执联办理结关放行手续。这种纳税方式的特点在于：征税手续在前，放行在后，税款能及时入库，防止并尽可能地避免了拖欠税款的现象。

2. 先放行，后纳税方式

该方式是指海关允许某些纳税人在办理了有关担保手续后，先行办理放行货物，然后办理纳税事项的一种纳税制度，一般是在口岸纳税的基础上对某些易腐货物、急需货物或有关手续无法立即办理结关等特殊情况下而采取的一种比较灵活的纳税方式。该方式有利于货物及时地进出关境和投放市场，防止口岸积压货物；同时，使纳税人有充足的时间办理纳税手续。近年来，出于客观需要，对某些进出口货物开始采取这种纳税方式。

3. 定期汇总纳税方式

这种方式是对进出关境的应税货物逐票申报并计算应纳税款，经纳税人汇总后，每 10 日向其管辖海关缴纳一次税款的纳税方式。该方式主要适用于有进出口经营权、进出口数量多、信誉好以及组织管理优良的企业。要采取这种纳税方式，需由纳税人向其所在地海关提出书面申请，经海关审核批准后方可实行。采用这种定期汇总纳税方式可以简化手续，便于纳税人纳税，有利于提高效率。

从税收筹划的角度来看，应通过比较分析，选择最有利于本企业的纳税方式，并采取措施使本企业符合适用该方式的条件。

目前，口岸纳税方式作为我国基本的纳税方式，对纳税人显然不是一种有利的纳税方式，因为它减少了纳税人尽可能长时间地占用税款的可能性，并且货物投放市场的时间被推迟，造成货款的积压和市场机会的损失。因此，对于税收筹划而言，纳税人应尽可能地选择适用后两种纳税方式。

先放行，后纳税方式的魅力在于通过担保手续，使纳税人在同一时间获取两种便利与收益：一方面，它可以使进出口货物及时通过关境投入消费市场，这样就避免了货物积压、货款占用和损失市场机会，减少了仓库存储及管理费用支出，同时在时间上提前实现盈利，促进商品流通；另一方面，通过税款相对滞后的时间差，使企业能够获取税收筹划收益。因此，企业应想方设法使自己的进出口货物成为海关实施先放行后纳税方式的对象。所谓“易腐货物、急需货物、通关手续无法立即办理结关的货物”，在很大程度上是有弹性的，这就需要纳税人采取一些合理、有效的办法。由于这些具体办法需视具体情况而定，这里不再赘述。

同样，对于有进出口经营权、进出口数量较多的企业来说，除了先放行，后纳税方式外，还可以选择定期汇总纳税方式。该方式可以为纳税人提供 10 日的缴款时间，纳税人可以根据财务需要灵活地对应纳税额做出安排，从而实现最有效的资金利用，同样可以避免货物被搁置、货款被积压。

（二）对进出口货物增值税和消费税纳税时间的税收筹划

1. 利用节假日和双休日进行税收筹划

按照现行税法的规定，纳税人应在海关填发税收缴款书的次日起 7 日内向指定银行缴纳税款，这其中，双休日和节假日除外。一周两日休息制和众多的法定节假日为税收筹划提供了机会。例如,某公司进口一批货物,假定海关从接受申报到填发税款缴纳证共需 2 日,那么,纳税人应选择怎样的申报时间呢?如果星期一报关,星期三海关填发税款缴纳书,从星期四起经 7 日最迟应于下一个星期五缴纳税款,前后总共 9 日(包括双休日);但如果推迟一日报关,依此计算,最迟于下下周一缴纳税款,这样一来共占用税款达 11 日。作为一个理性的纳税人,不难从中做出选择。同样,遇到其他节假日,不妨推算一下,一念之间就能带来税收筹划的收益。

2. 利用出口退税期进行税收筹划

出口退税制度与进出口企业或个人息息相关。我国退税期限长达 1 个月,退得快与退得慢之间无疑存在巨大的利息差额。在我国目前出口退税"排长队"、国家财政资金紧张的情况下,能否及时退到税已超出技术性范畴,涉及人际关系问题已是不争的事实。企业应采取适时有效的策略来跟进退税进度。

3. 利用退货进行税收筹划

在进出口业务中,难免会发生退货。根据税法的规定,出口退货须补缴相应的税款。这里所说的是针对"经所在地主管机关批准可暂不办理补税,待其转为国内销售时再向其主管税务机关申报补缴消费税"这一规定进行必要的税收筹划。对企业纳税人来说,此项税收筹划的关键点在于:一是获取所在地主管税务机关的批准,可以暂不办理补税;二是尽量延长转为国内销售时缴纳税款的时间。如果能够解决这两个问题,就一定能达到退货税收筹划的效果,并在一定程度上减轻退货对企业财务和经营方面的冲击。

从以上进出口环节纳税期限税收筹划的方法中不难发现,要想取得税收筹划的效果,就必须熟悉关于纳税期限的具体规定。税收筹划不单纯意味着税款金额的减少。对纳税期限进行税收筹划可以使纳税人在履行纳税义务的同时至少获得两个方面的利益:一是税款占用带来的资金的时间价值,这本身就意味着税负的减轻;二是税款占用带来的货币的流动价值。在资金周转快的企业中,货币的流动性本身具有不可低估的价值。

【案例 4—10】 承案例 4—7,与税收筹划专家研究后,公司准备利用海关对报关资料是否齐全而采用不同税率的方法进行税收筹划。

我国《进出口关税条例》第十五条规定,进出口货物的收货人或者其代理人在向海关递交进出口货物报关单证时,应当交验载明货物真实价格、运费、保险费和其他费用的发票(如有厂家发票应附着在内)、包装清单和其他有关单证。第十七条又指出,进出口货物的发货人和收货人或者其代理人在递交进出口货物报关单时,未交验第十五条规定的各项单证的,应当按照海关估定的完税价格完税;事后补交单证的,税款不予调整。因此,进出口商可以将其所有单证全部交给海关进行查验,也可以不交验第十五条所指的有关单证(这里不包括对有关账簿数据的隐瞒、涂改等),这时,海关将对进出口货物的完税价格进行估定。对于该汽车公司而言,如果未按有关法律规定申报单证,海关将按同类产品或者相近产品的市场价格核定其关税的计税依据。在具体操作环节中出现了"申报资料不全"的问题,请求海关谅解,海关将该案交给海关稽查部门处理。海关稽查部门对该批汽车的市场行情进行调研,取得了有关资料,最后以每辆 70 万元的价格作为计算关税的依据征收关税。通过税收筹划,该汽车公司实际节省关税 1 000 万元[(90—70)×100×50%]。如果考虑在配合海关稽查部门调查期间发生的 50 万元费用,实际取得的税收筹划收益为 950 万元(1 000—50)。

复习思考题

一、简答题

1. 关税有哪些特点？其税收筹划的重点是什么？
2. 对关税纳税人的筹划可以采取哪些方法？请举例说明。
3. 根据关税的特点，其计税依据应从哪几个方面进行税收筹划？请举例说明。
4. 请分析关税适用低税率筹划的方法，并举例说明。
5. 如何利用关税优惠进行税收筹划？请结合某一企业的实际情况举例说明。

二、实务题

1. 陈某去美国旅游，购买带回国的礼品时，有以下两种方案可供选择：

方案一：购买600美元名酒，800美元摄像机。

方案二：购买800美元包金首饰，600美元金银戒指、项链。

酒的关税税率为50%，摄像机的关税税率为20%，金银制品及包金首饰的关税税率为10%。

要求：从税收筹划的角度说明哪种方案更优。

2. 某钢铁公司2019年需要进口铁矿石400万吨，可供选择的进货渠道有两个：一个是澳大利亚，另一个是加拿大。澳大利亚的铁矿石品质较优，价格每吨为30美元，运费为200万美元；加拿大的铁矿石品质较劣，价格每吨为20美元，运费为800万美元。已知进口铁矿石的关税税率为20%。

要求：不考虑其他条件，从税收筹划的角度看，该钢铁公司应该选择从哪一个国家进口铁矿石？

第五章　企业所得税税收筹划

【本章导读】

企业所得税是对我国境内的企业和其他取得收入的组织，就其来源于我国境内、境外的生产经营所得和其他所得征收的一种税，是国家参与企业利润分配的重要手段，也是我国税收收入的主体税种之一。本章主要讲述企业所得税纳税人的税收筹划、计税依据的税收筹划、税率的税收筹划、税前扣除项目的税收筹划和税收优惠政策的税收筹划等。通过本章的学习，不仅要熟悉《企业所得税法》的基本规定，掌握企业所得税筹划的基本操作方法，而且能够结合案例从企业所得税的纳税人、计税依据、税率、税收优惠等方面进行税收筹划操作。

第一节　企业所得税纳税人的税收筹划

一、纳税人的法律规定

我国境内企业和其他取得收入的组织为企业所得税的纳税人。纳税人的规定包括两层含义：一是纳税人的认定以是否具有法人资格为标准，二是将取得经营收入的单位和组织都纳入征税范围。个人独资企业和合伙企业不作为企业所得税纳税人。企业分为居民企业和非居民企业。居民企业承担无限纳税义务，就其来源于我国境内外的全部所得纳税；非居民企业承担有限纳税义务，一般只就其来源于我国境内的所得纳税。

二、纳税人的税收筹划

在现行税收法律制度下，不一样的企业组织形式享受不一样的税收待遇，这是由国家宏观经济调控的意图决定的。因此，企业必须选择适合自己的，既有利于自身业务发展，又能够在一定程度上减轻税收负担的组织形式。

（一）子公司与分公司选择的税收筹划

在市场经济条件下，许多公司发展到一定规模后，基于稳定供货渠道、开辟新市场或方便客户等方面的考虑，不可避免地需要在异地设立分支机构，这也是企业扩张的必由之路，届时，公司往往面临分公司与子公司的选择问题。新设立的分支机构性质的不同将决定公司所得税的缴纳方式，又会进一步影响公司的整体税负水平。利润最大化是公司经营的目标，也是设立分支机构的初衷，因此，相关的税收筹划是非常必要的。

子公司是独立法人，与母公司之间不是从属关系，母公司不直接对子公司负法律责任。在外地创办子公司一般需要办理许多手续，要达到当地规定的公司创办条件，并缴纳企业注册登记的各项税费。根据《公司法》和《企业所得税法》的规定，子公司要独立承担企业所得税纳税义务，其他各项税收的计算和缴纳也都与母公司分别进行。子公司作为独立法人主体，可以享受当地税收政策规定的众多优惠。

分公司不能被视为独立法人主体，很难享受到地区的税收优惠待遇。但是，分公司作为总公司统一体中的一部分，其业务活动由总公司控制，一切法律责任由总公司承担，分公司要接受总公司的统一管理，损益共计。在税收上，分公司只就增值税等流转税在业务发生的当地缴纳，所得税需汇总到总公司统一缴纳，这样，其亏损或损失可以冲抵总公司的利润。

在具体筹划公司形式时，还有许多可以考虑的因素，如公司的发展规律、预期盈亏状况、当地税率的高低、税基的宽窄、资金控制以及税收优惠条件等，一般情况下，可以做如下筹划：

1. 机构初设时的选择

企业开始设置分支机构时，由于在外地拓展业务会遇到一定的困难，经费开支也较大，因此容易发生亏损。此时，如果总公司和分支机构的税率一致，适宜选择分公司，以便用营运初期的亏损冲抵总公司的利润，从而减轻税负。

【案例5—1】 上海一家公司某年年初在武汉设立一家销售分公司，这家分公司不具备独立纳税人条件，年所得额汇总到总公司集中纳税。当年年底，该公司内部核算资料表明，武汉销售分公司产生亏损50万元，而公司总部（不包括武汉销售分公司）盈利150万元。公司总部假设不考虑应纳税所得额的调整因素，适用所得税税率为25％，则该公司当年应缴所得税为25万元[(150－50)×25％]。

在这个例子中，若武汉分支机构为子公司，实行单独纳税的话，当年公司总部应缴所得税为37.5万元(150×25％)。武汉子公司的亏损只能留至出现利润的以后年度弥补，且需在5年内弥补，过期不得弥补。在这种情况下，汇总纳税方式降低了公司当期税负，推迟了公司的纳税期。

2. 扭亏为盈后的选择

分支机构扭亏为盈后，企业应适时将分公司转换为子公司，这样，子公司可以享受当地税法中的优惠待遇。

3. 分支机构所在地可以享受税收优惠时的选择

可以享受税收优惠的地区，如西部地区，对具有独立法人地位的投资者会给予税收优惠待遇，因此，在税收优惠地区设立分支机构适宜选择子公司的形式，这样，可以利用其独立核算、独立纳税享受低税负待遇；同时，还可以通过转让定价的方法将处于高税区的总公司的利润转移至低税区，以使整个利益集团的税负最低。

4. 总机构所在地可以享受税收优惠时的选择

如果总机构所在地可以享受税收优惠，而分支机构设在高税率地区，那么，可设立分公司汇总纳税，则分支机构仍可按总机构所在地享受税收优惠支持，这样会减轻总机构的所得税税负。

现实中的情况较复杂，但企业只要在规模扩张时正确运用现行税收法规政策给予的所得税纳税方式，通过税收筹划，科学预测，理性决策，就可以合理合法地降低税收成本，争取到更多发展资金，更快更好地走良性发展的道路，这也符合国家的政策导向。

(二)公司制企业、个人独资企业、合伙企业选择的税收筹划

近年来，由于合伙企业、个人独资企业所要求的注册资本较少，申请较容易，因此成为广大有志创业者投资创业的一种常见形式。那么，它们与公司制企业有什么区别？投资人应如何选择呢？从法律角度看，公司制企业属于法人企业，具有独立的法人资格，并且公司财产与股东个人财产要明确区分，出资者以其出资额为限承担有限责任。合伙企业和个人独资企业属于自然人企业，不具有法人资格，个人财产与企业财产无法明确区分，股东需要承担无限责任，适用于规模小的企业。

在西方经济发达国家，合伙企业（或个人独资企业）与公司制企业的税收属性是不一样的。在我国，这两种组织形式的企业在纳税上也有区别。公司制企业是纳税实体，其经营利润要缴纳企业所得税，税后利润以股息、红利的形式分配给投资者，投资者就其获得的股息、红利缴纳个人所得税，由此形成“双重征税”。而合伙企业和个人独资企业不是纳税主体，其纳税主体分别是各合伙人或股东，因此，对其营业利润不征收企业所得税，只对各个合伙人的生产经营所得比照个体工商户的生产经营所得征收个人所得税。从企业组织形式的角度看，选择公司制企业承担有限责任，有利于公司的扩张、管理，但要承担双重税负；选择合伙企业或个人独资企业具有纳税上的好处，但要承担无限责任。此外，合伙企业或个人独资企业所适用的个人所得税为五级超额累进税，随着应纳税所得额的不同而分别适用5%～35%的累进税率；而公司制小型企业因其应纳税所得额不超过或高于300万元[①]而分别适用20%或25%的企业所得税税率。因此，在比较合伙企业（或个人独资企业）与公司制企业的所得税负担时，要综合考虑企业的盈利水平。

一般而言，对于规模庞大、管理要求高的大企业，宜采用公司制企业的形式，这不仅是因为规模大的企业筹资难度大，而且是因为这类企业管理要求相对较高、经营风险大，如果采用合伙企业或个人独资企业的组织形式，很难健康地运转起来。另外，从不成文的规定看，公司制企业的信誉好，在融资上具有优势，税务机关对这类企业也较放心，税收环境相对宽松。

对于规模不大的企业，采用合伙企业（或个人独资企业）的形式比较合适。这类企业由于规模偏小，管理难度不大，合伙共管也可见成效。最重要的在于合伙企业（或个人独资企业）由于纳税规定上的优惠，避免了重复征税的问题，会获得较高的利润。

【案例5—2】 甲、乙两家企业都是服装加工企业，投入资本金相同，生产规模相同，产量、利润也都相同。其中，甲企业是个人独资企业，对其所得要按照经营所得项目缴纳个人所得税。乙企业是由两个人投资的公司制企业，对其缴纳企业所得税后的所得要按规定提取10%的法定公积金，剩余的利润分红按20%的税率缴纳个人所得税。请按照个人所得税税率和企业所得税税率的不同级次，分析甲、乙两家企业投资者的税负情况。

当应纳税所得额（本例中假定为企业利润）低于30 000元时，甲企业缴纳个人所得税的最高边际税率为5%，平均税率低于5%；而乙企业缴纳企业所得税和个人所得税的税率均为20%。相比之下，甲企业的整体税负绝对低于乙企业。故我们分析的起点从利润超过30 000元开始。

①当两家企业的利润都在30 000～90 000元时：

甲企业应纳个人所得税＝利润×10%－1 500

乙企业应纳企业所得税＝利润×25%×20%（小型微利企业税率）＝利润×5%

乙企业应纳个人所得税＝利润×(1－5%)×(1－10%)×20%＝利润×17.1%

乙企业合计应纳税款＝利润×5%＋利润×17.1%＝利润×22.1%

---

① 财政部、国家税务总局颁布的《关于实施小微企业普惠性税收减免政策的通知》（财税〔2019〕13号）规定，自2019年1月1日至2021年12月31日，小型微利企业年应纳税所得额不超过100万元的部分，减按25%计入应纳税所得额，按20%的税率缴纳企业所得税；对年应纳税所得额超过100万元但不超过300万元的部分，减按50%计入应纳税所得额，按20%的税率缴纳企业所得税。

对比结果可知，甲企业比乙企业少缴纳税款＝利润×（22.1%－10%）＋1 500＝利润×12.1%＋1 500。

②当两家企业的利润都在 90 000～300 000 元时：

甲企业应纳个人所得税＝利润×20%－10 500

乙企业应纳企业所得税和个人所得税同上。

对比结果可知，利润×22.1%＞利润×20%－10 500，故仍然是甲企业税负轻。

③当两家企业的利润都超过 3 000 000 元时：

甲企业应纳个人所得税＝利润×35%－65 500

乙企业应纳企业所得税＝利润×25%

乙企业应纳个人所得税＝利润×（1－25%）×（1－10%）×20%＝利润×13.5%

乙企业合计应纳税款＝利润×25%＋利润×13.5%＝利润×38.5%

对比结果可知，甲企业比乙企业少缴纳税款＝利润×（38.5%－35%）＋65 500＝利润×3.5%＋65 500。

通过上面的分析可以发现：在各种收入级次上，个人独资企业经营成果的所得税负担总是低于公司制企业，而且公司制企业在税后利润中提取 10%的公积金，达到《公司法》规定的注册资本 25%以上转为股本时，还要对投资人征收 20%的个人所得税。两类企业的所得税负担孰轻孰重，一目了然。

【案例 5—3】 某企业预计每年可盈利 500 000 元，企业在设立时有两个方案可供选择：方案一，有 4 个合伙人，每人出资 400 000 元，订立合伙协议，设立合伙企业；方案二，设立有限责任公司，注册资本为 1 600 000 元。

如果采用方案一，4 个合伙人每人需缴纳个人所得税 14 500 元（500 000÷4×20%－10 500），4 个合伙人合计纳税 58 000 元（14 500×4）。

如果采用方案二，假设公司税后利润全部作为股利平均分配给 4 个投资者，则公司需要缴纳企业所得税 125 000 元（500 000×25%），4 个股东每人还要缴纳个人所得税 18 750 元［（500 000－125 000）÷4×20%］，4 个人缴纳的个人所得税共计 75 000 元（18 750×4），两税合计 200 000 元（75 000＋125 000）。

与方案二相比，方案一少负担所得税 142 000 元（200 000－58 000）。因此，若只考虑税负因素，投资者应选择合伙企业组织形式。当然，在进行税收筹划时，不应抛开企业的经营风险、经营规模、管理模式及筹资金额等因素单纯地讨论税收负担的大小，而应综合考虑各方面的因素加以权衡，进而决定所投资的企业的组织形式。

（三）承包、承租经营形式选择的税收筹划

个人对企事业单位的承包、承租经营形式较多，分配方式也不尽相同，对承包、承租经营者按照合同规定取得的所得应如何征税也有不同的规定。

1. 承包、承租经营后工商登记仍为企业

个人对企事业单位承包、承租经营后，如果工商登记仍为企业的，不论其分配方式如何，均应先按照企业所得税的有关规定缴纳企业所得税，然后根据承包、承租经营者按承包、承租经营合同（协议）的规定取得的所得，依照《个人所得税法》的有关规定缴纳个人所得税，具体为：承包、承租人对企业经营成果不拥有所有权，仅按合同（协议）规定取得一定所得的，其所得应按"工资、薪金"所得项目征收个人所得税；承包、承租人按合同（协议）的规定只向发包方、出租方交纳一定费用，交纳承包、承租费后企业的经营成果归承包、承租人所有的，其取得的所得按

“对企事业单位承包经营、承租经营所得”项目征收个人所得税。

2. 承包、承租经营后工商登记改变为个体工商户

个人对企事业单位承包、承租经营后，工商登记改变为个体工商户的，应依照“个体工商户的生产、经营所得”项目计征个人所得税，不再征收企业所得税。

此外，《个人所得税法》规定，个体工商户的生产经营所得和对企事业单位的承包、承租经营所得共同适用5%～35%的五级超额累进税率，所不同的是，对实际经营期不满1年的经营所得，在计算确定应纳税所得额时，两者的计算方法存在原则性区别：个体工商户的生产经营所得应以每一纳税年度取得的收入计算纳税，对于生产经营期不满1年的，应将实际生产经营期内取得的所得换算为全年所得，以正确确定适用税率；而对实行承包、承租经营的纳税人，虽然原则上要求以每一纳税年度取得的承包、承租经营所得计算纳税，但对于在一个纳税年度内承包、承租经营不足12个月的，应以其实际承包、承租经营的月份数作为一个纳税年度计算纳税。

从上面的分析可以看出，纳税人对企事业单位进行承包、承租经营，如果不变更营业执照，则须先缴纳企业所得税，然后根据承包、承租经营者取得的收入缴纳个人所得税，这样就出现了重复征税的问题，使得总体税负增加。如果变更营业执照为个体工商户，则只征一道个人所得税，这样，税收负担就较轻。

【案例5—4】 李先生所在的生产化工原料的集体工厂由于经营不景气，主管部门决定将该厂对外承包，通过竞投，决定由李先生承包经营该厂。其承包合同上注明，李先生每年交纳10万元费用后，所有经营成果全部归李先生个人所有。承包经营的第一年实现会计利润25万元(已扣除上交费用10万元)。那么，李先生应该以怎样的身份来承包经营呢?

对该厂的工商登记和纳税问题，李先生请税务咨询机构设计了两个方案。

方案一：将原企业的工商登记改变为个体工商户，这样，李先生只需缴纳个人所得税，企业无须缴纳企业所得税。按照规定，业主费用扣除标准为每月5 000元。李先生该年度的应纳税所得额及税后收入如下：

应纳税所得额＝25－0.5×12＝19(万元)

个人所得税＝19×20%－1.05＝2.75(万元)

税后收入＝19－2.75＝16.25(万元)

方案二：李先生仍使用原企业营业执照，这样，企业缴纳企业所得税后的利润才属于李先生个人。从企业的角度看，李先生上交承包费是企业内部行为，对企业而言并不是成本费用开支，上交的租赁费不得在企业所得税前扣除，也不得把租赁费当作管理费用进行扣除，这样就要将李先生实现的会计利润调整为企业的应纳税所得额。为简化计算，这里不考虑其他纳税调整因素。李先生该年度的应纳税所得额及税后收入如下：

应纳税所得额＝25＋10＝35(万元)

企业所得税＝35×25%＝8.75(万元)

李先生的收入＝25－8.75＝16.25(万元)

个人所得税＝(16.25－0.5×12)×10%－0.252＝0.773(万元)

税后收入＝16.25－0.773＝15.477(万元)

比较两种方案后可知，作为李先生个人，第一种方案比第二种方案多获利0.773万元(16.25－15.477)。

需要指出的是，在实际操作中，税务部门判断承包、承租人对企业经营成果是否拥有所有

权，一般是按照对经营成果的分配方式进行的：如果是定额上交，成果归承包、承租人，则属于承包、承租所得；如果对经营成果按比例分配，或者承包、承租人按定额取得成果，其余成果上交，则属于工资、薪金所得。因此，纳税人可以根据预期的经营成果测算个人所得税税负，然后确定具体的承包分配方式，以达到降低税负的目的。

第二节　企业所得税计税依据的税收筹划

一、计税依据的法律规定

按照《企业所得税法》的规定，企业所得税的计税依据是应纳税所得额。一方面，它的计算与收入、成本、费用等密切相关，特别是要进行各种扣除，每项扣除的规定也不尽相同，因而相当复杂。另一方面，在应纳税所得额的确定上，按照财务制度和税收制度的规定，企业有一定的自主性和选择空间，而且企业的经营管理决策会对财务核算和应纳税所得额产生影响，这又使得它具有较大的不确定性。由于这两个原因，通过税收筹划以缩小企业所得税的计税依据既有较大的空间，又十分复杂。

二、应纳税所得额的税收筹划

企业所得税的应纳税所得额是指企业在一个纳税年度内的收入总额减去不征税收入、免税收入、各项扣除以及允许弥补的以前年度亏损后的余额。其一般计算公式为：

应纳税所得额＝年度收入总额－不征税收入－免税收入－准予扣除项目金额－允许弥补以前年度亏损

要对企业所得税的计税依据进行筹划，企业必须详细了解哪些收入应包括在总收入内，哪些收入是不征税收入或免税收入，哪些成本、费用、损失不能在所得税前扣除，哪些是可以扣除的，哪些是有条件扣除的。为了便于讨论，我们将上式中的“年度收入总额－不征税收入－免税收入－允许弥补以前年度亏损”定义为“计税收入”，于是，企业所得税的计税依据可以表示为：

应纳税所得额＝计税收入－准予扣除项目金额

由上面应纳税所得额的表达式可以看出，企业所得税筹划时缩小计税依据的基本途径应为：在取得的总收入和发生的成本费用开支既定的情况下，尽可能减少计税收入，尽可能增加税前准予扣除项目的金额。

（一）收入确认的税收筹划

企业所得税的计税收入包括收入总额、不征税收入、免税收入和允许弥补的以前年度亏损。

企业的收入总额是企业以货币形式和非货币形式从各个不同来源取得的收入，包括：(1)销售货物收入；(2)提供劳务收入；(3)转让财产收入；(4)股息、红利等权益性投资收益；(5)利息收入；(6)租金收入；(7)特许权使用费收入；(8)接受捐赠收入；(9)其他收入。

不征税收入为收入总额中的下列收入：(1)财政拨款；(2)依法收取并纳入财政管理的行政事业性收费、政府性基金；(3)国务院规定的其他不征税收入。

免税收入为收入总额中的下列收入：(1)国债利息收入；(2)符合条件的居民企业之间的股息、红利等权益性投资收益；(3)在我国境内设立机构、场所的非居民企业从居民企业取得与该机构和场所有实际联系的股息、红利等权益性投资收益；(4)符合条件的非营利组织的收入。

允许弥补的以前年度亏损是总收入中用于弥补发生在当年度前5年内的亏损的部分。其中,“亏损”是指企业依照企业所得税制度的规定将每一纳税年度的收入总额减去不征税收入、免税收入和各项扣除后小于零的数额。企业所得税的新旧制度均规定,企业在纳税年度发生的亏损准予向以后年度结转,用以后年度的所得弥补,但结转年限最长不得超过5年。因此,发生在当年度前5年内的尚未在税前弥补的亏损可以用于减少当年度的计税收入。

1. 收入确认时间的税收筹划

应税收入的大小直接决定了应纳税所得额的大小。由于企业利润最大化目标的要求,压缩应税收入规模的筹划空间不大,不过可以在收入确认的时间上进行合理安排,尽量推迟应税收入的确认时间,使企业获得更多货币的时间价值,从而达到税收筹划的目标。

一般情况下,收入确认以权责发生制为原则,但对以下收入做出了具体规定:

(1)股息、红利等权益性投资收益,除国务院财政、税务主管部门另有规定外,按照被投资方做出利润分配决定的日期确认收入的实现。

(2)利息收入,按照合同约定的债务人应付利息的日期确认收入的实现。

(3)租金收入,按照合同约定的承租人应付租金的日期确认收入的实现。

(4)特许权使用费收入,按照合同约定的特许权使用人应付特许权使用费的日期确认收入的实现。

(5)接受捐赠收入,按照实际收到捐赠资产的日期确认收入的实现。

(6)企业的下列生产经营业务可以分期确认收入的实现:以分期收款方式销售货物的,按照合同约定的收款日期确认收入的实现;企业受托加工制造大型机械设备、船舶、飞机,以及从事建筑、安装、装配工程业务或者提供其他劳务等,持续时间超过12个月的,按照纳税年度内的完工进度或者完成的工作量确认收入的实现。

(7)采取产品分成方式取得收入的,按照企业分得产品的日期确认收入的实现,其收入额按照产品的公允价值确定。

上述情况中,利息、租金收入、特许权使用费收入以及分期收款方式销售货物的,都是按照合同约定的日期确认收入的实现,这就需要在签订合同时,把税收筹划的目标考虑在内,在综合考虑其他制约因素或负面影响的基础上,尽可能将约定日期推后。

【案例5—5】 某企业属于增值税一般纳税人,当月发生销售业务5笔,共计应收货款2 000万元。其中,有3笔共计1 200万元,10日内货款两清;一笔300万元,2年后一次付清;另一笔500万元,1年后付250万元,一年半后付150万元,余款100万元2年后结清。该企业的增值税进项税额为130万元,毛利率为15%,企业所得税税率为25%。该企业对上述销售业务采用了分期收款方式。

方案一:企业采取直接收款方式。

$$当期销项税额=\frac{2\ 000}{1+13\%}\times 13\%=230.09(万元)$$

实际缴纳增值税=230.09−130=100.09(万元)

$$依据企业毛利计算的所得税=\frac{2\ 000}{1+13\%}\times 15\%\times 25\%=66.37(万元)$$

方案二:企业对未收到的应收账款分别在货款结算过程中采取赊销和分期收款结算方式。

$$当期销项税额=\frac{1\ 200}{1+13\%}\times 13\%=138.05(万元)$$

实际缴纳增值税＝138.05－130＝8.05(万元)

依据毛利计算的所得税＝$\frac{1\ 200}{1+13\%}$×15%×25%＝39.82(万元)

由于收入确认的方法不同，方案二比方案一少垫付增值税92.04万元(100.09－8.05)，少垫付所得税26.55万元(66.37－39.82)。

由上例可见，企业在不能及时收到货款的情况下，采用赊销或分期收款结算方式可以避免垫付税款。其他几种收入的确认是与企业的生产经营状况或具体行为的发生日期相关联的，都有筹划空间。例如，股息、红利收益，可以与被投资方协商利润分配日期；接受捐赠可以与捐赠方协商实际收到捐赠物的日期；对受托加工制造大型机械设备、船舶、飞机，以及从事建筑、安装、装配工程业务或者提供其他劳务等，持续时间超过12个月的，可以通过生产进度或完成工作量的安排来调节收入确认的时间。当然，这些安排都是有制约的，需要根据应税收入的金额、可推迟的时间计算出可能获得的货币的时间价值，作为综合考虑各方面得失的因素。

【案例5—6】 甲企业2019年1月20日签订大型设备制造合同，制造时间为2年，收入总额为1 000万元，预计总成本为800万元。其中，2019年成本支出300万元，2020年成本支出500万元。2019年和2020年三种生产进度计量方法计算收入的比例如表5—1所示。

表5—1　　2019年和2020年三种生产进度计量方法计算收入的比例

项　目	2019年12月31日	2020年12月31日	合　计
已完成工作量	60%	40%	100%
已提供产品占应提供产品总量的比例	50%	50%	100%
实际发生的成本占预计总成本的比例	37.5%	62.5%	100%

方案一：该项目2019年12月底完工60%，即2019年确认收入600万元(1 000×60%)；同样，2020年年底确认收入400万元。

方案二：已提供产品占应提供产品总量的比例为50%，则2019年确认收入500万元(1 000×50%)，2020年年底确认收入500万元。

方案三：该项目2019年年底实际发生的成本占预计总成本的比例为37.5%，则2019年年底确认收入375万元(1 000×37.5%)，2020年年底确认收入625万元。

比较三种生产进度计算方法的利润选择方案如表5—2所示。

表5—2　　三种生产进度计算方法的利润选择方案　　单位：万元

项　目	2019年年底			2020年年底			合　计		
	收入	成本	利润	收入	成本	利润	收入	成本	利润
方案一	600	300	300	400	500	－100	1 000	800	200
方案二	500	300	200	500	500	0	1 000	800	200
方案三	375	300	75	625	500	125	1 000	800	200

从表5—2可以看出，方案一应纳所得税税额最多，实际税后利润最少，可支配资金最少，时间价值最小，且由于由专业测量师来完成，还要受其他部门的制约。方案二须以产品的连续生产为前提，否则这种计算方法不可靠，不易得到税务部门的认可。方案三最合理，应纳所得

税税额最少，实际税后利润最多，时间价值最大，且易于财务人员操作。

2. 变成本费用发生为收入项目减少的税收筹划

在企业的经营活动中，减少计税收入还有另一种方法，就是将成本费用转化为收入项目的减项。企业发生的业务支出在大多数情况下表现为成本费用，如果这些成本费用无法足额在税前扣除且无有效的充分列支方法时，我们可以转换一下筹划思路，变成本费用的发生为收入项目的减少，其前提条件是成本费用开支的承受人同时也是企业获得收入的对象。例如，企业向客户销售商品房价款60万元，由于客户先行支付订金而需向客户支付利息5万元，并在客户的剩余房款中抵扣。在这种情况下，可以将5万元利息支出转换为营业收入的减少，即商品房销售价款为55万元(60－5)；同时，不发生利息支出。

虽然“成本费用的发生”和“收入项目的减少”均表现为应纳税所得额的减少，这种转换从表面上看似乎并不影响企业的所得税税负，但其效果体现在两个方面：一是避免了成本费用不能充分在税前列支的困扰，二是减少企业应纳的流转税。因此，从总体来看，这种方法可以减轻企业的税收负担。

【案例5—7】 某房地产开发公司是位于某省的一家从事商品房开发业务的企业。为扩大销售并增加资金来源渠道，公司采用预收订金的方法促销商品房，即购房者先支付商品房价款的40%作为购房订金，待商品房建成后交足剩余款项。从收取订金日至商品房建成日的这段时间，公司按12%的年利率将购房户缴纳的订金利息在商品房剩余款项中抵扣。同期商业银行的贷款利率为7.2%。

如果张先生向该房地产开发公司购买价值60万元的商品房一套，于2019年5月1日向公司交付40%的订金24万元，2019年11月1日房屋建成，张先生应得利息1.44万元(24×12%×6÷12)，则张先生只需再支付34.56万元(60－24－1.44)。该公司向张先生开具60万元房屋销售发票，张先生实际付款58.56万元，公司少收取的1.44万元作为张先生的预付款利息收入在企业“财务费用”科目列支。

次年3月，当地税务局在对该公司进行企业所得税汇算清缴时发现了此问题，经汇总查证，该房地产开发公司全年列支此类商品房订金利息150万元。税务机关认为，该公司商品房订金利息项目存在以下纳税问题：

①漏计个人所得税。张先生等业主在该公司取得的订金利息所得属于股息、利息、红利所得项目，应缴纳20%的个人所得税，其税款应由该公司代扣代缴。由于该公司未履行扣缴义务，又未及时向税务机关报告，按规定应由该公司赔缴。计算补缴个人所得税金额时，需首先将这部分利息换算成不含税所得。

补缴个人所得税＝150÷(1－20%)×20%＝37.5(万元)

此外，该公司还需缴纳相应的税收滞纳金和未及时履行纳税义务的罚款。

②企业所得税前多列支财务费用。该公司按12%的年利率计算商品房订金利息并在财务费用中列支，超过了同期银行贷款利率，其超过的部分不得税前扣除，应按当年企业所得税税率补缴企业所得税。

多列支的利息支出＝150÷12%×(12%－7.2%)＝60(万元)

补缴企业所得税＝60×25%＝15(万元)

补缴税款合计＝37.5＋15＝52.5(万元)

该公司向购房户支付订金利息，在让利给购房户的同时促进公司的销售并增加流动资金，但公司却为此多承担了所支付利息35%(52.5÷150)的税负。也就是说，该公司的利息费用支出不但没有得到企业所得税前足额扣除，还招致了额外的个人所得税负担。难道这种促销手段行不通吗？这35%的税收负担有没有办法规避呢？

以张先生购房的情况为例，无论是从购房付款的形式上看，还是从销售方式的本质上看，实际上就是公司分两次共收取了58.56万元房款，将原价60万元的商品房出售给张先生。在这种方式下，须按照60万元的销售收入计算增值税及其附加、土地增值税、企业所得税。公司少收的1.44万元利息对于购房户来说是收入，要计算个人所得税；而对于公司来说是超标准的利息支付，税前不得全额扣除，要多承担企业所得税负担。

如果该公司采取降价销售的方式，将此商品房的价格降至58.56万元卖给张先生，首先，可以免除张先生应纳的个人所得税和该公司扣缴个人所得税的义务；其次，免除了因利率超标准而不能在企业所得税前足额扣除导致的企业所得税额外负担；最后，降低了销售不动产应纳的增值税及附加和企业所得税的税基。具体操作方法如下：该公司于收到第二次房款时向张先生开具58.56万元房屋销售发票，确认营业收入58.56万元。这样，张先生没有获得1.44万元利息收入，该公司也不用支付1.44万元利息支出。总体而言，税收筹划后该公司将减少全年度营业收入150万元。按照此方案，相比于税收筹划前，该公司可以减轻的税收负担情况如下：一是减轻补缴的个人所得税37.5万元；二是减少补缴的企业所得税15万元；三是减少增值税及附加14.85万元[150×9%＋150×9%×(7%＋3%)]；四是减少土地增值税若干，具体数额因土地增值率决定的税率情况而有所不同；五是减少税收滞纳金和罚款。

上述案例中，该公司巧妙地将公司超标准开支的利息费用转化为收入项目的减少，其成功体现在两个方面：一方面，减少应税收入，即通过降价销售降低了该公司的营业收入和购房户的利息收入，规避了相关的个人所得税及流转税、土地增值税；另一方面，在减少收入的同时消除了向购房户的利息支付，净收入未减少，但不再存在利息支付税前扣除不足的问题，由此减轻了企业的所得税负担。

（二）税前扣除项目的税收筹划

一般来说，税前扣除项目的税收筹划应依次考虑如下因素：其一，准予扣除项目首先要做到名实相符，有关支出必须符合税法的相关规定。其二，对准予据实扣除的项目，可以通过对其数量规模的安排达到对应纳税所得额和应纳税额的控制。其三，对税法规定了扣除规模或比例的项目，应尽量在规定的范围内安排支出，尽量减少超出标准的纳税调整；在不违背财务会计规定的前提下，可以将此类项目的支出向允许据实扣除的项目转化，以增加企业对纳税的调控能力。企业不能单纯为了降低企业所得税负担而多安排支出，还必须结合税后净收益指标来考虑。以下对有关税前扣除项目的税收筹划进行具体分析。

1. 工资、薪金支出的税收筹划

《企业所得税法》规定，企业发生的合理的工资、薪金支出，准予税前扣除。这里的工资、薪金是指企业每一纳税年度支付给在本企业任职或者受雇的员工的所有现金形式或者非现金形式的劳动报酬，包括基本工资、奖金、津贴、补贴、年终加薪、加班工资，以及与员工任职或者受雇有关的其他支出。企业在安排工资、薪金支出时，应当充分考虑工资、薪金支出对企业所得税和个人所得税的影响，并且在事前做好税收筹划，尽可能实现税负最小化和总收益最大化。

【案例5－8】[①] 某居民企业要为自己的230名职工发放工资，有哪些税收筹划的空间？

---

① 陈荣富、张伟伟：《安排工资支出 争取收益最优》，中国会计人网，http://chouhua.ccppaa.com/qysds/20080124/1201158101.html。

①企业在发放普通职工工资时，应当分析现行个人所得税的相关政策规定，根据员工的年度工资、薪金总额，合理安排月度工资、奖金和全年一次性奖金，有条件的企业还可以适当安排股票期权、住房（让员工低价取得住房）等项目，从而让员工的“工资、薪金所得”充分享受低税率，使个人所得税负担最小化；此外，企业每安排职工工资 100 元，就会减少企业所得税负担 25 元（假设企业所得税适用税率为 25%），只要工资、薪金个人所得税适用的最高税率不超过 25%，多发工资就不会增加额外的税收负担，这就为企业实施高薪策略提供了较为宽松的税收环境。

②在职工从事研究开发期间，可以考虑多安排工资、奖金（包括全年一次性奖金），从而更多地享受加计扣除。需要注意的是，多安排工资、奖金相应增加的个人所得税负担不能超过加计扣除部分减少的企业所得税负担，否则将得不偿失。

③企业可适当安置残疾人员。在按照支付给残疾职工的工资据实扣除的基础上，按照支付给残疾职工工资的 100%加计扣除。可见，企业每发放 100 元残疾职工工资，可减少企业所得税负担 50 元（100×2×25%）。具备条件的企业应当尽可能多地安排残疾职工，使残疾职工占全部职工的比例达到 25%以上，并且残疾职工的总人数达到 10 人以上，从而使企业能够享受相关的税收优惠政策。

④权衡税前列支工资和税后分配盈利两种分配方式。企业投资者从企业取得收入的途径有税前列支工资和税后分配盈利两种。由于每发放 100 元工资可减少 25 元企业所得税负担，而按 25%的企业所得税税率缴纳企业所得税后分配的股息、红利还要按 20%缴纳个人所得税，因此，只要“工资、薪金所得”个人所得税适用的最高税率未达到 45%，领取工资就比分配盈利更有利。如果企业适用的企业所得税税率低于 25%，只要企业所得税适用税率与 20%之和大于“工资、薪金所得”适用的个人所得税最高税率，税前列支工资就比税后分配盈利更有利。

2. 固定资产折旧的税收筹划

固定资产折旧的税收筹划方法有两种：一是选择税法规定的最低折旧年限，二是采用加速折旧的方法。

(1)选择税法规定的最低折旧年限

《企业所得税法》对固定资产计算折旧的最低年限做出了明确规定：房屋、建筑物为 20 年；飞机、火车、轮船、机器、机械和其他生产设备为 10 年；与生产经营活动有关的器具、工具、家具等为 5 年；飞机、火车、轮船以外的运输工具为 4 年；电子设备为 3 年。一般情况下，选择税法规定的最低年限折旧就可以在一定程度上获得货币的时间价值。

【案例 5—9】 某台价值 500 万元的机器设备，企业可以选择 15 年或 10 年作为折旧年限，假设市场年利率为 10%，企业采取直线折旧法（不考虑残值），选择 10 年比选择 15 年折旧能多得多少货币的时间价值呢？

当机器设备的折旧年限为 15 年时，每年提取的折旧额为 33.33 万元（500÷15），其折旧的年金现值系数是 7.606，则全部折旧额的现值为 253.53 万元（33.33×7.606）。

当机器设备的折旧年限为 10 年时，每年提取的折旧额为 50 万元（500÷10），其折旧的年金现值系数为 6.145，则全部折旧额的现值为 307.25 万元（50×6.145）。

10 年的折旧期比 15 年的折旧期折旧的现值多 53.72 万元（307.25－253.53），也就是应纳税所得额的现值少 53.72 万元。如果按照 25%的企业所得税税率计算，应纳企业所得税税额就减少 13.43 万元（53.72×25%）；也就是说，对于这项价值为 500 万元的固定资产而言，在市场年利率为10%的情况下，缩短5年的折旧期限相当于为企业实现节税13.43万元。

(2)缩短折旧年限

税法规定，企业的固定资产由于技术进步等原因，确需加速折旧的，可以缩短折旧年限。可以采取缩短折旧年限方法的固定资产包括：因技术进步而产品更新换代较快的固定资产；常年处于强震动、高腐蚀状态的固定资产。采取缩短折旧年限方法的，最低折旧年限不得低于前述规定的最低折旧年限的60%。企业可以根据固定资产的实际状况，在符合《企业所得税法》规定的条件下，采取缩短折旧年限的方法。

(3)加速折旧

《企业所得税法》规定，固定资产按照直线法计算的折旧准予扣除。企业的固定资产由于技术进步等原因，确需加速折旧的，可以采取加速折旧的方法。可以采取加速折旧方法的固定资产包括：因技术进步而产品更新换代较快的固定资产；常年处于强震动、高腐蚀状态的固定资产。采取加速折旧方法的，可以采取双倍余额递减法或者年数总和法。与直线法相比，加速折旧方法的实质就是提早多扣除折旧额从而获得资金的时间价值。

【案例5—10】 某企业投资一套生产管理用的网络设备共计500万元。假定企业采用的折旧年限为5年。由于该设备属于因技术进步而产品更新换代较快的固定资产，因此可以采用加速折旧的方法。假设市场年利率为10%，不考虑残值。下面对比各种折旧方法对纳税的影响。

①企业采用直线法折旧，每年的折旧额为100万元，5年的年金现值系数为3.791，全部折旧额的现值为379.1万元(100×3.791)。

②企业采用双倍余额递减法提取折旧：

$$年折旧率=\frac{2}{预计使用年限}=\frac{2}{5}$$

$$第一年折旧额=500\times\frac{2}{5}=200(万元)$$

$$第二年折旧额=(500-200)\times\frac{2}{5}=120(万元)$$

$$第三年折旧额=(500-200-120)\times\frac{2}{5}=72(万元)$$

$$后两年年折旧额=\frac{固定资产账面净值-预计净残值}{2}=\frac{500-200-120-72}{2}=54(万元)$$

已知年利率为10%时，1～5年的复利现值系数(贴现系数)分别为0.909、0.826、0.751、0.683和0.621。

$$\begin{aligned}全部折旧的现值&=200\times0.909+120\times0.826+72\times0.751+54\times0.683+54\times0.621\\&=405.41(万元)\end{aligned}$$

③企业采取年数总和法计提折旧：

$$年折旧率=\frac{尚可使用年限}{预计使用年限之和}$$

年折旧额=(固定资产原值－预计净残值)×年折旧率

预计使用年限之和=1+2+3+4+5=15(年)

第一年到第五年的折旧率分别是$\frac{5}{15}$、$\frac{4}{15}$、$\frac{3}{15}$、$\frac{2}{15}$和$\frac{1}{15}$，相应的折旧额分别为：

第一年的折旧额$=500\times\frac{5}{15}=166.67$(万元)

第二年的折旧额$=500\times\frac{4}{15}=133.33$(万元)

第三年的折旧额$=500\times\frac{3}{15}=100$(万元)

第四年的折旧额$=500\times\frac{2}{15}=66.67$(万元)

第五年的折旧额$=500\times\frac{1}{15}=33.33$(万元)

全部折旧的现值$=166.67\times0.909+133.33\times0.826+100\times0.751+66.67\times0.683+33.33\times0.621=402.97$(万元)

由上可知，双倍余额递减法和年数总和法分别比直线法多扣除 26.31 万元(405.41－379.1)和 23.87 万元(402.97－379.1)现值，在税率为 25%的情况下，相当于分别获得了税收利益 6.58 万元(26.31×25%)和 5.97 万元(23.87×25%)。

3. 无形资产摊销的税收筹划

无形资产摊销的税收筹划空间集中在自行开发的无形资产的计价上。《企业所得税法实施条例》规定，自行开发的无形资产以开发过程中该资产符合资本化条件后至达到预定用途前发生的支出为计税基础。这就涉及无形资产开发过程中相关支出的资本化范围，也就是说，要区分哪些支出是需要计入无形资产初始成本分期摊销的，哪些是可以在支出发生时据实税前扣除的。企业会计准则对企业内部研究开发项目的支出规定应当区分研究阶段支出与开发阶段支出。企业内部研究开发项目研究阶段的支出应当于发生时计入当期损益，予以税前扣除。因为企业可以在一定程度上掌握研究开发支出的归属，对相关费用进行分配，所以也可以在一定程度上控制无形资产的计价，由此获得税收的时间价值。

【案例 5－11】 某公司接受外资公司的一项无形资产作为投资。该无形资产价值 1 200 万元，法律规定的有效期为 10 年。估计该投资可以每年给该公司增加利润 180 万元，使该公司每年的利润达到 650 万元，每年需纳税 162.5 万元(650×25%)。假定该公司的必要报酬率为 10%。

所得税现值$=162.5\times PVIFA(10,10\%)$

$=162.5\times6.145=998.56$(万元)

公司财务从税收筹划的角度考虑，与投资方协商，以提高对方的利润分配率为代价，议定该无形资产的适用年限为 5 年，则：

前 5 年每年可增加费用$=\frac{1\ 200}{5}-\frac{1\ 200}{10}=120$(万元)

利润由 650 万元减少至 530 万元(650－120)，每年需纳税 132.5 万元(530×25%)。

后 5 年的无形资产摊销为 0，利润为 770 万元(650＋120)，每年缴税 192.5 万元(770×25%)。

所得税现值总和$=132.5\times PVIFA(5,10\%)+192.5\times[PVIFA(10,10\%)-PVIFA(5,10\%)]$

$=132.5\times3.791+192.5\times(6.145-3.791)=955.45$(万元)

获得货币的时间价值$=998.56-955.45=43.11$(万元)

4. 公益救济性捐赠的税收筹划

《企业所得税法》对企业符合税法规定的捐赠准予税前扣除，并且规定了扣除限额；但对于政府特别鼓励的若干种捐赠，允许全额税前扣除。

(1)企业所得税法的捐赠扣除限额及相关规定

为防止纳税人假借捐赠之名虚列费用、转移利润、规避税负，税法对于捐赠金额及捐赠对象均有限制性规定。税法对公益性捐赠支出规定，在按国家统一会计制度的规定计算的年度会计利润总额 12%以内的部分，允许扣除；超过年度利润总额 12%的部分，准予结转以后 3 年内在计算应纳税所得额时扣除。[①] 这里，公益、救济性质的捐赠是指纳税人向教育、民政等公益事业和遭受自然灾害的地区、贫困地区的捐赠，且这些捐赠必须通过我国境内非营利性的社会团体，如中国青少年发展基金会、希望工程基金会、宋庆龄基金会、减灾委员会、中国红十字会、中国残疾人联合会、全国老年基金会、老区促进会以及经民政部门批准成立的非营利性的组织；此外，纳税人通过各级政府的捐赠也允许扣除；纳税人直接向受赠人实施的捐赠不允许扣除。

企业在考虑对外公益性捐赠能否扣除时，一定要注意正确计算扣除基础，准确把握可扣除的量。还要注意，当某纳税人只有一项公益救济性捐赠时，如果其实际捐赠额小于捐赠扣除限额，税前就应按实际捐赠额扣除，无纳税调整额；如果其实际捐赠额大于或等于捐赠扣除限额，税前就按捐赠扣除限额扣除，超过部分不得扣除，超过部分即纳税调整额。如果某一纳税人同时有几项公益救济性捐赠，或有在税前允许全额扣除的公益救济性捐赠，这时的实际允许扣除的公益救济性捐赠额就应该是某项捐赠扣除限额与允许全额扣除的公益救济性捐赠额之和。但税务机关查补的应纳税所得额不得作为所属年度计算公益、救济性捐赠税前扣除的基数。

(2)公益、救济性捐赠全额扣除的规定

下列公益、救济性捐赠允许在计算应纳税所得额时全额扣除：

①企事业单位、社会团体和个人等社会力量通过非营利性的社会团体和国家机关向农村义务教育的捐赠准予在缴纳企业所得税和个人所得税前的所得额中全额扣除。农村义务教育的范围包括政府和社会力量举办的农村乡镇(不含县和县级市政府所在地的镇)、农村的小学和初中以及属于这一阶段的特殊教育学校。纳税人对农村义务教育和高中在一起的学校的捐赠也享受该文件规定的所得税税前扣除政策。

②企事业单位、社会团体和个人等社会力量通过非营利性的社会团体和国家机关(包括中国红十字会)向红十字事业的捐赠，在计算缴纳企业所得税和个人所得税时准予全额扣除。

③对企事业单位、社会团体和个人等社会力量通过非营利性的社会团体和国家机关对公益性青少年活动场所(包括新建的)的捐赠，在缴纳企业所得税和个人所得税前准予全额扣除。公益性青少年活动场所是指专门为青少年学生提供科技、文化、德育、爱国主义教育、体育活动的青少年宫、青少年活动中心等校外活动的公益性场所。

④企事业单位、社会团体和个人通过宋庆龄基金会、中国福利会、中国老龄事业发展基金会、中国华文教育基金会、中国医药卫生事业发展基金会、中国教育发展基金会等的公益救济性捐赠，准予在缴纳企业所得税和个人所得税前扣除。

⑤企事业单位、社会团体和个人等社会力量通过非营利性的社会团体和政府部门向福利

---

① 全国人民代表大会常务委员会发布《关于修改〈中华人民共和国企业所得税法〉的决定》(2017 年 2 月 24 日第十二届全国人民代表大会常务委员会第二十六次会议通过)，自 2017 年 2 月 24 日起施行。

性、非营利性的老年服务机构的捐赠，在缴纳企业所得税和个人所得税前准予全额扣除。老年服务机构是指专门为老年人提供生活照料、文化、护理、健身等多方面服务的福利性、非营利性机构，主要包括老年社会福利院、敬老院(养老院)、老年服务中心、老年公寓(含老年护理院、康复中心、托老所)等。

⑥对社会力量(包括企事业单位、社会团体、个人和个体工商户)资助非关联的科研机构和高等学校研究开发新产品、新技术、新工艺所发生的研究开发经费，经主管税务机关审核确定，其资助支出可以全额在当年度应纳税所得额中扣除。当年度应纳税所得额不足以抵扣的，不得结转抵扣。非关联的科研机构和高等学校是指不是资助企业所属或投资的，并且其科研成果不是唯一提供给资助企业的科研机构和高等学校。企业向所属的科研机构和高等学校提供的研究开发经费资助支出不实行抵扣应纳税所得额的办法。

⑦纳税人通过中国境内非营利的社会团体、国家机关向教育事业的捐赠，准予在企业所得税和个人所得税前全额扣除。

(3)企业捐赠扣除筹划的注意事项

由于我国的企业所得税制度是非累进的，因此在大多数情况下，对公益、救济性捐赠进行筹划的主要目标是使捐赠额能够获得全额扣除；也就是说，企业每对外捐赠 100 元，可以减少 25 元应纳所得税税额，这就相当于有 25 元是用国家的税收捐赠的，企业实际付出的只有 75 元。但全额扣除只是特例，通常是限额扣除，因此，在捐赠扣除的税收筹划中，主要应注意如下几点：

①把握捐赠时机。企业对外捐赠时应兼顾当年度的盈利情况及是否享受税收优惠，对外捐赠宜选择在盈利的纳税年度，盈利多的年度多捐赠，盈利少的年度少捐赠，不盈利的年度不捐赠，以便使尽可能多的捐赠得到税前扣除。

②认清捐赠对象和捐赠中介。企业应通过税法规定的社会团体和机关实施捐赠，不要直接向受赠人捐赠，否则将得不到企业所得税的税前扣除。

③注意限额。企业实施捐赠时应权衡其利润额及可列支限额，对捐赠额应尽量掌握在本年度利润总额的 12%以内。捐赠支出造成的税前会计利润与应纳税所得额之间的差异属于暂时性差异，超过税法规定标准的部分准予结转以后 3 年内扣除。

④利用临界点。在累进所得税制度下，在出现略高于税率跳跃临界点的收入状况时，纳税人实施公益救济性质的捐赠不但能够获得税前抵扣，而且可以随应纳税所得额的减少而带来税率档次的降低，获得税基和税率的双重降低，从而使应纳所得税税额大幅度减少；有时候减少的所得税税额甚至比捐赠额还多。在西方国家，在累进所得税制度和遗产税制度的双重导向下，高收入的有产阶层经常通过捐赠而“名利双收”，即一方面获得良好的社会声誉，另一方面获得规避税收负担的好处。我国的企业所得税制度是非累进性的，但在特殊情况下，如对年度应纳税所得额低于 300 万元的小型微利企业有 20%的低税率优惠，这相当于两档全额累进所得税。所以，在 300 万元的临界点附近利用小额捐赠可以起到大幅度减少税额的作用。

5. 业务招待费的税收筹划

业务招待费作为企业生产经营的必要开支，会计制度规定可以全额据实从利润中扣减。但企业所得税制度对业务招待费定有限额标准，规定其在一定的比例范围内可在所得税前扣除，超过标准的部分不得扣除。

《企业所得税法》规定，“企业发生的与生产经营活动有关的业务招待费支出，按照发生额的 60%扣除，但最高不得超过当年销售(营业)收入的 5‰”。这主要是考虑到商业招待和个人消费之间难以区分，为加强管理，借鉴国际经验而制定的。也就是说，即便企业的业务招待费不超过税法规定的销售收入的比例限制，企业也至少须由税后利润支付40%的业务招待费。由于请客、送礼之风盛行，大多数企业为顺利开展工作，业务招待费往往超支。据调查，流通企业的业务招待费平均占营业收入的1%～3%，远远超出税法规定的税前列支比例。由于超标准的业务招待费无法在企业所得税前列支，因此，它起不到企业所得税的抵税作用。所以，业务招待费在我国一直是成本费用筹划的重要内容。

(1)企业业务招待费核算与扣除的有关规定

对业务招待费进行筹划的基础是了解其核算与扣除的有关规定，目的有两个方面：一方面避免企业由于不了解政策而导致业务招待费税前扣除不足；另一方面寻找途径，争取尽量多的业务招待费在企业所得税前得到扣除。

①关于业务招待费的范围。在业务招待费的范围上，企业财务会计制度和企业所得税法没有明确规定纳税人应该以什么方式招待、哪些项目的花费属于业务招待费。但是，在财务核算和税务处理实践中，业务招待费通常被界定为企业因业务活动需要而发生的招待活动中的全部费用，包括餐饮、香烟、酒水、食品、赠送的礼品、正常的娱乐活动、安排客户旅游、接送交通等产生的费用支出。所发生的业务招待费应能够提供证明其真实性的合法凭证，在会计核算中要在“管理费用——业务招待费”科目进行归集。如果不按规定而将属于业务招待费性质的支出隐藏在其他科目中，则不允许税前扣除。

②关于业务招待费的税前扣除比例。税法对业务招待费的扣除实行双重标准，即实际发生额的60%，同时不得超过当年销售(营业)收入的5‰，体现了在业务招待费扣除上从严掌握的原则。这意味着，业务招待费无论开支少还是开支多，都不可能全额在税前扣除。开支越多的，不能够在税前列支的部分就越多。

③关于计算税前扣除的业务招待费的基数。税法规定，计算业务招待费税前扣除限额的基数为当年销售(营业)收入。相关税收制度又界定，销售(营业)收入由纳税人按照会计制度核算的主营业务收入、其他业务收入以及根据税收规定应确认为当期收入的视同销售收入三部分组成。对经税务机关查增的收入，根据规定，销售(营业)收入是纳税人的申报数而不是税务机关检查后的确定数，税务机关查增的收入应在纳税调整增加额中填列，而不能作为计算业务招待费的基数。

④对于业务招待费超支问题的账务处理。业务招待费超支问题属于计算缴纳企业所得税时确定应税所得额的一个概念，对其的调整只是依照税法的规定，以会计利润为基础进行纳税调整，不属于会计处理范围(除因会计差错而导致的纳税调整外)。因此，其并不需要调整企业会计账簿和会计报表，也并不导致账表不符。

【案例5—12】 某公司某年度销售产品取得收入7 500万元，产品销售所发生的成本、费用与税金合计5 800万元。其中，广告费和业务宣传费支出600万元，业务招待费支出100万元。该公司以价值400万元的产品(成本为300万元)抵偿债务，将价值600万元的产品(成本为450万元)对外捐赠。该公司没有其他所得调整项目。企业所得税制度规定，对于企业广告费和业务宣传费支出不超过当年销售(营业)收入15%的部分准予扣除。该公司财务人员对有关企业所得税项目的计算如下：

税前可以扣除的广告费和业务宣传费为1 125万元(7 500×15%)，实际发生600万元，允许据实扣除。

按业务招待费发生额的比例，税前可以扣除60万元(100×60%)，但税前可以扣除的业务招待费限额为37.5万元(7 500×5‰),税前可以扣除金额执行37.5万元,应调增应纳税所得额62.5万元(100−37.5)。

应纳税所得额=7 500−5 800+400−300+600−450+62.5=2 012.5(万元)

企业所得税=2 012.5×25%=503.125(万元)

从表面上看,企业计算税前可扣除的广告费、业务宣传费和业务招待费的限额标准与方法都是正确的,但实际上,上述计算中,计算税前扣除费用所依据的基数并不正确。按照规定,计算广告费、业务宣传费和业务招待费税前扣除限额的基数应包括视同销售收入,即以产品抵债的收入400万元和以产品对外捐赠的收入600万元,那么,这个基数应该为8 500万元(7 500+400+600)。按照这个新确定的基数,税前可以扣除的广告费和业务宣传费为1 275万元(8 500×15%),实际发生600万元,允许据实扣除。

按发生额的比例,业务招待费税前可以扣除60万元(100×60%),但税前可以扣除的业务招待费限额为42.5万元(8 500×5‰),税前可以扣除金额执行42.5万元,应调增应纳税所得额57.5万元(100−42.5)。

应纳税所得额=7 500−5 800+400−300+600−450+57.5=2 007.5(万元)

企业所得税=2 007.5×25%=501.875(万元)

由于提高了计算基数,与之前的计算结果相比,税前可扣除的业务招待费增加了5万元(42.5−37.5),应纳税所得额减少了5万元(62.5−57.5),最终直接少缴企业所得税1.25万元(503.125−501.875)。

本例的筹划点在于计算税前扣除的业务招待费的基数。当业务招待费发生额的60%低于按营业收入5‰的比例计算的扣除限额时,尽量扩大税前扣除的业务招待费的基数是有效的税收筹划方法。本例中扩大有关费用税前扣除的基数,对于业务招待费项目有筹划收益,而对于广告费和业务宣传费则无筹划收益,这是因为,本例中广告费和业务宣传费的实际发生额远未达到税法规定的扣除限额,这也说明广告费和业务宣传费的扣除标准比业务招待费的扣除标准宽松。

(2)掌握业务招待费节税临界点

按照《企业所得税法》对业务招待费的扣除规定,无论企业开支多少业务招待费,都至少有40%的费用不能在企业所得税税前扣除;如果发生额的60%超过了当年销售收入的5‰,那么,不得在企业所得税税前扣除的费用比例更高。企业如何才能既充分使用业务招待费的限额,又减少纳税调整事项呢?

假设企业的年销售收入为X,当年的业务招待费为Y,则当年允许税前扣除的业务招待费为$Y\times60\%$时,须满足$Y\times60\%\leqslant X\times5‰$,即$Y\leqslant X\times8.3‰$。只有当业务招待费在销售收入的8.3‰的临界点以下时,企业才可能充分利用好上述政策。

一般情况下,企业的销售收入是可以测算的。假定某企业的年销售收入为1 000万元,则允许税前扣除的业务招待费最高不超过5万元(1 000×5‰),财务预算的全年业务招待费$Y\leqslant8.3$万元。那么,如果实际发生的业务招待费高于或低于临界点,情况会怎样呢?

假定该企业实际发生业务招待费11万元,高于临界点(8.3万元),即大于销售收入的8.3‰,其发生额的60%为6.6万元,当年销售收入的5‰为5万元。按照两个标准孰低的原则,取其低值5万元为税前扣除额,税前扣除额只占实际发生业务招待费的45.45%(5÷11×100%),尚余54.55%的费用得不到税前扣除。业务招待费须进行纳税调整,共调整增加应纳税所得额6万元(11−5),此一项须补缴企业所得税1.5万元(6×25%)。

假定该企业实际发生业务招待费 4 万元，低于临界点（8.3 万元），即小于销售收入的 8.3‰，其发生额的 60%为 2.4 万元，当年销售收入的 5‰为 5 万元。按照两个标准孰低的原则，取其低值 2.4 万元为税前扣除额，税前扣除额占实际发生业务招待费的 60%，尚余 40%的费用得不到税前扣除。此时，业务招待费仍须进行纳税调整，共调整增加应纳税所得额 1.6 万元（4－2.4），此一项须补缴企业所得税 0.4 万元（1.6×25%）。

通过上述分析可以得出：当企业的实际业务招待费大于销售收入的 8.3‰时，能够得到税前扣除的业务招待费不足实际发生额的 60%；当企业的实际业务招待费小于销售收入的 8.3‰时，60%的限额可以得到充分利用。

（3）适当情况下进行业务招待费转换

由于税法对业务招待费的税前扣除按双重标准从严执行，所有企业的业务招待费都不可能全额在税前得到扣除（至少有 40%得不到扣除），因此，对于业务招待费，企业应于申报前自行计算，在业务招待费开支比较大的情况下应自行调整减除，将部分招待费转移至其他科目进行税前扣除。

在实际工作中，业务招待费与会议经费、业务宣传费存在着可以相互替代、相互交叉的内容。例如，外购礼品用于馈赠客户，在业务招待费列支；但如果该礼品是纳税人自行生产或委托加工，对企业的形象、产品有标记及宣传作用的，也可作为业务宣传费入账。相反，企业参加产品交易会、展览会等发生的餐饮、住宿费等（取得合法发票），如果参会凭证齐全就作为会议经费列支，如果参会凭证不全则可以列为业务招待费支出。参会凭证包括会议时间、地点、出席人员、内容、目的、费用标准、支付凭证等。这就为业务招待费与其他费用项目的相互转化提供了筹划空间。

业务宣传费虽然和广告费一起有不超过营业收入 15%的限额限制，但其开支范围大于业务招待费，且限额之内的费用可以全额在税前扣除，如果超限额，超过的部分可无限期向以后的纳税年度结转，而会议经费的列支甚至没有限额限制，这对企业都是有利的。

鉴于上述政策和税收筹划空间，纳税人可以根据支出项目的性质，合理运用自己的权利实施税收筹划。例如，在“管理费用”科目下设置“业务招待费”和“业务宣传费”明细科目，在“销售费用”科目下设置“会议经费”明细科目，用于分别核算平时发生的业务招待费、业务宣传费和会议经费，并在平时有意识地控制这些项目特别是业务招待费的发生额，以防年终申报或在税务机关检查时对近似项目产生不必要的争议。

（4）妥善处理企业筹建期间支付的业务招待费

企业在筹建期间所支付的业务招待费应列入开办费从而资本化，并在规定的期限内摊销，在企业所得税前扣除。开办费总额不受业务招待费限额的限制，企业可妥善运用此项规定，以达到减轻税负的效果。

6. 广告费和业务宣传费的税收筹划

随着市场经济的不断深入，企业之间争夺市场的竞争越来越激烈。为了获得市场、提高市场占有率，越来越多的企业日益依赖广告和其他形式的业务宣传。

广告费是指企业为扩大购销业务，通过媒体向公众介绍商品、劳务和企业信息等发生的相关费用。企业申报扣除的广告费支出必须同时具备以下三个条件：（1）广告是通过工商部门批准的专门机构制作的；（2）已实际支付费用，并已取得相应发票；（3）通过一定的媒体传播。因此，对支付给非法承办广告业务的单位和个人的广告费，或尚未实际支付的广告费，或虽已支付但未取得相应发票的广告费，或虽已取得发票但未通过媒体传播的广告费等均不得税前扣除。

业务宣传费是企业为开展业务宣传活动所支付的费用，主要是指未通过媒体的广告性支出，包括企业发放的印有企业标志的礼品和纪念品，义卖、特卖或展览赠送的样品或销货赠送、抽奖等费用。

按规定，广告费和业务宣传费支出不超过当年销售（营业）收入15%的部分准予扣除，超过的部分准予在以后纳税年度结转扣除。对化妆品制造或销售、医药制造和饮料制造（不含酒类制造）企业发生的广告费和业务宣传费支出，不超过当年销售（营业）收入30%的部分准予扣除；超过部分准予在以后纳税年度结转扣除。烟草企业的烟草广告费和业务宣传费支出一律不得在计算应纳税所得额时扣除。①

可以说，广告费和业务宣传费支出税前扣除的政策是极为宽松的，对于销售（营业）收入15%的限额，绝大部分企业是够用的。企业可以充分利用此项目扩大税前准予扣除的金额以达到减轻税负的目的。

从广告费和业务宣传费的开支范围看，其与业务招待费、部分视同销售行为、赞助支出等均有相似之处。但是，业务招待费的开支限额较紧张，只能按发生额的60%且不低于销售收入5‰的标准扣除；视同销售行为要核算收入从而多纳流转税；赞助支出不得税前列支。广告费和业务宣传费在税前准予扣除的比例较大，限额较宽松，而且如果超限额，还可以无限期向以后纳税年度结转，不至于当年就在税后利润中列支。因此，企业在必要的时候可以选择在这几种开支之间进行筹划，创造条件将部分上述费用与广告费和业务宣传费相互转化，这样就可以减轻企业的实际税收负担。

专栏5—1

广告费和业务宣传费的税收筹划

按照我国现行税法的规定，企业发生的符合条件的广告费和业务宣传费支出，除国务院财政、税务主管部门另有规定外，不超过当年销售（营业）收入15%的部分准予扣除；超过部分准予在以后纳税年度结转扣除。

上述规定为企业进行税收筹划提供了空间。企业在生产经营过程中，如能对上述规定加以灵活运用，就能从中获得较好的筹划收益。例如，某公司接受一楼盘的营销推广和销售代理工作（合同约定按项目收益的5%包干），估计这个项目完成后该公司可收到200万元款项。这笔款项包括楼盘的广告费用，占整体收入的70%左右（由该公司支付给相关媒体），因此，该公司的实际收入仅为60万元[200×(1－70%)]；但按照现行税法的规定，流转税却按200万元计算缴纳，如果再扣除销售的相关费用（办公费用、销售提成、管理费用），该公司在该项目中其实无利可图，甚至有亏损的可能性。在这一事件中，如果该公司无法对相关业务进行灵活的安排，此项交易将无法正常进行。现行税法阻碍了该项交易的发生，对社会经济而言是一种效率损失。基于税收的严肃性和固定性，税法不可能针对单家企业的行为调整税法条款，主管税务机关也无权调整该企业的纳税义务。这样，该企业就只能通过税收筹划来解决这一问题，以保证交易的实现。

① 财政部、国家税务总局发布《关于广告费和业务宣传费支出税前扣除政策的通知》（财税〔2017〕41号），自2016年1月1日至2020年12月31日执行。

有关专家认为，该公司可以通过“两点一线法”进行税收筹划，以节省缴纳的税额，保证公司有利可图，从而促进交易的实现。具体做法是让广告公司将广告费发票开给房地产开发商，由房地产开发商向广告公司直接支付广告费，该公司则按剩余金额向房地产开发商出具服务业发票，并按剩余金额缴纳增值税和附加税。需要注意的是，企业发生的符合条件的广告费和业务宣传费支出，除国务院财政、税务主管部门另有规定外，不超过当年销售（营业）收入15%的部分可以在税前扣除，超过部分可以无限期结转到以后年度扣除。只要广告费金额不超过上述限额，房地产开发商是愿意接受上述方案的。如果上述交易得以顺利实施，不仅该公司、房地产开发商及广告公司获得了相关业务，而且该公司所产生的税收得以实现，政府和交易各方之间会形成“共赢”的社会经济格局。

[资料来源] 田雷：《税收筹划经济分析》，东北财经大学出版社2013年版，第214～215页。

7. 租赁费的税收筹划

从税收角度来看，企业所得税法根据租赁的性质，对企业的租赁费支出规定了不同的扣除方法：以经营租赁方式租入固定资产发生的租赁费支出，按照租赁期限均匀扣除；以融资租赁方式租入固定资产发生的租赁费支出，按照规定构成融资租入固定资产价值的部分应当提取折旧费用，分期扣除。租赁费税前扣除的抵税作用明显，而且租赁是双方合同约定的经济行为，租赁的形式、内容都是在承租、出租方的谈判、约定中实现的，双方可以通过资产租赁谋求各自利益的最大化。相对于自行购建固定资产，租赁的最大优点是可以减轻企业短期的资金压力，简单快捷地得到资产的使用权，保存企业的举债能力；如果双方存在关联关系，还可以通过租赁来谋求共同利益的最大化。虽然税法加强了经营租赁和融资租赁的反避税力度，增加了特别纳税调整的条款，但由于租赁项目、租赁对象可能具有的特殊性，使得纳税调整的规定无法完全覆盖。

经营租赁的租赁费是按照租赁期限均匀扣除的。企业采取经营租赁方式租入固定资产，租赁费扣除的税收效果比较直观。相对来说，融资租赁要复杂一些：融资租入的固定资产以租赁合同约定的付款总额和承租人在签订租赁合同过程中发生的相关费用为计税基础，租赁合同未约定付款总额的，以该资产的公允价值和承租人在签订租赁合同过程中发生的相关费用为计税基础。从经济实质来看，融资租入固定资产与具有融资实质的分期付款购入固定资产相似，所以，承租方应为此承担一部分利息费用。对这部分费用，税法的精神是予以资本化，然后按照折旧的形式分期扣除。

【案例5－13】 2019年12月1日，甲企业与乙企业签订一份租赁合同，租入生产设备一套，协议的具体内容包括：租赁期限从2020年1月1日起至2022年12月31日；租金自2020年1月1日起每隔6个月于月末支付15万元；租赁期间，甲企业每年按照该设备生产产品的年销售收入的5%与乙企业分享。该设备在2019年12月1日的公允价值为70万元。甲企业在租赁合同签订过程中发生差旅费、手续费6 000元。该设备估计使用年限为5年，已使用1年；租赁期满，该设备归甲企业所有。

每年允许税前扣除的租赁费确定如下：

首先，根据企业会计准则的有关规定，可以判定该项租赁为融资租赁。

其次，确定计税基础。合同约定的付款总额为90万元（15×6），承租人在签订租赁合同过程中发生的相关费用为6 000元，则该资产的计税基础为906 000元（900 000＋6 000），按照直线法，不考虑残值，每年可以税前扣除的费用为226 500元（906 000÷4）。

最后，与融资租赁相关的或有租金和履约成本项目的扣除。或有租金是指金额不固定、以时间长短以外的其他因素（如销售量、使用量、物价指数等）为依据计算的租金；履约成本是指租赁期内为租赁资产支付的各种使用费，如技术咨询和服务费、人员培训费、维修费、保险费等。或有租金和履约成本在发生时计入当期损益。按规定，产品年销售收入的5%支付给乙企业，可按实际数额作为销售费用在税前扣除。

与其他方式的税收待遇相比，如果企业用自有资金购买该设备，按照公允价值70万元，每年可扣除的折旧费为176 500元[(700 000+6 000)÷4]。如果企业贷款购买该设备，除了每年计提折旧外，还需要将支付银行利息考虑在内。

可以看出，在融资租赁业务中，税收筹划的重点是租赁期限和租赁费的额度。其他可以进行税收筹划的项目包括：租赁期满可设置优惠购买选择权、购买价的确定、或有租金和履约成本的确定。与自行购建固定资产相比，融资租入固定资产的税前扣除费用较高，可以起到节税作用。但是，租赁行为涉及协议的双方，因此，在进行税收筹划时，尤其是关联企业，必须综合考虑双方的税收利益；同时，在衡量所得税的税收成本时，还应综合考虑由此产生的流转税的成本。

8. 分散利息费用的税收筹划

企业在生产经营活动中难免会采取借款的方式筹集资金，而借款要支付利息费用。在大多数情况下，借款的利息费用作为税前扣除项目享有所得税利益。所谓“可以税前扣除”，是指纳税人在生产经营活动中发生的合理的、不需要资本化的借款费用准予扣除。但纳税人购置、建造固定资产和无形资产等，在购置、建造期间的借款费用应作为资本性支出计入有关资产的成本，而不能作为费用在所得税前列支；对于超出列支标准的利息费用，也不能得到所得税前扣除。

(1)不同筹资渠道的借款费用税前扣除的规定

企业为生产经营活动而筹集资金的渠道有多种，如向金融部门借款、发行债券、向其他单位或组织（包括关联企业）借款、吸收投资等，这些筹资方法所涉及利息的税前扣除标准和规定略有差异，企业在实施前应充分了解。

按照税法的规定，可以税前扣除的借款费用应当区分如下情况：

①非金融企业在生产经营期间向金融企业借款的利息支出，按照实际发生数予以税前扣除；银行按规定对逾期归还的贷款加收的罚息，可以在税前扣除。

②金融企业自身发生的各项存款利息支出以及同业拆借业务所支付的利息，允许按实际发生数予以税前扣除。

③对企业经国家依法批准发行债券而按规定支付的利息支出，按照实际发生数予以税前扣除。

④非金融企业向金融机构以外的所有企事业单位以及社会团体等企业、组织或个人借款的利息支出，按不超过金融企业同期同类贷款利率计算的数额的部分准予税前扣除。

⑤企业从其关联方接受的债权性投资与权益性投资的比例超过规定标准而发生的利息支出，不得在计算应纳税所得额时扣除。至于债权性投资与权益性投资比例的具体标准，由财政部、税务主管部门另行发文规定。

⑥非银行企业内营业机构借款的利息支出，不得税前扣除。

(2)避免高息借款

企业需要筹集资金时，应尽量向金融机构借款或者通过金融机构发行债券，这样，所支付的借款利息可以足额据实在税前扣除。

但有些企业筹集资金困难，不得不向其他企业拆借或向非金融机构私下高息借款，也有些企业为融通资金并且给职工谋取一定的经济利益，在企业内部职工中高息集资。在以上种种情况中，高于金融机构同类同期贷款利率的部分利息支出不得在税前列支。例如，某商贸公司为筹集资金，某年向职工内部集资 1 200 万元，按 15%的年利率付息，而同期银行贷款利率为 7%，多列支利率 8%，当年税前多开支利息费用 96 万元[1 200×(15%－7%)]。税务部门检查出问题后要求该公司将税前多开支的利息费用 96 万元转入税后列支，补缴企业所得税 24 万元(96×25%)。

所以，企业筹集资金应尽量避免高息借款。在资金周转紧张，急需资金而发生高息借款后，应考虑将高息部分分散至其他名目开支。例如，转化为对员工的工资及福利、企业之间的业务往来开支，在产品销售费用、经营费用等列支，从而扩大税前扣除的支出范围。

(3)变通关联企业借款形式

在企业经营过程中，关联交易经常发生。有时候，企业为了融资方便，会选择从关联方借款或贷款。一方面，关联企业之间借款要把握不超过金融企业同期同类贷款利率的原则，防止超出部分税前不得扣除的情况发生。另一方面，要注意关联交易的特殊性，控制纳税人从关联方取得的借款金额不超过一定比例，因为超过比例的借款利息支出不得在税前扣除。如果以上两种情况均有发生，企业就要设法变通关联企业的借款形式。

【案例 5－14】 华星公司和华辰公司是由同一家母公司控股的关联公司。由于业务发展的需要，华星公司于 2019 年 2 月 1 日向华辰公司借款 600 万元，双方协议约定借款期限为 10 个月，年利率为 12%。华星公司的注册资本为 900 万元。同年银行贷款利率为 7%，金融保险业增值税税率为 6%，两家公司所适用的企业所得税税率为 25%。此业务的涉税情况如下：

①华星公司的相关支出和纳税调整情况：

到期应付借款利息＝600×12%×10÷12＝60(万元)

当年 12 月 1 日，华星公司到期一次性向华辰公司还本并付息 660 万元。华星公司当年“财务费用”账户列支的此笔借款利息支出为 60 万元。但根据《企业所得税法》的规定，华星公司允许税前扣除的利息为 26.25 万元(900×50%×7%×10÷12)。

在企业所得税汇算清缴时，华星公司须在会计利润的基础上调增应纳税所得额 33.75 万元(60－26.25)，并补缴企业所得税 8.437 5 万元(33.75×25%)。

②华辰公司的相关收入和纳税情况：

华辰公司收取借款利息 60 万元，应按照“金融保险业”的税率规定缴纳 6%的增值税和相应的城市维护建设税及教育费附加，而且此收入要以扣除附加后的金额为应纳税所得额缴纳企业所得税。

增值税及附加＝60×6%×(1＋7%＋3%)＝3.96(万元)

企业所得税＝[60－60×6%×(7%＋3%)]×25%＝14.91(万元)

③企业集团的利益分析：

华星公司向华辰公司借款，从整个企业集团的利益角度来说，由于是内部交易，因此，整个集团收支相抵后既无收益，也无损失。但是，这两家公司是独立的企业法人。按照税收制度的规定，在这笔业务发生的流转环节，华辰公司须缴纳增值税及附加共 3.96 万元，使得企业集团在流转环节损失 3.96 万元税收利益。在分配环节，华星公司按照 26.25 万元进行企业所得税前的利息费用扣除，而华辰公司要以 59.64 万元(60－0.36)作为应税所得额缴纳企业所得税，使整个集团多缴纳企业所得税 8.347 5 万元[(59.64－26.25)×25％]。

在本案例中，华星公司向华辰公司借款并支付利息的业务无疑使企业集团多承担了流转税以及企业所得税负担。而且，即便华星公司的借款利息支出可以全额在企业所得税前扣除，由于是交易，一方获得收入而另一方发生支出，也会存在流转税，这就导致整个集团承担流转税负担。对此类业务的税收筹划，可从以下三个方面考虑：

方案一，控制借款金额和利率。华星公司将借款金额控制在其注册资本的50％以内，借款利率控制在国家规定的银行利率范围内。这样，尽管在集团内部还是会产生流转税，但在企业所得税方面收支相抵，基本不会产生额外负担。如果一次需要的借款金额比较大，华星公司还可以分多次或者分年度向华辰公司借款，这样就回避了一次性借款金额超过注册资本的50％而产生的超额税负问题。

方案二，变借款为预付货款。华星公司需要借款时，华辰公司以预付货款的形式支付其600 万元，之后再在交易金额中扣减。这种方案的局限性在于，华星公司和华辰公司必须存在购销关系。例如，华辰公司要从华星公司采购进货，或者华星公司生产的产品正好是华辰公司的原材料等。在这种税收筹划方法下，一方面，华辰公司的利息收入和华星公司的利息支出同时减少，免除了华辰公司的利息收入在流转环节的税收；另一方面，华星公司相当于获得了华辰公司提供的一笔“无息”贷款，从而解除了企业所得税制度对于关联企业借款费用利息扣税的限制。

方案三，变华辰公司贷款为华辰公司赊销。如果华星公司和华辰公司常年存在购销关系(如华辰公司生产的产品正好是华星公司的原材料)，那么，华辰公司可以赊销的方式向华星公司销售产品，华星公司需要支付的应付款项由华辰公司作为“应收账款”挂账，这样，华星公司相当于获得了一笔无息贷款。

对于方案二和方案三，采用预付货款和赊销的结算方式可以将本金和利息包含在结算价款内。其中，结算利息由于包含于销售结算价格内，不再涉及双方的增值税以及是否能够在企业所得税前扣除的问题，也就不会使资金供需双方出现额外的税收负担。

无论是预付货款还是赊销，需要资金的一方最好能提前提出资金需求计划，以便资金供需双方事先做好安排，并按照双方的购销业务金额提前做好预付或者赊销筹划。

采用预付货款和赊销这两种结算方式均属于依靠商业信用筹资，对于这两种筹资方式，只要关联企业双方预付或赊销所占用的资金在正常的市场销售价格范围内，那么，资金供需双方是否结算借款利息或者借款利息的高低等都可以由购销双方自行决定，税法对此并无强制性规定。

(三)弥补亏损的税收筹划

企业在用所得弥补亏损，或者确认所得和亏损时，需要注意以下两点：

(1)企业每一纳税年度的收入总额扣除不征税收入、免税收入、各项扣除以及允许弥补的以前年度亏损后的余额为应纳税所得额。这个次序将不征税收入和免税收入在各项扣除之前先行扣除，避免可能对免税收入的课征。因此，企业在确定所得或亏损时，务必按照税法明确的方法和顺序进行。

(2)最大限度地使用弥补亏损政策。在亏损弥补时限的临界点，尽量将弥补时限以外的所得确认或实现在弥补期限内，使这部分所得可以弥补亏损，避免因超过期限而纳税。具体做法可以是提前确认收入(如与购货方议定合适的结算方式，或者通过销售折扣刺激对方提前付款)或者推迟有关支出项目的扣除。这与税收筹划的一般原则背道而驰，为的是获得最大的税收利益，把应纳税额降到最低。享受定期减免税的企业可采用这种税收筹划方式。

【案例 5—15】 某企业 2015～2019 年的应纳税所得额分别为－600 万元、120 万元、100 万元、50 万元、180 万元。假定 2020 年 12 月 25 日，企业已经实现的应纳税所得额为 100 万元，同时，有一个销售意向，预计可实现的销售利润为 50 万元，此时，如果按照常规做法，财务部门准备年度结账，该销售业务放在次年年初处理。还有一种选择，在 2020 年 12 月 31 日前促成销售实现，确认收入和利润，如采取托收承付方式，并在 2020 年 12 月 31 日前办妥托收手续，或者采取现金折扣的方式鼓励对方在年底前付款。

按照常规的做法，该销售业务放在 2021 年处理，则 2020 年实现的应纳税所得额全部用于弥补亏损后，还有 50 万元的未弥补亏损；在不考虑其他因素的情况下，2021 年的这笔业务应纳所得税为 12.5 万元(50×25%)。

如果在 2020 年 12 月 31 日前促成销售实现，确认收入和利润，那么，该笔业务的利润将全部用于弥补以前年度亏损，没有所得税负担；即使采取现金折扣的方式，只要现金折扣额低于 12.5 万元，两者的差额就是税收筹划带来的税收利益。

第三节　企业所得税税率的税收筹划

一、税率的法律规定

我国企业所得税的基本税率为 25%。为了体现产业优惠政策，税法规定了两档优惠税率，即高新技术企业执行 15%的优惠税率，小型微利企业执行 20%的优惠税率。

税率体现着征税的深度，是计算应纳税额的重要因素。企业所得税的优惠税率为企业所得税税率筹划提供了空间。企业应善于利用这种税收差异，努力创造条件使自己享受较低的税率。

二、税率的税收筹划

税率的税收筹划无外乎尽量降低企业适用的税率。这就要求企业根据《企业所得税法》的低税率优惠来进行税收筹划。

(一)享受小型微利企业优惠的税收筹划

小型微利企业在世界各国的企业总量中占有很大的比重，对于促进就业、鼓励创业、增强经济活力具有重要意义。但从税收负担能力来看，小型微利企业的税收负担能力相对较弱，如使其与规模大、盈利能力强的企业适用同样的税收政策，则不利于小型微利企业的发展壮大。因此，世界各国对小型微利企业都在税收上给予政策扶持。为更好地发挥小型微利企业在自主创新、吸纳就业等方面的优势，利用税收政策鼓励、支持和引导小型微利企业的发展，我国税法在基本税率的基础上给予小型微利企业 20%的低税率优惠，这是企业所得税税率筹划的一个机会。

1. 小型微利企业的认定①

小型微利企业是指从事国家非限制和禁止行业，且同时符合年度应纳税所得额不超过

---

① 财政部、国家税务总局于 2019 年 1 月 17 日发布《关于实施小微企业普惠性税收减免政策的通知》(财税〔2019〕13 号)，执行期限为 2019 年 1 月 1 日至 2021 年 12 月 31 日。

300 万元、从业人数不超过 300 人、资产总额不超过 5 000 万元三个条件的企业。

从业人数包括与企业建立劳动关系的职工人数和企业接受的劳务派遣用工人数。所称从业人数和资产总额指标应按企业全年的季度平均值确定，具体计算公式如下：

$$季度平均值=\frac{季初值+季末值}{2}$$

$$全年季度平均值=\frac{全年各季度平均值之和}{4}$$

年度中间开业或者中止经营活动的，以其实际经营期作为一个纳税年度确定上述相关指标。

从企业所得税规定对小型微利企业的认定标准看，享受减免税优惠的小型微利企业必须同时满足如下 4 个约束条件：

(1)企业不能从事国家限制或禁止的行业。

(2)企业的年度应纳税所得额不得超过 300 万元。

(3)在所属纳税年度内，与企业形成劳动关系的平均或者相对固定的职工人数不得超过认定标准的限制。这一认定标准限制将对处于微利状态的劳动力密集型企业，如服装、箱包等加工企业产生较大影响。

(4)企业拥有或控制的全部资产不得超过认定标准的限制。这对于资产总额大、负债严重的企业将产生较大影响，因为靠大量举债经营的小型微利企业的资产总额随负债同步虚增，在所有者权益没有增加的情况下会超出享受小型微利企业税收优惠的条件。

2. 小型微利企业税率筹划的突破点

要享受小型微利企业的低税率优惠，必须符合税法规定的上述条件。仔细分析小型微利企业的认定条件，可以发现其中的企业盈利水平不仅是动态变化的，而且相对不容易由企业主动掌控。因此，应将企业盈利水平作为小型微利企业税率筹划的突破点。

假设企业已经满足作为小型微利企业的其他条件，仅考虑企业盈利水平的变化。年度应纳税所得额 300 万元以下的，税率为 20%；300 万元以上的，税率为 25%。这实际上构成了二级全额累进税率，300 万元就是小型微利企业所得税税率变化的临界点。按照规定，小型微利企业年应纳税所得额不超过 100 万元的部分，减按 25%计入应纳税所得额，按 20%的税率缴纳企业所得税；对年应纳税所得额超过 100 万元但不超过 300 万元的部分，减按 50%计入应纳税所得额，按 20%的税率缴纳企业所得税。在这种税率机制下，以年度应纳税所得额 300 万元为基数，企业年度应纳税所得额在 300 万元的基础上增加一些，由于适用税率提高导致应纳所得税税额比应纳税所得额增加得更多，净所得不一定相应提高。在这种情况下，我们可以计算出一个净所得增减平衡点。

当应纳税所得额为 300 万元时，小型微利企业的应纳所得税和净所得(假设企业的应纳税所得额与会计利润一致，下同)分别为：

应纳所得税税额＝300×50%×20%＝30(万元)

净所得＝300－30＝270(万元)

当应纳税所得额增加到 300.5 万元时，净所得没有随之增加，反而下降。此时的情况为：

应纳所得税税额＝300.5×25%＝75.125(万元)

净所得＝300.5－75.125＝225.375(万元)

随着应纳税所得额的进一步增加，其净所得会逐步提高。那么，应纳税所得额增加到什么程度，净所得可以不低于 270 万元(应纳税所得额为 300 万元时)呢？设这个应纳税所得额为

X，则有：

$X-X\times25\%\geqslant270$

解方程，得：

$X\geqslant360$（万元）

360 万元就是应纳税所得额高于 300 万元的净所得增减平衡点。也就是说，当应纳税所得额处于 300 万～360 万元时，相比应纳税所得额为 300 万元时的情况，净所得不升反降；只有应纳税所得额高于 360 万元，才可以获得净所得的增加。那么，当应纳税所得额处于 300 万～360 万元时，企业应设法减少应纳税所得额，选择低档税率以达到减少应纳所得税的目的。

从《企业所得税法》对小型微利企业低税率政策适用的限制条件看，小型微利企业限制从业人员不能超过规定的标准，有可能会导致一些企业为了追求低税率而裁员，这对促进就业是不利的，也违背了立法的初衷。但是，作为纳税人，企业必须执行税法的规定，享受税收优惠就必须服从税法规定的标准。

总之，企业要创造条件使自己能够享受到各种税收优惠和低税率政策，这样就达到了企业所得税税收筹划的目的。

【案例 5－16】 某服装厂是一家民营服装加工企业，全厂职工人数最多时为 280 人，全年资产总额不超过 5 000 万元。2019 年年终决算时，该厂实现销售 1 000 万元，年度会计利润和年度应纳税所得额均为 310 万元。财务经理在公司决策层会议上建议：年底结账前通过指定机构进行公益性捐赠 20 万元。为了让大家理解他的用意，财务经理为大家进行了对比计算：

捐赠前应纳所得税税额＝310×25%＝77.5（万元）

捐赠前净所得＝310－77.5＝232.5（万元）

对外公益性捐赠 20 万元，符合税法规定的抵扣范围，准予扣除，捐赠后应纳税所得额降低到 290 万元（310－20）。由于人数和资产总额符合税法规定，此时，该服装厂满足小型微利企业的条件，可以按照 20%的税率计算缴纳企业所得税。

捐赠后应纳所得税税额＝290×50%×20%＝29（万元）

捐赠后净所得＝290－29＝261（万元）

通过比较，决策层发现，企业发生捐赠支出 20 万元，使得企业所得税负担减少了 48.5 万元（77.5－29），税后净所得反而增加了 28.5 万元（261－232.5）。捐赠支出不仅为企业树立了良好的社会形象、增加了知名度，而且减少了应纳所得税税额、增加了税后净所得，可谓“一举两得”。

类似地，当应纳税所得额处于税率变化的临界点与净所得增减平衡点之间时，企业还可以采取支付广告费、将购买办公用品的支出列入管理费用等方法，使企业既增加开支，又得到名义上和实质上的好处。

（二）满足高新技术企业要求的税收筹划

国家需要重点扶持的高新技术企业是指拥有核心自主知识产权并同时符合下列条件的企业：(1)产品（服务）属于《国家重点支持的高新技术领域》规定的范围；(2)研究开发费用占销售收入的比例不低于规定比例；(3)高新技术产品（服务）收入占企业总收入的比例不低于规定比例；(4)科技人员占企业职工总数的比例不低于规定比例；(5)高新技术企业认定管理办法规定的其他条件。

按《企业所得税法》的规定，对国家需要重点扶持的高新技术企业，减按 15%的税率征收企业所得税；对经济特区（深圳、珠海、汕头、厦门和海南经济特区）和上海浦东新区在 2008 年

1月1日(含)之后完成登记注册的国家需要重点扶持的高新技术企业，在经济特区和上海浦东新区内取得的所得，自取得第一笔生产经营收入所属纳税年度起，第一年和第二年免征企业所得税，第三年至第五年按照25%的法定税率减半征收企业所得税。其中，对高新技术企业的认定按照税法的统一规定执行。对企业来说，有利的发展方向是高新技术产业，从而可以享受国家税收优惠政策。

【案例5－17】 海星公司准备成立一家高新技术企业，预计该企业的平均年应税所得额为2 000万元，适用的所得税税率为15%。该公司财务部经理在听了一次税收筹划讲座后，意识到该公司可通过适当的税收筹划来降低税负，于是，向某会计师事务所进行咨询。根据该会计师事务所的建议，2019年在深圳设立其高新技术企业。该公司进行税收筹划前后，其高新技术企业的所得税税负会有明显变化。

税收筹划前：2019年该高新技术企业的应纳企业所得税税额为300万元(2 000×15%)。

税收筹划后：2019年该高新技术企业可以享受第一年、第二年免征企业所得税，第三年至第五年减半征收企业所得税的优惠政策。这样，第三年至第五年每年该高新技术企业的应纳企业所得税税额为250万元(2 000×25%×50%)。

通过税收筹划，该高新技术企业前5年可以少缴纳企业所得税750万元(300×2+50×3)。

(三)利用预提所得税制度进行税收筹划

预提所得税制度是指一国政府对没有在该国境内设立机构或场所的外国公司、企业和其他经济组织从该国取得的股息、利息、红利、租金和特许权使用费所得，或者虽设立机构或场所但取得的所得与其所设机构或场所没有实际联系的，由支付单位按支付金额扣缴所得税的一种制度。

【案例5－18】 某外国企业拟向我国公司投资，经市场调查，该项投资预计每年可获红利500万元。该外国企业面临以下两种选择：第一，在我国境内设立此项投资的实际管理机构；第二，在我国境内既不设立此项投资的实际管理机构，也不设立代理机构。

对上述两种选择，该外国企业将按不同的税率缴纳税款：

如果该外国企业在我国境内设立此项投资的实际管理机构，则一般认为属于我国的居民纳税人，应当按25%的税率计算缴纳企业所得税，须缴纳的税额为125万元(500×25%)。

如果该外国企业在我国境内既不设立此项投资的实际管理机构，也不设立代理机构，则属于我国的非居民纳税人，按其来源于我国境内的所得的10%计算缴纳预提所得税，须缴纳的税额为50万元(500×10%)。

第四节　企业所得税优惠的税收筹划

一、优惠政策的法律规定

我国《企业所得税法》建立了“产业优惠为主、区域优惠为辅”的税收优惠体系。现行税法规定的税收优惠有以下11类：

(1)企业的下列收入为免税收入：国债利息收入；符合条件的居民企业之间的股息、红利等权益性投资收益；在我国境内设立机构、场所的非居民企业从居民企业取得与该机构、场所有实际联系的股息、红利等权益性投资收益；符合条件的非营利性组织的收入。

(2)企业的下列所得可以免征、减征企业所得税：从事农、林、牧、渔业项目的所得；从事国家重点扶持的公共基础设施项目投资经营的所得;从事符合条件的环境保护、节能节水项目的所得;符合条件的技术转让所得;非居民企业在我国境内未设立机构、场所的,或者虽设立机构、场所但取得的所得与其所设机构、场所没有实际联系的,来源于我国境内的所得。

(3)符合条件的小型微利企业,减按20%的税率征收企业所得税。

(4)国家需要重点扶持的高新技术企业,减按15%的税率征收企业所得税。

(5)民族自治地方的自治机关对本民族自治地方的企业应缴纳的企业所得税中属于地方分享的部分,可以决定减征或者免征。

(6)企业的下列支出可以在计算应纳税所得额时加计扣除:开发新技术、新产品、新工艺发生的研究开发费用;安置残疾人员及国家鼓励安置的其他就业人员所支付的工资。

(7)创业投资企业从事国家需要重点扶持和鼓励的创业投资,可以按投资额的一定比例抵扣应纳税所得额。

(8)企业的固定资产由于技术进步等原因,确需加速折旧的,可以缩短折旧年限或者采取加速折旧的方法。

(9)企业综合利用资源,生产符合国家产业政策规定的产品所取得的收入,可以在计算应纳税所得额时减计收入。

(10)企业购置用于环境保护、节能节水、安全生产等专用设备的投资额,可以按一定比例实行税额抵免。

(11)根据国民经济和社会发展的需要,或者由于突发事件等原因对企业经营活动产生重大影响的,国务院可以制定企业所得税专项优惠政策。

二、优惠政策的税收筹划

税收优惠政策是税收筹划关注的重点,利用优惠政策进行税收筹划也是企业最常用的手段,其核心内容就是最大限度地享受优惠政策以减轻企业的税收负担。从上述企业所得税减免税的内容中可以看出,采取的优惠方式总共有7种,即免税收入、定期减免税、降低税率、加计扣除、加速折旧、减计收入和税额抵免。相对于不同的优惠方式,企业税收筹划的空间或者说税收筹划的重点环节各有不同。

(一)免税收入的税收筹划

税法规定的免税收入共有4种。对国债利息收入和非营利性组织的收入,主要是需要单独核算相应的免税收入,并保证会计凭证的合法有效;属于非营利性组织的,要保证同时符合《企业所得税法实施条例》规定的有关身份条件;免税的国债利息收入不包括国债持有者在二级市场上转让国债获得的收入。

对符合条件的权益性投资收益,税法确定为免税收入,也就是采用免税法来消除可能存在的重复征税。在被投资方企业享受低税率或减免税优惠时,相对于抵免法而言,其分回给投资方企业的股息、红利不需要再补缴税款,相当于投资方企业也享受了税收优惠政策。因此,在有选择的可能性时,企业应考虑向享受税收优惠的企业投资。例如,向符合条件的高新技术企业投资,向处于优惠过渡期的仍享受低税率优惠的企业投资,向西部地区享受优惠政策的企业投资……由于这些投资的权益性收益免税,相比对那些没有税收优惠的企业的投资,投资方相当于享受了税收优惠。需要注意的是,上述免税的投资收益是指直接投资,不包括连续持有居民企业公开发行并上市流通的股票不足12个月取得的投资收益。

1. 基金分红收益的税收筹划

基于开放式基金现金分红暂不征收企业所得税和分红后赎回的税收利益，企业投资者创造免税收益和亏损的做法是目前企业投资开放式基金时常用的所得税筹划方法。

基金拆分和基金分红是开放式基金降低基金净值的两种方式，这两种方式所产生的税收效应不同。依据财政部、国家税务总局发布的《关于企业所得税若干优惠政策的通知》(财税〔2008〕1号)第二条第二款的规定，对投资者从证券投资基金分配中取得的收入，暂不征收企业所得税。因此，企业在现金分红方式下取得的收益暂不征收企业所得税。但在拆分方式下，企业投资者获得更多的基金份额，单位投资成本降低，赎回开放式基金时获得的价差收益增加，而价差收益要缴纳企业所得税。对于投资于基金的投资人而言，是通过基金分红还是通过基金拆分更能够取得税收利益呢？

【案例5－19】 某企业投资者2019年动用1 000万元购买了1 000万份净值为1元的开放式基金。年末基金净值上升到2元，基金公司决定将净值降低到1元。企业计划再过半年赎回该基金，假设半年后基金净值为1.2元。

在基金分红方式下，该企业的分配所得为1 000万元(1 000×1)，赎回时的价差收益为200万元[(1.2－1)×1 000]，应税利得为200万元，税后利得为1 150万元[1 000＋200×(1－25%)]。

在基金拆分方式下，原来1 000万份基金份额变为2 000万份，企业投资开放式基金的单位投资成本变为0.5元，赎回时的价差收益为1 400万元[(1.2－0.5)×2 000]，应税利得为1 400万元，税后利得为1 050万元[1 400×(1－25%)]。

可见，企业在基金分红方式下比基金拆分方式下少缴纳企业所得税300万元[(1 400－200)×25%]，税后利得增加100万元(1 150－1 050)。

2. 投资于基金赎回时间选择的税收筹划

如果投资人已经投资于某基金，并且过了一段时间准备赎回，而该基金发出公告准备在某时分红。这时，对于投资人而言，就出现一个选择问题：是在分红以前赎回，还是等待分红后赎回？如何从税收筹划的角度来分析？

【案例5－20】 某企业投资某开放式基金1 000万份，申购日净值为每单位1.2元。截至2019年4月5日，该基金单位净值为2.8元，在此期间，基金公司未进行过分红。因此，企业的浮动收益为1 600万元[1 000×(2.8－1.2)]。企业拟收回此项投资，且该基金已发布将在2019年4月10日对每一基金份额分红0.7元的公告。企业目前面临两种选择：方案一是在分红前赎回全部基金份额，方案二是待基金分红后赎回全部基金份额。

方案一：企业通过赎回基金实现收益1 600万元[1 000×(2.8－1.2)]。根据税法的规定，该笔投资的税后净收益为1 200万元[1 600×(1－25%)]。

方案二：假定从基金分红到赎回期间的净值和公司的累计净值不发生变动，即基金分红除权后，净值从2.8元降为2.1元，则企业首先通过分红实现收益700万元(1 000×0.7)，再通过赎回基金实现收益900万元[1 000×(2.1－1.2)]。

可以看出，方案二与方案一实现的税前收益相同，均为1 600万元。但由于分红收益不征收企业所得税，企业仅需就赎回实现的价差收入缴纳企业所得税，则企业该笔投资的税后净收益为1 375万元[700＋900×(1－25%)]，通过基金分红，企业多实现税后收益175万元(1 375－1 200)。

3. 利用分红免税和分红后赎回的税收筹划

基于以上企业投资开放式基金的免税分红和赎回时点的选择，企业具备了税收筹划的空间，期望实现企业利益最大化。当然，在具体操作过程中应当注意综合运作。

【案例 5—21】 某企业预测 2019 年度利润将大幅增加，初步估计应纳税所得额为 2 000 万元，应纳所得税税额为 500 万元。企业向某咨询公司的税务专家咨询，寻求减少应纳税所得额的途径。该咨询公司的税务专家建议企业购买临近分红的开放式基金，在分红后赎回，用投资损失减少应纳税所得额。

企业接受建议，动用 3 600 万元购买了 2 000 万份净值为 1.8 元的某开放式基金。该基金发布公告，将在近期进行大比例分红，将其净值从 1.8 元降低到 1 元(假定该基金自成立后一直未进行分红，即基金累计净值为 1.8 元)。一周后，每一份基金单位分红 0.8 元，使得基金净值降低到 1 元。企业取得免税的分红所得 1 600 万元(2 000×0.8)。取得分红收入后不久，企业将基金赎回，假定基金净值仍为 1 元，则产生赎回损失 1 600 万元(3 600－2 000×1)。

通过上述操作，企业 3 600 万元的投资在账面上产生 1 600 万元分红收入(暂免征收所得税)和 1 600 万元亏损，虽然对企业利润总额的影响为零(不考虑交易成本)，企业的应纳税所得额却从 2 000 万元变成了 400 万元(2 000 万元应纳税所得额＋1 600 万元分配收入－1 600 万元免税分配收入－1 600 万元投资损失)，应纳所得税税额从 500 万元(2 000×25%)减少为 100 万元(400×25%)，成功实现了企业利益最大化。

(二)特定项目减免税的税收筹划

1. 免征或减半征税的项目

免征或减半征税的项目主要是企业从事农、林、牧、渔业项目的所得，包括：

(1)企业从事下列项目的所得，免征企业所得税：蔬菜、谷物、薯类、油料、豆类、棉花、麻类、糖料、水果、坚果的种植；农作物新品种的选育；中药材的种植；林木的培育和种植；牲畜、家禽的饲养；林产品的采集；灌溉、农产品初加工、兽医、农技推广、农机作业和维修等农、林、牧、渔服务业项目；远洋捕捞。

(2)企业从事下列项目的所得，减半征收企业所得税：花卉、茶以及其他饮料作物和香料作物的种植；海水养殖、内陆养殖。

【案例 5—22】 某大型农场从事种植业，2019 年该农场的全部土地用来种植棉花和大豆，当年能实现所得额 650 万元。农场拟扩大种植规模，但在种植小麦还是种植花卉上难以决断。假定种植小麦和各种花卉均能实现所得额 280 万元，应如何进行税收筹划？

种植小麦应纳所得税＝280×25%＝70(万元)

种植花卉应纳所得税＝280×25%×50%＝35(万元)

通过两种方案的比较，农场种植属于减税项目的花卉可以减轻税收负担 35 万元(70—35)。

上述减免税所得取决于企业的经营项目，税收筹划的空间不大。但应注意，如果企业同时有正常应税项目和享受减免税的项目，第一是分别核算，第二是在收入确认和费用分摊上尽量将应纳税所得额向有减免税优惠的项目倾斜。

2. 定期减免项目

定期减免项目包括从事国家重点扶持的公共基础设施项目投资经营的所得，以及从事符合条件的环境保护、节能节水项目的所得。

国家重点扶持的公共基础设施项目是指《公共基础设施项目企业所得税优惠目录》规定的港口、码头、机场、铁路、公路、城市公共交通、电力、水利等项目(不包括企业承包经营、承包建设和内部自建自用该条款规定的项目)。符合条件的环境保护、节能节水项目包括公共污水处理、公共垃圾处理、沼气综合开发利用、节能减排技术改造和海水淡化等。项目的具体条件和范围由国务院财政、税务主管部门和国务院有关部门制定,报国务院批准后公布施行。

企业从事上述两类项目的所得自项目取得第一笔生产经营收入所属纳税年度起,第一年至第三年免征企业所得税,第四年至第六年减半征收企业所得税。

对享受定期减免税优惠的企业,其税收筹划方法与正常纳税企业相反:正常纳税企业为了获得税收的时间价值,应尽量推迟纳税义务发生的时间;而对享受定期减免税的企业,应将纳税义务尽量提前到减免税期间发生,以享受减免税的待遇,相应减少其在减免税期满后的纳税义务。因此,对上述企业,自取得第一笔生产经营收入所属纳税年度起,应安排企业的所得在优惠期内更多地实现,尤其是费用分摊,应尽量推迟,能在免税期实现的所得,避免在税收减半期实现;能在税收减半期实现的所得,避免在优惠期结束后实现。例如,某企业从事符合条件的环境保护项目,在减税期期初有一笔100万元的所得,该所得的应纳税款为12.5万元,如果将该笔所得通过经营和财务安排提前到免税期期末,则应纳税款为0。

3. 对技术转让所得的减免

对技术转让所得的减免,即在一个纳税年度内,居民企业的技术转让所得不超过500万元的部分,免征企业所得税;超过500万元的部分,减半征收企业所得税。也就是说,对有符合条件的技术转让所得的企业,在年度技术转让所得的规模在500万元左右,或者略超过500万元的情况下,能获得一定的税收筹划收益。

【案例5—23】 某国有股份公司(居民企业)转让技术,与受让方签订了3年的协议,共需收取1 200万元技术转让费,应如何进行税收筹划?[①]

方案一:3年平均收取技术转让费,合计收取1 200万元,则平均每年收取技术转让费400万元。每年技术转让所得额均在纳税免征额以下,3年均不发生所得税纳税义务。

方案二:第一年多收,后续年份少收技术转让费。假定第一年收取700万元技术转让费,超出了税法规定的免征额200万元,需要减半缴纳企业所得税,则应纳税额为25万元(200×25%×50%)。

方案三:起始年份少收,第二、第三年多收技术转让费。假定第三年收取900万元技术转让费,超出了税法规定的免征额400万元,需要减半缴纳企业所得税,则应纳税额为50万元(400×25%×50%)。

在三个方案中,该公司3年内收取的技术转让费均为1 200万元,但由于方案一将每年实现的所得均衡地控制在免征额(500万元)以下,因此,每年应纳的所得税均为0,取得了最大的减税效应。

(三)加计扣除的税收筹划

1. 开发新技术、新产品、新工艺发生的研究开发费用

《企业所得税法实施条例》规定,企业为开发新技术、新产品、新工艺(简称"三新")而发生的研究开发费用,未形成无形资产计入当期损益的,在按照规定据实扣除的基础上,按照研究开发费用的50%加计扣除;形成无形资产的,按照无形资产成本的150%摊销。

【案例5—24】 甲企业当期发生"三新"研发支出3 000万元,其中,研究阶段支出600万元,开发阶段符合资本化条件前发生的支出为600万元,符合资本化条件后至达到预定用途前

---

① 盖地:《税收筹划》(第三版),高等教育出版社2008年版,第166页。

发生的支出为1 800万元。假定开发形成的无形资产在当期期末已达到预定用途(尚未开始摊销),摊销期限为10年。

甲企业当期发生的研发支出中,按照会计准则的规定应当费用化的金额为1 200万元(600+600),形成无形资产的成本为1 800万元,即期末形成无形资产的账面价值为1 800万元。

甲企业当期发生的3 000万元研发支出,按照税法的规定,可以在税前扣除的金额为1 800万元(1 200×50%+1 200),可以减少当年的企业所得税150万元(600×25%)。

形成无形资产的账面价值1 800万元,按照会计准则的规定,每年可摊销180万元;按照税法的规定,全部摊销额为2 700万元(1 800×150%),每年可摊销270万元。从而在10年的摊销期内,在其他条件不变的情况下,每年可少缴企业所得税22.5万元[(270—180)×25%]。当年可少缴企业所得税172.5万元(150+22.5)。

如果利用研究费用与开发费用的交叉情况,有意识地将一部分(或全部)开发费用计入研究费用,结果如何?

假设形成无形资产的1 800万元中,有600万元可计入研究费用。这样,按照税法的规定,可以在税前扣除的金额为2 700万元(1 800×50%+1 800),可以少缴当年的企业所得税225万元(1 800×50%×25%)。

形成无形资产的账面价值1 200万元,按照会计制度的规定,每年可摊销120万元;按照税法的规定,全部摊销额为1 800万元(1 200×150%),每年可摊销180万元。从而在10年的摊销期内,在其他条件不变的情况下,每年可少缴企业所得税15万元[(180—120)×25%]。当年可少缴企业所得税240万元(225+15)。

所以,纳税人在进行内部研究开发时,应该尽可能地将资本化的部分转化为研究费用,最大限度地发挥其节税效应。但是,由此带来的不利方面是无形资产的计税基础会缩小,对将来的处置效益会产生负面影响。

2. 安置残疾人员及国家鼓励安置的其他就业人员所支付的工资

《企业所得税法实施条例》规定,企业安置残疾人员所支付的工资的加计扣除是指企业安置残疾人员,在按照支付给残疾职工的工资据实扣除的基础上,按照支付给残疾职工工资的100%加计扣除。残疾人员的范围适用我国《残疾人保障法》的有关规定。企业安置国家鼓励安置的其他就业人员所支付的工资的加计扣除办法由国务院另行规定。

加计扣除的优惠政策就是为了鼓励或者刺激企业发生相关支出。这两项政策都没有原先的优惠政策对企业身份或者其他相关指标的限制,相应降低了这方面的税收筹划成本和风险。因此,企业可尽量安排相关支出,以取得加计扣除的抵税效果。

【案例5—25】 某外商投资企业现有职工60名,预计2019年实现应纳税所得额260万元。现因扩大生产规模,企业需要招聘40名新员工,新增的40名员工需要增加支付12.6万元。企业应如何进行招聘员工的税收筹划?

方案一:招聘40名残疾人员。在不影响企业正常生产经营的情况下,招聘40名残疾人员的应纳所得税为58.7万元[(260—12.6×2)×25%]。

方案二:招聘40名非残疾人员。招聘40名非残疾人员的应纳所得税为61.85万元[(260—12.6)×25%]。

可见,在不影响企业正常生产经营的情况下,招聘40名残疾人员就业获得了3.15万元(61.85—58.7)的节税收益。

（四）减计收入的税收筹划

减计收入的优惠政策有技术条件的限制，即必须是企业以《资源综合利用企业所得税优惠目录》规定的资源作为主要原材料生产国家非限制或禁止并符合国家和行业相关标准的产品取得的收入。只有达到这个要求，企业才可享受减按90%计入收入总额的优惠。也只有满足了上述条件，才存在税收筹划空间。这一税收筹划需要企业在生产的技术环节完成，即原材料占生产产品的材料的比例不得低于《资源综合利用企业所得税优惠目录》规定的标准。

（五）税额抵免的税收筹划

企业所得税税额抵免的使用范围是指企业购置并实际使用《环境保护专用设备企业所得税优惠目录》《节能节水专用设备企业所得税优惠目录》和《安全生产专用设备企业所得税优惠目录》规定的环境保护、节能节水、安全生产等专用设备的，该专用设备投资额的10%可以从企业当年的应纳税额中抵免；当年不足以抵免的，可在以后5个纳税年度内结转抵免。

税额抵免政策是国家刺激企业购置和使用符合产业政策的相关设备出台的政策，与原先的生产设备投资抵免政策相比，适用范围宽了（由特定企业到所有企业）、设备内容调整了（由符合国家产业政策的技改项目的生产设备调整为符合条件的环保、节能节水、安全生产等专用设备）、可抵免投资额的幅度小了（由40%调整为10%）、可抵免税的条件宽松了（取消了从上年新增所得税中抵扣的规定）。出于反避税的考虑，《企业所得税法实施条例》规定了相应的限制条件：享受税额抵免优惠的企业，应当实际购置并投入使用符合规定的专用设备；企业购置上述专用设备在5年内转让、出租的，应当停止享受企业所得税优惠，并补缴已经抵免的企业所得税税款。

因此，企业要享受税额抵免，必须在购置和使用相关设备上完全符合国家的规定，把税额抵扣的政策用足用好。税法规定当年的应纳税额不足抵免的，可在以后5个纳税年度内结转抵免。企业在实际操作中，应尽量在抵免期内完成全额抵免，这要求在5个纳税年度内有可供抵免的税额，因此，可能会与正常情况下，企业尽量推后实现应纳税额的原则冲突，应在对比分析的基础上选择经营或财务方案。

【案例5—26】 某企业购置和使用一套符合政策规定的节能专用设备，价值500万元，假设从购置当年开始的10年中，每年实现应纳税所得额100万元。假设企业可以选择5年（方案A）或者10年（方案B）作为这套设备的折旧年限。在企业采取直线折旧法且不考虑残值的情况下，10年中的应纳税额情况如表5—3和表5—4所示。

表5—3　　方案A该企业应纳税额情况　　单位：万元

年份	折旧前所得	应扣除折旧额	应纳税所得	抵免前应纳税额	可抵免税额	应纳税额
1	100	100	0	0	0	0
2	100	100	0	0	0	0
3	100	100	0	0	0	0
4	100	100	0	0	0	0
5	100	100	0	0	0	0
6	100	0	100	25	25	0
7	100	0	100	0	0	25

续表

年份	折旧前所得	应扣除折旧额	应纳税所得	抵免前应纳税额	可抵免税额	应纳税额
8	100	0	100	0	0	25
9	100	0	100	0	0	25
10	100	0	100	0	0	25

表 5—4　　**方案 B 该企业应纳税额情况**　　单位：万元

年份	折旧前所得	应扣除折旧额	应纳税所得	抵免前应纳税额	可抵免税额	应纳税额
1	100	50	50	12.5	12.5	0
2	100	50	50	12.5	12.5	0
3	100	50	50	12.5	12.5	0
4	100	50	50	12.5	12.5	0
5	100	50	50	12.5	0	12.5
6	100	50	50	12.5	25	12.5
7	100	50	50	12.5	0	12.5
8	100	50	50	12.5	0	12.5
9	100	50	50	12.5	0	12.5
10	100	50	50	12.5	0	12.5

从表 5—3 和表 5—4 可以看出，方案 A 每年扣除折旧 100 万元，在前 5 个纳税年度计提完折旧且无应纳税额，其后每年应纳税额为 25 万元，但只在第六年享受抵免，其后 4 年全额纳税，10 年共计应纳税额 100 万元。方案 B 每年扣除折旧 50 万元，每年应纳税额为 12.5 万元，在前 4 个纳税年度充分享受了 50 万元的税额抵免，10 年共计应纳税额 75 万元。两相比较，方案 A 比方案 B 多纳税 25 万元(100—75)。

假设贴现率为 10%，方案 A 和方案 B 应纳税额的现值分别为：

方案 A＝25 ×(0.513＋0.467＋0.424＋0.386)＝44.75(万元)

方案 B＝12.5×(0.621＋0.564＋0.513＋0.467＋0.424＋0.386)＝37.19(万元)

也就是说，考虑资金的时间价值，方案 A 仍比方案 B 多纳税 7.56 万元(44.75—37.19)。

虽然方案 A 采用缩短折旧年限的办法将应纳税义务推后能够得到一部分资金的时间价值，但由于放弃了一部分税额抵免的权利，反而使纳税成本大大增加。

在这里，由于税额抵免存在期限，也可将其看作一种定期减免税的优惠。如前文所述，应将纳税义务尽量提前到减免税期间发生，以享受减免税待遇，相应减少其在减免税期满后的纳税义务。

复习思考题

一、简答题

1. 请分析企业所得税的特点和税收筹划要点。

2. 企业设立从属机构时有哪些选择？相应的税收待遇有什么区别？

3. 公司与个人独资企业缴纳所得税有什么区别？纳税人应该如何选择？

4. 试说明企业所得税应纳税所得额筹划的原则和空间。

5. 如何利用小型微利企业的税收待遇进行税收筹划？

6. 企业应如何合理地选择折旧方法？固定资产折旧筹划方法有哪些？

7. 请简要介绍企业所得税的税收优惠政策，并说明企业如何利用这些优惠政策进行税收筹划。

8. 对享受定期减免税优惠的企业，其所得税筹划方法有什么特点？

9. 我国企业所得税在安置特殊人员就业方面制定了哪些税收优惠政策？请比较分析这些政策的优惠待遇，并分析利用这些优惠政策进行税收筹划的适用条件及范围。

二、实务题

1. 某企业适用25%的企业所得税税率。2019年列支业务招待费3万元、广告费68万元、业务宣传费4万元。当年企业税前会计利润为60万元，假定无其他纳税调整事项。有以下两个方案可供选择：

方案一：该企业自己对外销售，当年实现销售收入400万元。

方案二：该企业下设两个独立核算单位（生产企业和销售公司），生产企业将产品以320万元的价格卖给销售公司，销售公司再以400万元的价格对外销售。

要求：试比较哪个方案的企业所得税较少。

2. 某公司2019年实现会计利润5 000万元，适用25%的企业所得税税率。因当年公司所在地遭遇严重自然灾害，该公司通过其上级主管部门直接向该受灾地区的农户捐赠了人民币580万元。

要求：如果不考虑其他调整项目，该公司应如何进行税收筹划？

第六章　个人所得税税收筹划

【本章导读】

本章主要介绍个人所得税纳税人的税收筹划、计税依据的税收筹划、税率的税收筹划和税收优惠政策方面的税收筹划。通过本章的学习，应全面了解个人所得税居民纳税人和非居民纳税人的确定，个人所得税各应税所得项目应纳税所得额的确定和应纳税额的计算，个人所得税税率和税收优惠政策的规定以及征收管理等知识，在掌握个人所得税基本规定和尊重税法的前提下，对于个人取得的各种应税所得合法地进行税收筹划操作。

第一节　个人所得税纳税人的税收筹划

一、纳税人的法律规定

个人所得税以所得人为纳税人。个人独资企业的投资者和合伙企业的合伙人也是个人所得税的纳税人。依据住所和居住时间两个标准，个人所得税的纳税人分为居民纳税人和非居民纳税人，分别承担不同的纳税义务。

(一)居民纳税人与非居民纳税人

1. 居民纳税人

在我国境内有住所，或者无住所而一个纳税年度内在我国境内居住累计满 183 日的个人，为居民个人。

所谓在我国境内有住所，是指因户籍、家庭、经济利益关系而在我国境内习惯性居住。习惯性居住是判定纳税人是居民个人还是非居民个人的一个法律意义上的标准，并不是指实际的居住地或者在某一个特定时期内的居住地。对于因学习、工作、探亲、旅游等原因而在境外居住，在这些原因消除后仍然回到我国境内居住的个人，我国为该纳税人的习惯性居住地，即该个人属于在我国境内有住所。

对于境外个人仅因学习、工作、探亲、旅游等原因而在我国境内居住，待上述原因消除后该境外个人仍然回到境外居住的，其习惯性居住地不在我国境内，即使该境外个人在我国境内购买住房，也不会被认定为在我国境内有住所的个人。

2. 非居民纳税人

在我国境内无住所又不居住，或者无住所而一个纳税年度内在我国境内居住累计不满 183 日的个人，为非居民个人。

非居民纳税人是指习惯性居住地不在我国境内，而且不在我国居住，或者在一个纳税年度内，在我国境内居住累计不满 183 日的个人。在现实生活中，习惯性居住地不在中国境内的个人，只有外籍人员、华侨或中国香港、中国澳门和中国台湾同胞。因此，非居民纳税人实际上是在一个纳税年度内没有在我国境内居住，或者在我国境内居住累计不满 183 日的外籍人员、华侨或中国香港、中国澳门和中国台湾同胞。

（二）居民纳税人和非居民纳税人的纳税范围

1. 居民纳税人的纳税范围

居民个人从我国境内和境外取得的所得，依照个人所得税法的规定缴纳个人所得税。

在我国境内无住所的个人，在我国境内居住累计满 183 日的年度连续不满 6 年的，经向主管税务机关备案，其来源于我国境外且由境外单位或者个人支付的所得，免予缴纳个人所得税；在我国境内居住累计满 183 日的任一年度中有一次离境超过 30 日的，其在我国境内居住累计满 183 日的年度的连续年限重新起算。

无住所个人一个纳税年度在我国境内累计居住满 183 日的，如果此前 6 年在我国境内每年累计居住天数都满 183 日而且没有任何一年单次离境超过 30 日，该纳税年度来源于我国境内、境外的所得应当缴纳个人所得税；如果此前 6 年的任一年在我国境内累计居住天数不满 183 日或者单次离境超过 30 日，该纳税年度来源于我国境外且由境外单位或者个人支付的所得，免予缴纳个人所得税。

所谓“此前 6 年”，是指该纳税年度的前 1 年至前 6 年的连续 6 个年度。此前 6 年的起始年度自 2019 年(含)以后年度开始计算。

无住所个人一个纳税年度内在我国境内累计居住的天数按照个人在我国境内累计停留的天数计算。在我国境内停留的当天满 24 小时的，计入在我国境内居住天数，在我国境内停留的当天不足 24 小时的，不计入我国境内居住天数 。

2. 非居民纳税人的纳税范围

非居民个人从我国境内取得的所得，依照个人所得税法的规定缴纳个人所得税。

在我国境内无住所的个人，一个纳税年度内在我国境内居住累计不超过 90 日的，其来源于我国境内的所得由境外雇主支付并且不由该雇主在我国境内的机构、场所负担的部分，免予缴纳个人所得税。

一个纳税年度内在我国境内累计居住不超过 90 日的非居民个人，仅就归属于我国境内工作期间并由境内雇主支付或者负担的工资、薪金所得计算缴纳个人所得税。

一个纳税年度内在我国境内累计居住超过 90 日但不满 183 日的非居民个人，取得归属于我国境内工作期间的工资、薪金所得，均应计算缴纳个人所得税；其取得的归属于境外工作期间的工资、薪金所得，不征收个人所得税。

二、纳税人的税收筹划

（一）纳税人身份选择的税收筹划

我国在个人所得税方面将纳税人分为居民纳税人和非居民纳税人。居民纳税人承担无限纳税义务，应就其来源于我国境内、境外的全部所得缴纳个人所得税；而非居民纳税人只承担有限义务，只需要就其来源于我国境内的所得缴纳个人所得税。显然，非居民纳税人的税收负担相对较轻。

非居民纳税人需要满足以下条件：一是该纳税人必须是外籍人员、华侨或港、澳、台同胞；二是纳税人是在我国境内无住所又不居住，或者无住所而一个纳税年度内在我国境内居住累计不满 183 日的个人。因此，个人所得税可以通过对纳税人身份的筹划，尽量规避成为个人所得税的居民纳税人，缩小应纳税所得的范围，以达到少缴或不缴个人所得税的目的。

1. 利用居住时间的选择进行税收筹划

根据税法的规定，在我国境内有住所，或者无住所而一个纳税年度内在我国境内居住累计满 183 日的个人，为居民个人。因此，对于在我国境内无住所的个人，可以通过控制居住时间，使停留在我国境内的时间在一个纳税年度内不满 183 日，这样就可以规避成为我国个人所得税的居民纳税人，从而避免就从我国境内和境外取得的全部所得在我国缴纳个人所得税，而仅就从我国境内取得的所得在我国缴纳个人所得税，从而减轻个人所得税税负。

对于在我国境内居住累计满 183 日的年度连续不满 6 年的无住所个人，可以主动通过向主管税务机关备案，以获得其来源于我国境外且由境外单位或者个人支付的所得免予缴纳个人所得税的税收优惠。也可以充分利用在一个纳税年度内在我国境内居住累计不超过 90 日的无住所的个人，其来源于我国境内的所得由境外雇主支付并且不由该雇主在我国境内的机构、场所负担的部分，免予缴纳个人所得税的规定。

对于跨国纳税人来说，由于个人所得额的计算是在对纳税人身份、所得来源地判断、所得性质判断的基础上进行的，因此，主要应注意收入来源地居住天数的计算，居住天数的多少是判断居民或非居民的主要标准，而非居民的身份有利于节税。在计算居住天数时应注意：

(1)居住天数分纳税年度计算，即按每年计算而不是跨年度计算。纳税人如果是跨年度居住的，应分别计算每个纳税年度的居住天数。

(2)按照规定，在我国境内停留的当天满 24 小时的，计入我国境内居住天数，在我国境内停留的当天不足 24 小时的，不计入我国境内居住天数。在我国境内居住累计满 183 日的任一年度中有一次离境超过 30 日的，其在我国境内居住累计满 183 日的年度的连续年限重新起算。

【案例 6－1】 英国专家威廉受英国总公司委派，从 2019 年 1 月 1 日到中国境内的中英合资公司担任技术顾问，同年 7 月 10 日离开中国回英国公司工作。威廉在中英合资公司工作期间，中英合资公司支付的工资、薪金收入为 30 万元，英国公司支付的工资、薪金折合人民币 20 万元。应如何进行税收筹划?

方案一：如果不做任何税收筹划，威廉于 2019 年 1 月 1 日到中国境内的中英合资公司担任技术顾问，同年 7 月 10 日离开中国回英国总公司工作，其于 2019 年度在中国境内居住累计超过 183 日，为中国居民纳税人，其从中国境内和境外取得的所得 50 万元(30＋20)均应计算缴纳个人所得税。

方案二：如果进行税收筹划，威廉于 2019 年 1 月 1 日到中国境内的中英合资公司担任技术顾问，同年 6 月 30 日离开中国回英国总公司工作。这样，威廉于 2019 年度在中国境内居住累计不超过 183 日，为中国非居民纳税人，其从中国境内取得的所得 30 万元按规定计算缴纳个人所得税。

方案三：如果进行税收筹划，威廉于 2019 年 1 月 1 日到中国境内的中英合资公司担任技术顾问，同年 7 月 10 日离开中国回英国总公司工作，已向主管税务机关备案。这样，威廉于 2019 年度在中国境内居住累计满 183 日的年度连续不满 6 年，其来源于中国境外且由境外单位或者个人支付的所得免予缴纳个人所得税，可以只就由中英合资公司支付的 30 万元计算缴纳个人所得税。

显然，方案三最优，威廉于 2019 年在中国境内工作的时间无须做任何调整，达到了少缴个人所得税的目的。

【案例6—2】 郭先生为中国香港永久居民，目前就职于香港A公司。2019年度，A公司计划安排郭先生在广州的代表处工作180日(6个月)。郭先生2019年度每月的工资为20 000元，共计工资总额120 000元，全部由香港A公司支付。假定郭先生在香港可以享受的各种扣除比较多，应纳税额接近零。应如何进行税收筹划?

方案一：如果不进行税收筹划。郭先生来源于中国境内6个月的工资需要在中国纳税。

应纳个人所得税额=[(20 000—5 000)×20%—1 410]×6=9 540(元)

方案二：如果进行税收筹划。香港A公司选派2位员工轮流到广州代表处工作，每个人工作90日，每月工资均为20 000元。这样，2位员工可以享受短期非居民个人的税收优惠，他们在广州工作期间取得的工资可以在香港纳税，不需要缴纳中国的个人所得税。由此，可以为2位员工节税9 540元。

根据规定，无住所个人一个纳税年度在我国境内累计居住满183日，如果此前6年在我国境内每年累计居住天数都满183日而且没有任何一年单次离境超过30日的，该纳税年度来源于我国境内、境外的所得应当缴纳个人所得税；如果此前6年的任一年在我国境内累计居住天数不满183日或者单次离境超过30日，该纳税年度来源于我国境外且由境外单位或者个人支付的所得，免予缴纳个人所得税。因此，对于短期来我国的外籍人员，如果每年停留时间均超过183日，应充分利用短期居民个人税收优惠，在第六年一次离境达到31日即可永远保持短期居民个人的身份。

【案例6—3】 唐女士为中国香港永久居民，在深圳创办了一家B投资公司，每年在中国境内停留时间约为360日。自2019年起，每年来源于中国境内的应纳税所得额为50万元，来源于中国境外的房租收入为120万元。应如何进行税收筹划?

方案一：如果不进行税收筹划，自2019年起，唐女士来自境外的房租收入可以免税5年。自第六年起，唐女士来自境外的房租收入需要在中国缴纳个人所得税。

每月应纳个人所得税=10×(1—20%)×20%=1.6(万元)

全年应纳个人所得税=1.6×12=19.2(万元)

假定唐女士取得的房租收入在香港实际纳税9.2万元，则唐女士还应在中国补缴个人所得税10万元(19.2—9.2)。

方案二：如果进行税收筹划，唐女士在自2019年起的每个第六年离境31日，则唐女士可以永远保持中国短期居民的身份，其来自境外的每年120万元房租收入可以免予在中国纳税。

相比较而言，方案二比方案一少缴纳个人所得税10万元(10—0)。

2. 利用居住方式的选择进行税收筹划

由于对居民纳税人有住所的规定，因此在国际上，对于一些从事跨国活动的纳税人可以通过改变住所的方式减轻纳税负担：一是通过转移住所，免除纳税义务。纳税人把自己的住所迁出某国，但又不在任何地方取得住所，从而躲避所在国对其纳税人身份的确认，进而免除个人所得税的纳税义务。二是通过转移住所，减轻纳税义务。例如，居住在高税区的纳税人迁移到低税区居住。当然，迁移住所也好、移民也好，主要是以此作为避税手段，那就不能给政府虚假迁移的印象，必须做到“真正移民”。

(二)企业组织形式选择的税收筹划

在所得相同时，不同的企业组织形式会对应不同的税种和税率，导致税收负担大不相同。因此，通过选择不同的组织形式，能够在缴纳个人所得税和企业所得税之间进行转换。在进行税收筹划时，主要是从成立私营企业和作为个体工商户、个人独资企业、合伙企业等类型中进行选择。一般来说，在所得相同的情况下，个体工商户、个人独资企业、合伙企业的税负水平相差不大，而私营企业的税负最重。

【案例6—4】 假设5个人成立一家A公司（属于小型微利企业），每个人各占公司20%的股权。2019年年底公司实现的年度利润总额为350 000元。在无纳税调整事项的情况下，将税后利润全部分配给5位股东。

方案一：在A公司采用公司制模式的情况下，A公司需要缴纳企业所得税，之后，5位股东分得的股息还需计算缴纳个人所得税，计算应纳税额如下：

应纳企业所得税＝350 000×25%×20%＝17 500（元）

每位股东应分得的股息＝（350 000－17 500）×20%＝66 500（元）

每位股东应纳的个人所得税＝66 500×20%＝13 300（元）

每位股东的税后净收益＝66 500－13 300＝53 200（元）

方案二：若A公司采用合伙制，按照规定，仅需要就每位合伙人的所得征收个人所得税，A公司本身不需要缴纳企业所得税。依据上述资料，每位合伙人实际可分得的所得为70 000万元（350 000÷5），计算应纳税额如下：

每位股东应纳的个人所得税＝70 000×10%－1 500＝5 500（元）

每位股东的税后净收益＝70 000－5 500＝64 500（元）

经比较可知，在合伙制条件下，A公司每位合伙人的净收益比公司制下年税后净收益多11 300元（64 500－53 200）。

需要指出的是，成立不具有法人资格的企业，一方面不利于扩大企业的经营规模和实现长期发展；另一方面不具有法人资格的企业的投资人以其个人财产对企业债务承担无限责任。因此，纳税人应综合考虑，权衡利弊，做出有利于企业的决策。

（三）规避应税所得的税收筹划

我国现行个人所得税采用列举方式明确了9类应税所得。在一些特殊情况下，可以通过特定的税收筹划方法，使收入不属于所列举的9类应税所得，就可以不成为个人所得税的纳税人，从而有效避免承担个人所得税的纳税义务。

1. 避免取得实物收入所有权

按照《个人所得税法》的规定，个人取得的各种实物收入需要纳入应税所得一并计税。因此，可以考虑纳税人不获得实物所有权而仅获得使用权，以规避成为个人所得税的征税对象。例如，纳税人获得股息、红利或者工资、薪金，其消费意图是购车。其取得收入时先要缴纳个人所得税，税后收入才能用于购车。但如果纳税人所在公司以公司名义购车，仅将车辆使用权交给个人，则无须缴纳个人所得税。这样就可以避免成为个人所得税的征税对象以达到降低税收负担的目的。

【案例6—5】 某上市公司由于其主要股东沈某的住所离工作地较远，于2019年12月专门购买了一辆价值100万元的小汽车给沈某使用。假定小汽车一年的固定使用费为2万元，一年的油耗及修理费含税价为3.39万元（取得了增值税专用发票），小汽车预计使用10年，残值按原价的5%估计，按直线法计提折旧，适用的所得税税率为25%。公司就小汽车的管理有以下两种方案：

方案一：公司购买小汽车后，将小汽车的所有权归属于沈某，由其自己管理并使用，除购车款外，其他费用由沈某自行负担。

方案二：公司购买小汽车后，将小汽车作为办公用车，由公司作为固定资产管理，小汽车交由沈某使用，使用过程中发生的其他费用按照一定的标准由公司报销。

在方案一的情况下，公司为沈某购车属于红利性质的实物分配，应按规定缴纳 10 万元（100×20%×50%）个人所得税，且沈某在今后 10 年内每年还要支付日常费用 5.39 万元。对于公司本身而言，由于公司是为沈某购买小汽车，该小汽车不属于公司的财产，公司不能在企业所得税前扣除购买小汽车的支出以及今后年度中所发生的其他日常费用。从税收角度来说，沈某和公司均承担了较重的税负。

在方案二的情况下，对沈某使用小汽车没有任何影响，只是沈某不拥有小汽车的所有权，可以少缴个人所得税 10 万元，且每年有 3.39 万元的实际开销可以不以收入的形式发放，从而不用缴纳个人所得税。假定沈某用于支付 3.39 万元的收入来源于股息所得，那么，每年可以减少的个人所得税为 0.85 万元[3.39÷(1−20%)×20%]。对公司而言，同样是购买小汽车，作为办公用车，其折旧及日常费用可以在企业所得税前扣除，油耗及修理费的增值税可做进项税额抵扣。

$$\text{小汽车的年折旧额}=\frac{100-100\times5\%}{10}=9.5(\text{万元})$$

小汽车每年的日常使用费可税前抵扣 5 万元，抵减的增值税进项税额为 0.39 万元（3.39÷1.13×13%）。

公司税收筹划后的收益＝(5＋9.5)×25%＋0.39＝4.02（万元）

当然，具体是采用方案一还是方案二，还要充分考虑纳税人自身的实际利益来确定。

2. 将劳务报酬转化为公司经营所得

根据规定，对小型微利企业年应纳税所得额不超过 100 万元的部分，减按 25%计入应纳税所得额，按 20%的税率缴纳企业所得税；对年应纳税所得额超过 100 万元但不超过 300 万元的部分，减按 50%计入应纳税所得额，按 20%的税率缴纳企业所得税。[①] 对于频繁取得劳务报酬且数额较大的个人，可以考虑成立公司来承担相关劳务，从而将个人劳务报酬所得转化为公司所得，在享受小微企业较多的税收优惠的同时，在一定程度上降低个人所得税的税收负担。

【案例 6—6】 张某为上海一所大学的教授，其收入主要为所在大学的工资以及在某培训机构讲课的报酬。2019 年，张某取得所在大学发放的工资 200 000 元，不考虑其他收入，由此计算的综合所得应纳税所得额为 36 000 元。培训机构每月支付张某的讲课报酬为 80 000 元，如果考虑该讲课报酬，张某 2019 年度的综合所得应纳税所得额为 804 000 元。有两套方案可供选择：方案一，采用以往的模式，由培训机构向张某每月支付讲课报酬 80 000 元；方案二，张某成立一家公司，每月向培训机构开具发票，收取 80 000 元培训收入。

采用方案一，张某应纳个人所得税为：

应纳个人所得税税额＝804 000×35%−85 920＝195 480（元）

采用方案二，张某的纳税情况为：

应纳个人所得税税额＝36 000×3%＝1 080（元）

应纳企业所得税税额＝80 000×12×25%×20%＝48 000（元）

合计应纳税额＝1 080＋48 000＝49 080（元）

方案二比方案一少缴纳所得税 146 400 元（195 480−49 080）。

---

① 财政部、国家税务总局于 2019 年 1 月 17 日发布《关于实施小微企业普惠性税收减免政策的通知》（财税〔2019〕13 号），执行期限为 2019 年 1 月 1 日至 2021 年 12 月 31 日。

3. 将特许权使用费转化为股权

【案例 6－7】 科研人员张某在 2019 年年初发明了一项新技术，该项技术获得了国家专利，专利权属于其个人。由于该专利的实用性极强，许多企业准备出高价购买。其中，甲公司开出了 106 万元的最高价，并提出了两套购买方案：方案一，张某单纯将其转让，甲公司向他支付专利费 106 万元（含增值税）；方案二，张某将该专利折合成股份作为对甲公司的投资，甲公司让其拥有相同价款的股权。按近年来甲公司的经营状况，张某每年预计可从甲公司获取股息收入不低于 10.6 万元。张某应采用哪个方案？

方案一：直接转让专利权。

按照规定，转让专利权属于转让无形资产，适用 6% 的增值税税率，张某应纳增值税（假定不考虑城市维护建设税和教育费附加）为 6 万元[106÷（1＋6%）×6%]。因此，不含增值税的专利权转让收入为 100 万元（106－6）。

根据规定，转让专利使用权所获得的收入属于特许权使用费收入，预扣预缴税款时，个人每次取得的收入不超过 4 000 元的，减除费用 800 元；4 000 元以上的，减除 20% 的费用，其余额为应纳税所得额。

应预扣预缴个人所得税＝100×（1－20%）×20%＝16（万元）

两税合计，张某共缴纳了 22 万元（6＋16）税款，实际税后所得为 84 万元（100－16）。

方案二：折合股份投资入股。

按照有关规定，以无形资产投资入股、接受投资方的利润分配、共同承担投资风险的行为不征收增值税。依照个人所得税的相关政策规定，员工因拥有股权而参与企业税后利润分配取得的所得，应按照“利息、股息、红利所得”适用的税率计算缴纳个人所得税。

应纳个人所得税＝10.6×20%＝2.12（万元）

税后所得＝10.6－2.12＝8.48（万元）

通过专利折合股份投资入股，张某当年仅需负担 2.12 万元税款。如果每年都可获取股息收入 10.6 万元，则只要经营 10 年，张某就可以收回全部转让收入，且可得到 106 万元股份。

这两种方案各有利弊。第一种方案风险小，缴税后可以实实在在地拥有现时收入，但所缴的税偏多，而且收入是固定的，没有增值空间；第二种方案缴税少，而且有增值的可能性，但风险较大，具有一定的不确定性。

4. 将收益转化为对企业的投资

个人以购买股票、债券等方式向企业投资，所获的利息、股息和分红等收益按规定必须缴纳个人所得税。但是，为了鼓励企业和个人进行投资和再投资，对企业留存的未分配收益不征收个人所得税。这样，个人若想使自己的投资所得不被征税，又对企业的发展前景比较乐观时，可以把自己的投资所得留存在企业账上，作为对企业的再投资。企业则可以把这笔收益以债券或股票的形式记入个人名下，其结果既避免了个人被课征个人所得税，又保证了个人收入及财产的完整与增值。

第二节　个人所得税计税依据的税收筹划

一、征税对象的法律规定

个人所得税的征税对象就是个人取得的各种应税所得。我国现行个人所得税规定的应税所得包括以下9类所得：

（一）工资、薪金所得

工资、薪金所得是指个人因任职或者受雇取得的工资、薪金、奖金、年终加薪、劳动分红、津贴、补贴以及与任职或者受雇有关的其他所得。

一般来说，工资、薪金所得属于非独立个人劳动所得。所谓“非独立个人劳动”，是指个人所从事的由他人指定、安排并接受管理的劳动，工作或服务于公司、工厂、行政单位、事业单位的人员（私营企业主除外）均为非独立劳动者。个人从上述单位取得的劳动报酬是以工资、薪金的形式体现的。在这类报酬中，工资和薪金的收入主体略有差异。通常情况下，把直接从事生产、经营或服务的劳动者（工人）的收入称为工资，即所谓“蓝领阶层”所得；而将从事社会公职或管理活动的劳动者（公职人员）的收入称为薪金，即所谓“白领阶层”所得。

除工资、薪金以外，奖金、年终加薪、劳动分红、津贴、补贴也被确定为工资、薪金范畴。其中，年终加薪、劳动分红不分种类和取得情况，一律按工资、薪金所得课税，津贴、补贴等则有例外。根据我国目前个人收入的构成情况，规定对于一些不属于工资、薪金性质的补贴、津贴或者不属于纳税人本人工资、薪金所得项目的收入，免征个人所得税，这些项目包括：

（1）独生子女补贴。

（2）执行公务员工资制度未纳入基本工资总额的补贴、津贴差额和家属成员的副食品补贴。

（3）托儿补助费。

（4）差旅费津贴、误餐补助。其中，误餐补助是指按照财政部规定，个人因公在城区、郊区工作，不能在工作单位或返回就餐，确实需要在外就餐的，根据实际误餐顿数，按规定的标准领取的误餐费。单位以误餐补助名义发给职工的补助、津贴不包括在内。

奖金是指所有具有工资性质的奖金，免税奖金的范围在税法中另有规定。

企事业单位和个人按照国家规定的比例缴付的基本养老保险费、基本医疗保险费、失业保险费、住房公积金，不计入工资、薪金所得；超过规定标准缴付的部分，应计入缴付当期的工资、薪金所得。

（二）劳务报酬所得

劳务报酬所得是指个人从事劳务取得的所得，包括从事设计、装潢、安装、制图、化验、测试、医疗、法律、会计、咨询、讲学、翻译、审稿、书画、雕刻、影视、录音、录像、演出、表演、广告、展览、技术服务、介绍服务、经纪服务、代办服务以及其他劳务取得的所得。

劳务报酬所得是因个人对外提供的劳务和服务性活动而取得的所得。这种劳务和服务是个人因其自身能力而对外提供的知识性、技术性、艺术性、体力性、中介性的劳动，一般不涉及商品、货物的销售和流转。

一般以是否存在雇佣与被雇佣关系来区分劳务报酬所得与工资、薪金所得。劳务报酬所得是个人独立从事某种技艺、独立提供某种劳务而取得的报酬，与支付报酬的单位不存在雇佣与被雇佣关系；而工资、薪金所得是个人非独立劳动，从所在单位领取的报酬，与支付报酬的单位存在雇佣与被雇佣关系。

个人兼职取得的收入，应按照“劳务报酬所得”项目缴纳个人所得税。

（三）稿酬所得

稿酬所得是指个人因其作品以图书、报刊等形式出版、发表而取得的所得。这里所说的作品，包括文学作品、书画作品、摄影作品，以及其他作品。

稿酬是使用者使用受法律保护的作品，支付给作者和其他版权所有者经济报酬的一种方式，是作者对其作品享有非人身财产权的重要内容，也称作稿费。

对报纸、杂志、出版等单位的职员在本单位的刊物上发表作品、出版图书取得的所得，按下列规定征收个人所得税：

(1)任职、受雇于报纸、杂志等单位的记者、编辑等专业人员，因在本单位的报纸、杂志上发表作品而取得的所得，属于因任职、受雇而取得的所得，应与其当月工资收入合并，按“工资、薪金所得”项目征税。

除上述专业人员外的其他人员在本单位的报纸、杂志上发表作品取得的所得，应按“稿酬所得”项目征税。

(2)出版社的专业作者撰写、编写或翻译的作品，由该出版社以图书形式出版而取得的稿费收入，应按“稿酬所得”项目计算缴纳个人所得税。

(3)作者去世后，对取得其遗作稿酬的个人，按“稿酬所得”征收个人所得税。

(四)特许权使用费所得

特许权使用费所得是指个人提供专利权、商标权、著作权、非专利技术以及其他特许权的使用权取得的所得。

专利权，是指由国家专利主管机关依法授予专利申请人或其权利继承人在一定期间内对某项发明创造享有的专有利用的权利。专利权是工业产权的一部分，具有专有性、地域性和时间性。

商标权，是指商标注册人依照法律规定而取得的对其注册商标在核定商品上的独占使用权。商标权也是一种工业产权，可以依法取得、转让、许可使用、继承、丧失、请求排除侵害。

著作权即版权，是指作者对其创作的文学、艺术和科学作品依法享有的某些特殊权利。著作权是公民的一项民事权利，既具有民法中的人身权性质，也具有民法中的财产权性质，主要包括发表权、署名权、修改权、保护权和获得报酬权。

非专利技术，是指除专利技术以外的专有技术。这类技术大多处于保密状态，仅为特定人知晓并占有。

提供著作权的使用权取得的所得不包括稿酬所得。对于作者将自己的文学作品手稿原件或复印件公开拍卖(竞价)取得的所得，属于提供著作权的使用所得，应按“特许权使用费所得”项目征税。个人取得特许权的经济赔偿收入应按“特许权使用费所得”应税项目缴纳个人所得税，税款由支付赔款的单位或个人代扣代缴。

编剧从电视剧的制作单位取得剧本使用费，不再区分剧本的使用方是否为其任职单位，统一按“特许权使用费所得”项目计征个人所得税。

(五)经营所得

经营所得包括以下四项内容：(1)个体工商户从事生产经营活动取得的所得，个人独资企业的投资人、合伙企业的个人合伙人来源于境内注册的个人独资企业、合伙企业的生产经营所得；(2)个人依法从事办学、医疗、咨询以及其他有偿服务活动取得的所得；(3)个人对企事业单位承包经营、承租经营以及转包、转租取得的所得；(4)个人从事其他生产经营活动取得的所得。

在执行中，应当注意以下问题：

(1)个体工商户和从事生产经营活动的个人，取得与生产经营活动无关的其他各项应税所得，应分别按照其他应税项目的有关规定计税，如取得银行存款的利息所得、对外投资取得的股息所得，应按“利息、股息、红利所得”项目单独计税。

(2)个人因从事彩票代销业务而取得的所得，或者从事个体出租车运营的出租车驾驶员取得的收入，按“经营所得”项目缴纳个人所得税。这里所说的从事个体出租车运营，包括出租车属个人所有，但挂靠出租汽车经营单位或企事业单位，驾驶员向挂靠单位缴纳管理费的，或出租汽车经营单位将出租车所有权转移给驾驶员的。

(3)个人独资企业、合伙企业的个人投资者以企业资金为本人、家庭成员及其相关人员支付与企业生产经营无关的消费性支出及购买汽车、住房等财产性支出，视为企业对个人投资者的利润分配，并入投资者个人的生产经营所得，依照“经营所得”项目计征个人所得税。

(六)利息、股息、红利所得

利息、股息、红利所得是指个人拥有债权、股权等而取得的利息、股息、红利所得。利息，是指个人拥有债权而取得的利息，包括存款利息、贷款利息和各种债券的利息。按照税法的规定，个人取得的利息所得，除国债和国家发行的金融债券利息外，应当依法缴纳个人所得税。从2008年10月9日起，储蓄存款利息所得暂免征收个人所得税。股息、红利，是指个人拥有股权而取得的股息、红利。按照一定的比率对每股发给的息金，叫股息。公司、企业应分配的利润，按股份分配的叫红利。股息、红利所得，除另有规定外，都应当缴纳个人所得税。

除个人独资企业、合伙企业以外的其他企业的个人投资者，以企业资金为本人、家庭成员及其相关人员支付与企业生产经营无关的消费性支出及购买汽车、住房等财产性支出，视为企业对个人投资者的红利分配，依照“利息、股息、红利所得”项目计征个人所得税。

(七)财产租赁所得

财产租赁所得是指个人出租不动产、机器设备、车船以及其他财产取得的所得。

个人取得的财产转租收入属于“财产租赁所得”的征税范围，由财产转租人纳税。在确认纳税人时，应以产权凭证为依据；对无产权凭证的，由主管税务机关根据实际情况确定。产权所有人死亡，在未办理产权继承手续期间，该财产出租而有租金收入的，以领取租金的个人为纳税人。

房地产开发公司与商店购买者个人签订协议，以优惠价格出售其开发的商店给购买者个人，购买者个人在一定期限内必须将购买的商店无偿提供给房地产开发公司对外出租使用。该行为实质上是购买者个人以所购商店交由房地产公司出租而取得的房屋租赁收入支付了部分购房价款。根据个人所得税的有关规定，对购买者个人少支出的购房价款，应视同个人财产租赁所得，按照“财产租赁所得”项目征收个人所得税。每次财产租赁所得的收入按照少支出的购房价款和协议规定的租赁月份数平均计算确定。

(八)财产转让所得

财产转让所得是指个人转让有价证券、股权、合伙企业中的财产份额、不动产、机器设备、车船以及其他财产取得的所得。

个人因各种原因终止投资、联营、经营合作等行为，从被投资企业或合作项目、被投资企业的其他投资者以及合作项目的经营合作人取得股权转让收入、违约金、补偿金、赔偿金及以其他名目收回的款项等，均属于个人所得税应税收入，应按照“财产转让所得”项目适用的规定计算缴纳个人所得税。

(九)偶然所得

偶然所得是指个人得奖、中奖、中彩以及其他偶然性质的所得。得奖，是指个人参加各种评比、有奖竞赛活动，取得名次获得的奖金。中奖、中彩，是指参加各种有奖活动，如有奖销售、有奖储蓄、有奖发票、购买彩票等，经过规定的程序，抽中、摇中号码而取得的奖金。

(1)对个人参加有奖储蓄取得的各种形式的中奖所得，属于机遇性的所得，按照“偶然所得”项目征收个人所得税。

(2)对外商投资企业在购买内资企业经营资产过程中向内资企业自然人股东支付的不竞争款项，属于个人因偶然因素取得的一次性所得，应按照“偶然所得”项目计算缴纳个人所得税。

不竞争款项，是指资产购买方企业与资产出售方企业的自然人股东之间在资产购买交易中，通过签订保密和不竞争协议等方式，约定资产出售方企业的自然人股东在交易完成后的一定期限内不从事有市场竞争的相关业务，并负有相关技术资料的保密义务，资产购买方企业则在约定期限内按一定的方式向资产出售方企业的自然人股东支付的款项。

(3)企业在销售商品(产品)和提供服务的过程中向个人赠送礼品，属于下列情形之一的，不征收个人所得税：①企业通过价格折扣、折让方式向个人销售商品(产品)和提供服务；②企业在向个人销售商品(产品)和提供服务的同时给予赠品，如通信企业对个人购买手机赠话费、入网费，或者购话费赠手机等；③企业对累积消费达到一定额度的个人按消费积分反馈礼品。但是，企业对累积消费达到一定额度的顾客给予额外抽奖机会，个人的获奖所得应按照“偶然所得”项目缴纳个人所得税。

(4)个人为单位或他人提供担保获得收入，按照“偶然所得”项目计算缴纳个人所得税。

(5)房屋产权所有人将房屋产权无偿赠与他人的，受赠人因无偿受赠房屋取得的受赠收入，按照“偶然所得”项目计算缴纳个人所得税。

(6)企业在业务宣传、广告等活动中随机向本单位以外的个人赠送礼品(包括网络红包)，以及企业在年会、座谈会、庆典和其他活动中向本单位以外的个人赠送礼品，个人取得的礼品收入按照“偶然所得”项目计算缴纳个人所得税，但企业赠送的具有价格折扣或折让性质的消费券、代金券、抵用券、优惠券等礼品除外 。

二、居民综合所得的税收筹划

(一)居民综合所得的应纳税所得额

居民个人综合所得以每一纳税年度的收入额减除基本费用 60 000 元以及专项扣除、专项附加扣除和依法确定的其他扣除后的余额为应纳税所得额。其计算公式如下：

应纳税所得额＝每一纳税年度的收入总额－基本费用扣除(60 000 元)－专项扣除
－专项附加扣除－依法确定的其他扣除－免税收入

1. 收入总额

收入总额是指在一个纳税年度内工资、薪金总额与劳务报酬所得、稿酬所得、特许权使用费所得减除 20%的费用后的余额之和，其中，稿酬所得减按 70%计算。

劳务报酬所得、稿酬所得、特许权使用费所得，属于一次性收入的，以取得该项收入为一次；属于同一项目连续性收入的，以 1 个月内取得的收入为一次。

2. 基本费用扣除

基本费用扣除是指纳税人为维持基本生计而发生的支出，是允许在缴纳个人所得税前扣除的固定额度。按照规定，对居民综合所得涉及的个人生计费用，采取定额扣除的办法，扣除费用的标准为 60 000 元/年(5 000 元/月)。

3. 专项扣除

专项扣除包括居民个人按照国家规定的范围和标准缴纳的基本养老保险、基本医疗保险、失业保险等社会保险费和住房公积金等。

4. 专项附加扣除

专项附加扣除包括子女教育、继续教育、住房贷款利息或者住房租金、赡养老人、大病医疗等支出。

(1)子女教育

纳税人的子女接受全日制学历教育的相关支出,按照每个子女每月 1 000 元的标准定额扣除。

学历教育包括义务教育(小学、初中教育)、高中阶段教育(普通高中、中等职业、技工教育)、高等教育(大学专科、大学本科、硕士研究生、博士研究生教育)。年满 3 岁至小学入学前处于学前教育阶段的子女,按上述规定执行。

(2)继续教育

纳税人在我国境内接受学历(学位)继续教育的支出,在学历(学位)教育期间按照每月 400 元定额扣除。同一学历(学位)继续教育的扣除期限不能超过 48 个月。纳税人接受技能人员职业资格继续教育、专业技术人员职业资格继续教育的支出,在取得相关证书的当年按照 3 600 元定额扣除。

(3)住房贷款利息

纳税人本人或者配偶单独或者共同使用商业银行或者住房公积金个人住房贷款为本人或者配偶购买我国境内住房,发生的首套住房贷款利息支出,在实际发生贷款利息的年度,按照每月 1 000 元的标准定额扣除,扣除期限最长不超过 240 个月。纳税人只能享受一次首套住房贷款的利息扣除。

首套住房贷款,是指购买住房享受首套住房贷款利率的住房贷款。

经夫妻双方约定,该项定额可以选择由其中一方扣除,具体扣除方式在一个纳税年度内不能变更。

(4)住房租金

纳税人在主要工作城市没有自有住房而发生的住房租金支出,可以按照以下标准定额扣除:①直辖市、省会(首府)城市、计划单列市以及国务院确定的其他城市,扣除标准为每月 1 500 元。②除第①项所列城市外,市辖区户籍人口超过 100 万人的城市,扣除标准为每月 1 100 元;市辖区户籍人口不超过 100 万人的城市,扣除标准为每月 800 元。

(5)赡养老人

纳税人赡养一位及以上被赡养人的赡养支出,统一按照以下标准定额扣除:①纳税人为独生子女的,按照每月 2 000 元的标准定额扣除。②纳税人为非独生子女的,由其与兄弟姐妹分摊每月 2 000 元的扣除额度,每人分摊的额度不能超过每月 1 000 元。可以由赡养人均摊或者约定分摊,也可以由被赡养人指定分摊。

(6)大病医疗

在一个纳税年度内,纳税人发生的与基本医保相关的医药费用支出,扣除医保报销后个人负担(医保目录范围内的自付部分)累计超过 15 000 元的部分,由纳税人在办理年度汇算清缴时,在 80 000 元的限额内据实扣除。

(二)居民工资、薪金所得的税收筹划

工资、薪金所得税收筹划的基本思路是,在法律允许的范围内做到应税收入最小化、费用扣除最大化、适用税率最低化。

1. 减少名义工资的税收筹划

(1)提高福利以减少名义工资

现实生活中,个人所取得的工资、薪金中,有相当一部分是用于与工作相关的支出,或者有一部分个人支出可以由所在单位支付,如交通费、午餐费。个人的收入中用于这些方面的部分只是从个人手中流通了一次,实质上是名义收入。但需要注意的是,个人的这部分支出是已经缴纳了个人所得税的个人收入,也就是说,个人的这些支付是收入纳税后的支付,因此,其支付的数额如果换算为税前的数额,是高于实际支付的数额的,这无疑是个人的税负。如果能将这些名义收入从个人领取的工资、薪金中扣除,以企业的名义对个人的这些支出进行支付,虽然名义上工资、薪金减少了,但个人的实际收入并没有减少,从而可以降低所适用的税率,减轻税负。常用的方法有:①企业为员工提供上下班交通设施免费接送;②企业为员工购置专用的办公设施;③企业为员工提供免费工作餐;④企业为员工租房解决住宿问题;等等。

【案例 6—8】 王经理每月工资收入 9 000 元,每月支付房租 2 000 元,除去房租,王经理可用的收入为 7 000 元。在这种情况下,假定不考虑其他费用扣除,王经理应纳的个人所得税为:

应纳个人所得税税额=(9 000—5 000)×10%—210=190(元)

如果公司为王经理提供免费住房,每月工资下调为 7 000 元,则王经理应纳个人所得税为:

应纳个人所得税税额=(7 000—5 000)×3%=60(元)

经过税收筹划,王经理可少缴纳个人所得税税额 130 元(190—60);而对于公司来说,没有增加任何支出。

但需要注意的是,根据《个人所得税法实施条例》的规定,个人取得的应税所得包括现金、实物和有价证券。所得为实物时,应当按照取得的凭证上所注明的价格计算应纳税所得额;无凭证的实物或者凭证上所注明的价格明显偏低的,由主管税务机关参照当地的市场价格核定应纳税所得额。因此,企业为具备条件的雇员购买住房或者汽车时,产权凭证上应当是雇员的名字,并商定雇员工作达到一定条件,该实物的所有权归雇员。

(2)用足优惠政策,减少名义工资的税收筹划

税法规定,企事业单位按照国家或省级人民政府规定的缴费比例或办法实际缴付的基本养老保险费、基本医疗保险费、失业保险费以及住房公积金免征个人所得税;个人按照国家或省级人民政府规定的缴费比例或办法实际缴付的基本养老保险费、基本医疗保险费、失业保险费以及住房公积金,允许在其个人应纳税所得额中扣除。目前,单位和个人可以分别在不超过职工本人上一年度月平均工资 12%的幅度内将其实际缴存的住房公积金在个人应纳税所得额中扣除。有的企业不愿意按照最高的 12%的比例为个人缴纳住房公积金,此时,员工可以与企业协商,不足部分由个人承担,减少个人应发的工资、薪金,实际上是将一部分应税收入转化为可以免税的个人住房公积金存款。

【案例 6—9】 某公司职工王某每月工资 8 000 元,住房公积金提取比例目前为 7%,不考虑其他税前扣除因素。

王某住房公积金个人缴存额=8 000×7%=560(元)

王某应纳税所得额=8 000—5 000—560=2 440(元)

王某的应纳税额=2 440×3%=73.2(元)

公司的实际负担＝8 000＋560＝8 560(元)

王某的实际收入＝8 000＋560－73.2＝8 486.8(元)

若公积金提取比例提高到12%，为不增加企业负担，应使王某工资(A)满足下列条件：

$8\ 000+560=0.12A+A$

$A=7\ 642.86$(元)

所以，按12%提取住房公积金时，王某的缴税及收入情况为：

住房公积金＝7 642.86×12%＝917.14(元)

王某应纳税所得额＝7 642.86－5 000－917.14＝1 725.72(元)

王某的应纳税额＝1 725.72×3%＝51.77(元)

王某的实际收入＝7 642.86＋917.14－51.77＝8 508.23(元)

可见，提高公积金提取比例后，王某的实际收入提高了21.43元(8 508.23－8 486.8)，即前后两次个人所得税税额之差为21.43元(73.2－51.77)。

根据《财政部 人力资源社会保障部 国家税务总局关于企业年金 职业年金个人所得税有关问题的通知》的规定，企业和事业单位(以下统称单位)根据国家有关政策规定，为在本单位任职或者受雇的全体职工缴付的企业年金或职业年金(以下统称年金)单位缴费部分，在计入个人账户时，个人暂不缴纳个人所得税。个人根据国家有关政策规定缴付的年金个人缴费部分，在不超过本人缴费工资计税基数的4%标准内的部分，暂从个人当期的应纳税所得额中扣除。企业年金是自愿设立的，因此，企业可以充分利用这一税收优惠来减轻职工缴纳的个人所得税负担。

【案例6－10】 A公司共有职工2 000人，人均年薪为300 000元，人均个人所得税税前扣除标准为120 000万元。应如何进行税收筹划?

方案一：不进行税收筹划，人均年应纳个人所得税如下。

应纳个人所得税＝(300 000－120 000)×20%－16 920＝19 080(元)

方案二：进行税收筹划，A公司为全体职工设立企业年金，比例为4%，职工人均年缴费12 000元(300 000×4%)，按规定可以税前扣除。人均年应纳个人所得税为：

应纳个人所得税＝(300 000－120 000－12 000)×20%－16 920＝16 680(元)

人均少缴纳个人所得税＝19 080－16 680＝2 400(元)

A公司全体职工年少缴纳个人所得税＝2 400×2 000＝4 800 000(元)

2. 专项附加扣除方式选择的税收筹划

《个人所得税法》对子女教育、继续教育、大病医疗、住房贷款利息或者住房租金、赡养老人6项专项附加扣除的扣除标准、扣除时限、扣除方式等都做出了明确的规定，我们可以灵活运用这些专项附加扣除规定进行税收筹划。

(1)灵活运用子女教育专项附加扣除的税收筹划

对于子女教育专项附加扣除，由于父母可以选择由其中一方按扣除标准的100%扣除，也可以选择由双方分别按扣除标准的50%扣除，因此，为夫妻双方均为纳税人提供了税收筹划空间。夫妻双方可以选择由综合所得高的一方按规定扣除标准的100%扣除，这样有可能降低夫妻双方整体的个人所得税税负。

【案例6－11】 居民付某和张某夫妻的独生女在读小学五年级。付某在A公司任职，2019年从A公司取得工资收入共计200 000元，当年专项扣除和依法确定的其他扣除合计25 500元。张某在B公司任职，2019年从B公司取得工资收入共计350 000元，当年专项扣除和依法确定的其他扣除合计 65 500 元。假定付某和张某的专项附加扣除只有子女教育这一项符合税法的扣除规定，且除工资收入外，2019 年无其他收入，应如何进行税收筹划？

方案一：子女教育专项附加扣除选择由付某按扣除标准的 100%扣除。

付某全年综合所得的应纳税所得额＝200 000－60 000－25 500－1 000×12
＝102 500(元)

付某应纳个人所得税＝102 500×10%－2 520＝7 730(元)

张某全年综合所得的应纳税所得额＝350 000－60 000－65 500＝224 500(元)

张某应纳个人所得税＝224 500×20%－16 920＝27 980(元)

付某和张某 2019 年应纳个人所得税合计＝7 730＋27 980＝35 710(元)

方案二：子女教育专项附加扣除选择由付某和张某分别按 50%的扣除标准扣除。

付某全年综合所得的应纳税所得额＝200 000－60 000－25 500－1 000×12×50%
＝108 500(元)

付某应纳个人所得税＝108 500×10%－2 520＝8 330(元)

张某全年综合所得的应纳税所得额＝350 000－60 000－65 500－1 000×12×50%
＝218 500(元)

张某应纳个人所得税＝218 500×20%－16 920＝26 780(元)

付某和张某 2019 年应纳个人所得税合计＝8 330＋26 780＝35 110(元)

方案三：子女教育专项附加扣除选择由张某按扣除标准的 100%扣除。

付某全年综合所得的应纳税所得额＝200 000－60 000－25 500＝114 500(元)

付某应纳个人所得税＝114 500×10%－2 520＝8 930(元)

张某全年综合所得的应纳税所得额＝350 000－60 000－65 500－1 000×12
＝212 500(元)

张某应纳个人所得税＝212 500×20%－16 920＝25 580(元)

付某和张某 2019 年应纳个人所得税合计＝8 930＋25 580＝34 510(元)

方案三比方案一合计少缴纳个人所得税 1 200 元(35 710－34 510)，方案三比方案二合计少缴纳个人所得税 600 元(35 110－34 510)。可见，对于子女教育专项附加扣除，应选择由综合所得高且适用个人所得税边际税率高的一方按扣除标准的 100%扣除，从而实际上降低夫妻双方整体的个人所得税税率，进而降低夫妻双方整体的个人所得税税负。

(2)灵活运用赡养老人专项附加扣除的税收筹划

对于赡养老人专项附加扣除，按规定，纳税人为独生子女的，按照每月 2 000 元的标准定额扣除；纳税人为非独生子女的，由其与兄弟姐妹分摊每月 2 000 元的扣除额度，每人分摊的额度不能超过每月 1 000 元，可以由赡养人均摊或者约定分摊，也可以由被赡养人指定分摊。对于多兄弟姐妹而言，应选择由综合所得适用税率最高的纳税人申报赡养老人专项附加扣除，以降低个人所得税税负。

【案例 6－12】 居民陈先生和李女士夫妻均年满 60 岁，他们的三个子女分别是陈日、陈月和陈明。2019 年度，陈日的应纳税所得额为 100 000 元，陈月的应纳税所得额为 30 000 元，陈明的应纳税所得额为 0 元，假定上述应纳税所得额均未考虑赡养老人专项附加扣除，应如何进行税收筹划？

方案一：由陈月一人申报赡养老人专项附加扣除，2019 年度的纳税情况如下。

陈日应纳个人所得税＝100 000×10%－2 520＝7 480(元)

陈月应纳个人所得税＝(30 000－12 000)×3%＝540(元)

陈明应纳个人所得税为0元。

三人合计应纳个人所得税＝7 480＋540＝8 020(元)

方案二：由陈日一人申报赡养老人专项附加扣除，2019年度的纳税情况如下。

陈日应纳个人所得税＝(100 000－12 000)×10%－2 520＝6 280(元)

陈月应纳个人所得税＝30 000×3%＝900(元)

陈明应纳个人所得税为0元。

三人合计应纳个人所得税＝6 280＋900＝7 180(元)

方案三：由陈日和陈月二人各申报赡养老人专项附加扣除，2019年度的纳税情况如下。

陈日应纳个人所得税＝(100 000－12 000)×10%－2 520＝6 280(元)

陈月应纳个人所得税＝(30 000－12 000)×3%＝540(元)

陈明应纳个人所得税为0元。

三人合计应纳个人所得税＝6 280＋540＝6 820(元)

方案三比方案一合计少缴纳个人所得税1 200元(8 020－6 820)，方案三比方案二合计少缴纳个人所得税360元(7 180－6 820)。

(3)灵活运用大病医疗专项附加扣除的税收筹划

对于大病医疗专项附加扣除，由于纳税人发生的医药费用支出可以选择由本人或者其配偶扣除，未成年子女发生的医药费用支出可以选择由其父母一方扣除。因此，纳税人及其配偶应积极申报扣除；纳税人的未成年子女发生符合扣除规定的医疗费时，夫妻双方可以选择由综合所得高的一方申报扣除，以降低夫妻双方整体的个人所得税税负。

【案例6－13】 居民吴先生和吴太太2019年喜添一儿子，但因儿子有先天性疾病，当年看病花费医疗费500 000元，全部自行负担。吴先生和吴太太本人当年未产生自负医疗费。2019年度，陈先生的应纳税所得额为110 000元，吴太太的应纳税所得额为30 000元，假定上述应纳税所得额均未考虑大病医疗专项附加扣除，应如何进行税收筹划？

方案一：由吴太太申报大病医疗专项附加扣除80 000元，2019年度的纳税情况如下。

吴先生应纳个人所得税＝110 000×10%－2 520＝8 480(元)

吴太太应纳个人所得税为0元。

二人合计应纳个人所得税为8 480元(8 480＋0)。

方案二：由吴先生申报大病医疗专项附加扣除80 000元，2019年度的纳税情况如下。

吴先生应纳个人所得税＝(110 000－80 000)×3%＝900(元)

吴太太应纳个人所得税为＝30 000×3%＝900(元)

二人合计应纳个人所得税＝900＋900＝1 800(元)

显然，由吴先生申报大病医疗专项附加扣除可以少缴纳个人所得税税额6 680元(8 480－1 800)。

3. 利用年终一次性奖金计税方法的税收筹划

按照规定，居民个人取得全年一次性奖金，符合《国家税务总局关于调整个人取得全年一次性奖金等计算征收个人所得税方法问题的通知》(国税发〔2005〕9号)规定的，在2021年12月31日前，不并入当年综合所得，以全年一次性奖金收入除以12个月得到的数额，依据按月换算后的综合所得税税率表确定适用税率和速算扣除数，单独计算纳税。

居民个人取得全年一次性奖金，也可以选择并入当年综合所得计算纳税。这个规定为纳税人提供了税收筹划空间。利用年终一次性奖金计税方法进行税收筹划应注意两个问题：一是年终奖适用的税率不能超过综合所得适用的最高税率，否则，无法起到少缴个人所得税的效果；二是年终奖的计算方法实际上是全额累进，因此，应特别注意在两档税率过渡阶段的税收筹划，原则上，当年终奖的适用税率刚刚超过某个档次时，适当降低年终奖的数额，使其适用低一档次的税率可以达到少缴纳个人所得税的效果。

【案例 6－14】 企业职工小王的每月工资扣除“三险一金”等专项扣除后的应税收入额为 7 000 元，允许扣除的专项附加扣除额为 1 000 元，没有其他收入和扣除项目，2019 年 12 月，企业发放全年一次性奖金 42 000 元。试问小王取得的这笔全年一次性奖金选择采用哪种计税方式更好？

方案一：选择一次性奖金单独计税。将全年一次性奖金除以 12，即 42 000÷12＝3 500（元）。3 500 元适用的税率为 10%。

全年一次性奖金应纳税额＝42 000×10%－210＝3 990（元）

年度综合所得应纳税额 ＝（7 000×12－5 000×12－1000×12）×3%＝360（元）

全年合计应缴纳个人所得税＝3 990＋360＝4 350（元）

方案二：选择并入当年度综合所得计税。

年度综合所得＝（7 000×12＋42 000）－5 000×12－1 000×12＝54 000（元）

全年合计应缴纳个人所得税＝54 000×10%－2 520＝2 880（元）

两种计税方案相比，方案二将全年一次性奖金并入当年综合所得计税可少缴纳个人所得税 1 470 元（4 350－2 880）。

【案例 6－15】 企业职工小谭的每月工资扣除“三险一金”等专项扣除后的应税收入额为 15 000 元，允许扣除的专项附加扣除额为 1 000 元，没有其他收入和扣除项目。2019 年 12 月，企业发放全年一次性奖金 42 000 元。试问小谭取得的这笔全年一次性奖金应选择用哪种计税方式？

方案一：选择全年一次性奖金单独计税。将全年一次性奖金除以 12，即 42 000÷12＝3 500（元）。3 500 元适用的税率为 10%。

全年一次性奖金应纳税额＝42 000×10%－210＝3 990（元）

年度综合所得应纳税额＝（15 000×12－5 000×12－1 000×12）×10%－2 520
＝8 280（元）

全年合计应缴纳个人所得税 ＝3 990＋8 280＝12 270（元）

方案二：选择并入当年度综合所得计税。

年度综合所得＝（15 000×12＋42 000）－5 000×12－1 000×12＝150 000（元）

全年合计应缴纳个人所得税＝150 000×20%－16 920＝13 080（元）

两种计税方案相比，方案一将全年一次性奖金单独计税，可少缴纳个人所得税 810 元（13 080－12 270）。

4. 工资、薪金取得均衡化的税收筹划

在实际生活中，由于市场变化、行业的季节性以及产品的周期性等因素，许多行业的职工会出现 1 年内收入高低差距较大的情况。在收入较低的时候，可能缴纳的个人所得税较少，甚至无须纳税；但在收入较高的时候，其应纳税额会因适用累进税率而大大超出一般水平，这样，个人所得税的纳税就很不均衡，总体上会加重纳税人的税收负担。企业可根据对个人年收入情况的预计作出收入分期的适当安排，在旺季少发一些工资，或者在财务上先把工资提出来，然后在业务淡季适当发放，使各月工资收入相对均衡，从而相对减少应纳税额。

【案例6—16】 付先生是一家卷烟企业的员工，每年6个月淡季的每月工资为4 000元，6个月旺季的每月工资为6 000元。假定只考虑基本费用扣除，应如何为其进行税收筹划？

方案一：企业采用月薪制绩效工资。

应纳个人所得税＝(6 000－5 000)×3%×6＝180(元)

税后收入＝4 000×6＋6 000×6－180＝59 820(元)

方案二：企业采用年薪制绩效工资。

$$应纳税所得额=\frac{4\ 000\times6+6\ 000\times6}{12}-5\ 000=0(元)$$

在年薪制绩效工资情况下，付先生无须缴纳个人所得税。

税后收入＝4 000×6＋6 000×6＝60 000(元)

上述计算结果表明，采用方案二比采用方案一每年少缴纳个人所得税180元(60 000－59 820)。由此可见，对于收入不均衡的企业，采用年薪制要比采用月薪制更能为员工减轻个人税收负担。

【案例6—17】 企业职工小刘于2019年总共取得各项工资、薪金合计350 000元(已扣除专项扣除)，假定无其他扣除，职工小刘选择了年终奖单独计税方法。假如企业为小刘提供两种工资、薪金方案：方案一是每月发放工资、薪金19 500元，剩余116 000元作为全年一次性奖金发放；方案二是每月发放工资、薪金15 500元，剩余164 000元作为全年一次性奖金发放。小刘应选择用哪种方案？

方案一情况如下：

综合所得应纳税所得额＝(19 500－ 5 000)×12＝174 000(元)

应纳税额＝174 000×20%－16 920＝17 880(元)

全年一次性奖金应纳税额＝116 000×10%－210＝11 390(元)

全年合计应缴纳个人所得税 ＝17 880＋11 390＝29 270(元)

方案二情况如下：

综合所得应纳税所得额＝(15 500－ 5 000)×12＝126 000(元)

应纳税额＝126 000×10%－2 520＝10 080(元)

全年一次性奖金应纳税额＝164 000×20%－1 410＝31 390(元)

全年合计应缴纳个人所得税 ＝10 080＋31 390＝41 470(元)

方案一比方案二少缴纳个人所得税12 200元(41 470－29 270)，应选择方案一。

5. 应税项目转换的税收筹划

按照规定，工资、薪金所得、劳务报酬所得、稿酬所得、特许权使用费所得均计入纳税人的年度综合所得合并计税，综合所得统一扣除每年6万元的基本费用。工资、薪金所得在计入综合所得时，以实际金额作为收入额，不做任何费用扣除；而劳务报酬所得、稿酬所得、特许权使用费所得以收入减除20%的费用后的余额为收入额，稿酬所得的收入额减按70%计算。因此，在某些情况下，如果将工资、薪金所得转化为稿酬所得、劳务报酬所得、特许权使用费所得，通过增加费用扣除，进而实现应纳税所得额的减少，以达到适用低税率的目的。

【案例6—18】 已经退休的专业撰稿人赵某与 某杂志社签订合同，约定赵某每月在该杂志上发表5篇文章，文章主要涉及财经时评方面的内容，每篇文章的报酬为1 500元，每月结算当月收入。假定不考虑其他专项扣除等，赵某应如何进行税收筹划？

方案一：如果不进行税收筹划，赵某取得的报酬属于工资、薪金收入，纳税情况如下。

综合所得应纳税所得额＝1 500×5×12－60 000＝30 000（元）

应纳税额＝30 000×3%＝900（元）

方案二：如果赵某不与杂志社签订劳动合同，则赵某取得的所得属于稿酬所得，纳税情况如下。

综合所得应纳税所得额＝1 500×5×12×（1－20%）×70%－60 000＝－9 600（元）

该应纳税所得额为负数，说明稿酬收入小于每年 60 000 元的基本扣除费用，赵某无须缴纳个人所得税。

经过税收筹划，赵某少缴纳个人所得税 900 元（900－0）。

【案例 6－19】 何某是一位高级会计师，2019 年获得某公司的工资类收入 650 000 元。除基本费用扣除外，不考虑其他专项费用扣除。

如果何某与该公司存在稳定的雇佣关系，则应按工资、薪金所得缴税，2019 年度应缴纳个人所得税为：

应纳个人所得税税额＝（650 000－60 000）×30%－52 920＝124 080（元）

如果何某与该公司不存在稳定的雇佣关系，则该项所得应按劳务报酬所得缴纳个人所得税，2019 年应纳个人所得税为：

应纳所得税税额＝[650 000×（1－20%）－60 000]×30%－52 920＝85 080（元）

从以上计算可知，如果何某与该公司不存在稳定的雇佣关系，则可以少缴纳个人所得税 39 000 元（124 080－85 080）。

需要指出的是，个人所得如果涉及上述两项收入的话，需要纳税人自行计算，考虑何种方式有利于合法减轻税负。但应注意，收入性质的转化必须是真实合法的；同时，因为个人所得税一般是支付单位代扣代缴，只有在两家以上单位取得收入的情况下才自行申报缴纳，因此，要考虑是否有可自行选择的空间。

专栏 6－1

工资和年终奖这样搭配最省税

奖外综合所得：在不考虑年终奖的情况下，居民个人综合所得应纳税所得额用 A 表示，A＝综合所得年收入额－60 000 元－专项扣除－专项附加扣除－其他扣除。均以 A 大于零为前提。

年终奖：符合《国家税务总局关于调整个人取得全年一次性奖金等计算征收个人所得税方法问题的通知》（国税发〔2005〕9 号）的规定，在 2021 年 12 月 31 日前发放的全年一次性奖金，用 B 表示。

（1）当 $(A+B)\in(0,203\ 100]$（即大于 0、小于等于 203 100 元，下同）时，$B=36\ 000$ 元属于最优薪资结构之一。

①当 $(A+B)\in(0,72\ 000)$ 时，最优点有多个，存在于 A 和 B 适用税率均为 3%时，$B=36\ 000$ 元属于其中之一。

②当 $(A+B)\in[72\ 000,203\ 100)$ 时，最优点只有一个，即，$B=36\ 000$ 元。

③当 $(A+B)=203\ 100$ 元时，最优点有多个，包括 $B=36\ 000$ 元和 $B=144\ 000$ 元，此时单独计税比合并计税的节税额达到最高值，为 6 120 元。

除 $B=36000$ 元外，其他最优点均存在于 A 和 B 适用 10%税率时。

203 100 元为第一个拐点，$(A+B)$只要不超过 203 100 元，在此区间内，$B=36\ 000$ 元均可保证最优，超过这个区间，$B=36\ 000$ 元不再为最优点。

(2)当$(A+B)\in(203\ 100,672\ 000]$时，$B=144\ 000$ 元属于最优薪资结构之一。

①当$(A+B)\in(203\ 100,288\ 000]$时，最优点有多个，存在于 A 和 B 税率均为 10%时，$B=144\ 000$ 元属于其中之一。

②当$(A+B)\in(288\ 000,672\ 000)$时，最优点只有一个，即，$B=144\ 000$ 元。

③当$(A+B)=672\ 000$ 元时，薪资结构最优点有两个，分别是 $B=144\ 000$ 元和 $B=300\ 000$ 元，此时单独计税比合并计税的节税额达到最高值，为 29 610 元。

672 000 元为第二个拐点，$(A+B)$只要不超过 672 000 元，在此区间内，$B=144\ 000$ 元均可保证最优，超过这个区间，$B=144\ 000$ 元不再为最优点。

(3)当$(A+B)\in(672\ 000,1\ 277\ 500)$时，薪资结构最优点仅存在一个，即 $B=300\ 000$ 元。

(4)当$(A+B)=1\ 277\ 500$ 元时，薪资结构最优点有两个，分别是 $B=300\ 000$ 元和 $B=420\ 000$ 元，此时单独计税比合并计税的节税额达到最高值，为 76 410 元。

1 277 500 元为第三个拐点，$(A+B)$只要不超过 1 277 500 元，在此区间内，$B=300\ 000$ 元均可保证最优，超过这个区间，$B=300\ 000$ 元不再为最优点。

(5)当$(A+B)\in(1\ 277\ 500,1\ 452\ 500)$时，薪资结构最优点仅存在一个，即 $B=420\ 000$ 元。

(6)当$(A+B)=1\ 452\ 500$ 元时，薪资结构最优点有两个，分别是 $B=420\ 000$ 元和 $B=660\ 000$ 元，此时单独计税比合并计税的节税额达到最高值，为 86 600 元。

1 452 500 元为第四个也是最后一个拐点，$(A+B)$只要不超过 1 452 500 元，在此区间内，$B=420\ 000$ 元均可保证最优，超过这个区间，$B=420\ 000$ 元不再为最优点。

(7)当$(A+B)\in(1\ 452\ 500,+\infty)$时，薪资结构最优点仅存在一个，即 $B=660\ 000$ 元。

当年终奖和奖外综合所得合计金额超过 145.25 万元时，年终一次性奖金 66 万元是唯一最优点，超过 66 万元和少于 66 万元都要多缴税。

[资料来源] https://headline.zgzsrc.com/1209.html，2019 年 12 月 24 日。

(三)居民劳务报酬所得的税收筹划

居民劳务报酬所得税收筹划的一般思路：通过增加费用开支，尽量减少应纳税所得额；或者通过延迟收入，分散、分解收入等方法，将每一次劳务报酬所得安排在较低税率的范围内。

1. 分项申报的税收筹划

纳税人如果同时取得不同项目的劳务报酬所得，应当分别减除费用，分别计算缴纳个人所得税，否则会增加纳税人的税收负担。

【案例 6—20】 李教授是国内知名的税收筹划专家。2019 年 11 月 3 日，其受邀为上海某集团公司中层以上干部开设“税收筹划风险管理”专题讲座。2019 年 11 月 4 日，其继续为该集团公司提供服务，内容为通过实地核查，测试该公司内部控制制度，出具该公司的风险评估报告。李教授 2 天的劳务共获得报酬 30 000 元。

假如 30 000 元作为一项劳务报酬所得申报，应预扣李教授个人所得税税额为：

预扣个人所得税$=30\ 000\times(1-20\%)\times30\%-2\ 000=5\ 200$(元)

假如双方在合同中注明讲学的劳务报酬为10 000元，咨询服务的劳务报酬为20 000元，那么，应预扣李教授的个人所得税税额为：

讲学劳务报酬应纳个人所得税税额＝10 000×（1－20％）×20％＝1 600（元）

咨询服务劳务报酬应纳个人所得税税额＝20 000×（1－20％）×20％＝3 200（元）

两项合计＝1 600＋3 200＝4 800（元）

显然，分项申报比合并申报少缴个人所得税400元（5 200－4 800）。

2. 增加支付次数的税收筹划

随着个人收入来源和形式日趋多样化，一些公民在取得固定收入的同时，利用掌握的知识，取得合法的劳务报酬收入。在这种情形下，采用分次领取劳务报酬的办法就可以合法节税。

税法规定，劳务报酬所得属于一次收入的，以取得该项收入为一次；属于同一项连续性收入的，以1个月内取得的收入为一次。如果支付间隔超过1个月，按每次收入额扣除法定费用后计算应纳税所得额；如果间隔期不超过1个月，则合并为一次扣除法定费用后计算应纳税所得额。所以，纳税人在提供劳务时，合理安排纳税时间内每月收取劳务报酬的数量可以多次抵扣法定定额（定率）费用，减少每月的应纳税所得额，避免适用较高的税率，使净收益增加。

【案例6－21】 张老师是一位大学英语教师，经批准，利用业余时间举办课外培训班，每期3个月。本期共招收25名学生，每位学生的学费是1 200元，开班时一次性付清。应如何为张老师进行税收筹划？

张老师共获得劳务报酬30 000元（1 200×25），应预扣个人所得税5 200元[30 000×（1－20％）×30％－2 000]。

如果张老师采取分月向学生收取学费的方式，每月收取10 000元，这样，应预扣个人所得税税额第一个月、第二个月、第三个月均为1 600元[10 000×（1－20％）×20％]。3个月合计应纳个人所得税4 800元（1 600×3）。

分次收取学费比一次性收取学费少缴税款400元（5 200－4 800）。

3. 收入分地域分解的税收筹划

根据税法的规定，个人取得劳务报酬以县为一地，以其管辖范围内1个月内的劳务服务为一次，当月跨县地域的则分别计算。这个规定为个人节税提供了操作空间。纳税人提供的同一劳务，被服务对象的住所分别在不同地域的，可以分解应税收入。

【案例6－22】 某公司总部在北京，同时在全国各地设立了25个分公司。2019年12月，专家赵先生受邀为该公司总部及25个分公司分别进行纳税风险控制辅导，共获取劳务报酬100 000元。

假如这笔劳务报酬由北京总部一次性支付，则应预扣赵先生的个人所得税为：

预扣个人所得税＝100 000×（1－20％）×40％－7 000＝25 000（元）

假如合同约定，由北京总部支付20 000元，各地的分公司分别支付3 200元，则应预扣赵先生的个人所得税为：

北京总部预扣个人所得税＝20 000×（1－20％）×20％＝3 200（元）

各分公司预扣个人所得税＝（3 200－800）×20％×25＝12 000（元）

合计应预扣个人所得税＝32 00＋12 000 ＝15 200（元）

两种劳务报酬支付方式的预扣个人所得税相差9 800元（25 000－15 200）。

4. 费用转移的税收筹划

为他人提供劳务以取得报酬的个人可以考虑由对方提供一定的福利，将本应由自己承担的费用改由对方提供，以达到规避个人所得税的目的。可采用的税收筹划方式有：由对方提供餐饮、住宿、办公用具及安排实验设备等，这样就等于扩大了费用开支，相应地降低了自己的劳务报酬总额，从而使该项劳务报酬所得适用较低的税率。这些日常开支是不可避免的，如果由纳税人自己负担就不能在应纳税所得额中扣除，而由对方提供则能够扣除，这样做虽然减少了名义报酬额，但实际收益却会增加。

【案例 6—23】 徐某是一名演员，2019 年 10～12 月在某电视台取得一项劳务收入 60 000 元，其间，徐某支付交通、食宿等费用 9 000 元。应如何进行税收筹划？

方案一：不进行税收筹划的情况下，徐某纳税和净收益如下。

预扣徐某个人所得税＝60 000×(1－20%)×30%－2 000＝12 400(元)

税后净收益＝60 000－9 000－12 400＝38 600(元)

方案二：徐某与电视台商议，改变支付方式，分三次申报纳税，并由电视台支付交通、食宿费用 9 000 元，支付给徐某的劳务收入由 60 000 元降为 51 000 元。这样，徐某纳税和净收益为：

预扣徐某个人所得税＝17 000×(1－20%)×20%×3＝8 160(元)

税后净收益＝ 51 000－8 160＝42 840(元)

显然，第二个方案比第一个方案多获得税后净收益 4 240 元(42 840－38 600)；同时，电视台负担的交通、食宿费用可冲抵收入，电视台也会少缴纳企业所得税。

5. 改变所得性质的税收筹划

【案例 6—24】 赵先生是一位装潢设计师，2019 年全年利用业余时间为一家公司提供装潢设计服务，每月获得劳务报酬 8 000 元。为了获得该 8 000 元的劳务报酬，赵先生每月需要支付往返车费 200 元、材料费 1 000 元。应如何为赵先生进行税收筹划？

税收筹划前，2019 年度应预扣的赵先生的个人所得税税额为：

预扣个人所得税＝8 000×(1－20%)×20%×12＝15 360(元)

经咨询税务师，赵先生成立了一家个人独资企业，专门为该公司提供装潢服务，其他条件不变。根据个人独资企业投资者个人所得税的计算原则，赵先生 2019 年度的总收入为 96 000 元(8 000×12)，总成本为 14 400 元[(200＋1 000)×12]。赵先生作为投资者，其个人费用可以扣除 60 000 元。这样，2019 年度赵先生应缴纳的个人所得税税额为：

应纳税所得额＝96 000－14 400－60 000＝21600(元)

应纳个人所得税＝21 600×5%＝1 080(元)

通过税收筹划，赵先生少缴纳个人所得税 14 280 元(15 360－1 080)，减轻税收负担达 92.97%(14 280÷15 360×100%)。

6. 分散劳务报酬的税收筹划

劳务报酬所得按照每个纳税人取得的所得分别计算征收个人所得税，因此，在纳税人的劳务实际上是由若干人提供的情况下，可以通过将部分劳务报酬分散至他人的方式来减少缴纳个人所得税。

【案例 6—25】 某演员承担了 A 影视公司的某个拍摄项目，拍摄工作在 3 个月内完成，A 影视公司需要支付劳务报酬 120 万元。A 影视公司设计了三套支付方案：方案一，拍摄任务完成后，一次性向该演员支付 120 万元劳务报酬，为其服务的 10 名工作人员的报酬由该演员支付；方案二，根据拍摄进度，每个月向该演员支付劳务报酬40万元，为其服务的10名工作人员的报酬由该演员支付；方案三，A影视公司每月向10名工作人员支付2万元劳务报酬，每月向该演员支付20万元劳务报酬。

在方案一的情况下，A公司应预扣预缴税额为：

预扣预缴税额＝120×(1－20%)×40%－0.7＝37.7(万元)

在方案二的情况下，A公司应预扣预缴税额为：

预扣预缴税额＝[40×(1－20%)×40%－0.7]×3＝36.3(万元)

方案二比方案一少预扣预缴税额1.4万元(37.7－36.3)。

在方案三下，A公司应预扣预缴税额为：

为演员预扣预缴税额＝[20×(1－20%)×40%－0.7]×3＝17.1(万元)

为工作人员预扣预缴税额＝2×(1－20%)×20%×10×3＝9.6(万元)

合计预扣预缴税额＝17.1＋9.6＝26.7(万元)

方案三比方案二少预扣预缴税额9.6万元(36.3－26.7)，方案三比方案一少预扣预缴税额11万元(37.7－26.7)。

(四)居民稿酬所得的税收筹划

稿酬所得无论是预付还是分次支付或加印该作品再次支付，都要合并稿酬所得，一次计算缴纳个人所得税。稿酬所得税收筹划的重点在于收入环节和费用扣除环节，可以采取分解收入和利用法定扣除额的界限的办法。

1. 利用稿酬次数的税收筹划

对稿酬次数的税收筹划有不同的角度。例如，将一本书的“一次”稿酬分解成系列作品的“多次”稿酬，将一个人的“一次”稿酬分解成几个人的“多次”稿酬，将分批印刷而合并计算的“一次”稿酬处理成再版所得“分次”计税等。但需要注意的是，改成系列作品后是否影响作品的完整性，改成“多次”对发行量的影响是否太大，个人收益是否减少得太多等。

【案例6－26】　某税务专家经过一段时间的辛苦工作，准备出版一本关于税收筹划的著作，预计稿酬所得12 000元。该税务专家应如何筹划？

如果以一本书的形式出版该著作，应预扣预缴的个人所得税税额为：

预扣预缴个人所得税＝12 000×(1－20%)×70%×20%＝1 344(元)

如果在可能的情况下，以4本书出版一套系列丛书，则应预扣预缴的个人所得税税额为：

每本书的稿酬＝12 000÷4＝3 000(元)

每本书预扣预缴的个人所得税＝(3 000－800)×70%×20%＝308(元)

共计预扣预缴个人所得税＝308×4＝1 232(元)

由此可见，在第二种情况下，该税务专家采用系列丛书的方法可以少缴纳个人所得税税额112元(1 344－1 232)。

2. 利用著作组的税收筹划

如果一项稿酬所得预计数额较大，就可以考虑使用著作组筹划法。著作组筹划法是指由几个志趣相投、能力相当的人组成创作组，采用集体构思、分工写作的方法完成作品，并按照每个人的完成情况分配稿酬。由于领取稿酬的人数增加，这种“先分、后扣、再税”的办法可以使扣除的费用最大限度地增加，从而达到降低计税依据、减轻税收负担的目的。

【案例6－27】　某本书的预计稿酬为15 000元，由李某执笔，王某、张某参与策划。方案一，作者署名为李某；方案二，作者署名为李某、王某和张某，稿酬平分。

方案一，应预扣预缴个人所得税为：

应预扣预缴个人所得税＝15 000×(1－20%)×70%×20%＝1 680(元)

方案二，李某、王某和张某应预扣预缴个人所得税分别为：

应预扣预缴个人所得税＝15 000÷3×(1－20%)×70%×20%＝560(元)

利用著作组进行税收筹划，除了可以使纳税人少缴个人所得税外，还具有以下好处：首先，它可以加快创作速度，使一些社会急需的书籍早日面市，使各种新观点以最快的方式传播，从而促进社会的知识进步；其次，集思广益，一本书在几位作者的共同努力下，其水平一般会比一个人单独创作高，但这要求各创作人均具有一定的水平，而且各自尽自己最大的努力编写各自擅长的部分；再次，对于著作人来说，其著作成果更容易积累。

运用这种筹划方法应当注意，由于成立著作组，个人的收入可能会比单独创作时少，虽然少缴了税款，但对于个人来说最终收益减少了。因此，这种筹划方法一般用于著作任务较多或者长期合作的著作组。由于长期合作，著作组节省税款的数额也会积少成多。

3. 稿酬费用化的税收筹划

根据税法的规定，计算稿酬所得的应纳税所得额时，其扣除标准是有规定限额的。众所周知，应纳税额的计算是用应纳税所得额乘以税率而得，在税率既定的情况下，应纳税所得额越大，应纳税额就越多。如果能在现有扣除标准下多扣除一些费用，或想办法减少应纳税所得额，就可以减少应纳税额。

一般做法是与出版社签订写作合同，或者与社会团体签订合同，由对方提供社会实践的费用，让其提供尽可能多的设备或服务，这样由对方为纳税人支付前期收集素材的费用并将费用转移给出版社，自己基本上不负担费用，作品完工后将其版权卖给对方，取得稿酬和版权收入，使自己的稿酬所得相当于享受到两次费用抵扣，从而减少应纳税额。可以考虑由出版社负担的费用有资料费、稿纸、绘画工具、作图工具、书写工具、其他材料、交通费、住宿费、实验费、餐费、实践费等，有些行业甚至可以要求提供办公室以及电脑等办公设备。

【案例 6－28】 某经济学家想创作一本关于我国物流业发展状况与趋势的专业书籍，需要到上海、广东等物流发达地区进行实地调研。由于该经济学家在国内的知名度很高，预计该书出版后销路不错。出版社与其达成协议，全部稿费为 180 000 元，预计到上海等地的调研费用支出为 45 000 元。应如何进行税收筹划？

方案一：该经济学家自己负担实地调研费用。

预扣预缴税额＝180 000×(1－20%)×70%×20%＝20 160(元)

实际纯收入＝180 000－20 160－45 000＝114 840(元)

方案二：该经济学家与出版社协商，调研费用改由出版社支付，调研费限额为 45 000 元，出版社实际支付给该经济学家的稿费为 135 000 万元。

预扣预缴税额＝135 000×(1－20%)×70%×20%＝15 120(元)

实际纯收入＝135 000－15 120＝119 880(元)

计算结果表明，方案二比方案一少缴纳个人所得税 5 040 元(20 160－15 120)。

4. 利用再版方式的税收筹划

根据规定，个人每次以图书、报刊方式出版、发表同一作品(文字作品、书画作品、摄影作品以及其他作品)，不论出版单位是预付还是分笔支付稿酬，或者加印该作品后再付稿酬，均应合并其稿酬所得按“一次”缴纳个人所得税。在两处或两处以上出版、发表或再版同一作品而取得稿酬所得，则可分别各处取得的所得或再版所得按分次所得缴纳个人所得税。个人的同一作品在报刊上连载，应合并其因连载而取得的所有稿酬所得为“一次”，按税法规定缴纳个人所得税。在其连载后又出书取得稿酬所得的，或先出书、后连载取得稿酬所得的，应视同再版稿酬分次缴纳个人所得税。对于许多人特别是知名学者、著名作家来说，上述规定无疑为其进行稿酬所得税收筹划提供了余地。

【案例 6－29】 著名作家王某最近创作了一部短篇小说，当地一家报业集团在其晚报开辟专栏进行连载，报业集团按发行量支付王某稿酬。由于小说的影响力较大，晚报的发行量大增；同时，许多读者为了收集小说，纷纷来信来电要求报业集团加印或出书。如果报业集团出书或加印，将支付王某稿费 6 000 元（如不出书或加印，则只支付 3 000 元），王某应如何对稿酬收入进行税收筹划？

方案一：由于出版书籍手续烦琐，报业集团拟采取加印方式。若王某不进行相应的税收筹划，同意报业集团采用加印报纸的做法，其因加印而获得的稿酬按税法规定应合并其稿酬所得按“一次”缴纳个人所得税。

预扣预缴税额＝6 000×（1－20％）×70％×20％＝672（元）

实际纯收入＝6 000－672＝5 328（元）

方案二：王某与报业集团协商采用出书的做法，报业集团同意由所属的月刊出版一期增刊，那么，王某因连载和出书所取得的稿费应视同再版稿酬分次缴纳个人所得税。

王某应纳税额＝（3 000－800）×70％×20％＋（3 000－800）×70％×20％＝616（元）

实际纯收入＝6 000－616＝5 384（元）

显然，王某利用方案二可以少缴纳个人所得税 56 元（672－616），即采用出书的方式，王某可以增加 56 元纯收入（5 384－5 328）。

这种税收筹划方法是在作品被市场看好时，与出版社商量采取分批印刷的办法以减少每次收入量，从而节省税款。

（五）居民特许权使用费所得的税收筹划

对于从事高科技研究，或从事发明创造、专利研究的人而言，如果已经取得科研成果，并且申请了专利，那么，应该如何进行税收筹划？是转让专利权，还是用专利权进行投资，或是自己办企业？如果是自己办企业，是办个人独资企业，还是办合伙企业？纳税人应该综合考虑，加以权衡，选择最有利的方案。

如果专利权人希望这项专利能够为其带来长期收益，那么，选择投资经营更好。如果是个人投资建厂，那么，只要筹集建厂资金进行生产，就可以通过销售产品取得收入。由于新建企业大多可以享受一定的减免税优惠，而且专利权不转让，因此，在获得收入时，不必单独为专利权支付税款。

如果专利权人无力独立经营，那么，可以与他人合伙经营，由专利权人出技术，对方出资，建立公司制企业，双方只要事先约定好专利权占企业股份的比重，就可以根据各自占有企业股权的比例分配利润。

【案例 6－30】 某研究院研究员李某自行研制一项科研成果并申报了专利。某公司打算购买李某的这项专利，双方洽谈后提出如下方案：方案一，该公司一次性支付李某专利价款 50 万元并取得这项专利的所有权。方案二，将李某的专利作为技术投资，作价 50 万元折合成相应股份投资，让李某拥有相同价款的股权，当年可获得股息收入 5 万元。假定不考虑缴纳的增值税和城市维护建设税，李某应选择哪种方案？

方案一中李某出卖专利，其应预扣预缴个人所得税为：

预扣预缴个人所得税＝500 000×(1－20％)×20％＝80 000(元)

方案二中李某将专利作为投资取得的股息，应按20％的税率缴纳个人所得税。

预扣预缴个人所得税＝500 000×20％＝10 000(元)

通过专利投资，李某当年仅需负担10 000元个人所得税税款。

【案例6－31】 郭先生为A公司工程师，每年综合所得应纳税所得额为3.6万元。2019年度，郭先生取得一项专利，授予B公司使用10年，专利费总额为100万元。关于专利费支付方式，B公司设计了三套方案：方案一，每5年支付专利费50万元，共支付2次；方案二，每2年支付专利费20万元，共支付5次；方案三，每年支付专利费10万元，共支付10次。郭某应选择哪种方案？

在方案一的情况下，郭某应缴纳个人所得税为：

应缴纳个人所得税＝53.6×30％－5.292＝10.79(万元)

合计缴纳个人所得税＝10.79×2＝21.58(万元)

在方案二的情况下，郭某应缴纳个人所得税为：

应缴纳个人所得税＝23.6×20％－1.692＝3.03(万元)

合计缴纳个人所得税＝3.03×5＝15.15(万元)

在方案三的情况下，郭某应缴纳个人所得税为：

应缴纳个人所得税＝13.6×10％－0.252＝1.11(万元)

合计缴纳个人所得税＝1.11×10＝11.1(万元)

方案三比方案二少缴纳个人所得税4.05万元(15.15－11.1)，方案三比方案一少缴纳个人所得税10.48万元(21.58－11.1)。因此，郭某应选择方案三。

三、非居民工资、薪金所得及劳务报酬所得的税收筹划

(一)工资、薪金所得均衡取得的税收筹划

非居民个人的工资、薪金所得不按年综合计征，而是以每个月收入额减除费用5 000元后的余额为应纳税所得额，按月适用七级超额累进税率计算缴纳个人所得税。如果非居民个人每个月的工资、薪金所得不均衡，在工资、薪金所得高的月份，适用的税率也可能较高，而在工资、薪金所得低的月份，适用的税率也可能较低，甚至会出现工资、薪金所得不超过基本扣除5 000元，不需要缴税的情况。因此，为避免非居民个人的实际税负超过其应当承担的税负，可以考虑将非居民个人的工资、薪金按月平均分摊，有可能降低个人所得税税负，从而获取税收收益。

【案例6－32】 马某为外籍人士，属于中国非居民个人。因工作需要，每年在中国的分公司工作4个月，从分公司领取4个月的工资。公司原计划按工作绩效发放工资，假设2019年领取的4个月工资分别为4 000元、6 000元、5 000元和20 000元，总额为35 000元。应如何对上述业务进行税收筹划？

如采用绩效与工资挂钩方式，马某应纳个人所得税为：

应纳税额＝(6 000－5 000)×3％＋(20 000－5 000)×20％－1 410＝1 620(元)

如果马某预先估计4个月的工资总额在35 000元左右，就可以先平均发放，最后一个月汇总计算，假定前3个月的工资按照8 000元发放，第四个月按照11 000元发放。这种情况下，马某应纳个人所得税为：

应纳税额＝(8 000－5 000)×3％×3＋(11 000－5 000)×10％－210＝660(元)

第二个方案比第一个方案少缴纳个人所得税 960 元(1 620—660),因此,应当选择第二个方案。

(二)合理增加扣除费用的税收筹划

劳务报酬所得、稿酬所得、特许权使用费所得以每次收入额为应纳税所得额。劳务报酬所得、稿酬所得、特许权使用费所得以收入减除 20%的费用后的余额为收入额。稿酬所得的收入额减按 70%计算。如果在现有的扣除标准下,多扣除一些费用,就可以减少个人的所得税税额,因此将一些合理的费用支出添加到合同中,从而降低名义劳务报酬,可以达到少缴纳个人所得税的效果。

【案例 6—33】 威廉是中国非居民个人。2019 年 12 月受邀来上海为 A 公司高管培训班讲课,为期 3 日。有两种方案可供选择。方案一:威廉来上海为 A 公司高管培训班讲课,可获取税前劳务报酬 60 000 元,但交通费、食宿费等自理,威廉需支出 18 000 元。方案二:威廉来上海为 A 公司高管培训班讲课,可获取税前劳务报酬 42 000 元,往返交通费、食宿费等由 A 公司承担。假定不考虑增值税因素,应选择哪个方案?

方案一:威廉应纳的个人所得税如下。

应纳税所得额=60 000×(1—20%)=48 000(元)

应纳税额=48 000 ×30%—4 410=9 990(元)

方案二:威廉应纳的个人所得税如下。

应纳税所得额=42 000×(1—20%)=33 600(元)

应纳税额=33 600×25%—2 660=5 740(元)

方案二比方案一少缴纳个人所得税 4 250 元(9 990—5 740),因此,应当选择方案二。

(三)增加劳务报酬取得次数的税收筹划

非居民个人的劳务报酬所得按七级超额累进税率,由扣缴义务人按月或按次代扣代缴税款,不办理汇算清缴。因此,在劳务报酬总所得一定的情况下,通过增加提供劳务报酬的次数来合理地降低每次收入额,有可能降低个人所得税适用税率,从而降低个人所得税税负。

【案例 6—34】 非居民个人布鲁恩为著名的财税专家。2019 年 12 月其受邀来上海提供为期 6 日的财税发展前沿培训,有两种方案可供选择。方案一,布鲁恩来上海为 A 高校提供 6 日的培训,可取得税前劳务报酬所得 80 000 元。方案二,布鲁恩来上海为 A 高校提供 3 日的培训,可取得税前劳务报酬所得 40 000 元;为 B 高校提供 3 日的培训,可取得税前劳务报酬所得 40 000 元。假定不考虑增值税因素,应选择哪个方案?

方案一:应预扣布鲁恩的个人所得税如下。

应纳税所得额=80 000×(1—20%)=64 000(元)

预扣个人所得税税额=64 000×35%—7 160=15 240(元)

方案二:应预扣布鲁恩的个人所得税如下。

从 A 高校取得收入的应纳税所得额=40 000×(1—20%)=32 000(元)

A 高校预扣个人所得税税额=32 000×25%—2 660=5 340(元)

从 B 高校取得收入的应纳税所得额=40 000×(1—20%)=32 000(元)

B 高校预扣个人所得税税额=32 000×25%—2 660=5 340(元)

合计预扣个人所得税税额=5 340+5 340=10 680(元)

方案二比方案一少缴纳个人所得税 4 560 元(15 240—10 680),因此,应当选择方案二。

四、经营所得的税收筹划

取得经营所得的个人，没有综合所得的，计算其每一纳税年度的应纳税所得额时，应当减除费用 6 万元、专项扣除、专项附加扣除以及依法确定的其他扣除。专项附加扣除在办理汇算清缴时减除。

应纳税所得额＝每一纳税年度的收入总额－不征税收入－免税收入－经营成本－经营费用－允许弥补的经营损失－基本费用扣除－专项扣除－专项附加扣除－依法确定的其他扣除

经营成本和经营费用，是指生产经营活动中发生的各项直接支出和分配计入成本的间接费用以及销售费用、管理费用、财务费用。经营损失，是指生产经营活动中发生的固定资产和存货的盘亏、毁损、报废损失，转让财产损失，坏账损失，自然灾害等不可抗力因素造成的损失以及其他损失。

经营所得按五级超额累进税率征收个人所得税。因此，纳税人通过分散收入形式、分期销售、合理增加成本费用扣除，降低应纳税所得额是经营所得进行税收筹划的主要方法。

（一）合理增加费用扣除的税收筹划

1. 将家庭支出转换为费用支出的税收筹划

在法律允许的范围内，可以将一些家庭支出转换成费用支出。因为对于很多家庭而言，其生产经营的场所往往就是其居住场所，很多家庭的日常开支与生产经营分不开，如水电费、网络费等，可以考虑将这些费用计入个体工商户的生产经营成本中。如果是利用自家房产经营，还可以通过对自家房产进行修缮等增加成本，实现自家房产的保值增值。

2. 扩大工资等费用支出

纳税人可以通过雇佣家庭成员或者临时工，以增加工资等费用支出。如果投资者的家人在企业工作，也应该向其支付合理的工资报酬，这既可以增加个人家庭收入，又能扩大相关人员的费用支出范围，增加税前列支费用。按照税法的规定，企业工作人员的工资及规定的津贴可以计入经营成本，从而降低应纳税所得额，少缴纳个人所得税。

【案例 6－35】 钱某于 2018 年注册了一家个体工商户——从事小商品买卖的百货店，每月收入 50 000 元，按税法规定允许税前扣除的各项费用为 10 000 元。钱某的妻子在该百货店帮忙，并未领取工资。2019 年度钱某继续经营该百货店，有两个方案可供选择：方案一，继续 2018 年度的模式，其妻子继续在百货店帮忙但不领取工资；方案二，钱某的妻子每月领取 5 000 元工资。

在方案一的情况下，钱某应缴纳的个人所得税为：

应纳税所得额＝(50 000－10 000)×12 ＝480 000(元)

应纳个人所得税＝480 000×30％－40 500 ＝103 500(元)

在方案二的情况下，钱某应缴纳的个人所得税为：

应纳税所得额＝(50 000－10 000－5 000)×12 ＝420 000(元)

应纳个人所得税＝420 000×30％－40 500 ＝85 500(元)

方案二比方案一实际少缴纳个人所得税 18 000 元(103 500－85 500)。

（二）合理选择费用摊销方法的税收筹划

选择合理的费用摊销方法，如折旧方法、存货计价方法、期间费用摊销方法，应立足于使费用的抵税效应得到最充分或最快的发挥。不同的纳税人应选择不同的费用摊销方法，才能使所得税税负降低。纳税人需要合理预计未来几年内的收入情况，把尽可能多的费用安排在收入较大的年份，以降低边际税率，充分享受低税率带来的税收收益。

（三）收入分散的税收筹划

纳税人通过将收入分散、转移，最直接的税收收益就是可以适用低档次的税率，进而直接减少纳税支出。常用的方法有：(1)借助信托公司，将集中的收入分散到信托公司名下；(2)借助分支机构或者关联机构的交易，通过转移定价的方式将所得分散到这些机构中，以达到节税的目的；(3)增加投资人数量；(4)区分收入性质，不同性质的收入分别适用不同的税目。

【案例6—36】 洪先生与其妻子出资创办一家合伙企业，两人分别拥有50%的份额。该企业在2019年获得纯收益200 000元。如何进行税收筹划才能少缴税？(假定不考虑投资者的工资和其他税前扣除)

在进行税收筹划前，夫妻两人需要缴纳的个人所得税为：

应纳个人所得税＝200 000×20%－10 500＝29 500(元)

在税收筹划专家的建议下，洪先生通过增加合伙人，将其女儿、女婿、儿子和儿媳作为合伙企业的合伙人。洪先生夫妇出资60 000元，女儿、女婿、儿子和儿媳各出资20 000元。假设获得的收益仍为200 000元，根据出资情况，洪先生夫妇分别获得60 000元收益，其他4个人分别获得20 000元收益。这样，2019年应缴纳个人所得税为：

应纳个人所得税＝(60 000×10%－1 500)×2＋20 000×5%×4＝13 000(元)

通过增加投资人，该合伙企业2019年实际缴纳的个人所得税减少了16 500元(29 500－13 000)，减轻税收负担达55.93%(16 500÷29 500×100%)。

【案例6—37】 刘某于2018年利用自家一处空闲店铺经营了一家餐饮店(个体工商)，但由于地点不佳及经营不善，客流量较少，2019年打算缩小经营规模，经对原商业店铺的改造，空闲了几个房间打算出租。刘某以餐饮店的名义出租空闲房屋，假定2019年餐饮店的应纳税所得额为90 000元，房屋出租的净收入为10 000元。应如何进行税收筹划？(假定不考虑增值税)

刘某以餐饮店的名义出租空闲房屋，需要缴纳的个人所得税为：

应纳个人所得税＝(90 000＋10 000)×20%－10 500 ＝9 500(元)

在税收筹划专家的建议下，刘某以其妻子的名义出租空闲房屋，而不以餐饮店的名义出租空闲房屋，应缴纳个人所得税为：

餐饮店应纳个人所得税＝90 000×10%－1 500＝7 500(元)

出租房屋应纳个人所得税＝10 000×(1－20%)×20% ＝1 600(元)

合计应纳个人所得税＝7 500＋1 600＝9 100(元)

通过改变空闲房屋出租人的身份，2019年刘某实际少缴纳个人所得税400元(9 500－9 100)。

（四）承包、承租经营形式的税收筹划

承包、承租经营形式较多，分配方式也不尽相同。根据规定，个人承包、承租经营后，工商登记改变为个体工商户的，应依照“经营所得”项目征收个人所得税，不再征收企业所得税；个人承包、承租经营后，工商登记仍为企业的，不论其分配方式如何，均应先按照《企业所得税法》的有关规定缴纳企业所得税，然后根据承包、承租人是否对经营成果拥有所有权，按照不同的应税项目缴纳个人所得税，具体为：(1)承包、承租人对企业经营不拥有所有权，仅按合同(协议)规定取得一定所得的，按照“工资、薪金所得”项目征收个人所得税；(2)承包、承租人按照合同(协议)规定向发包方、出租方缴纳一定费用后，企业的经营成果归承包、承租人所有的，其取得的所得按“经营所得”项目征收个人所得税。

由此可见，纳税人在承包、承租经营时，是否变更营业执照以及采用何种方式签订承包、承租经营合同（决定承包、承租人是否对经营成果拥有所有权）直接影响纳税人的税负轻重。如果使用原企业的营业执照，则要多征一道企业所得税；如果变更为个体营业执照，则只征收一道个人所得税。因此，纳税人可以先根据预期的经营成果测算个人所得税税负，再确定具体的承包、分配方式，以达到减轻税收负担的目的。

【案例 6—38】 陈某承包一家集体企业（工商登记为企业），每年除上交企业 100 000 元的承包费外，其余经营成果均归其所有。假设 2019 年该企业取得经营利润 250 000 元。应如何为陈某进行税收筹划？

未进行税收筹划的纳税情况如下：

应纳企业所得税＝250 000×25％＝62 500（元）

缴纳企业所得税后的利润＝250 000－62 500＝187500（元）

陈某的收入＝187 500－100 000＝87 500（元）

依照规定，陈某的该项收入应按“经营所得”项目的适用税率计算缴纳个人所得税。

应纳个人所得税＝（87 500－12×5 000）×5％＝1 375（元）

合计应纳所得税＝62 500＋1 375＝63 875（元）

陈某承包经营取得的税后净收益＝87 500－1 375＝86 125（元）

2019 年陈某通过一定的途径将其工商登记改变为个体工商户，同样每年上交 100 000 元承包费（这 100 000 元不能在税前全部扣除）。依照规定，陈某 2019 取得的经营利润应按“个体经营所得”项目的适用税率计算缴纳个人所得税。

应纳个人所得税＝250 000×20％－10 500＝39 500（元）

陈某承包经营取得的税后净收益＝250 000－100 000－39 500＝110 500（元）

从以上计算结果可知，两种方案的税负及承包者的税后净收益情况差别较大。

五、财产租赁所得的税收筹划

财产租赁所得是指个人出租不动产、机器设备、车船以及其他财产取得的所得。财产租赁所得以 1 个月内取得的所得为一次，按次计征个人所得税，每次收入不超过 4 000 元的，减除费用 800 元；4 000 元以上的，减除 20％的费用，其余额为应纳税所得额。

财产租赁所得的应纳税所得额还可以每月 800 元为限扣除修缮费用。

财产租赁所得的适用税率为 20％。但是，对个人按市场价格出租的居民住房取得的所得，其税率暂减按 10％征收个人所得税。

（一）利用装修费用的税收筹划

如果将房屋装修工作安排在签订租赁合同的当月或以后，那么，修缮费用与该出租财产直接相关，所发生的房屋修缮费用可以在税前抵扣。

【案例 6—39】 上海市民蔡某有一处面积较大的祖业房子空闲。2019 年 3 月，蔡某将空闲房子租给了他人，租期为 9 个月。主管税务机关根据蔡某的房屋出租收入，减去蔡某应纳的增值税、房产税及其他相关费用后，核定蔡某每月应纳税所得额为 4 800 元，每个月应纳个人所得税为 480 元。承租人入住后发现房子年久失修，有好几处漏水，要求蔡某维修，经过粗略计算，如果大修需要 5 800 元，工期 10 日左右；小修也能补漏，不影响出租期的使用。分析蔡某应采用哪种维修方式。

方案一：蔡某简单维修出租房。

出租期内的税负＝4 800×10％×9＝4 320(元)

方案二：蔡某大修出租房。

按照每月最高可以扣除维修费用800元的规定，蔡某前7个月每月可以扣除800元，第八个月扣除200元维修费用。

前7个月的应纳税额＝(4 800－800)×10％×7＝2 800(元)

第八个月的应纳税额＝(4 800－200)×10％＝460(元)

第九个月的应纳税额＝4 800×10％＝480(元)

9个月应纳税额合计＝2 800＋460＋480＝3 740(元)

方案二比方案一少缴税580元(4 320－3 740)。

(二)利用增加财产租赁所得次数的税收筹划

按照税法的规定，财产租赁所得以1个月内取得的所得为一次。财产租赁所得的费用扣除采用定额与定率相结合的方法，如能将财产租赁所得多分几次，使得每次财产租赁所得均低于4 000元，就可以减轻个人所得税税负。

【案例6－40】 曹某将在市区自有的临街商铺对外出租，年租金为360 000元。曹某有两个方案可供选择：方案一，将临街商铺整体出租给某公司，月租金为30 000元；方案二，将临街商铺出租给10家个体工商户，每家每月租金为3 000元。假定不考虑其他税费。

在方案一的情况下，曹某应纳个人所得税税额为：

应纳个人所得税＝30 000×(1－20％)×20％＝4 800(元)

在方案二的情况下，曹某应纳个人所得税税额为：

应纳个人所得税＝(3 000－800)×20％×10＝4 400(元)

方案二与方案一相比，曹某少缴纳个人所得税400元(4 800－4 400)。

(三)利用公司取得财产租赁所得的税收筹划

按照规定，财产租赁所得的适用税率为20％。对小型微利企业年应纳税所得额不超过100万元的部分，减按25％计入应纳税所得额，按20％的税率缴纳企业所得税；对年应纳税所得额超过100万元但不超过300万元的部分，减按50％计入应纳税所得额，按20％的税率缴纳企业所得税。[①] 对于长期经营的财产租赁来说，由公司作为经营主体，能在一定程度上减轻个人所得税的税收负担。

【案例6－41】 陈某计划购置一处门面房出租给银行，每年租金所得100万元。陈某有两种方案可供选择：方案一，由陈某以个人身份与银行签订出租协议，将门面房出租给银行；方案二，陈某先成立一家公司，由公司购置该处门面房并出租给银行。假定不考虑其他税费，该公司每年提取门面房折旧20万元。

在方案一的情况下，陈 某应纳个人所得税税额为：

应纳个人所得税＝100×(1－20％)×20％＝16(万元)

在方案二的情况下，公司应纳企业所得税税额为：

应纳企业所得税＝(100－20)×25％×20％＝4 (万元)

方案二与方案一相比，减轻税收负担12万元(16－4)。

---

① 财政部、国家税务总局于2019年1月17日发布《关于实施小微企业普惠性税收减免政策的通知》(财税〔2019〕13号)，执行期限为2019年1月1日至2021年12月31日。

六、财产转让所得的税收筹划

根据《个人所得税法》的规定，个人出售自用住房取得的所得应按照“财产转让所得”项目征收个人所得税。由于房产交易涉及的交易金额一般较大，因此，应特别关注其中的税收筹划问题。

（一）选择转让时间的税收筹划

根据规定，对个人转让自用达5年以上，并且是唯一的家庭生活用房取得的所得，免征个人所得税。因此，条件允许时，纳税人可以争取在购买房产后5年再行转让，此前对不居住的住房可以采取出租方式处理。

【案例6－42】 2019年，上海市居民陈某打算将其2017年10月购买并拥有产权的一套普通住房对外销售。该住房购买时的房产原值为90万元，预计含增值税销售价格为210万元，发生的合理费用为9万元。针对上述情况，应如何进行税收筹划？

若陈某在2019年8月完成房产销售，售价为210万元，根据营业税改征增值税的规定，上海市个人将购买不足2年的住房对外销售，按5%的征收率全额缴纳增值税，其应纳税情况如下：

应纳增值税＝210÷(1＋5%)×5%＝10(万元)

应纳城市维护建设税和教育费附加＝10×(7%＋3%)＝1(万元)

应纳个人所得税＝(210－90－9－10－1)×20%＝20(万元)

税后可支配收益＝210－90－9－10－1－20＝80(万元)

若陈某将此房产在2019年12月销售，根据个人销售不动产增值税政策的规定，个人将购买2年以上(含2年)的普通住房对外销售，免征增值税。假定其他条件不变，陈某应纳税情况如下：

应纳个人所得税＝(210－90－9)×20%＝22.2(万元)

税后可支配收益＝210－90－9－22.2＝88.8(万元)

从上述计算结果可以看出，2019年12月出售房产可给陈某带来8.8万元(88.8－80)节税收益。

根据《关于个人住房转让所得征收个人所得税有关问题的通知》的规定，为鼓励个人换购住房，对出售自有住房并拟在现有住房出售后1年内按市场价重新购房的纳税人，其出售现有住房所应缴纳的个人所得税，视其重新购房的价值可全部或部分予以免税，具体方法是：

第一，个人出售现有住房所应缴纳的个人所得税税款，应在办理产权过户手续前，以纳税保证金形式向当地主管税务机关缴纳。税务机关在收取纳税保证金时，应向纳税人正式开具“中华人民共和国纳税保证金收据”，并纳入专户存储。

第二，个人出售现有住房后1年内重新购房的，按照购房金额的大小相应退还纳税保证金。购房金额大于或等于原住房销售额(原住房为已购公有住房的，原住房销售额应扣除已按规定向财政或原产权单位缴纳的所得收益)的，全部退还纳税保证金；购房金额小于原住房销售额的，按照购房金额占原住房销售额的比例退还纳税保证金，余额作为个人所得税缴入国库。

第三，个人出售现有住房后1年内未重新购房的，所缴纳的纳税保证金全部作为个人所得税缴入国库。因此，对于换购住房的纳税人而言，应注意两个问题：一是应该先卖后买；二是应在卖出后1年内买入新房。

需要注意的是，个人现有住房房产证登记的产权人为1人，在出售后1年内又以产权人配偶名义或产权人夫妻双方名义按市场价重新购房的，产权人出售住房所得应缴纳的个人所得税全部或部分予以免税；以其他人名义按市场价重新购房的，产权人出售住房的所得应缴纳的个人所得税不予免税。

(二)选择转让方式的税收筹划

根据规定,房屋产权无偿赠与,对当事人双方不征收个人所得税的情形如下:一是房屋产权所有人将房屋产权无偿赠与配偶、父母、子女、祖父母、外祖父母、孙子女、外孙子女、兄弟姐妹;二是房屋产权所有人将房屋产权无偿赠与对其承担直接抚养或者赡养义务的抚养人或者赡养人;三是房屋产权所有人死亡,法定继承人、遗嘱继承人或者受遗赠人依法取得房屋产权。房屋产权所有人可以充分选择免税的转让方式进行财产转让,以达到少缴或不缴个人所得税的目的。

【案例6-43】① 张先生准备将一套住房赠与其侄子,已知该套住房为张先生5年前以200万元购入,目前市场价格为500万元。张先生有两套方案可供选择:方案一,张先生直接将该套住房赠与其侄子;方案二,张先生将该套住房赠与其弟弟,其弟弟再将该套住房赠与其儿子(张先生的侄子)。假定只考虑个人所得税,不考虑其他税费,张先生应选择哪个方案?

在方案一的情况下,张先生侄子应纳个人所得税为:

应纳个人所得税税额=(500-200)×20%=60(万元)

在方案二的情况下,张先生将该套住房赠与其弟弟可以享受免税优惠,其弟弟再将该套住房赠与其儿子(张先生的侄子)也可以享受免税优惠,因此无须缴纳个人所得税。

以上结果显示,方案二比方案一少缴纳个人所得税60万元,所以张先生应选择方案二。

第三节 个人所得税税率的税收筹划

一、税率的法律规定

个人所得税分别对不同所得项目规定了超额累进税率和比例税率。

(一)综合所得适用的超额累进税率

1. 居民个人综合所得七级超额累进税率

该税率适用于居民个人综合所得,税率为3%~45%(详见表6-1)。

表6-1 个人所得税税率表

(居民个人综合所得适用)

级数	全年应纳税所得额	税率(%)	速算扣除数(元)
1	不超过36 000元的	3	0
2	超过36 000元至144 000元的部分	10	2 520
3	超过144 000元至300 000元的部分	20	16 920
4	超过300 000元至420 000元的部分	25	31 920
5	超过420 000元至660 000元的部分	30	52 920
6	超过660 000元至960 000元的部分	35	85 920
7	超过960 000元的部分	45	181 920

注:本表所称的"全年应纳税所得额",是指依照《个人所得税法》的规定,居民个人以每一纳税年度综合所得收入额减除费用6万元、专项扣除、专项附加扣除和依法确定的其他扣除后的余额。

① 翟继光:《新税法下企业纳税筹划》,电子工业出版社2019年版,第64页。

2. 非居民个人综合所得七级超额累进税率

该税率适用于非居民个人综合所得，税率为3%～45%(详见表6—2)。

表6—2　个人所得税税率表

(非居民个人工资、薪金所得，劳务报酬所得，稿酬所得，特许权使用费所得适用)

级数	全月应纳税所得额	税率(%)	速算扣除数(元)
1	不超过3 000元的	3	0
2	超过3 000元至12 000元的部分	10	210
3	超过12 000元至25 000元的部分	20	1 410
4	超过25 000元至35 000元的部分	25	2 660
5	超过35 000元至55 000元的部分	30	4 410
6	超过55 000元至80 000元的部分	35	7 160
7	超过80 000元的部分	45	15 160

注：本表所称的"全月应纳税所得额"，是指依照个人所得税法的规定，非居民个人每月所得(每次)收入额减除规定费用后的余额。

(二)经营所得适用的超额累进税率

该税率适用于纳税人经营所得，税率为5%～35%(详见表6—3)。

表6—3　个人所得税税率表

(经营所得适用)

级数	全年应纳税所得额	税率(%)	速算扣除数(元)
1	不超过30 000元的	5	0
2	超过30 000元至90 000元的部分	10	1 500
3	超过90 000元至300 000元的部分	20	10 500
4	超过300 000元至500 000元的部分	30	40 500
5	超过500 000元的部分	35	65 500

注：本表所称的"全年应纳税所得额"，是指以每一纳税年度的收入总额减除成本、费用以及损失后的余额。

(三)其他所得的适用税率

财产租赁所得，财产转让所得，利息、股息、红利所得，偶然所得，适用20%的比例税率。

对个人按市场价格出租住房取得的所得，减按10%的税率征收个人所得税。

二、税率的税收筹划

我国个人所得税对不同应税所得的费用扣除标准和适用税率是不同的；即便是同种所得，也会由于采用累进税率而出现适用不同边际税率的情形，这些都给纳税人利用税率进行税收筹划提供了较大空间。一般而言，个人所得税税率的税收筹划思路：通过一定的税收筹划方法，使应税所得从适用高边际税率转向适用低边际税率，或者使应税所得从适用累进税率转向适用比例税率，从而达到节税的目的。

（一）变换所得形式以适用低税率的税收筹划

1. 将工资、薪金所得转化为经营所得的税收筹划

根据规定，综合所得采用七级超额累进税率，最高税率为45%；而经营所得采用五级超额累进税率，最高税率为35%。因此，对于一些高劳务报酬的群体，可以考虑注册一家工作室，以工作室的名义签订合同，从而合理地将劳务报酬所得转化为经营所得，有效降低综合所得的应纳税所得额，以适用低税率，达到少缴纳个人所得税的目的。

【案例6-44】 程某在一家中外合资企业工作，2019年的工资、薪金收入为300 000元。程某利用业余时间接一些计算机维修等业务，2019年取得劳务报酬50 000元。假定程某2019年未取得其他相关个人所得，只考虑基本费用扣除。应如何进行税收筹划？

进行税收筹划前，程某2019年度应缴纳个人所得税为：

应纳个人所得税税额＝(300 000＋50 000－60 000)×20%－16 920＝41 080(元)

如果程某以自己的名义成立一家工作室，以工作室的名义与对方签订合同并取得计算机维修等收入50 000元，则程某2019年应纳个人所得税为：

综合所得应纳个人所得税税额＝(300 000－60 000)×20%－16 920＝31 080(元)

经营所得应纳个人所得税税额＝50 000×10%－1 500＝3 500(元)

程某合计应纳个人所得税税额＝31 080＋3 500＝34 580(元)

经过税收筹划，程某2019年少缴纳个人所得税6 500元(41 080－34 580)。

2. 将经营所得转化为财产租赁所得的税收筹划

财产租赁所得和个体工商户生产经营所得适用的税率不同，当个体工商户的生产经营所得较多，财产租赁所得也较多时，应将企业的财产转到投资者个人名下；当个体工商户的生产经营为亏损时，应将投资者个人名下的财产租赁所得转移到企业。如果某项财产已作为企业财产，则投资者可以通过减资的形式将企业财产变成投资者个人的其他财产出租，以获取财产租赁所得。

【案例6-45】 某个人独资企业2019年度实现生产经营利润200 000元，另外，将一部分房屋出租(民用)取得收益30 000元(年财产租赁不含增值税收入为32 000元，与之相关的税费为2 000元)。假定不考虑费用扣除，该个人独资企业应如何进行税收筹划？

如果不进行税收筹划，该房屋作为企业财产，财产租赁所得并入经营所得统一缴纳个人所得税。

应纳个人所得税＝(200 000＋30 000)×20%－10 500＝35 500(元)

如果将房屋作为投资者个人的其他财产，与独资企业本身无关，取得的房屋出租所得按“财产租赁所得”项目单独纳税。

经营所得应纳个人所得税＝200 000×20%－10 500＝29 500(元)

财产租赁所得应纳个人所得税＝30 000×(1－20%)×10%＝2 400(元)

投资者应纳个人所得税合计＝29 500＋2 400＝31 900(元)

经过税收筹划，该投资人少缴纳个人所得税3 600元(35 500－31 900)。

3. 将工资、薪金所得转化为财产租赁所得的税收筹划

对于高收入阶层而言，可以由员工与公司签订租赁协议，将不动产租给公司，公司按月向员工支付租金，这样把部分工资、薪金转化为财产租赁所得，可以达到少缴纳个人所得税的效果。

【案例6-46】 姜某为一家非租车公司经理，2019年每月工资、薪金收入31 000元，每月

上下班自用车费用为 3 000 元，2019 年年底劳动合同到期，打算明年与公司续签劳动合同，有两种方案可供选择：方案一，姜某沿用 2019 年的方式签订劳动合同，每月工资、薪金收入和自用车费用与 2019 年相同；方案二，姜某与公司签订协议，公司租用姜某的车，而后分配给姜某使用，姜某每月的工资、薪金收入为 28 000 元，另外获得每月租车收入 3 000 元。假定只考虑基本费用 扣除，姜某应如何做出选择？

在方案一的情况下，姜某应纳个人所得税如下。

应纳个人所得税＝(31 000－5 000)×25％－2 660＝3 840(元)

在方案二的情况下，姜某应纳个人所得税如下。

工资、薪金应纳个人所得税＝(28 000－5 000)×20％－1 410＝3 190(元)

租车收入应纳个人所得税＝(3 000－800)×20％＝440(元)

合计应纳个人所得税＝3 190＋440＝3 630(元)

方案二与方案一相比，姜某少缴纳个人所得税 210 元(3 840－3 630)。

4. 将股息转化为工资、薪金所得的税收筹划

将股息转化为工资、薪金所得的税收筹划，应注意以下几个问题：

(1)如果预计企业当年亏损，则说明不会涉及股息所得的税收问题，这时，企业可以适当降低工资标准，以减轻“工资、薪金所得”项目的税负。

(2)如果预计企业当年有足够的盈余，在提高个人股东的工资时，必须以“工资、薪金所得”项目的税负不超过股息所得的税负为限，其具体限额如下：①工资、薪金所得适用的税率在 20％(含)以下时，其适用税率低于股息所得的适用税率，应选择工资、薪金所得的形式以减轻税负。②工资、薪金所得的税率为 20％时，虽然名义税率与股息所得税税率相同，但由于工资、薪金所得实行分段计算的超额累进税率，分段适用 3％、10％和 20％三档税率，因此，其平均税率低于 20％，并且在计算工资、薪金所得时还可减除 5 000 元，其税负低于股息所得。③工资、薪金所得适用税率高于 20％，即 25％时，就要比较一下两种形式的税负。设两者税负相等时的所得为 Y，则有下列等式成立：

$Y×20\%=(Y-5\ 000)×25\%-2\ 660$

解得：$Y=78\ 200$(元)

也就是说，当所得为 78 200 元时，选择工资、薪金形式与选择股息所得形式的税负相等。因此，当所得小于 78 200 元时，应选择工资、薪金所得形式；反之，则应选择股息所得形式。

根据上述原理，可进行工资、薪金与股息、红利所得项目之间转化的税收筹划。

【案例 6－47】 上海东风机械有限公司由 5 个自然人投资组建，投资比例每人为 20％。公司共有员工 50 人，2019 年实际支付工资 600 000 元。5 位股东均在企业任职，每人每月工资为 3 000 元。假设 2019 年东风机械有限公司预计将实现税前会计利润 522 400 元，没有其他纳税调整项目。企业所得税适用税率为 25％，税后利润全部按投资比例分配，则应纳税额如下：

应纳企业所得税＝522 400×25％＝130 600(元)

5 位股东的月工资为 3 000 元，低于费用扣除标准 5 000 元，不缴个人所得税。

5 位股东的股息所得应纳个人所得税＝(522 400－130 600)×20％＝78 360(元)

现经专家税收筹划，将预计分配的股利 350 000 元平均增加到 5 位股东每月的工资中，每人每月增加 5 833 元工资。税收筹划后，可多扣除工资、“三项经费”420 000 元[350 000×(1＋20％)]。

应纳企业所得税＝(522 400－420 000)×25％＝25 600(元)

5位股东每人每月实发工资8 833元(5 833＋3 000)。应纳工资、薪金个人所得税为：

工资、薪金应纳个人所得税＝[(8 833－5 000)×10％－210]×12×5＝10 398(元)

股息应纳个人所得税＝(522 400－420 000)×(1－25％)×20％＝15 360(元)

5位股东合计应纳个人所得税＝10 398＋15 360＝25 758(元)

经税收筹划，除东风机械有限公司少缴纳企业所得税10 5000元(130 600－25 600)外，个人所得税也少缴纳52 602元(78 360－25 758)。

(二)应税所得平均化以适用低税率的税收筹划

我国的个人所得税对工资、薪金所得采用超额累进税率。如果收入集中在1个月或少数几个月，就意味着将适用高税率，承担较高的个人所得税。如果能将收入分摊到1年或更长时间，则每个月的应纳税所得额将减少，适用的税率也会随之降低，整体税收负担将减轻。将收入平均到较长时间，在不增加雇主和雇员实际支出的情况下，通过协商是一件比较容易做到的事，所以，这是个人所得税税率筹划的常用方法。

【案例6－48】　李某于2019年8月取得工资、薪金4 500元，当月又一次性获得公司奖金9 000元，假定只考虑基本费用扣除，应如何进行税收筹划？

进行税收筹划前，李某应缴纳的个人所得税为：

应纳个人所得税税额＝(4 500＋9 000－5 000)×10％－210＝640(元)

如果李某与公司协商，将奖金分3个月发放，即8月、9月、10月每月平均发3 000元，那么，李某8月份应缴纳的个人所得税为：

应纳个人所得税税额＝(4 500＋3 000－5 000)×3％＝75(元)

从上述计算可知，通过将奖金平均分摊到3个月发放，李某可少缴纳个人所得税565元(640－75)。

(三)经营实体分设以适用低税率的税收筹划

分设多个经营实体是指将该经营实体分设为两个或两个以上机构，自己负责其中的一个，将其余机构的所有权或经营权虚设为其他人，一般为自己的亲人或朋友，然后通过这些机构的联合经营，互相提供有利条件，以达到减轻税收负担的目的。这一筹划方法通常是通过机构分设，使所得分散，排除适用高边际税率所带来的税负增长，使总体税负下降。

【案例6－49】　蒋某经注册开设了一家经营建材的公司，由其儿子负责经营管理。此外，蒋某经常承接一些安装装饰工程。每年销售建材的应纳税所得额为5万元，安装装饰应纳税所得额为2万元。应如何进行税收筹划？

未进行税收筹划，全年应纳个人所得税为：

应纳个人所得税＝70 000×10％－1 500＝5 500(元)

现在，蒋某及其儿子决定成立两家个人独资企业，蒋某的企业专门承接安装装饰工程，其儿子的企业只销售建材。在这种情况下，假定收入同上，蒋某及其儿子每年应纳个人所得税为：

蒋某应纳个人所得税＝20 000×5％＝1 000(元)

蒋某的儿子应纳个人所得税＝50 000×10％－1 500＝3 500(元)

两人合计应纳个人所得税＝1 000＋3 500＝4 500(元)

经过税收筹划，每年少缴纳个人所得税1000元(5 500－4 500)。

（四）改变企业组织形式以适用低税率的税收筹划

【案例6—50】 刘某与其妻子共同设立一家合伙企业，让妻子作为合伙人，两人分别占50%的份额。该合伙企业2019年的总收入为200 000元，可以扣除的成本、费用、损失为42 400元。假定实现的利润按所占份额全部分配，应如何进行税收筹划？

税收筹划前，2019年刘某夫妇需要缴纳个人所得税的情况如下：

2019年该合伙企业的纯收入=200 000−42 400=157 600（元）

每个人可分得78 800元（157 600÷2）利润，这样，2019年刘某夫妇共需要缴纳的个人所得税为：

两人共应缴纳个人所得税=（78 800−60 000）×5%×2=18 80（元）

经咨询，刘某自己创办一家个人独资企业，其妻子以员工的身份每月领取工资6 000元。2019年企业总收入仍为200 000元，可以扣除的成本、费用、损失变为114 400元（42 400+6 000×12）。2019年刘某夫妇需要缴纳个人所得税的情况如下：

刘某妻子应纳个人所得税=（6 000−5 000）×3%×12=360（元）

刘某应纳个人所得税=（200 000−114 400−60 000）×5%=1 280（元）

两人合计缴纳个人所得税=360+1 280=1 640（元）

经过税收筹划，刘某夫妇合计少缴纳个人所得税240元（1 880−1 640）。

（五）利用税率优惠规定的税收筹划

按照税法的规定，出租房屋用于经营不能享受优惠，若出租给个人居住将享受税收优惠政策，主要有：房产税税率优惠为4%（规定为12%），个人所得税税率优惠为10%（规定为20%）。所以，在出租房屋时应注意以下三点：一是出租给他人居住而非经营用，房产税、个人所得税均享受优惠；二是签订租赁合同后，按用户要求装修，符合条件的可分次扣除实际发生的维修费用，每次以800元为限；三是计算缴纳个人所得税时，应依次扣除租赁过程中缴纳的税费、实际开支的修缮费用和法定费用扣除标准。因此，一处房产出租是用作经营还是居住，由于税率不同，税负完全不同。

当然，出租房屋时还应考虑个人所得税后的收益大小，有时出租给他人经营用，虽然不能享受低税率政策，但由于租金较高，其税后收益比享受低税率要高。

【案例6—51】 曹某将2013年在市区购买的一幢二层楼出租给某贸易公司，每月取得租金收入20 000元。贸易公司进住后，曹某得知其将二楼的4间房作为员工宿舍使用。曹某应如何进行税收筹划？

税收筹划前，曹某的应纳税额和税后收入情况如下：

根据营业税改征增值税的规定，个人出租非住房，应按5%的征收率计税。

应纳增值税=20 000÷（1+5%）×5%=952.38（元）

应纳城市维护建设税和教育费附加=952.38×（7%+3%）=95.24（元）

应纳房产税=20 000÷（1+5%）×12%=2 285.71（元）

应纳个人所得税=（20 000−952.38−95.24−2 285.71）×（1−20%）×20%
=2 666.67（元）

税后收入=20 000−952.38−95.24−2 285.71−2 666.67=14 000（元）

曹某经咨询，如果把二楼的房间改为出租居住用房，则可以享受相关税收优惠。曹某便与贸易公司商量修改合同，将二楼的房间定性为居住用房，租金为10 000元，一楼的租金也确定为10 000元。税收筹划后，曹某的应纳税额和税后收入情况如下：

应纳增值税＝20 000÷(1＋5%)×5%＝952.38(元)

应纳城市维护建设税和教育费附加＝952.38×(7%＋3%)＝95.24(元)

应纳房产税＝10 000÷(1＋5%)×12%＋10 000÷(1＋5%)×4%＝1 523.81(元)

应纳个人所得税＝(10 000－1 666.67)×(1－20%)×20%＋(10 000－904.76)×(1－20%)×10%
＝2 060.95(元)

税后收入＝20 000－952.38－95.24－1 523.81－2 060.95＝15 367.62(元)

经过税收筹划，曹某可以多获得税后收入 1 367.62 元(15 367.62－14 000)。

第四节　个人所得税优惠的税收筹划

一、税收优惠的法律规定

《个人所得税法》及其实施条例以及财政部、国家税务总局制定的若干规定等都对个人所得项目给予了减税、免税优惠。

(一)个人所得税的免税项目

(1)省级人民政府、国务院部委和中国人民解放军军以上单位，以及外国组织、国际组织颁发的科学、教育、技术、文化、卫生、体育、环境保护等方面的奖金。

(2)国债和国家发行的金融债券利息。国债利息，是指个人持有中华人民共和国财政部发行的债券而取得的利息；国家发行的金融债券利息，是指个人持有经国务院批准发行的金融债券而取得的利息。

(3)按照国家统一规定发给的补贴、津贴。按照国家统一规定发给的补贴、津贴，是指按照国务院规定发给的政府特殊津贴、院士津贴，以及国务院规定免予缴纳个人所得税的其他补贴、津贴。

(4)福利费、抚恤金、救济金。福利费，是指根据国家有关规定，从企业、事业单位、国家机关、社会组织提留的福利费或者工会经费中支付给个人的生活补助费；救济金，是指各级人民政府民政部门支付给个人的生活困难补助费。

(5)保险赔款。

(6)军人的转业费、复员费、退役金。

(7)按照国家统一规定发给干部、职工的安家费、退职费、基本养老金或者退休费、离休费、离休生活补助费。

(8)依照有关法律规定应予免税的各国驻华使馆、领事馆的外交代表、领事官员和其他人员的所得。这是指依照《中华人民共和国外交特权与豁免条例》和《中华人民共和国领事特权与豁免条例》规定免税的所得。

(9)中国政府参加的国际公约、签订的协议中规定免税的所得。

(10)国务院规定的其他免税所得。

(二)个人所得税的减税项目

有下列情形之一的，经批准可以减征个人所得税：(1)残疾、孤老人员和烈属的所得；(2)因严重自然灾害造成重大损失的；(3)其他经国务院财政部门批准减税的。上述减税项目的减征幅度和期限由省、自治区、直辖市人民政府规定。

（三）个人所得税的暂免征税项目

（1）外籍个人以非现金形式或实报实销形式取得的住房补贴、伙食补贴、搬迁费、洗衣费。

（2）外籍个人按合理标准取得的境内、境外出差补贴。

（3）外籍个人取得的探亲费、语言训练费、子女教育费等，经当地税务机关审核批准为合理的部分。可以享受免征个人所得税优惠待遇的探亲费，仅限于外籍个人在我国的受雇地与其家庭所在地（包括配偶或父母居住地）之间搭乘交通工具且每年不超过 2 次的费用。

（4）个人领取原提存的住房公积金、医疗保险金、基本养老保险金时，免征个人所得税。

（5）生育妇女按照县级以上人民政府根据国家有关规定制定的生育保险办法取得的生育津贴、生育医疗费或其他属于生育保险性质的津贴、补贴，免征个人所得税。

（6）对达到离休、退休年龄，但确因工作需要，适当延长离休、退休年龄的高级专家（指享受国家发放的政府特殊津贴的专家、学者），其在延长离休、退休期间的工资、薪金所得，视同退休工资、离休工资，免征个人所得税。

（7）个人取得的教育储蓄存款利息。

（8）个人举报、协查各种违法、犯罪行为而获得的奖金。

（9）个人办理代扣代缴税款手续，按规定取得的扣缴手续费。

（10）个人转让自用达 5 年以上，并且是唯一的家庭生活用房取得的所得。

（11）外籍个人从外商投资企业取得的股息、红利所得。

（12）对个人购买福利彩票、赈灾彩票、体育彩票，一次中奖收入在 1 万元以下的（含 1 万元），暂免征收个人所得税。

（13）个人取得单张有奖发票奖金不超过 800 元（含 800 元）的，暂免征收个人所得税。

（14）以下情形的房屋产权无偿赠与，对当事人双方不征收个人所得税：①房屋产权所有人将房屋产权无偿赠与配偶、父母、子女、祖父母、外祖父母、孙子女、外孙子女、兄弟姐妹；②房屋产权所有人将房屋产权无偿赠与对其承担直接抚养或者赡养义务的抚养人或者赡养人；③房屋产权所有人死亡，法定继承人、遗嘱继承人或者受遗赠人依法取得房屋产权。

二、税收优惠的税收筹划

（一）境外所得已纳税额的税收筹划

按照规定，居民个人从我国境外取得的所得，可以从其应纳税额中抵免已在境外缴纳的个人所得税税额，但抵免额不得超过该纳税人境外所得依照我国税法规定计算的应纳税额。

已在境外缴纳的个人所得税税额，是指居民个人来源于我国境外的所得依照该所得来源国家（地区）的法律应当缴纳并且实际已经缴纳的所得税税额。

纳税人境外所得依照我国税法规定计算的应纳税额，是居民个人抵免已在境外缴纳的综合所得、经营所得以及其他所得的所得税税额的限额（以下简称抵免限额）。除国务院财政、税务主管部门另有规定外，来源于我国境外一个国家（地区）的综合所得抵免限额、经营所得抵免限额以及其他所得抵免限额之和为来源于该国家（地区）所得的抵免限额。

居民个人在我国境外一个国家（地区）实际已经缴纳的个人所得税税额低于按规定计算出的来源于该国家（地区）所得的抵免限额的，应当在我国缴纳差额部分的税款；超过来源于该国家（地区）所得的抵免限额的，其超过部分不得在本纳税年度的应纳税额中抵免，但是可以在以后纳税年度来源于该国家（地区）所得的抵免限额的余额中补扣。补扣期限最长不得超过 5 年。

【案例 6－52】 居民纳税人周某于 2019 年从甲国取得两项应税收入。其中，在甲国因任职取得工资、薪金收入 105 000 美元(折合人民币 696 000 元，平均每月 58 000 元)，已纳所得税折合人民币 140 000 元；因向某公司投资，取得该国股息所得 3 610 美元(折合人民币 24 600 元，已纳所得税折合人民币 5 740 元)。假定只考虑扣除基本费用。应如何进行税收筹划？

工资、薪金所得抵免限额＝(696 000－60 000)×30％－52 920＝137 880(元)

股息所得抵免限额＝24 600×20％＝4 920(元)

境外所得税收抵免限额＝137 880＋4 920＝142 800(元)

由于周某在该国实际已纳税款 145 740 元，超过了抵免限额，因此不再补税，但超过限额的 2 940 元(145 740－142 800)可以在今后 5 年内从甲国扣除限额的余额中补扣。

如果 2020 年周某在甲国只有工资收入，而且工资收入与 2019 年相同，那么，工资收入应缴纳的我国个人所得税税额为 137 880 元，但由于甲国税率调整，已纳税额为 135 000 元，应补税额为 2 880 元(137 880－135 000)，可用上年度的"超过扣除限额的部分"补扣，这样，2020 年就无须补缴税款，剩余 60 元(2 940－2 880)可以用同样的方法在以后 4 年内补扣。

这里，进行税收筹划应当思考的问题是，如何才能让"超过抵免限额的部分"在 5 年内获得扣除，以充分削减在我国境外缴纳的超过抵扣限额的高税负。下列几种情况可以实现这一税收筹划目标：(1)纳税人在以后年度必须继续从该国取得应税收入，而且来自该国的所有应税收入的已纳税额之和小于税法规定的扣除限额可以获得抵扣；(2)如果纳税人在某个国家只有一项收入来源，而且该项收入来源在该国的已纳税额超过了按照我国税法计算的应纳税额，这种情况只会使"超过扣除限额的部分"越来越多，除非该国税制变化(降低税率)或者我国税制变化(提高税率)，否则，永远不能扣除；(3)以后年度来源于该国的各项应税收入中又增加了其他应税项目，这些应税项目在该国的税负低于我国；(4)以后年度来源于该国的应税收入中，减少了一些应税项目，这些应税项目在该国的税负高于我国。

在运用国外已纳税额的抵扣方法进行税收筹划时，一定要注重时间；同时，纳税人进行抵扣的必须是在同一个国家取得的所得，不得在各个国家取得的不同所得之间相互抵扣。

(二)个人所得捐赠的税收筹划

按照规定，个人将其所得对教育、扶贫、济困等公益慈善事业进行捐赠，捐赠额未超过纳税人申报的应纳税所得额 30％的部分，可以从其应纳税所得额中扣除；国务院规定对公益慈善事业捐赠实行全额税前扣除的，从其规定。

这一政策规定实际上是允许纳税人将自己对外捐赠的一部分改为由税收来负担。其宗旨就是引导纳税人的捐赠方向，将其引入公益、救济性质，从而为社会和国家减轻负担。对于个人来说，可以通过公益、救济性捐赠的名义将一部分收入从应纳税所得额中扣除，从而达到抵免一部分税收的目的。

1. 利用捐赠途径的选择进行税收筹划

选择捐赠途径即选择通过什么途径进行捐赠。为防止纳税人随意捐赠、虚假捐赠，现行《个人所得税法》规定了捐赠人享受税收优惠的条件，捐赠人只有符合规定的条件才能享受捐赠的税收优惠。纳税人应尽可能地通过国家明确的部门或社会团体进行捐赠，并要求这些部门或社会团体开具适当的票证作为捐赠的证明。

【案例 6－53】 某大学教授取得稿酬 30 000 元，决定将其中的 20 000 元用于捐赠。

方案一：假如该教授将 10 000 元通过民政部门捐给灾区，将 10 000 元直接捐给受灾者。

捐赠扣除限额＝30 000×(1－20％)×70％×30％＝5 040(元)

应预扣个人所得税＝[30 000×(1－20%)×70%－5 040]×20%＝2 352(元)

方案二:假如该教授将10 000元通过民政部门捐给灾区,将10 000元通过省教育厅捐给农村义务教育事业。

捐赠扣除限额＝30 000×(1－20%)×70%×30%＝5 040(元)

应预扣个人所得税＝[30 000×(1－20%)×70%－5 040－10 000]×20%＝352(元)

从本案例可以看出,由于对捐赠对象和捐赠途径进行了选择,尽管捐赠数额相同,但该教授捐赠后应预扣的个人所得税相差2 000元(2 352－352)。

2. 利用分期捐赠进行税收筹划

按照规定,对个人捐赠超过扣除限额的部分不允许在税前扣除,当个人进行较大数目的捐赠时,捐赠超过扣除限额可能会面临既要捐赠又要纳税的尴尬。对此,纳税人可以选择捐赠款分期到账的方法进行税收筹划。

【案例6－54】 张某某月取得工资、薪金收入8 000元,当月通过民政部门对外捐赠2 000元。假定只考虑基本费用扣除。

允许税前扣除的捐赠＝(8 000－5 000)×30%＝900(元)

当月应预扣个人所得税＝(8 000－5 000－900)×3%＝63(元)

若次月工资、薪金收入仍为8 000元,按规定,次月应预扣个人所得税税额为:

应预扣个人所得税＝(8 000－5 000)×3%＝90(元)

如果张某改变捐赠方法,在当月通过民政部门捐赠900元,剩余11 000安排在次月捐赠,那么:

当月应预扣个人所得税＝(8 000－5 000－900)×3%＝63(元)

次月应预扣个人所得税＝(8 000－5 000－900)×3%＝63(元)

通过比较可以发现,同样捐赠2 000元,采用第二种方法可少缴27元(90－63)税款。

值得注意的是,捐赠款允许按应纳税所得额的一定比例扣除,其前提必须是取得一定的收入,也就是说,如果纳税人本期没有取得收入,而是用自己过去的积蓄进行捐赠,则不能得到税收退还。由此可见,选择适当的捐赠时期对纳税人来说是非常重要的。

3. 利用分项捐赠进行税收筹划

除居民综合所得外,对其他所得项目采取分项计税方法,如果纳税人本期取得的收入属于不同的应税项目,那么,在计算捐赠扣除时,属于哪项所得捐赠的,就应从该项应纳税所得额中扣除,然后按适用税率计算缴纳个人所得税。因此,在计算捐赠扣除额时,纳税人应当对捐赠额进行适当划分,将捐赠额分散在各个应税所得项目中,最大限度地享受税前扣除。但是,究竟利用哪一个所得项目的扣除限额更有助于税收筹划呢?关键在于哪一个项目的边际税率更高。

【案例6－55】 陈某于2019年9月取得各项收入26 000元,其中,工资、薪金收入14 000元,福利彩票中奖收入12 000元。该月陈某通过社会非营利机构向灾区捐赠7 000元并取得捐赠票据,假定只考虑基本费用扣除。

方案一:不分项捐赠,只以工资收入捐赠7 000元,应预扣个人所得税如下。

工资、薪金所得捐赠扣除额＝(14 000－5 000)×30%＝2 700(元)

工资、薪金所得应预扣个人所得税＝(14 000－5 000－2 700)×10%－210＝420(元)

偶然所得应预扣个人所得税＝12 000×20%＝2 400(元)

合计应预扣个人所得税＝420＋2 400＝2 820(元)

方案二：将捐赠额在各项所得中分项扣除，当月工资收入捐赠 3 000 元，中奖收入捐赠 4 000 元，应预扣个人所得税为：

工资、薪金所得捐赠扣除额＝(14 000－5 000)×30％＝2 700(元)

工资、薪金所得应预扣个人所得税＝(14 000－5 000－2 700)×10％－210＝420(元)

偶然所得捐赠扣除额＝12 000×30％＝3 600(元)

偶然所得应纳税额＝(12 000－3 600)×20％＝1 680(元)

合计应预扣个人所得税＝420＋1 680＝2 100(元)

通过方案二对捐赠额的适当划分，陈某当月的捐赠额已得到充分扣除，预扣个人所得税税额也随之减少了 720 元(2 820－2 100)。

(三)利用外籍人员的各项免税进行税收筹划

根据规定，2019 年 1 月 1 日至 2021 年 12 月 31 日，外籍个人符合居民个人条件的，可以选择享受个人所得税专项附加扣除，也可以选择享受住房补贴、探亲费、语言训练费、子女教育费等津补贴免税优惠政策，但不得同时享受。相关优惠外籍个人一经选择，在一个纳税年度内不得变更。因此，对于外籍个人而言，应综合考量专项附加扣除与各项免税补贴之间的关系，尽可能减轻个人所得税的税收负担。

【案例 6－56】　李某为外籍人士，因工作需要，长期在中国境内居住。2019 年按税法规定，其可以享受免税优惠的各项补贴总额为 80 000 元。假定李某 2019 年可以享受的个人所得税专项附加扣除为两个子女的小学教育费和 65 岁父亲的赡养费。

方案一：如果李某选择居民纳税人专项附加扣除，可税前扣除的费用总额为：

可扣除的费用总额＝1 000×12×2＋1 000×12＝36 000(元)

方案二：如果李某选择外籍个人免税补贴优惠，可税前扣除的费用总额为 80 000 元，多扣除 44 000 元(80 000－36 000)。假定李某 2019 年综合所得适用的最高税率为 20％，则李某可少缴纳的个人所得税为：

少缴纳个人所得税＝44 000×20％＝8 800(元)

(四)利用直属亲属房产赠与免税进行税收筹划

根据规定，以下情形的房屋产权无偿赠与，对当事人双方不征收个人所得税：一是房屋产权所有人将房屋产权无偿赠与配偶、父母、子女、祖父母、外祖父母、孙子女、外孙子女、兄弟姐妹；二是房屋产权所有人将房屋产权无偿赠与对其承担直接抚养或者赡养义务的抚养人或者赡养人；三是房屋产权所有人死亡，法定继承人、遗嘱继承人或者受遗赠人依法取得房屋产权。纳税人可以充分利用上述直属亲属房产赠与免税的优惠进行税收筹划。

【案例 6－57】　刘某打算将 4 年前用 300 万元购买的一套住房赠与其侄子，目前市场价格为 800 万元，刘某的哥哥(刘某侄子的父亲)已经去世，侄子现年 32 周岁。刘某有两套方案可供选择：方案一，刘某 2019 年直接将该套住房赠与其侄子；方案二，刘某 2019 年将该套住房的永久使用权赠与其侄子并办理公证，同时设立一份遗嘱并经公证，刘某去世后将该套住房遗赠给其侄子。假定仅考虑个人所得税，不考虑其他税费。

在方案一的情况下，刘某的侄子需要缴纳的个人所得税为：

应纳个人所得税＝(800－300) ×20％＝100(万元)

在方案二的情况下，刘某 2019 年将该套住房的永久使用权赠与其侄子不需要缴纳个人所得税，刘某去世后将该套住房遗赠给其侄子可以享受免税优惠。

方案二比方案一少缴纳个人所得税 100 万元(100－0)。

（五）利用偶然所得免税进行税收筹划

根据规定，对个人购买福利彩票、赈灾彩票、体育彩票，一次中奖收入在1万元以下的（含1万元），暂免征收个人所得税；超过1万元的，全额征收个人所得税。因此，发行体育彩票和社会福利有奖募捐的单位在设立奖项时，应充分考虑上述税收优惠政策的规定，尽量避免单项中奖金额刚刚超过1万元的情况出现，将单项中奖金额控制在1万元以下（含1万元），从而让中奖者享受免税优惠。

【案例6－58】 某体育彩票发行单位在设置奖项时，有两种方案可供选择：方案一是设置6个奖项，每个奖项的中奖金额为11 000元；方案二是设置6个一等奖，每个一等奖的中奖金额为10 000元，同时设置6个二等奖，每个二等奖的中奖金额为1 000元。

在方案一的情况下，中奖者需要缴纳的个人所得税为：

应纳个人所得税＝11 000×20%×6＝13 200（元）

在方案二的情况下，中奖者的奖金额均没有超过10 000元，可以享受免税优惠。

方案二比方案一少缴纳个人所得税13 200元（13 200－0），应选择方案二。

复习思考题

一、简答题

1. 个人所得税税收筹划的基本思路与方法是什么？谈谈你对个人所得税税收筹划的认识。

2. 个人所得税纳税人为降低税负应如何在居民纳税人与非居民纳税人之间进行转换？

3. 个人所得税应税所得项目中，对于工资、薪金所得能够采用哪些税收筹划方法？

4. 对劳务报酬所得进行税收筹划的主要思路是降低收入金额以及充分利用免征额，具体操作方法是什么？

5. 对于稿酬所得可以采用何种方法进行税收筹划？

6. 经营所得与企业所得税有何不同？应如何进行税收筹划？

7. 对个人独资企业的财产租赁所得和财产转让所得应如何进行税收筹划？

8. 对个人捐赠应如何进行税收筹划？

二、实务题

1. 某公司职员汪某2019年12月的工资收入为5 000元，年末公司又发给其年终奖金30 000元。

要求：比较汪某在12月份一次领取30 000元奖金与在12月份和2020年1、2月份分次领取奖金10 000元两种情况下缴纳个人所得税有什么不同，哪种方案较好？

2. 儿童文学作家李某经过近一年的创作，准备出版一本童话，预计稿酬为25 000元。有两种方式出版：一是以一本书的形式；二是以5本书为一套出版系列丛书，每本稿酬为5 000元。

要求：为作家李某进行税收筹划，哪种方式可少纳税？

第七章　其他税种的税收筹划

【本章导读】

本章主要介绍房产税税收筹划、土地增值税税收筹划、车船税税收筹划、印花税税收筹划和契税税收筹划。通过本章的学习，应全面了解房产税、土地增值税、车船税、印花税和契税的纳税人规定，计税依据确定及应纳税额的计算，税率及税收优惠政策的规定；掌握上述5个税种税收筹划的基本原理与方法，并能够运用于实际操作。

第一节　房产税税收筹划

一、房产税制的法律规定

房产税是指以房产为课税对象，以房产的原值或者租金为计税依据，向房产的所有人或者经营者征收的一种税。

（一）纳税人

房产税以在征税范围内的房屋产权所有人为纳税人。其中：(1)产权属于全民所有的，由经营管理的单位纳税；产权属于集体和个人所有的，由集体单位和个人纳税。(2)产权出典的，由承典人纳税。(3)产权所有人、承典人不在房屋所在地的，由房产代管人或者使用人纳税。(4)产权未确定及租典纠纷未解决的，由房产代管人或者使用人纳税。(5)纳税单位和个人无租使用房产管理部门、免税单位及纳税单位的房产，应由使用人代为缴纳房产税。

（二）征税范围

税法规定，房产税在城市、县城、建制镇和工矿区征收。其中，城市是指经国务院批准设立的市，其征税范围为市区、郊区和市辖县城，不包括农村；县城是指未设立建制镇的县人民政府所在地；建制镇是指经省、自治区、直辖市人民政府批准设立的建制镇，其征税范围为镇人民政府所在地，不包括所辖的行政村；工矿区是指工商业比较发达，人口比较集中，符合国务院规定的建制镇标准，但尚未设立镇建制的大中型工矿企业所在地。

（三）税率

房产税采用比例税率，根据房产税的计税依据分为两种：依据房产计税余值计税的，税率为1.2%；依据房产租金收入计税的，税率为12%。从2008年3月1日起，对个人出租住房，不区分用途，其租金收入按4%的税率征收房产税；对企事业单位、社会团体以及其他组织按市场价格向个人出租用于居住的住房，减按4%的税率征收房产税。

（四）税收优惠

根据《房产税暂行条例》及有关规定，目前房产税的减免税优惠主要有：

1. 国家机关、人民团体、军队自用房产

国家机关、人民团体、军队自用的房产免征房产税，但上述单位的出租房产以及非自身业务使用的生产、营业用房，不属于免税范围。自用房产是指这些单位自身的办公用房和公务用房。

2. 由国家财政部门拨付事业经费的单位自用房产

学校、医疗卫生单位、托儿所、幼儿园、敬老院等实行全额或差额预算管理的事业单位所有的，在本身业务范围内使用的房产免征房产税，但上述单位的附属工厂、商店、招待所等不属于单位公务、业务用房，应照章纳税。

3. 宗教寺庙、公园、名胜古迹自用的房产

宗教寺庙、公园、名胜古迹自用的房产免征房产税；但其附设的营业单位，如影剧院、饮食部、茶社、照相馆等所使用的房产及出租的房产不在免税范围内。

4. 个人所有非营业用的房产

个人所有非营业用的房产免征房产税。个人所有的非营业用房，主要是指居民住房，不分面积大小，一律免缴房产税；但个人拥有的营业用房或者出租的房产，应照章纳税。

5. 经财政部批准免税的其他房产

(1)企业办的各类学校、医院、托儿所、幼儿园自用的房产，可以比照由国家财政部门拨付事业经费的单位自用的房产，免征房产税。

(2)经有关部门鉴定，对因毁损而不堪居住的房屋和危险房屋，在停止使用后，可免征房产税。

(3)对微利企业和亏损企业的房产，依照规定应征房产税，以促进企业改善经营管理，提高经济效益；但为了照顾企业的实际负担能力，可由地方根据实际情况在一定期限内暂免征收房产税。

(4)凡是在基建工地为基建工地服务的各种工棚、材料棚、休息棚、办公室、食堂、茶炉房、汽车房等临时性房屋，不论是施工企业自行建造的，还是由基建单位出资建造交施工企业使用的，在施工期间，一律免征房产税。

(5)房屋大修停用半年以上的，经纳税人申请和税务机关审核，在大修期间可免征房产税。

(6)老年服务机构自用的房产免征房产税。老年服务机构是指专门为老年人提供生活照料、文化、护理、健康等多方面服务的福利性、非营利性机构，如老年社会福利院、敬老院(养老院)、老年服务中心、老年公寓等。

(7)对按政府规定价格出租的公有住房和廉租住房，包括企业和自收自支事业单位向职工出租的单位自有住房、房管部门向居民出租的公有住房、落实私房政策中带户发还产权并以政府规定的租金标准向居民出租的私有住房等，暂免征收房产税。

(8)对廉租住房经营管理单位按照政府规定的价格向规定的保障对象出租廉租住房的租金收入，免征房产税。

(五)计税依据

房产税实行从价计征和从租计征两种方法，其计税依据分别为房产余值和房屋租金收入。

1. 经营自用房产的计税依据

对纳税人经营自用房产采用从价计征的办法，其计税依据为房产原值一次性减除10%～30%的损耗价值后的余额，具体减除幅度以及是否区别房屋新旧程度分别确定减除幅度由各省、自治区、直辖市人民政府规定。

(1)房产原值实际上就是房产的造价或购置价格。对依照房产原值计税的房产,不论是否记载在会计账簿“固定资产”科目中,均应按照房产原价计算缴纳房产税。房产原价应根据国家有关会计制度的规定进行核算。对纳税人未按国家会计制度的规定核算并记载的,应按规定予以调整或重新评估。[①] 没有记载房产原价的,应由房产所在地的税务机关参考同类房产的价值核定。

(2)房产原值应包括与房屋不可分割的各种附属设备或一般不单独计算价值的配套设施,主要有:暖气、卫生、通风、照明、煤气等设备;各种管线,如蒸汽、石油、给水排水等管道及电力、电信、电缆导线;电梯、升降机、过道、晒台等。属于房屋附属设备的水管、下水道、暖气管、煤气管等应从最近的探视井或三通管起计算原值;电灯网、照明线从进线盒连接管起计算原值。

(3)纳税人对房屋进行改建、扩建的,要相应增加房产原值。

(4)凡以房屋为载体,不可随意移动的附属设备和配套设施,如给水排水、采暖、消防、中央空调、电气及智能化楼宇设备等,无论会计核算中是否单独记账与核算,都应计入房产原值,计征房产税。

(5)对于更换房屋附属设备和配套设施的,在将其价值计入房产原值时,可扣减原来相应设备和设施的价值;对附属设备和配套设施中易损坏,需要经常更换的零配件,更新后不再计入房产原值,原零配件的原值也不扣除。

(6)对按照房产原值计税的房产,无论会计上如何核算,房产原值均应包含地价,包括为取得土地使用权而支付的价款、开发土地发生的成本费用等。宗地容积率低于 0.5 的,按房产建筑面积的 2 倍计算土地面积并据此确定计入房产原值的地价。[②]

2. 出租房屋的计税依据

纳税人出租房屋,采用从租计征的办法,其计税依据为不含增值税的房屋租金收入。租金收入是房屋产权所有人出租房产使用权所取得的报酬,包括货币收入和实物收入。对以劳务或其他形式作为报酬抵付房租收入的,应根据当地同类房产的租金水平确定一个标准租金额从租计征。

纳税人对个人出租房屋的租金收入申报不实或申报数与同一地段同类房屋的租金收入相比明显不合理的,税务部门可以按照《税收征收管理法》的有关规定,采取科学、合理的方法核定其应纳税款,具体办法由各省、自治区、直辖市地方税务机关结合当地实际情况制定。

3. 投资联营和融资租赁房产的计税依据

(1)对投资联营的房产,应区别确定房产税的计税依据。对于以房产投资联营、投资者参与投资利润分红、共担风险的,以房产余值作为计税依据计征房产税;对于以房产投资、收取固定收入、不承担联营风险的,实际是以联营名义取得房产租金,应根据《房产税暂行条例》的有关规定由出租方按租金收入计缴房产税。

(2)对融资租赁房屋,由于租赁费包括购进房屋的价款、手续费、借款利息等,与一般房屋出租的“租金”的内涵不同,且租赁期满后,当承租方偿还最后一笔租赁费时,房屋产权要转移到承租方。这实际上是一种变相的分期付款购买固定资产的形式,所以,在计征房产税时应以房产余值计算征收,至于租赁期内房产税的纳税人,则由当地税务机关根据实际情况确定。

---

① 财政部、国家税务总局发布《关于房产税、城镇土地使用税有关问题的通知》(财税〔2008〕152 号),自 2009 年 1 月 1 日起执行。

② 财政部、国家税务总局发布《关于安置残疾人就业单位城镇土地使用税等政策的通知》(财税〔2010〕121 号),自 2010 年 12 月 21 日起执行。

4. 居民住宅区内业主共有的经营性房产的计税依据

对居民住宅区内业主共有的经营性房产，由实际经营(包括自营和出租)的代管人或使用人缴纳房产税。其中，自营的，依照房产原值扣除10%～30%后的余值计征；没有房产原值或不能将业主共有房产与其他房产的原值准确划分的，由房产所在地的地方税务机关参照同类房产核定房产原值；出租的，依照租金收入计征。

二、房产税的税收筹划

不论是企业还是个人，有房产就可能会成为房产税的纳税人。如何利用房产税的有关规定减轻房产税的税收负担是纳税人应考虑的问题。

(一)利用合理确定房产原值进行税收筹划

房产税在城市、县城、建制镇和工矿区征收，农村不征收。以房产余值计税适用于房产用于自己生产经营而不是出租收取租金的情况。房产余值是房产原值一次扣除10%～30%后的余额。房产原值是指房屋的造价，包括与房屋不可分割的各种附属设备或一般不单独计算价值的配套设施。可见，房产原值的大小直接决定房产税的多少，合理减少房产原值是房产税筹划的关键。

【案例7—1】 某公司欲兴建一座花园式工厂，除厂房、办公用房外，还包括厂区围墙、水塔、变电塔、停车场、露天凉亭、游泳池、喷泉等建筑物，总计造价为1亿元。如果1亿元都作为房产原值，则该公司自工厂建成的次月起就应缴纳房产税。假定当地房屋的扣除比例为30%，则每年应纳房产税为84万元[10 000×(1—30%)×1.2%]。只要该工厂存在，这84万元税负就不可避免，以20年计算，就将是1 680万元(84×20)。该公司感到税负太重，于是就此项目向注册税务师咨询。

注册税务师指出，按照税法的有关规定，房产是以房屋形态表现的财产，房屋是指有屋面结构，可供人们在其中生产、工作、居住或储藏物资的场所，不包括独立于房屋外的建筑物，如围墙、水塔、变电塔、露天停车场、露天凉亭、露天游泳池和喷泉等。因此，注册税务师建议把停车场、游泳池都建成露天的，并且把这些独立建筑物的造价与厂房、办公用房的造价分开，在会计账簿中单独记载，则这部分建筑物的造价不计入房产原值，不缴纳房产税。该公司经过估算，除厂房、办公用房外的建筑物的造价为800万元，独立出来后，每年可少缴房产税6.72万元[800×(1—30%)×1.2%]，以20年计算，就是134.4万元(6.72×20)，该公司可减轻很多税收负担。

(二)利用选址进行税收筹划

房产税的征税范围不包括农村，这主要是为了减轻农民的负担。因为农村的房屋，除农副业生产用房外，大部分是农村居民居住用房。如果企业在设立时能考虑到这一点，将会为企业节省不少税收。根据我国现行税法的规定，将企业建在乡、村所在地，不仅可以免缴房产税，而且可以免缴城镇土地使用税，并且可以按最低的税率(1%)缴纳城市维护建设税。

【案例7—2】 上海市一家印刷企业在选址时考虑了税负问题。经咨询相关税务专家，该企业决定设在离某镇几千米的农村。如果该企业的房产原值为1 000万元，占地面积为10 000平方米，平均每年应缴增值税500万元，房产税为零，城镇土地使用税为零，应纳城市维护建设税为5万元(500×1%)。

如果该企业建在镇里，应纳的房产税为8.4万元[1 000×(1—30%)×1.2%]，应纳城镇土地使用税为2万元(10 000×2)(城镇土地使用税的征收标准为2元/平方米)，应纳城市维护建设税为25万元(500×5%)。与建在农村相比,多缴了30.4万元(25+2+8.4−5)税。

但需要注意的是,如果将企业设在农村会影响企业的业务发展,对此,建议企业将总部、销售部门或业务拓展部门设在城市,而将工厂、生产车间设在农村,以弥补消息不充分、交通不便利的限制条件。

(三)利用税率差异进行税收筹划

按照规定,个人出租房屋用于生产经营的,按租金收入的12%缴纳房产税。个人将居民住房用于居住时,根据财政部、国家税务总局《关于调整住房租赁市场税收政策的通知》的规定,房产税暂减按4%的税率征收。因此,纳税人在出租房屋时,应区分房屋的使用性质,将营业场所与居住房屋分开,分别签订合同,这样就可以减轻税负。

【案例7−3】　王某购买一处写字楼的两层作为商店出租,合同规定每年取得租金500 000元,那么,王某应纳房产税为60 000元(500 000×12%)。

王某的房屋属于商住合用,楼上用于居住,楼下用于经营。如果王某与承租方签订两份房屋租赁合同,楼上以每月12 000元租给他人居住,楼下作为经营使用,年租金为356 000元,合计租金收入为500 000元(12 000×12+356 000)。

居住用房每年的收入为144 000元(12 000×12),房产税按4%计算,每年缴纳房产税5 760元(144 000×4%);商业用房应纳房产税为42 720元(356 000×12%)。合计应纳税48 480元(5 760+42 720),比不划分租赁用途时少缴纳税款11 520元(60 000−48 480)。

(四)利用房屋出租转化为房产投资进行税收筹划

对于投资联营的房产,应根据投资联营的具体情况,在计征房产税时予以区别对待。对于以房产投资联营、投资者参与投资利润分红、共担风险的情况,以房产原值作为计税依据计征房产税。

【案例7−4】　A房地产公司(一般纳税人)有2015年10月竣工交付的一栋商品楼,商品楼一层是商务用房,账面价值为1 000万元。现有三个经营方案:方案一是对外出租,租金为120万元(含增值税);方案二是本公司开办商场;方案三是以商务用房对外投资。

方案一:对外出租。

根据营业税改征增值税的规定,出租2016年4月30日前取得的不动产,可选择按5%征收率简易计税。

$$应纳增值税=\frac{1\ 200\ 000}{1+5\%}\times5\%=57\ 142.86(元)$$

应纳城市维护建设税和教育费附加=57 142.86×(7%+3%)=5 714.29(元)

应纳印花税=1 200 000×1‰=1 200(元)

$$应纳房产税=\frac{1\ 200\ 000}{1+5\%}\times12\%=137\ 142.86(元)$$

应纳税款合计=57 142.86+5 714.29+1 200+137 142.86=201 200.01(元)

方案二:A公司开办商场,只缴纳房产税。

应纳房产税=10 000 000×(1−30%)×1.2%=84 000(元)

方案二比方案一节省税117 200.01元(201 200.01−84 000),其中,房产税节税53 142.86元(137 142.86−84 000)。

方案三:以房产参与投资利润分红,共担风险,按房产原值作为计税依据计征房产税,缴纳的房产税与方案二相同,且本方案无须缴纳增值税、城市维护建设税、教育费附加和印花税。

（五）利用分别签订租赁合同进行税收筹划

企业租赁大多涉及房屋租赁，如出租车间、厂房、宾馆、门面房等。涉及房屋出租的，根据规定，按租金收入的12%缴纳房产税。但往往企业出租的不仅是房屋设施自身，而且有房屋内部或外部的一些附属设施，如机器设备、办公家具、附属用品等，税法对这些设施并不征收房产税。但是，如果把这些设施与房屋不加区别地同时写在一份租赁合同中，这些设施也要缴纳房产税。因此，最好是对房产和设施分别签订租赁合同，这样就可以减少房产税。

【案例7—5】 某国有企业（甲方）把下属一家开工不足的工厂（2013年的旧厂房）出租给一家民营企业（乙方），双方谈定厂房连同设备一年的租金是2 000万元（含增值税），并据此签订了租赁合同，内容大致是：甲方同意将厂房连同设备租给乙方，乙方支付厂房和设备租金一年2 000万元。合同签订后，乙方先付一半租金，年底再付另一半租金。

按照将厂房连同设备一起出租的合同，甲方应缴纳的税额如下：

应纳房产税$=\frac{2\ 000}{1+5\%}\times 12\%=228.57$（万元）

应纳增值税$=\frac{2\ 000}{1+5\%}\times 5\%=95.24$（万元）

应纳城市维护建设税和教育费附加$=95.24\times(7\%+3\%)=9.52$（万元）

合计缴纳税额$=228.57+95.24+9.52=333.33$（万元）

也就是说，依据这份合同，出租工厂的第一年，机器设备也缴纳了12%的房产税。

经咨询，该企业第二年把这份租赁合同改变为厂房出租与设备出租两份租赁合同，内容大致是：甲方以每年1 000万元的租金出租厂房，以每年1 000万元的租金出租设备。虽然两项租金合计仍为2 000万元（1 000+1 000），但因设备出租不涉及12%的房产税，纳税总额因合同内容的改变而改变。

甲方出租厂房和设备应缴纳的税额为：

应纳房产税$=\frac{1\ 000}{1+5\%}\times 12\%=114.29$（万元）

应纳增值税$=\frac{2\ 000}{1+5\%}\times 5\%=95.24$（万元）

应纳城市维护建设税和教育费附加$=95.24\times(7\%+3\%)=9.52$（万元）

合计缴纳税额为$=114.29+95.24+9.52=219.05$（万元）

甲方总体纳税从333.33万元减少到219.05万元，税负下降34.28%[(333.33－219.05)÷333.33×100%]。

（六）利用转化服务内容进行税收筹划

【案例7—6】 某企业因经营不善等原因，原来的主营业务不景气，仓库被闲置。为增加收入，该企业决定业务转型，把对外出租仓库作为主营业务，当年取得租金收入1 000万元（含增值税），依据5%的税率缴纳增值税47.62万元[1 000÷(1+5%)×5%]；依据12%的税率缴纳房产税114.29万元[1 000÷(1+5%)×12%]。单此两项税收就达161.91万元（47.62+114.29），占总收入的16.19%（161.91÷1 000×100%）；若再加上其他税费，企业的税负则更重。

对于这个案例，税收筹划的操作思路如下：

第一，根据当地物业管理标准，对年租金收入进行税收筹划，把年租金1 000万元变成年租赁费500万元、物业管理费500万元，因为物业管理费只需缴纳增值税而不用按租金收入缴纳 12%的房产税。

第二，物业管理的资格认定。物业管理资格认定属于建设主管部门的行政审批事项，只有获得认可，再去税务部门得到批准，才可以从事物业管理服务。

通过税收筹划前后的税负比较，可以看到：税收筹划前，该企业的增值税和房产税合计为 161.91 万元；税收筹划后，该企业的增值税不变，仍为 47.62 万元，物业管理费只需缴纳增值税，不缴纳房产税，所以，房产税为 57.14 万元[500÷(1+5%)×12%]，总体税负为 104.76 万元(47.62+57.14)，从而使该企业减轻税负 57.15 万元(161.91－104.76)，税负减轻了 35.30%(57.15÷161.91×100%)。

(七)利用改变收入的性质进行税收筹划

【案例 7—7】 甲企业有 4 座空置的仓库，房产原值为 1 600 万元，租给乙企业存放商品，年租金为 400 万元(含增值税)。甲企业为此应纳增值税 19.05 万元[400÷(1+5%)×5%]、城市维护建设税及教育费附加 1.91 万元[19.05×(7%+3%)]、房产税 45.71 万元[400÷(1+5%)×12%]，合计纳税 66.67 万元(19.05+1.91+45.71)，税收负担率为 16.67%(66.67÷400×100%)。

经咨询税收筹划专家，甲企业进行了如下税收筹划：变租赁合同为仓储合同。闲置库房同样用于乙企业存放商品，而税收负担将大幅下降。仓储适用 6%的增值税税率，甲企业为此应纳增值税为 22.64 万元[400÷(1+6%)×6%]、城市维护建设税及教育费附加为 2.26 万元[22.64×(7%+3%)]，但房产税可以从价计征，应缴房产税为 13.44 万元[1 600×(1－30%)×1.2%]，合计纳税 38.34 万元(22.64+2.26+13.44)，可减轻甲企业的税收负担 28.33 万元(66.67－38.34)，税收负担率降为 9.59%(38.34÷400×100%)。

当然，租赁与仓储是两个完全不同的概念。租赁只要提供空库房就可以，存放商品的安全由乙企业自行负责；仓储则需要甲企业对存放商品负责，如果发生失窃、霉烂，甲企业负责赔偿。为此，甲企业必须配有专门的仓储人员，添置有关设备，从而相应增加人员工资和经费开支。但这些开支远远不能与节税数额相比，扣除这些开支后，甲企业仍能取得较可观的收益。

第二节　土地增值税税收筹划

一、土地增值税制的法律规定

土地增值税是对转让国有土地使用权、地上建筑物及其附着物并取得收入的单位和个人，就其转让所获得的土地增值额征收的一种税。

(一)纳税人

土地增值税的纳税人是转让国有土地使用权及地上建筑物和其他附着物的产权，并取得收入的单位和个人，包括机关、团体、部队、企事业单位、个体工商户及国内其他单位和个人，还包括外商投资企业、外国企业和外国机构、华侨、港澳台同胞及外国公民等。

(二)征税范围

1. 征税范围的一般规定

(1)只对转让国有土地使用权的行为课税，转让非国有土地和出让国有土地的行为均不征税。

所谓“国有土地使用权”，是指土地使用人根据国家法律、合同等的规定，对国家所有的土地享有的使用权利。土地增值税只对企业、单位和个人等经济实体转让国有土地使用权的行为课税。对属于集体所有的土地，按现行规定须先由国家征用后才能转让。政府出让土地的行为及取得的收入不在土地增值税征税之列。

(2)既对转让土地使用权课税，又对转让地上建筑物和其他附着物的产权征税。

所谓“地上建筑物”，是指建于土地上的一切建筑物，包括地上、地下的各种附属设施，如厂房、仓库、商店、医院、住宅、地下室、围墙、烟囱、电梯、中央空调和管道等。所谓“附着物”，是指附着于土地上的，不能移动，一经移动即遭损坏的种植物、养植物及其他物品。上述建筑物和附着物的所有者对自己的财产依法享有占有、使用、收益和处置的权利，即拥有排他性的全部产权。

(3)只对有偿转让的房地产征税，对以继承、赠与等方式无偿转让的房地产则不予征税。

2. 征税范围的具体规定

(1)以房地产进行投资、联营。对于以房地产进行投资、联营，如果投资、联营的一方以土地(房地产)作价入股进行投资或作为联营条件的，暂免征收土地增值税；但是，投资、联营企业若将上述房地产再转让的，则属于征收土地增值税的范围。

(2)合作建房。对于一方出地，另一方出资金，双方合作建房，建成后分房自用的，暂免征收土地增值税；但如果建成后转让的，属于征收土地增值税的范围。

(3)企业兼并转让房地产。在企业兼并中，对被兼并企业将房地产转让到兼并企业中的，暂免征收土地增值税。

(4)交换房地产。交换房地产的行为既发生了房产产权、土地使用权的转移，交换双方又取得了实物形态的收入，属于征收土地增值税的范围；但个人之间互换自有居住用房地产的，经当地税务机关核实，可以免征土地增值税。

(5)房地产抵押。在房地产抵押期间不征收土地增值税，待抵押期满后，视该房地产是否转移产权来确定是否征收土地增值税。对于以房地产抵债而发生房地产产权转让的，属于征收土地增值税的范围。

(三)税率

土地增值税采用四级超率累进税率的形式。其中，最低税率为30%，最高税率为60%(如表7—1所示)。

表7—1　　土地增值税超率累进税率表

级次	增值额与扣除项目金额的比率	税率(%)	速算扣除系数(%)
1	不超过50%的部分	30	0
2	超过50%～100%的部分	40	5
3	超过100%～200%的部分	50	15
4	超过200%的部分	60	35

(四)税收优惠

(1)纳税人建造普通标准住宅出售，增值额未超过扣除项目金额20%的，免征土地增值税；增值额超过扣除项目金额20%的，应就其全部增值额计税。

这里所说的“普通标准住宅”，是指按所在地一般民用住宅标准建造的居住用住宅，高级公寓、别墅、小洋楼和度假村等不属于普通标准住宅。普通标准住宅与其他住宅的具体划分界限由各省、自治区、直辖市人民政府规定。[①]

(2)因国家建设需要,依法征用、收回的房地产,免征土地增值税。这里所说的"因国家建设需要,依法征用、收回的房地产",是指因城市市政规划、国家建设的需要而被政府批准征用的房产或收回的土地使用权。因城市实施规划、国家建设的需要而搬迁,由纳税人自行转让原房地产的,比照有关规定免征土地增值税。

(3)自2007年8月1日起,企事业单位、社会团体以及其他组织转让旧房作为廉租住房、经济适用住房房源且增值额未超过扣除项目金额20%的,免征土地增值税。

(4)自2008年11月1日起,对个人销售住房暂免征收土地增值税。

(5)自2010年9月27日起,对企事业单位、社会团体以及其他组织转让旧房作为公租房房源,且增值额未超过扣除项目金额20%的,免征土地增值税。

(6)个人因工作调动或改善居住条件而转让原自用住房,经向税务机关申报核准,凡居住满5年或5年以上的,免予征收土地增值税;凡居住满3年未满5年的,减半征收土地增值税;凡居住未满3年的,按规定计征土地增值税。

(五)计税依据

土地增值税以纳税人转让房地产所取得的增值额为计税依据。转让房地产的增值额是指纳税人转让房地产所获得的收入减除税法规定的扣除项目金额后的余额。按照规定,扣除项目涉及的增值税进项税额允许在销项税额中计算抵扣的,不计入扣除项目;不允许在销项税额中计算抵扣的,可计入扣除项目。[②] 其计算公式为:

土地增值额=转让房地产收入-扣除项目金额

1. 转让房地产收入的确定

纳税人转让房地产所取得的不含增值税的收入是指包括货币收入、实物收入和其他收入在内的全部价款及有关的经济利益,不允许从中扣除任何成本费用。

对取得的实物收入,要按收入时的市场价格折算成货币收入;对取得的无形资产收入,要进行专门的评估,在确定其价值后折算成货币收入。

2. 准予扣除项目金额的确定

在确定房地产转让的增值额和计算应纳土地增值税时,允许从房地产转让收入总额中扣除的项目及其金额有以下六类:

(1)取得土地使用权所支付的金额

取得土地使用权所支付的金额是指纳税人为取得土地使用权所支付的地价款和按国家统一规定缴纳的有关费用之和,可以有三种形式:以出让方式取得土地使用权的,为支付的土地出让金;以行政划拨方式取得土地使用权的,为转让土地使用权时按规定补缴的出让金;以转让方式取得土地使用权的,为支付的地价款。

(2)房地产开发成本

房地产开发成本是指纳税人开发房地产项目实际发生的成本。这些成本允许按实际发生数扣除,主要包括土地征用及拆迁补偿费、前期工程费、建筑安装工程费、基础设施费、公共配

---

① 根据《国务院办公厅转发建设部等七部门关于做好稳定住房价格工作的意见的通知》(国办发〔2005〕26号),享受优惠政策的住房原则上应同时满足以下条件:住宅小区建筑容积率在1以上、单套建筑面积在120平方米以下、实际成交价格低于同级别土地上住房平均交易价格的1.2倍以下。各省、自治区、直辖市要根据实际情况制定本地区享受优惠政策普通住房的具体标准。允许单套建筑面积和价格标准适当浮动,但向上浮动的比例不得超过上述标准的20%。

② 财政部、国家税务总局发布《关于营改增后契税、房产税、土地增值税、个人所得税计税依据问题的通知》(财税〔2016〕43号),自2016年5月1日起施行。

套设施费、开发间接费用等。

(3)房地产开发费用

房地产开发费用是指与房地产开发项目有关的销售费用、管理费用和财务费用。根据会计制度的规定,与房地产开发有关的费用直接计入当期损益,不按房地产项目进行归集或分摊。为了便于计算和操作,对有关费用的扣除,尤其是财务费用中数额较大的利息支出,按下列标准扣除:

①利息支出能够按转让房地产项目计算分摊并提供金融机构证明的,允许据实扣除,但最高不能超过按商业银行同期贷款利率计算的金额。利息支出以外的其他房地产开发费用,按取得土地使用权支付的金额和房地产开发成本之和,在5%以内计算扣除。

房地产开发费用=分摊的利息支出+(取得土地使用权支付的金额+房地产开发成本)×5%

②利息支出不能按转让房地产项目计算分摊或不能提供金融机构证明的,不能单独计算,而应并入房地产开发费用中一并计算扣除。在这种情况下,"房地产开发费用"的计算方法是,按取得土地使用权支付的金额和房地产开发成本之和,在10%以内计算扣除,计算扣除的具体比例由省、自治区、直辖市人民政府规定。

房地产开发费用=(取得土地使用权支付的金额+房地产开发成本)×10%

企业全部使用自有资金,没有利息支出的,按照以上方法计算扣除。

(4)与转让房地产有关的税金

这是指在转让房地产时缴纳的印花税、城市维护建设税和教育费附加。其中,允许扣除的印花税是指在转让房地产时缴纳的印花税。房地产开发企业在转让房地产时缴纳的印花税,按照会计制度的规定计入管理费用,已相应予以扣除,印花税不再单独扣除。房地产开发企业以外的其他纳税人在计算土地增值税时,允许扣除在转让房地产环节缴纳的印花税。

对于个人购入房地产再转让的,其在购入环节缴纳的契税由于已经包含在旧房及建筑物的评估价格中,因此,计征土地增值税时,不能作为与转让房地产有关的税金扣除。

(5)财政部确定的其他扣除项目

对房地产开发的纳税人,可按"取得土地使用权所支付的金额"和"房地产开发成本"的金额之和加计20%扣除。

(6)旧房及建筑物的评估价格

旧房及建筑物的评估价格是指在转让已使用的房屋及建筑物时,由政府批准设立的房地产评估机构评定的重置成本价乘以成新度折扣率后的价格。评估价格须经当地税务机关确认。其计算公式为:

评估价格=重置成本价×成新度折扣率

转让旧房屋及建筑物的评估价格、取得土地使用权所支付的地价款、按国家统一规定缴纳的有关费用及在转让环节缴纳的税金,可以在计征土地增值税时扣除。对取得土地使用权时未支付地价款或不能提供已支付地价款凭据的,在计征土地增值税时不允许扣除。

纳税人在转让旧房及建筑物时,因计算纳税需要对房地产进行评估,其支付的评估费用允许在计算土地增值税时扣除;但是,对纳税人因隐瞒、虚报房地产成交价等情形而按房地产评估价格计算征收土地增值税时发生的评估费用,则不允许在计算土地增值税时扣除。

纳税人转让旧房及建筑物的,凡不能提供评估价格,但能提供购房发票的,其扣除项目包括按照经税务机关确定的购房发票所载金额每年加计5%扣除的金额以及与转让房地产有关的税金。其中,按购房发票所载日期起至售房发票开具之日每满12个月计1年;超过1年,未满 12 个月但超过 6 个月的，可视同 1 年。对纳税人购房时缴纳的契税，凡能提供契税完税凭证的，准予作为“与转让房地产有关的税金”予以扣除，但不能作为加计 5%的基数。

纳税人转让旧房及建筑物，既没有评估价格又不能提供购房发票的，由税务机关核定征收。

二、土地增值税的税收筹划

(一)利用适当增值进行税收筹划

在进行土地增值税的税收筹划时，增值额很关键。增值额是转让收入扣除税法规定的扣除项目金额后的余额。增值额越小，计税额就越小，适用的税率也越低，土地增值税税负就越轻。因此，土地增值税筹划的关键就是合理合法地降低增值额。

按规定，纳税人建造普通标准住宅出售，增值额没有超过扣除项目金额的 20%的，免予征收土地增值税。纳税人既建造普通标准住宅，又进行其他房地产开发的，应分别核算增值额；不分别核算增值额或不能准确核算增值额的，其建造的普通标准住宅不享受免税优惠。

房地产开发企业如果既建造普通住宅，又进行其他房地产开发，分开核算与不分开核算税负会有差异，这取决于两种住宅的销售额和可扣除项目的金额。在分开核算的情况下，如果能把普通标准住宅的增值额控制在扣除项目金额的 20%以内，从而免缴土地增值税，则可以减轻税负。

【案例 7—8】 上海某房地产开发企业 2019 年商品房的销售收入为 15 000 万元(不含增值税)，其中，普通住宅的销售额为 10 000 万元，豪华住宅的销售额为 5 000 万元。税法规定的可扣除项目金额为 11 000 万元，其中，普通住宅的可扣除项目金额为 8 000 万元，豪华住宅的可扣除项目金额为 3 000 万元。

方案一：不分开核算。

增值率＝(15 000－11 000)÷11 000×100%＝36.36%

应纳土地增值税税额＝(15 000－11 000)×30%＝1 200(万元)

方案二：分开核算。

普通住宅增值率＝(10 000－8 000)÷8 000×100%＝25%

应纳土地增值税税额＝(10 000－8 000)×30%＝600(万元)

豪华住宅增值率＝(5 000－3 000)÷3 000＝66.67%

应纳土地增值税税额＝(5 000－3 000)×40%－3 000×5%＝650(万元)

普通住宅和豪华住宅合计应纳税额＝ 600＋650＝1 250(万元)

分开核算比不分开核算多缴纳土地增值税 50 万元(1 250－1 200)。

进一步筹划的关键是通过适当减少销售收入，使普通住宅的增值率控制在 20%以内。这样做的好处有两个：一是可以免缴土地增值税；二是降低了房价或提高了房屋质量，改善了房屋的配套设施等，可以在激烈的销售战中取得优势。

假定例 7—8 中其他条件不变，只是普通住宅的可扣除项目金额发生变化，使普通住宅的增值率限制在 20%，那么，可扣除项目的金额(Y)从 $\frac{10\,000-Y}{Y}\times 100\%=20\%$ 的等式中可计算出 $Y=8\,333.33$ 万元。此时，该企业应缴纳的土地增值税仅为豪华住宅应缴纳的 650 万元，比不分开核算少缴纳 550 万元(1 200－650)，比分开核算少缴纳 600 万元(1 250－650)，扣除为增加可扣除项目金额多支出的 333.33 万元(8 333.33－8 000)，分别减少支出 216.67 万元

(550－333.33)和266.67万元(600－333.33)。

增加可扣除项目金额的途径很多，如增加房地产开发成本、房地产开发费用等，使商品房的质量进一步提高。但是，在增加房地产开发费用时，应注意税法规定的比例限制。税法规定，开发费用的扣除比例不得超过取得土地使用权支付的金额和房地产开发成本金额总和的10％，而各省、市在10％以内确定了不同的比例，纳税人要注意把握。

控制普通住宅增值率的另一种方法是降低房屋销售价格，销售收入减少了而可扣除项目金额不变，增值率自然会降低。当然，这会带来另一种后果，即导致销售收入的减少，此时该方法是否可取，就得比较减少的销售收入和减少的税金支出的大小，从而做出选择。

假定例7－8中普通住宅的可扣除项目金额不变，仍为8 000万元，要使增值率为20％，则销售收入从$\frac{X-8\ 000}{8\ 000}\times 100\%=20\%$中可求出$X=9\ 600$万元。此时，该企业应缴纳的土地增值税为650万元，减少税金600万元，与减少的收入400万元(10 000－9 600)相比节省了200万元(600－400)。

专栏7—1

如何巧省土地增值税

新发房地产公司是A市一家以开发并转让土地及房产为主要业务的中型企业。

2006年7月初，该公司按A市一般民用住宅标准建造了一栋居住用建筑，并以市场价格销售给A市市民，共取得收入240万元，共发生如下费用：(1)取得土地使用权所支付的金额为100万元；(2)房地产开发成本为50万元；(3)其他扣除额为60万元。同月，该公司转让另一房地产取得收入400万元，共发生如下费用：(1)取得土地使用权所支付的金额为20万元；(2)房地产开发成本为30万元；(3)房地产开发费用为16万元；(4)与房地产有关的税金为24万元。

面对激烈的市场竞争，考虑到规模经济，同城另一家房地产开发公司——开兴公司决定兼并新发房地产公司以扩大市场占有率。2006年7月中旬，开兴公司以400万元市场价格收购了新发房地产公司的标志性建筑大楼，并于同年7月底成立了开新房地产公司。新发房地产公司在建造该楼时共发生费用100万元。该月该公司共缴纳土地增值税270万元，计算过程如下：

(1)7月份共发生了两次房地产转让，且两处房地产位于同一片土地上，公司财务由于没有分别核算土地增值税，两次转让一起核算，共取得收入640万元，扣除金额为300万元，增值额超过扣除额的100％，故应纳土地增值税为125万元(340×50％－300×15％)。

(2)7月底由于被兼并取得房地产收入400万元，扣除额为100万元，增值额超过扣除项目金额的200％，故应纳土地增值税为145万元。

以上两项共纳土地增值税270万元(125＋145)。

我们不难发现，公司多缴了不少税款：

(1)根据《土地增值税暂行条例》第八条的规定，有下列情形之一的，免征土地增值税：①纳税人以普通标准出售，增值额未超过扣除项目金额20％的；②因国家建设需要依法征用，收回的房地产。

在本案例中，新发房地产公司按A市一般民用住宅标准建造了一栋居住用建筑，属于暂行条例规定的第一种情况，且其增值额小于20%，根据公司会计账户的核算，这个项目是可以与该公司同月发生的另一个项目区分开来的，故该项目可以享受税收优惠。

(2)根据《土地增值税暂行条例》第六条的规定计算增值额的扣除项目为：①取得土地使用权所支付的金额；②开发土地的成本、费用；③新建房及配套设施的成本、费用，或者旧房及建筑物的评估价格；④与转让房地产有关的税金；⑤财政部规定的其他扣除项目。

财政部规定的其他扣除项目是指对从事房地产开发的纳税人按暂行条例第六条①、②项的规定计算的金额之和加计20%扣除。在此应特别指出的是，此条优惠只适用于从事房地产开发的纳税人，除此之外的其他纳税人不再适用。

然而，新发房地产开发公司的财务人员并没有利用这一优惠条件，其两笔土地增值税应纳税额应为：

增值额＝400－[20＋30＋16＋24＋(20＋30)×20%]＝300(万元)

增值额与扣除项目金额之比＝300÷100×100%＝300%

增值额超过扣除项目金额200%[(300－100)÷100×100%]，分别适用30%、40%、50%和60%四档税率，应纳税额为145万元。

(3)根据《土地增值税暂行条例》及其实施细则的规定，土地增值税的征税范围在实际工作中并不包括企业兼并转让房地产，即在企业兼并中，对被兼并企业将房地产转让到兼并企业中的，暂免征收土地增值税。新发房地产公司由于被兼并到开兴房地产公司中而发生的房地产转让行为不征收土地增值税。

综合以上分析，新发房地产公司7月份应缴纳土地增值税145万元，而不是270万元，多缴了125万元(270－145)。

从本案例中可以看出，土地增值税有不少筹划技巧：

其一，与所得税一样，土地增值税也采用累进税率，有四档税率，故适当地使计税依据处于低一档税率无疑是有好处的。在上例中我们发现，如果不分别核算两笔房地产的增值额，则应纳税额为125万元；而分别核算，由于累进税率的提高，应纳税额为145万元，多缴纳20万元(145－125)。可见，适当的时候，我们可以选择不利用优惠政策，不分别核算增值额，这样反而可能合理地减少应纳税额。

其二，在实际工作中，准确界定土地增值税的征税范围可以减少应纳税额。我们对以下所得征税：出售国有土地使用权；取得国有土地使用权后进行房屋开发建造，之后出售；存量房地产的买卖；房地产的抵押；以房地产进行投资和联营；等等。对房地产出租、继承，企业兼并转让房地产，房地产代建房行为等不征收土地增值税。

我们在实际生活中应准确把握土地增值税的征税范围并进行合理筹划，以减少应纳税额。

[资料来源] 无忧会计网，http://www.51kj.com.cn/news/20050502/n2567.shtml。

(二)利用分散收入进行税收筹划

在确定土地增值税税额时，很重要的一点是确定售出房地产的增值额。而增值额是纳税人转让房地产所取得的收入减去规定扣除项目金额后的余额，因而纳税人转让房地产所取得的收入对其应纳税额有很大影响。如果能想办法使转让收入变少，从而减少纳税人转让的增值额,显然是能节省税款的。

在累进税制下,通过分散收入来实施税收筹划显得更为重要。因为,在累进税制下,收入的增长预示着相同条件下增值额的增长,从而使得高的增长率适用较高的税率,档次爬升现象会使得纳税人的税负急剧上升。因此,如何合理合法地分散收入便成为降低税负的关键。

分散收入的常用方法:一是将可以分开处理的部分从整体房地产中分离出来,二是分多次签订售房合同。

【案例 7—9】 某房地产公司(一般纳税人)出售一栋房屋,含增值税的总售价为 1 000 万元,该房屋进行了简单装修并安装了简单的必备设施。根据相关税法的规定,该房地产开发业务允许扣除的费用为 400 万元(其中,土地价款为 50 万元,并取得了合法的财政票据),增值额为 600 万元。该房地产公司应该缴纳土地增值税、增值税、城市维护建设税、教育费附加以及企业所得税。土地增值率为 150%(600÷400×100%)。

根据规定,增值额超过扣除项目金额的 100%、未超过 200%的,土地增值税税额=增值额×50%—扣除项目金额×15%。因此,该公司应当缴纳的土地增值税为 240 万元(600×50%—400×15%)。根据营业税改征增值税的规定,房地产开发企业中的一般纳税人销售其开发的房地产项目,应采取一般计税方法,适用 9%的增值税税率,以取得的全部价款和价外费用扣除受让土地时向政府部门支付的土地价款(应取得省级以上财政监制的财政票据)后的余额为销售额。因此,该公司应当缴纳增值税 78.44 万元[(1 000—50)÷(1+9%)×9%],应当缴纳的城市维护建设税和教育费附加为 7.84 万元(78.44×10%)。不考虑企业所得税,该房地产公司的利润为 273.72 万元(1 000—400—240—78.44—7.84)。

如果进行税收筹划,将该房屋的出售分为两份合同,第一份合同为房屋出售合同,不包括装修费用,房屋出售价格为 700 万元,允许扣除的成本为 300 万元;第二份合同为房屋装修合同,装修费用为 300 万元,允许扣除的成本为 100 万元,则土地增值率为 133%(400÷300×100%),应缴纳的土地增值税为 155 万元(400×50%—300×15%),应缴纳的增值税仍为 78.44 万元,应当缴纳的城市维护建设税和教育费附加仍为 7.84 万元。不考虑企业所得税,该房地产公司的利润为 358.72 万元(700+300—300—100—155—78.44—7.84)。经过税收筹划,企业可增加利润 85 万元(358.72—273.72)。

(三)利用特殊扣除项目规定进行税收筹划

按照规定,财务费用中的利息支出,凡能够按转让房地产项目计算分摊并提供金融机构证明的,允许据实扣除,但最高不能超过按商业银行同类同期贷款利率计算的金额。其他房地产开发费用,按取得土地使用权所支付的金额与开发土地和新建房及配套设施的成本两项计算的金额之和的 5%以内计算扣除。凡不能按转让房地产项目计算分摊利息支出或不能提供金融机构证明的,房地产开发费用按取得土地使用权所支付的金额与开发土地和新建房及配套设施的成本两项计算的金额之和的 10%以内计算扣除。

据此,若企业主要依靠负债筹资,利息费用占的比例较大,应提供金融机构贷款证明,将利息计入房地产开发费用;反之,若主要依靠权益资本筹资,则可采用另一种方法。

【案例 7—10】 甲房地产公司于 2019 年 8 月开发一处房地产,为取得土地使用权支付 1 000 万元,为开发土地和新建房及配套设施花费 1 200 万元,财务费用中可以按转让房地产项目计算分摊的利息支出为 200 万元,不超过商业银行同类同期贷款利率。

公司财务人员通过核算发现,如果不提供金融机构证明,该公司所能扣除的费用的最高额为:

(1 000+1 200)×10%=220(万元)

如果提供金融机构证明,该公司所能扣除的费用的最高额为:

200+(1 000+1 200)×5%=310(万元)

在这种情况下,公司提供金融机构证明可以增加扣除费用 90 万元(310—220)。

【案例 7—11】 甲房地产公司于 2019 年 8 月开发一处房地产,为取得土地使用权支付 1 000 万元,为开发土地和新建房及配套设施花费 1 200 万元,财务费用中可以按转让房地产项目计算分摊的利息支出为 80 万元,不超过商业银行同类同期贷款利率。现在需要公司决定是否提供金融机构证明。

同例 7—10,如果不提供金融机构证明,则该公司所能扣除的费用的最高额为:

(1 000+1 200)×10%=220(万元)

如果提供金融机构证明,则该公司所能扣除的费用的最高额为:

80+(1 000+1 200)×5%=190(万元)

可见,在这种情况下,公司不提供金融机构证明是有利的选择。

企业是否提供金融机构证明,关键看所发生的能够扣除的利息支出占税法规定的开发成本的比例。推算可知,如果该比例超过 5%,则提供证明比较有利;如果该比例没有超过 5%,则不提供证明比较有利。需要注意的是,相关文件规定,房地产开发企业办理土地增值税清算时计算与清算项目有关的扣除项目金额,应按照《土地增值税暂行条例》第六条及其实施细则第七条的规定执行,除另有规定外,扣除取得土地使用权所支付的金额、房地产开发成本、费用及与转让房地产有关的税金,须提供合法有效的凭证;不能提供合法有效凭证的,不予扣除。

(四)通过增加扣除项目金额进行税收筹划

土地增值税是房地产开发的主要成本之一,其在建造的普通标准住宅增值率不超过 20% 的情况下可以免征。因此,企业可以通过增加扣除项目使房地产的增值率不超过 20%,从而享受免税待遇。

【案例 7—12】 某房地产公司开发一栋普通标准住宅,房屋含增值税售价为 1 000 万元,按照税法规定可扣除费用为 800 万元(其中,土地价款为 40 万元,并取得了合法的财政票据),增值额为 200 万元,增值率为 25%(200÷800×100%),该房地产公司需要缴纳的土地增值税为 60 万元(200×30%)、增值税为 79.27 万元[(1 000—40)÷(1+9%)×9%]、城市维护建设税和教育费附加为 7.93 万元(79.27×10%),不考虑企业所得税,该房地产公司的利润为 52.8 万元(1 000—800—60—79.27—7.93)。

如果该房地产公司进行税收筹划,将该房屋进行简单装修,费用为 200 万元,房屋含增值税售价增加至 1 200 万元,则按照税法规定可扣除项目增加为 1 000 万元(其中,土地价款仍为 40 万元),增值额为 200 万元,增值率为 20%(200÷1 000×100%),不需要缴纳土地增值税。该房地产公司需要缴纳的增值税为 95.78 万元[(1 200—40)÷(1+9%)×9%]、城市维护建设税和教育费附加为 9.58 万元(95.78×10%)。不考虑企业所得税,则该房地产公司的利润为 94.64 万元(1 200—1 000—95.78—9.58),比税收筹划前增加利润 41.84 万元(94.64—52.8)。

(五)利用代收费用计价进行税收筹划

按照规定,对于按县及县级以上人民政府要求,房地产开发企业在售房时代收的各项费用,如果是计入房价中向购买方一并收取的,可作为转让房地产所取得的收入计税,在计算扣除项目金额时予以扣除,但不允许作为加计 20%扣除的基数;如果未计入房价中,而是在房价外单独收取的，可以不作为转让房地产的收入，在计算增值额时也不允许扣除。按照上述规定，可以利用代收费用进行税收筹划。

【案例 7—13】 华润房地产开发公司出售商品房，售价（不含增值税）为 3 000 万元，按当地政府的要求，在售房时代收了 200 万元各项费用。华润房地产开发公司开发该商品房的支出如下：支付土地出让金 200 万元，房地产开发成本为 600 万元，其他允许税前扣除的项目合计为 200 万元。

方案一：公司未将代收费用并入房价，而是单独收取。

允许扣除的金额＝200＋600＋200＋（200＋600）×20％＝1 160（万元）

增值额＝3 000－1 160＝1 840（万元）

增值率＝1 840÷1 160×100％＝158.62（％）

应缴纳的土地增值税＝1 840×50％－1 160×15％＝746（万元）

方案二：公司将代收费用并入房价一并收取。

允许扣除的金额＝200＋600＋200＋（200＋600）×20％＋200＝1 360（万元）

增值额＝3 000＋200－1 360＝1 840（万元）

增值率＝1 840÷1 360×100％＝135.29（％）

应缴纳的土地增值税＝1 840×50％－1 360×15％＝716（万元）

显然，无论代收费用的方式如何，该公司销售该商品房的增值额均为 1 840 万元，但采用第二种代收费用方式，即将代收费用并入房价会使可扣除项目增加 200 万元，从而使公司少缴纳土地增值税 30 万元（746－716）。

（六）利用建房方式进行税收筹划

《土地增值税法》对不同的建房方式进行了一系列界定，并规定某些方式不属于土地增值税的征税范围，不用缴纳土地增值税。纳税人如果能注意运用这些特殊政策进行税收筹划，效果将会很明显。

1. 利用代建房进行税收筹划

代建房方式是指房地产开发公司代客户进行房地产开发，开发完成后向客户收取代建房报酬的行为。对于房地产开发公司来说，虽然取得了一定的收入，但由于房地产的产权自始至终属于客户，没有发生转移，其收入也属于劳务性质的收入，因此不属于土地增值税的征税范围，而属于增值税的征税范围。

建筑行业适用的是 9％的增值税税率，土地增值税适用的是 30％～60％的四级超率累进税率，税负比前者要重。在相同收入的情况下，前者更有利于实现收入最大化。因此，如果房地产开发公司在开发之初便能确定最终用户，就完全可以采用代建房方式进行开发，而不采用税负较重的开发后销售方式。这种税收筹划方式可以由房地产开发公司以用户名义取得土地使用权和购买各种材料、设备，也可以通过协商由客户自己取得和购买，只要从最终形式上看房地产的产权没有发生转移便可。

为了使该项税收筹划更加顺利，房地产开发公司可以通过降低代建房劳务性质收入的数额，以取得客户的配合。房地产开发公司通过该项税收筹划可以节省不少税款，为让利于客户提供了可能；不仅如此，这样会使房屋各个方面的条件符合客户要求，从而增强市场竞争力。

2. 利用合作建房进行税收筹划

税法规定，对于一方出地，另一方出资金，双方合作建房，建成后按比例分房自用的，暂免征收土地增值税。例如，某房地产开发企业购得一块土地的使用权准备修建住宅，该企业可以预收购房者的购房款作为合作建房的资金。这样，从形式上就符合"一方出土地，另一方出资金"的条件。一般而言，一幢住房中土地支付价所占的比例较小，房地产开发企业分得的房屋就较少，大部分由出资的用户分得自用。这样，在该房地产开发企业售出剩余住房前，各方都不用缴纳土地增值税，只有在房地产开发企业建成后转让属于自己的那部分住房时，才就这一部分缴纳土地增值税。

（七）利用适当的捐赠进行税收筹划

房地产的赠与是指房地产的原产权所有人和依照法律规定取得土地使用权的土地使用人将自己所拥有的房地产无偿捐赠给其他人的民事法律行为。对于这种赠与行为，很多国家开征了赠与税。我国目前还没有开征这种税收，也不对之征收土地增值税。因为按课征土地增值税的三条标准，赠与人捐赠房产是无偿转让，并没有取得收入，所以，不用缴纳土地增值税。但是，这里仅指以下两种情况：(1)房产所有人、土地使用权所有人将房屋产权、土地使用权赠与直系亲属或承担直接赡养义务的人；(2)房产所有人、土地使用权所有人通过我国境内非营利性的社会团体、国家机关将房屋产权、土地使用权赠与教育、民政和其他社会福利、公益事业。

上述社会团体是指中国青少年发展基金会、希望工程基金会、宋庆龄基金会、减灾委员会、中国红十字会、中国残疾人联合会、全国老年基金会、老区促进会以及经民政部门批准成立的其他非营利性的公益组织。

房产所有人、土地使用权所有人将自己的房地产捐赠时，如果不是上述两种情况，应该视同有偿转让房地产，缴纳土地增值税。因此，当事人应当注意自己的捐赠方式，以免捐赠后，自己反而要承担大笔税款。例如，某房地产所有人欲将其拥有的房地产捐赠给希望工程，就一定要符合法定的程序，即通过在我国境内非营利性的社会团体、国家机关，如希望工程基金会等进行捐赠，而不要自行捐赠。但如果当事人确实无法采用以上两种方式，则应充分考虑税收因素对自己及他人的影响。例如，某房地产所有人欲将其拥有的房地产赠与一位好友，则可以考虑让受赠人支付税款，也可以采用隐性赠与法，即让该好友实际占有和使用该房地产，而不办理房地产产权转移登记手续。

（八）利用转让旧房进行税收筹划

企业转让旧房，如果以市场价格分析，旧房的增值额未超过扣除项目金额20%的，在符合当地政策条件的情况下，可以考虑转让旧房作为廉租住房、经济适用住房房源，以便于充分享受税收优惠政策，获取更多利益；如果旧房的增值额稍微超过扣除项目金额的20%，也存在将转让价格降低以使旧房的增值额不超过扣除项目金额20%的税收筹划空间；如果旧房的增值额远超过扣除项目金额的20%，则不能享受税收优惠政策，没有税收筹划空间。

【案例7－14】　某城市的营利性甲公司（一般纳税人）因进行异地技术改造，重新建造了厂房和办公楼，原有的办公楼是20世纪90年代建造的，已不再使用，形成闲置资产。2019年甲公司计划对外有偿转让该闲置房产。该房产当时的造价为200万元，无偿取得土地使用权；经甲公司聘请的当地具有资质的房地产评估事务所评估，按现行市场价的材料和人工费用进行测算，现在建造同样的房产需1 200万元，该房产为六成新，市场价格为920万元。该房产已提折旧152万元，预计净残值率为5%，暂不考虑印花税，假定无其他纳税调整因素。经分析，甲公司有以下两种方案可供选择：

方案一：对外拍卖有偿转让。

甲公司根据有关规定，将该房产在当地房产交易市场挂牌拍卖转让。假定拍卖转让的含增值税的成交价格为920万元；按照增值税的有关规定，非房地产企业（一般纳税人）出售2016年4月31日前取得或自建的不动产，可选择简易计税办法，取得的不动产以差价为销售额，自建的不动产以全价为销售额，按5%的征收率计税，因此，该有偿转让房产应纳增值税为43.81万元[920÷(1+5%)×5%]，应纳城市维护建设税及教育费附加为4.38万元[43.81×(7%+3%)]。根据土地增值税的有关规定，甲公司有偿转让该房产应缴纳土地增值税。该房产的评估价格为720万元(1 200×60%)，房产转让缴纳城市维护建设税和附加税费4.38万元允许扣除，扣除项目金额合计724.38万元(720+4.38)，增值额为195.62万元(920－724.38)，增值率为27.01%(195.62÷724.38×100%)，对应的土地增值税税率为30%，应纳土地增值税为58.69万元(195.62×30%)。该房产有偿转让时的账面价值为48万元(200－152)，甲公司有偿转让该房产所获利润为765.12万元(920－48－43.81－4.38－58.69)，适用的企业所得税税率为25%，扣除应纳的企业所得税191.28万元(765.12×25%)后，净利润为573.84万元(765.12－191.28)。

方案二：有偿转让给政府有关部门作为廉租住房。

当地政府有关部门正在筹建及购买住房用于廉租住房，该房产稍做改造即可用于居住，符合当地廉租住房的条件。据分析，有偿转让给政府有关部门作为廉租住房，一般采取协议转让方式，成交价格将低于市场价格。如果双方可接受的含增值税价格为865万元，则应纳增值税为41.19万元[865÷(1+5%)×5%]，相应的城市维护建设税及教育费附加为4.12万元[41.19×(7%+3%)]。根据财政部国家税务总局《关于廉租住房经济适用住房和住房租赁有关税收政策的通知》的规定，企事业单位、社会团体以及其他经济组织转让旧房作为廉租住房、经济适用住房且增值额未超过扣除项目金额20%的，免征土地增值税。甲公司以865万元的价格转让该房产，计算土地增值税的增值率为19.45%[(865－724.12)÷724.12×100%]，则享受免缴土地增值税的优惠政策。甲公司有偿转让该房产所获的利润为771.69万元(865－48－41.19－4.12)，扣除应纳的企业所得税192.92万元(771.69×25%)，税后净利润为578.77万元(771.69－192.92)。

经过比较，方案二较方案一多获净利4.93万元(578.77－573.84)，并且方案二比方案一节省交易费用。

第三节　车船税税收筹划

一、车船税制的法律规定

车船税是指以我国境内的车辆、船舶为征税对象，向车辆、船舶的所有人或者管理人征收的一种税。

(一)征税范围

车船税的征税范围为“车船税税目税额表”规定的车辆和船舶。这里所称的“车辆和船舶”，是指依法应当在车船登记管理部门登记的机动车辆和船舶，或者依法不需要在车船登记管理部门登记的在单位内部场所行驶或者作业的机动车辆和船舶。

1. 车辆

依据“车船税税目税额表”的规定，应税的车辆分为乘用车、商用车(分为客车和货车，货车包括半挂牵引车、三轮汽车和低速载货汽车)、挂车、其他车辆(包括专用作业车和轮式专用机械车，不包括拖拉机）和摩托车。

2. 船舶

船舶分为机动船舶（包括拖船和非机动驳船）和游艇。

（二）纳税人

按照规定，车船的所有人或者管理人是车船税的纳税义务人。其中，所有人是指在我国境内拥有车船的单位和个人；管理人是指对车船具有管理权或者使用权而不具有所有权的单位；单位是指行政机关、事业单位、社会团体以及各类企业；个人是指我国境内的居民和外籍个人。

（三）税率

车船税实行幅度定额税率，即对征税的车船规定单位幅度税额。车船税的税目和税额见表7—2，具体适用税额由省、自治区、直辖市人民政府在规定的税额幅度范围内确定。

表7—2　　车船税税目税额表

税目		计税单位	年基准税额	备注
乘用车[按发动机气缸容量（排气量）分档]	1.0升（含）以下	每辆	60～360元	核定载客人数9人（含）以下
	1.0～1.6升（含）		300～540元	
	1.6～2.0升（含）		360～660元	
	2.0～2.5升（含）		660～1 200元	
	2.5～3.0升（含）		1 200～2 400元	
	3.0～4.0升（含）		2 400～3 600元	
	4.0以上		3 600～5 400元	
商用车	客车	每辆	480～1 440元	核定载客人数9人以上，包括电车
	货车	整备质量每吨	16～120元	包括半挂牵引车、三轮汽车和低速载货汽车等
挂车		整备质量每吨	按照货车税额的50%计算	
其他车辆	专用作业车	整备质量每吨	16～120元	不包括拖拉机
	轮式专用机械车		16～120元	
摩托车		每辆	36～180元	
船舶	机动船舶	净吨位每吨	3～6元	拖船、非机动驳船分别按照机动船舶税额的50%计算
	游艇	艇身长度每米	600～2 000元	

机动船舶具体适用的税额为：(1)净吨位不超过200吨的，每吨3元；(2)净吨位超过200吨但不超过2 000吨的，每吨4元；(3)净吨位超过2 000吨但不超过10 000吨的，每吨5元；(4)净吨位超过10 000吨的，每吨6元。

拖船按照发动机功率每1千瓦折合净吨位0.67吨计算征收车船税。

游艇具体适用的税额为：(1)艇身长度不超过10米的，每米600元；(2)艇身长度超过10米但不超过18米的，每米900元；(3)艇身长度超过18米但不超过30米的，每米1 300元；(4)艇身长度超过30米的，每米2 000元；(5)辅助动力帆艇，每米600元。

（四）税收优惠

1. 法定减免

下列车船免征车船税：(1)捕捞、养殖渔船，是指在渔业船舶登记管理部门登记为捕捞船或者养殖船的船舶;(2)军队、武装警察部队专用的车船,是指按照规定在军队、武装警察部队车船登记管理部门登记,并领取军队、武警牌照的车船;(3)警用车船,是指公安机关、国家安全机关、监狱、劳动教养管理机关、人民法院和人民检察院领取警用牌照的车辆和执行警务的专用船舶;(4)依照法律规定应当予以免税的外国驻华使领馆、国际组织驻华代表机构及其有关人员的车船;(5)经批准临时入境的外国车船和香港特别行政区、澳门特别行政区、台湾地区的车船。

2. 特定减免

(1)按照规定缴纳船舶吨税的机动船舶,自车船税法实施之日起5年内免征车船税。

(2)依法不需要在车船登记管理部门登记的机场、港口、铁路站场内部行驶或者作业的车船,自车船税法实施之日起5年内免征车船税。

(3)自2012年1月1日起,对节约能源的车船,减半征收车船税;对使用新能源的车船,免征车船税。①

(4)对受严重自然灾害影响,纳税困难以及有其他特殊原因确需减税、免税的,可以减征或者免征车船税,具体办法由国务院规定,并报全国人民代表大会常务委员会备案。

(5)省、自治区、直辖市人民政府根据当地实际情况,可以对公共交通车船,农村居民拥有并主要在农村地区使用的摩托车、三轮汽车和低速载货汽车定期减征或者免征车船税。

(五)计税依据

按照车船的种类,车船税采用了辆、净吨位、整备质量和艇身长度4种计税依据。

乘用车、商用车客车、摩托车的计税依据为辆。

商用车货车、挂车、专用作业车、轮式专用机械车的计税依据为整备质量吨数。整备质量是指汽车完全装备好的质量,包括润滑油、燃料、随车工具、备胎等所有装置的质量。纳税人无法提供车辆整备质量信息的,整备质量按照总质量与核定质量的差额计算。这里所称"总质量",是指汽车装备齐全,并按规定装满客(包括驾驶员)、货时的质量。

机动船舶、拖船、非机动驳船的计税依据为净吨位。净吨位是指按船舶丈量法规规定的船内封闭处的总容积(即总吨位)减去驾驶室、轮机间、业务办公室、燃料舱、物料房、压舱间、卫生设备及船员住室等占用容积所剩余的吨位,即实际载货或载客的吨位。

游艇的计税依据为艇身长度每米。

二、车船税的税收筹划

(一)利用车船税税率临界点进行税收筹划

车船税实行从量定额课征制,对不同类别的应税车辆和船舶采用不同的计税标准,按规定的单位税额计算应纳税额。根据税法的规定,对乘用车,按发动机气缸容量(排气量)的大小分为7个税级;机动船舶按净吨位的大小分为4个税级;游艇按艇身长度分为4个税级。排气量、净吨位、艇身长度越大的乘用车、机动船舶和游艇适用的单位税额越高。这种课征方式的征税效果实际上等同于全额累进税制,这样就产生了应纳车船税税额相对于计税依据变化的临界点,在临界点上下,排气量、净吨位和艇身长度虽然相差不大,但临界点两边的税额却有很大变化。因此,纳税人在购置应税车辆和船舶时,应考虑税收负担的因素,合理确定拟购车船

① 财政部、国家税务总局、工业和信息化部于2012年3月6日印发《关于节约能源使用新能源车船车船税政策的通知》(财税〔2012〕19号)。

的规格，在满足运力要求的情况下，尽量减少缴纳车船税。

【案例7—15】 某水上娱乐有限公司2019年10月计划购置5艘游艇，有艇身长度为18米和18.5米两种规格可供选择，两者的性能价格比基本相同。从车船税角度，选择哪一种规格的游艇更有利？

购置艇身长度为18米的游艇，适用的单位税额为每米900元，应缴纳的车船税为：

应缴纳车船税税额＝5×18×900＝81 000(元)

购置艇身长度为18.5米的游艇，适用的单位税额为每米1 300元，应缴纳的车船税为：

应缴纳车船税税额＝5×18.5×1 300＝120 250(元)

可见，虽然游艇艇身长度只相差0.5米(18.5—18)，但由于其税额的全额累进原因，致使每年应纳的车船税税额有急剧变化，两种规格的游艇缴纳的车船税每年相差39 250元(120 250—81 000)。因而企业和个人在选择购买时，一定要考虑游艇艇身长度所能带来的收益与因艇身长度发生变化所引起的税负增加之间的关系，然后选择购买最佳艇身长度的游艇。

(二)利用税率的特殊规定进行税收筹划

根据税法的规定，拖船和非机动驳船分别按照机动船舶税额的50%计算征收车船税。纳税人可以利用以上特殊规定进行税收筹划。例如，在购买运输工具时，应对是购买机动船舶还是非机动驳船进行权衡。另外，乘用车按发动机气缸容量(排气量)的不同，其年基准税额也差别较大，纳税人可以利用税率的一些特殊规定进行税收筹划。

【案例7—16】 某汽车出租公司2019年12月需购置50辆乘用汽车，目前汽车市场上有两种乘用汽车可供选择：排气量为2.0升的乘用车和排气量为2.4升的乘用车。假定汽车出租公司所在地政策规定，排气量为1.6～2.0升(含)的乘用车车船税税额每辆为520元，排气量为2.0～2.5升(含)的乘用车车船税税额每辆为1 020元。请对上述业务进行税收筹划。

方案一：购买50辆排气量为2.0升的乘用车。

应纳车船税＝50×520＝26 000(元)

方案二：购买50辆排气量为2.4升的乘用车。

应纳车船税＝50×1 020＝51 000(元)

显然，方案一比方案二少缴纳车船税25 000元(51 000—26 000)。因此，在不影响正常经营的情况下，购置排气量比较小的乘用车，一方面有利于环境保护，另一方面可以节省应缴纳的税额。

(三)利用车船税的优惠政策进行税收筹划

根据规定，依法不需要在车船登记管理部门登记的机场、港口、铁路站场内部行驶或者作业的车船，自《车船税法》实施之日起5年内免征车船税。自2012年1月1日起，对节约能源的车船减半征收车船税，对使用新能源的车船免征车船税。纳税人应充分利用车船税的税收优惠进行税收筹划。

【案例7—17】 某市交通运输公司拥有核定载客人数9人以上的商用客车100辆，其中30辆为纯电动汽车。当地政府规定，商用客车每辆的车船税税额为580元。

如果该公司不对车辆进行明确划分，则公司应纳车船税为：

应缴纳车船税税额＝100×580＝58 000(元)

如果该公司对车辆进行准确划分，因纯电动汽车为免税新能源车船，公司应纳车船税为：

应缴纳车船税税额＝70×580＝40 600(元)

可见，公司将车辆进行准确划分后，每年可少缴纳车船税17 400元(58 000— 40 600)。

第四节　印花税税收筹划

一、印花税制的法律规定

印花税是对经济活动中书立、领受具有法律效力的凭证的单位和个人征收的一种税。

（一）纳税人

凡在我国境内书立、领受属于征税范围内所列凭证的单位和个人，都是印花税的纳税义务人，具体包括国内各类企业、事业单位、机关、团体、部队以及中外合资企业、中外合作企业、外资企业、外国公司和其他经济组织及其在华机构等单位和个人。

按照征税项目划分的具体纳税人有立合同人、立账簿人、立据人和领受人。

（二）征税范围

印花税只对《印花税条例》列举的凭证征收，没有列举的凭证不征税。列举征税的凭证分为经济合同、产权转移书据、营业账簿、权利、许可证照和经财政部门确认的其他凭证。

（三）税率

印花税采用比例税率和定额税率两种。比例税率分为0.5‱、3‱、5‱和1‰四个档次；定额税率的单位税额为每件5元。

（四）税收优惠

（1）对已缴纳印花税的凭证的副本或者抄本免税；但是，以副本或者抄本视同正本使用的，应另贴印花。

（2）财产所有人将财产赠与政府、社会福利单位、学校所立的书据免税。对此书据免税旨在鼓励财产所有人的这种有利于发展文化教育事业、造福社会的捐赠行为。

（3）对国家指定的收购部门与村民委员会、农民个人书立的农副产品收购合同免税。印花税法授权省、自治区、直辖市主管税务机关根据当地实际情况，具体划定本地区“收购部门”和“农副产品”的范围。

（4）对无息、贴息贷款合同免税。无息、贴息贷款合同是指我国的各专业银行按照国家金融政策发放的无息贷款，以及由各专业银行发放并按有关规定由财政部门或中国人民银行给予贴息的贷款项目所签订的贷款合同。

（5）对外国政府或者国际金融组织向我国政府及国家金融机构提供优惠贷款所书立的合同免税。该类合同是就具有援助性质的优惠贷款而成立的政府间协议，对其免税有利于引进外资、利用外资，推动我国经济与社会的快速发展。

（6）对房地产管理部门与个人签订的用于生活居住的租赁合同免税。

（7）对农林作物、畜牧业类保险合同免税。

（8）对特殊货运凭证免税，包括军事物资运输凭证、抢险救灾物资运输凭证和新建铁路的工程临管线运输凭证。

（9）对廉租住房、经济适用住房经营管理单位与廉租住房、经济适用住房相关的印花税以及廉租住房承租人、经济适用住房购买人涉及的印花税予以免征。开发商在经济适用住房、商品住房项目中配套建造廉租住房，在商品住房项目中配套建造经济适用住房，如能提供政府部门出具的相关材料，则可按廉租住房、经济适用住房建筑面积占总建筑面积的比例免征开发商应缴纳的印花税。

(10)对高校学生公寓与高校学生签订的租赁合同免税。

(11)对个人出租、承租住房签订的租赁合同免税。

(12)对个人销售或购买住房暂免征收印花税。

(五)计税依据

印花税根据不同征税项目分别实行从价计征和从量计征两种方法。实行从价计税的凭证,以凭证所载金额为计税依据;实行从量计税的其他营业账簿、权利和许可证照,以实际数量为计税依据。

二、印花税的税收筹划

(一)利用模糊金额进行税收筹划

模糊金额筹划法是指当事人在签订数额较大的合同时,有意使合同中所载金额在本来能够明确的条件下不最终确定,以达到少缴纳印花税税款目的的一种税收筹划方法。

在现实经济生活中,各种经济合同的当事人在签订合同时,有时会遇到计税金额无法最终确定的情况。我国印花税的计税依据大多是根据合同所记载的金额和具体适用的税率确定的。计税依据无法最终确定时,纳税人的应纳印花税税额也就无法确定。

有些合同在签订时无法确定计税金额。例如,技术转让合同中的转让收入是按销售收入的一定比例收取或按其实现利润的多少进行分成的,财产租赁合同只是规定了月(天)租金标准而无租赁期限。《印花税暂行条例》规定,对这类合同,可在签订时先按定额 5 元贴花,以后结算时再按实际金额计税,补贴印花。这就给纳税人进行税收筹划创造了条件。

【案例 7-18】 甲公司出租一套大型机器设备给乙公司,租期为 20 年,乙公司用该机器设备生产产品 A,按照规定,租金为产品 A 销售额的 10%。

这里,合同金额无法具体确定,但我国印花税的计税依据是合同所载金额和适用的税率,因此,没有计税依据就无法确定纳税人的当期应纳印花税税额。根据规定,对这类合同,可在签订时先按定额 5 元贴花,以后结算时再按实际金额计税,补贴印花。

本案例中,如果合同明确规定设备租金为 240 万元,每年年底支付本年租金,则应缴纳印花税 0.24 万元(240×1‰)。经筹划,把合同改为设备租金每月 1 万元,每年年底支付本年租金,同时双方决定是否继续签订合同。这时,情况就变成“先预缴 5 元印花税,以后结算时再按实际金额计税”,则每年应缴纳印花税 0.012 万元(1×12×1‰),20 年应缴纳印花税 0.24 万元(0.012×20)。

可以看出,两种情况下的应纳税额都是 0.24 万元,但利用第二种情况,因延缓纳税,甲公司获得了货币的时间价值,可以减轻公司的财务压力。

(二)利用减少参与人数进行税收筹划

利用减少参与人数进行税收筹划的思路是尽量减少书立和使用各种凭证的人数,使更少人缴纳印花税,这样,当事人的整体税负就会下降。

根据印花税的相关规定,对于同一凭证,如果由两方或者两方以上当事人签订并各执一份,各方均为纳税人,应当由各方就所持凭证的各自金额贴花。如果有几方当事人,在书立合同时能够不在合同上出现的当事人不以当事人的身份出现,就达到了节税的目的。

这种税收筹划方法也可以应用到书立产权转移书据的立据人。一般来说,产权转移书据的纳税人只有立据人,不包括持据人,持据人只有在立据未贴或少贴印花税票时,才负责补贴印花税票。但是,如果立据人和持据人双方以合同形式签订产权转移书据,则双方都应缴纳印花税。采取适当的方式，使尽量少的当事人成为纳税人，税款自然就会减少。

【案例7—19】 甲公司将一笔价款为8 000万元的工程承包给乙公司，乙公司将其中的3 000万元工程分包给丙公司、2 000万元工程分包给丁公司。应纳印花税税额如下：

各方均签订承包合同，甲公司应纳税2.4万元(8 000×3‰)，乙公司应纳税3.9万元(8 000×3‰+3 000×3‰+2 000×3‰)，丙公司应纳税0.9万元(3 000×3‰)，丁公司应纳税0.6万元(2 000×3‰)，4家公司的应纳税总额为7.8万元(2.4+3.9+0.9+0.6)。

若乙公司与甲公司协商，让甲公司与丙公司、丁公司分别签订3 000万元和2 000万元合同，剩下的由乙公司与甲公司签订合同，这样，甲、丙、丁3家公司的应纳税额不变，乙公司的应纳税额为0.9万元{[8 000−(3 000+2 000)]×3‰}，比原先少缴纳税款3万元(3.9−0.9)。

这里要注意，甲公司与丙、丁公司签订的合同必须与乙公司原先打算分包给丙、丁公司的工程量相同，否则，乙公司将由此损失部分转包利润；但只要乙公司与甲公司协商一致，就很容易达到节税的目的。

(三)利用分开核算进行税收筹划

按照印花税法的规定，同一凭证因载有两个或两个以上经济事项而适用不同的税目和税率，如分别记载金额的，应分别计算应纳税额，相加后按合计税额贴花；如未分别记载金额的，从高适用税率纳税。

根据规定，加工承揽合同的计税依据为加工或承揽收入的金额。合同中如有受托方提供原材料金额的，原材料金额应从总收入中剔除，另做购销处理；受托方提供辅助材料的金额，无论其与加工费是否分别记载，均应并入计税金额。显然，在遇到这样的问题时，纳税人应分开核算，让合同中不同税目的金额适用不同的税率，以达到节税的目的；否则，将会被全部按加工承揽合同的高税率计税。

【案例7—20】 某钢结构公司受某公司委托加工一批钢构件，所需主要材料、辅助材料均由受托方提供，钢结构公司收取材料费、加工费共计1 000万元。

加工承揽合同规定由受托方提供原材料的，若合同中分别记载加工费金额和原材料金额，应分别计税，加工费按加工承揽合同使用5‰的税率，原材料按购销合同适用3‰的税率，两项税额相加贴花；若合同未分别记载两项金额的，则从高适用税率。本例中合同双方的应纳税额为0.5万元(1 000×5‰)。

在这类问题上，纳税人在订立合同时，应将不同项目分开列示，使不同税目的金额适用不同税率，从而降低税额。在本例中，合同中可列明“主要材料金额800万元，辅助材料金额50万元，加工费150万元”，则应纳税额为0.34万元[800×3‰+(150+50)×5‰]。可以看出，分开核算比不分开核算减少税额0.16万元(0.5−0.34)。如果实际情况允许，双方当事人也可协商将所需主要材料定为由委托方提供，这样，合同双方的应纳税额将进一步降低为0.1万元[(150+50)×5‰]。

(四)利用保守金额进行税收筹划

在实际生活中，预计可能实现或完全能实现的合同可能会由于种种原因而无法实现或无法完全实现，导致合同最终履行的结果与签订合同时有出入。由于印花税是一种行为税，是对经济当事人书立、领受及使用应税凭证的行为课征的税，因此，只要有签订应税合同的行为发生，双方或多方经济当事人的纳税义务便已产生，应该计算应纳税额并贴花。

根据规定，无论合同是否兑现或是否按期兑现，均应贴花。对已履行并贴花的合同，所载金额与合同履行后的实际结算金额不一致的，只要双方未修改合同金额，一般不再办理完税手续。

【案例7—21】 2019年1月，某建筑公司与某药厂签订甲工程施工合同，金额为4 000万元，合同签订后，印花税即缴纳。2020年8月工程竣工，经审定实际工程决算价为3 000万元。2020年9月，双方又签订乙工程合同，合同金额为7 000万元。该建筑公司以甲工程多缴印花税为由，冲减乙合同金额1 000万元计算缴纳印花税。

根据现行税法的规定，应税合同在签订时纳税义务即已产生，无论合同是否兑现或是否按期兑现，均应贴花。对已履行并贴花的合同，所载金额与合同履行后的实际结算金额不一致的，只要双方未修改合同金额，一般不再办理完税手续。因此在本例中，该建筑公司以甲工程决算价低于合同价为由，冲减乙工程应纳税合同金额的做法是错误的。由于合同金额不准确，该公司多缴纳印花税0.3万元(1 000×3‱)。

在合同设计时，双方当事人应充分考虑工程施工过程中可能会遇到的种种情况，根据这些可能的情况，确定保守的合同价格，待工程竣工后，按结算价计算缴纳税金。若合同金额属于难以准确确定的，也可以采用模糊金额法，待合同最终实现后，根据实际结算情况再补贴印花。

(五)利用压缩金额进行税收筹划

印花税的计税依据是合同中所载的金额，出于共同利益，双方或多方当事人可以经过合理筹划，使各项费用及原材料等的金额通过合法的途径从合同所载金额中扣除，从而压缩合同金额以达到少缴税款的目的。

【案例7—22】 甲企业和乙企业欲签订一份加工承揽合同，合同金额较大。由于加工承揽合同的计税依据是加工或承揽收入，而且这里的加工或承揽收入额是合同中规定的受托方加工费收入和提供的辅助材料金额之和。针对上述问题，应如何进行税收筹划?

甲企业和乙企业想办法压缩辅助材料金额，具体做法是由委托方自己提供辅助材料;如果委托方自己无法提供或无法完全由自己提供，也可以由受托方提供，这时的税收筹划就要分两步进行:

第一步，双方签订一份购销合同，因为购销合同适用的税率为3‱，比加工承揽合同适用的税率5‱要低。只要双方将部分或全部辅助材料的所有权先行转移，加工承揽合同和购销合同要缴纳的印花税之和便会下降。

第二步，双方签订加工承揽合同，其合同金额仅包括加工承揽收入，不包括辅助材料金额。

压缩金额筹划法在印花税的筹划中被广泛使用。例如，在以物易物的交易合同中，双方当事人尽量互相提供优惠价格，使合同金额下降到合理的范围。当然，这要注意限度，以免被税务机关调整价格，最终税负更重，以致得不偿失。

(六)利用最少转包进行税收筹划

根据印花税的规定，只要签订了应税合同，就需要缴纳印花税。建筑安装工程承包合同是印花税的一种应税凭证，应依据合同上记载的承包金额，按3? 的税率缴纳印花税。当施工单位将自己承包的建设项目分包或者转包给其他施工单位时，其所签订的分包合同或者转包合同应按照新的分包合同或者转包合同上所记载的金额再次计算应纳税额。印花税是一种行为税，只要有应税行为发生，就应按税法的规定纳税。尽管总承包合同已依法计税贴花，但新的分包或转包合同是新的应税凭证，又发生了新的纳税义务，为此，可以通过减少转包次数，尽可能地少书立应税凭证，以达到降低印花税税负的目的。

【案例7—23】 某城建公司A与某商城签订一份建筑合同，总计金额为1亿元。该城建公司因业务需要又分别与建筑公司B和C签订分包合同，其合同记载金额分别为4 000万元和4 000万元，B和C又分别将2 000万元转包给D和E。各方的印花税应纳税额分别为:

A 与商城签订合同时，双方各应纳税 3 万元(10 000×3‱)。

A 与 B、C 签订合同时，各方应纳税额如下：

A 应纳税额＝(4 000＋4 000)×3‱＝2.4(万元)

B、C 各应纳税额＝4 000×3‱＝1.2(万元)

B、C 与 D、E 签订合同时，各方应纳税额如下：

B、C、D、E 各应纳税额＝2 000×3‱＝0.6(万元)

这 5 家建筑公司共应缴纳印花税如下：

应纳印花税总计＝3＋2.4＋1.2×2＋0.6×4＝10.2(万元)

如果这几方进行合理税收筹划，减少转包环节，采取商城分别与 A、B、C、D、E 5 家建筑公司签订 2 000 万元的承包合同，则这 5 家公司共应纳印花税 3 万元(2 000×3‱×5)。

从上面的计算结果可知，当选择分别签订分包合同时，商城的纳税义务不变，但 5 家建筑公司一共可以减少 7.2 万元(10.2－3)税款。

(七)利用选择低税率进行税收筹划

按照规定，各类经济合同订立后，不论合同是否履行，都应以合同中所记载的金额、收入或费用为计税依据，依照不同项目的适用税率计算缴纳印花税。因此，对订立合同进行税收筹划的重点之一就是尽量选择低税率项目。

【案例 7－24】 上海市某家具厂接受本市一家俬城的委托加工一批家具，总价值为 1 000 万元，加工所需原材料为 700 万元、零配件为 100 万元、加工费用为 200 万元。

按总价值签订合同，其应缴纳的印花税为：

应纳印花税＝10 000 000×5‱＝5 000(元)

按材料和加工费分别签订合同，其应缴纳的印花税为：

应纳印花税＝8 000 000×3‱＋2 000 000×5＝3 400(元)

只就加工费部分签订合同，其应缴纳的印花税为：

应纳印花税＝2 000 000×5‱＝1 000(元)

显然，采用三种不同的方式签订的合同，印花税税负有很大差异。

(八)利用借款方式进行税收筹划

借款方式的税收筹划是指利用一定的筹资技术使企业达到最大获利水平和最小税负的方法。对企业来说，筹资是其进行一系列生产经营活动的先决条件。没有资金，任何有益的经济活动和经营项目都无法进行。

通常来说，自我积累方式所承受的税收负担要重于向金融机构筹资所承受的税收负担。因为金融机构的贷款利息对企业而言可以作为支出，相应的利润会有所减少，应纳税额会发生变化，从而减少税款。在这一方面，金融机构借款与企业之间的同业拆借效果差不多。

根据税法的规定，银行及其他金融机构与借款人(不包括银行同业拆借)所签订的合同，以及只填开借据并作为合同使用，取得银行借款的借据，应按照“借款合同”税目缴纳印花税，企业之间的借款合同则不用贴花。因而对企业来说，与金融机构签订借款合同和与企业(其他企业)签订借款合同在抵扣利息支出上是一样的，前者要缴纳印花税，后者则不用缴纳印花税。如果两者的借款利率相同，则向企业借款更好。

【案例 7－25】 某企业 A 因资金紧张，急需一笔为期 1 年的借款 100 万元。企业有两种选择：一是从某工商银行借款 100 万元；二是从企业 B 同业拆借 100 万元，年利率为 6%。应如何进行选择？

在两种贷款利率相同时，企业从银行贷款需要缴纳50元印花税，同业拆借则无须缴纳印花税，可节税50元，因此，应选择从企业B同业拆借。

第五节　契税税收筹划

一、契税税制的法律规定

契税是对我国境内的土地、房屋权属转移时，依据当事人双方订立的契约向取得土地使用权、房屋所有权的单位和个人征收的一种税。

(一)纳税人

在我国境内转移土地、房屋权属，承受的单位和个人为契税的纳税人。

(二)征税范围

契税的征税范围包括：国有土地使用权出让；土地使用权转让，包括出售、赠与和交换，不包括农村集体土地承包经营权的转移；房屋买卖；房屋赠与；房屋交换。

(三)税率

契税的税率为3%～5%。本地具体适用的税率在规定的幅度内按照本地区实际情况确定，并报财政部和国家税务总局备案。

(四)税收优惠

(1)国家机关、事业单位、社会团体、军事单位承受土地、房屋用于办公、教学、医疗、科研和军事设施的，免征契税。

(2)经县级以上人民政府批准，城镇职工在国家规定的标准面积内第一次购买公有住房的，免征契税。

(3)因不可抗力灭失住房而重新购买住房的，酌情减征或免征契税。

(4)土地、房屋被县级以上人民政府征用、占用后，重新承受土地、房屋权属的，成交价格没有超出土地房屋补偿费、安置补偿费或虽已超出但不超出30%的，免征契税。

(5)承受荒山、荒沟、荒丘、荒滩土地使用权，并用于农、林、牧、渔业生产的，免征契税。

(6)按照我国有关法律规定以及我国缔结或参加的双边和多边条约或协定的规定，应当予以免税的各国驻华使馆、领事馆、联合国驻华机构及其外交代表、领事官员和其他外交人员，在我国境内承受土地、房屋权属的，经外交部确认，可以免征契税。

(7)对廉租住房经营管理单位购买住房作为廉租住房、经济适用住房的经营管理单位回购经济适用住房继续作为经济适用住房房源的，免征契税。

(8)对拆迁居民因拆迁重新购置住房的，对购房成交价格中相当于拆迁补偿款的部分免征契税。

(9)婚姻关系存续期间，房屋、土地权属原归夫妻一方所有，后变更为夫妻双方共有的，免征契税。①

(10)对个人购买普通住房，且该住房属于家庭(成员范围包括购房人、配偶以及未成年子女，下同)唯一住房的，减半征收契税。对个人购买90平方米及以下普通住房，且该住房属于

① 财政部、国家税务总局发布《关于房屋、土地权属由夫妻一方所有变更为夫妻双方共有契税政策的通知》(财税〔2011〕82号)，自2011年8月31日起执行。

家庭唯一住房的，减按1%的税率征收契税。

（五）计税依据

（1）国有土地使用权出让、土地使用权出售、房屋买卖的行为，以不含增值税的成交价格为计税依据。

（2）土地使用权赠与、房屋赠与，由征收机关参照土地使用权出售、房屋买卖的市场价格核定。

（3）土地使用权交换、房屋交换，计税依据为所交换的土地使用权、房屋的价格的差额。

（4）以划拨方式取得土地使用权的，计税依据为补缴的土地使用权出让费或土地收益。

二、契税的税收筹划

（一）利用等价交换进行税收筹划

根据《契税暂行条例》第四条的规定，土地使用权交换、房屋交换，以所交换土地使用权、房屋价格的差额为计税依据。根据《契税暂行条例实施细则》的规定，土地使用权交换，交换价格不相等的，由多付货币、实物、无形资产或其他经济利益的一方缴纳税款；交换价格相等的，免征契税。

当纳税人交换土地使用权或房屋所有权时，如果能保持双方的价格差额很小甚至没有，此时以价格为计税依据计算的应纳契税就会很少甚至没有。

1. 购买房屋

在购买住房时，眼光不要只盯在新房子上，房屋交换也是一种买房子的方式，而且这种方式可以减少购买方的契税。

【案例7—26】 纳税人甲拥有一间60平方米的住房，想出售并同时购买新的120平方米的房子。纳税人乙是城镇职工，没有住房，想购买60平方米左右的房屋。这时，两者可以通过合作，节省契税，具体方式：乙以自己的名义买下120平方米的房子，根据规定免征契税，然后甲与乙交换房子，这一行为只需就其价差缴纳契税。假定甲的房子是60万元（包括装修等），而购买的新房子价格为90万元，则只需缴纳契税1.2万元[（90—60）×4%]；如果不进行税收筹划，则应缴纳契税3.6万元（90×4%）。通过税收筹划，可以减少契税2.4万元（3.6—1.2）。

2. 交换房屋

这种税收筹划方法的核心是尽量缩小交换双方的价差。

【案例7—27】 李教授现在居住的房屋是已购买产权的公有住房，已居住5年，面积约为80平方米，价值约为30万元。他现在想买的住房也属于单位公有的新住房，面积约为120平方米，价值约为60万元。如果李教授直接购买该新房，因其不属于第一次购买，不能享受免征契税的优惠，需要缴纳契税3万元（当地契税税率为5%）。李教授了解到同学校的王老师也有资格购买面积为120平方米的新房，但因为积蓄少，有心而无力。于是，李教授找到王老师，提出了一个方案：以王老师的名义购买新房，所需资金由李教授提供。新房买下来后，双方再交换。李教授的住房按30万元计算，王老师把手上的20万元存款付给李教授，不足的10万元算是向李教授的借款，免收利息。

通过这样的安排，李教授可以得到自己中意的住房，王老师也解决了购房资金不足的问题。最重要的是，李教授仅需在双方交换住房时，按房屋差价30万元（60—30）缴纳契税1.5万元（30×5%），比自己直接购买新房减少契税1.5万元（3—1.5）。

王老师接受了该方案，并进一步提出，他与李教授交换房屋后，需要对旧房进行装修，如果在交换前装修，可以增加房屋的价值，进一步缩小旧房与新房的差价，李教授缴纳的契税将更少。假设装修费用为 10 万元，旧房的价值增加到 40 万元(30＋10)，李教授仅需按差价 20 万元(60－40)缴纳契税 1 万元(20×5%)，可减少契税 2 万元(3－1)。

【案例 7－28】 有甲、乙、丙三位当事人，甲和丙均拥有一套价值 500 万元的房屋，乙想购买甲的房屋，甲想购买丙的房屋后出售自己的房屋。

如果不进行税收筹划，甲购买丙的住房应缴纳的契税为 25 万元(500×5%)。

同样，甲向乙出售其住所也要缴纳契税 25 万元。

如果三方进行税收筹划，先由甲和丙交换房屋，再由丙将房屋出售给乙，这同样满足三方的要求，却能够减少契税 25 万元。因为甲和丙交换房屋为等价交换，没有价格差额，不用缴纳契税，只是在丙将房屋出售给乙时由乙缴纳契税。

(二)利用购买住宅的类型进行税收筹划

个人在购买私用住房时，应认真研究政策，以便灵活运用，使自己购买住房的行为既符合国家政策，又节省税款。按规定，普通住宅标准暂按每套住房建筑面积不超过 120 平方米掌握，即如果个人购买住房的建筑面积不超过 120 平方米，在符合一定条件的情况下，可以享受税收减免优惠。

涉及个人购买住房应缴纳的契税，具体可分为以下两种情况：

(1)个人购买自用的普通住宅是指建筑面积在 120 平方米以下的住宅，暂减半征收契税。契税实行的幅度税率为 3%～5%，各省、自治区、直辖市人民政府可以在 3%～5%的幅度税率规定范围内，按照本地区的实际情况决定。

(2)个人购买 1998 年 6 月 30 日以后建成的非普通住宅，也就是建筑面积在 120 平方米以上的住宅，或者是在 1999 年 8 月 1 日以前税收优惠政策尚未执行时购买的商品住宅，要缴纳契税的适用税率为房屋全部售价的 4%，不能享受减半或免税优惠。

个人在购买自用住宅时，应注意运用这些政策，尽量减少应缴税款。在住房的各方面条件均符合要求的情况下，比较各套房屋的应纳税款，从而选择最合适的住房是必要的。

【案例 7－29】 有两套规模和结构相当的住房，均是 150 平方米，全部价款为 100 万元，一套是在 1998 年 6 月 30 日前竣工验收的，另一套是在 1998 年 6 月 30 日后竣工验收的，则前者不用缴纳契税，后者应适用 4%的税率，其应纳税额为 4 万元(100×4%)。显然，购买前者划算，因为这将会节省 4 万元税款。

(三)利用隐性赠与行为进行税收筹划

我国税法规定，当事人赠与土地使用权、房屋属于应税行为，应该依照规定缴纳契税。本来赠与的目的就是使他人(受赠人)获益，但由于税收的原因，受赠人却要因此支付一笔税款，当事人双方都会觉得这笔税款是额外负担。因而，在赠与行为中，应通过隐性赠与等方式进行税收筹划，如发生赠与行为但并不办理房产转移手续等。

【案例 7－30】 甲向乙赠送一套住房，该套住房的市面价值为 50 万元，假定适用税率为 5%，则乙要支付 2.5 万元(50×5%)税款。

这时，比较好的办法就是不办理产权转移手续。因为甲既然愿意向乙赠送该套住房，其原意应该是不再索回该住房的所有权，那么，让受赠人实际占有该套住房也能达到这种效果。这里所要做的只是赠与人搬出该套住房，受赠人以实际居住的形式占有，只要赠与人不再索回该房的所有权即可。这种税收筹划可以完全免去缴纳契税，但这要建立在赠与人信誉较好的前提下。如果赠与人信誉不好，赠出去的东西在某一日忽然想索回，则受赠人不如多缴点税款去办理产权转移手续。这种税收筹划还有一个弱点，就是出现经济纠纷时，对产权归属的界定会有一定的麻烦。当事人在利用该方法进行税收筹划时，一定要权衡利弊，以做出最优选择。

（四）通过分立合同进行税收筹划

根据财政部、国家税务总局《关于房屋附属设施有关契税政策的批复》的规定，对于承受与房屋相关的附属设施（包括停车位、汽车库、自行车库、顶层阁楼以及储藏室，下同）的所有权或土地使用权的行为，按照契税法律法规的规定征收契税；对于不涉及土地使用权和房屋所有权转移的，不征收契税。

【案例7—31】 恒大实业公司有一个化肥生产车间拟出售给月星化工公司。该化肥生产车间有一幢生产厂房及其他生产厂房附属物，主要包括围墙、烟囱、水塔、变电塔、油池油柜、若干油气罐、挡土墙和蓄水池等，化肥生产车间的总占地面积为3 000平方米，整体评估价为600万元（其中，生产厂房的评估价为160万元，3 000平方米土地的评估价为240万元，其他生产厂房附属物的评估价为200万元），月星化工公司按整体评估价600万元购买，应缴纳契税24万元（600×4%）。

根据规定，在支付独立于房屋的建筑物、构筑物以及地上附着物价款时不征收契税，由此提出税收筹划方案如下：恒大实业公司与月星化工公司签订两份销售合同，第一份合同为销售生产厂房及占地面积为3 000平方米的土地使用权合同，销售合同价款为400万元；第二份合同为销售独立于房屋的建筑物、构筑物以及地上附着物（主要包括围墙、烟囱、水塔、变电塔、油池油柜、若干油气罐、挡土墙和蓄水池等），销售合同价款为200万元。经上述税收筹划，月星化工公司只就第一份销售合同缴纳契税16万元（400×4%），减少缴纳契税8万元（24—16）。

（五）通过改变投资方式进行税收筹划

根据规定，非公司制企业按照《公司法》的规定整体改建为有限责任公司（含国有独资公司）或股份有限公司，或者有限责任公司整体改建为股份有限公司的，对改建后的公司承受原企业土地、房屋权属的，免征契税。

【案例7—32】 陈某有一间商品房价值500万元，刘某有货币资金300万元，两人共同投资开办新华有限责任公司，注册资本为800万元。新华有限责任公司接受房产投资后应缴纳契税20万元（500×4%）。

根据免征契税的规定，提出税收筹划方案如下：

首先，陈某到工商局注册登记成立陈某个人独资公司，将自有房产投入陈某个人独资公司，由于房屋的产权所有人和使用人未发生变化，因此，无须办理房产变更手续，不用缴纳契税。

其次，陈某对其个人独资公司进行公司制改造，改建为有限责任公司；吸收刘某的投资，改建为新华有限责任公司。改建后的新华有限责任公司承受陈某个人独资公司的房屋，免征契税，新华有限责任公司可减少契税支出20万元。

复习思考题

一、简答题

1. 针对资源税，主要有哪些税收筹划方法？
2. 简述房产税的筹划要点。

3. 土地增值税中的开发费用扣除是如何规定的？怎样利用该规定进行税收筹划？

4. 针对印花税在合同方面的区别，能否进行税收筹划？

5. 购买住房时应如何进行契税的税收筹划？

6. 利用压缩金额和模糊金额进行印花税税收筹划的思路有什么区别？

7. 如何减轻土地增值税负担？具体有哪些税收筹划思路？

8. 对于对外投资联营房产应如何进行税收筹划？

二、实务题

1. 某房地产开发公司2020年预计商品房销售收入为40 000万元，其中，普通住宅的销售收入为30 000万元，豪华住宅的销售收入为10 000万元。根据税法的规定，可扣除项目金额为32 000万元，其中，普通住宅的可扣除金额为26 000万元、豪华住宅的可扣除金额为6 000万元。

要求：从税收筹划的角度，该公司应如何操作才能实现利益最大化？在税收筹划的过程中应注意什么问题？

2. 某企业2020年准备新建一个度假村，该度假村的建设包括宾馆、餐厅、休闲娱乐馆、室内游泳池、室外网球场、花园、水塔、变电塔、垂钓区以及绿化区，预计投资总额为8 000万元，其中，宾馆、餐厅、休闲娱乐馆、室内游泳池的投资额为7 000万元(包含中央空调投资额300万元)，其他投资额为1 000万元。

要求：

(1)纳税人的房产原值应如何计价才能使缴纳的房产税最少？

(2)根据度假村的特点，分析纳税人应将度假村建在何处才能既保证休闲娱乐的质量，又能为企业节省房产税。

第八章　国际税收筹划

【本章导读】

本章介绍国际税收筹划的概念、特征、产生条件、影响因素以及主要原理与方法，并对跨国企业、跨国个人的国际税收筹划进行了深入讲解。通过本章的学习，应掌握国际税收筹划的基本知识与实务操作。

第一节　国际税收筹划概述

国际税收筹划是国内税收筹划跨越税境和国境在国际范围内的延伸和发展，涉及两个以上国家的税收政策。因此，国际税收筹划较国内税收筹划更为复杂。

一、国际税收筹划的概念

国际税收筹划是指跨国纳税义务人运用合法的方式，在税法许可的范围内减轻或消除税负的行为。税收筹划的概念有相当程度的弹性，是一个相对的概念。由于各国法律标准不同，且各国的法律在不断完善中，因此，某一跨国纳税人所进行的某种减轻税负的合理税收筹划行为在另一个国家或者同一个国家的不同时期，有时会被认为是应禁止的避税行为，甚至是逃税行为。目前，世界各国都将反避税作为本国税收工作的一个重点，并加大了反避税力度，许多国家制定了专门的反避税法规，这给跨国经营企业的国际税收筹划带来了挑战。

二、国际税收筹划的特点

（一）合法性

合法性是国际税收筹划与国际偷税的根本区别。国际税收筹划是跨国纳税人在有关国家的纳税义务发生之前，在遵守各国税法的前提下，利用各国税法差异测算比较不同经济行为下的税负并择优选用，是一种合法的选择行为；而国际偷税是跨国纳税人在有关国家的纳税义务已经发生的情况下，利用种种非法手段不缴纳或少缴纳税款，是一种违法行为。

合法性是跨国纳税人税收筹划最基本的特点，这是税收筹划必备的前提条件。如果偏离了合法性，就可能演变为偷税、逃税，跨国纳税人将面临涉税风险，接受严厉的法律制裁，遭受经济和名誉的双重损失。

（二）顺法性

顺法性是国际税收筹划与国际避税的根本区别。国际避税一般是指跨国纳税人利用国与国之间的税制差异以及各国涉外税收法规和国际税法中的漏洞，在从事跨越国境的经济活动中，通过种种合法手段规避或减少其在相关国家的纳税义务的行为。虽然国际税收筹划和国际避税都是在纳税义务发生前发生的合法的选择行为，但国际税收筹划不仅不违法，而且迎合了东道国的立法意图和税收政策导向，与税收法理的内在要求一致；而国际避税却违背了东道国的立法意图和税收政策导向，与税收法理的内在要求不一致。

国际税收筹划顺应相关国家的立法精神，在很多情况下，是相关国家鼓励和提倡的。如果偏离了顺法性，就可能演变为国际避税，损害相关国家的税收利益。对于国际避税，相关国家一般通过完善本国的涉外税收法规或修订本和与他国签订税收协议以堵塞法律漏洞，不给跨国纳税人提供国际避税的可乘之机。

（三）目的性

国际税收筹划具有明显的目的性，即在跨国经营活动中，减轻或消除税负，实现税后利益最大化。围绕这一目的，不同的跨国纳税人在不同时期的具体目标可能各有侧重。这些具体目标通常包括：

（1）减轻税负。通过利用相关国家的税收优惠或者不同国家之间的税收协议优惠等，减轻甚至消除税负。

（2）延期纳税。通过税收筹划，延缓纳税以获得税款的时间价值。

（3）降低纳税成本。通过税收筹划，规避涉税风险，避免与各国税务机关发生税务纠纷而受到处罚，产生额外纳税成本。

（四）整体性和综合性

税收筹划是为企业整体利益最大化服务的，是一种方法和手段，而不是企业的最终目标。跨国纳税人应将国际税收筹划方案放到整体经营决策中加以考虑，不仅要考虑某一税种或税收因素，而且要考虑整体税负和非税收因素。有的税收筹划方案可能会减轻跨国纳税人某一时期的税负，却不利于其长远发展。因此，在选择税收筹划方案时应考虑跨国纳税人的长远发展目标，选择能增强其经济实力的税收筹划方案。

（五）专业性

国际税收筹划的整体性和综合性对税收筹划人员提出了相当高的专业要求：其一，除了深入了解各个国家的税法和国情外，要非常熟悉相关国际税法，包括税收协定和各国税法的国际方面，这是税收筹划的技术基础；其二，除了精通税法外，要掌握各国国际业务中的相关知识，包括国际金融、国际贸易、海关事务以及外汇管制等，以使税收筹划方案具有可行性；其三，要能厘清纷繁复杂的国际经济业务，熟练运用会计技术对经济业务进行分析；其四，要掌握各家公司的生产经营状况及其涉税事宜，熟悉各家公司之间的税务联系及各税基之间的相互关系。另外，随着跨国公司数量和规模的扩大，各国税法日益呈现复杂性和频变性，越来越多的国际税收筹划委托给专业人员和机构去做，包括税务咨询公司、律师事务所、会计师事务所以及税务师事务所等。

三、国际税收筹划产生的条件

从国际税收筹划的目的性可以看出，国际税收筹划产生的根本原因是跨国纳税人作为“经济人”追求利益最大化以获取最大限度的效用。国际税收筹划的产生也有其外在条件，主要是由不同国家对税收管辖权、税收构成要素、经济源和税源等税收经济活动各方面所定的制度及法律上的不同规定造成的。国家之间的税收差别是国际税收筹划产生的客观基础。跨国纳税人对国家之间的税收差异及不同规定的发现和利用，不仅维护了他们的既得利益，而且为他们消除和减轻跨国纳税找到了强有力的制度及法律保障。从实践来看，国际税收筹划产生和存在的条件主要有以下几个方面：

（一）税收管辖权的差别

税收管辖权是一国政府在税收领域内所行使的具有法律效力的管理权力，可分别按属地原则和属人原则建立。按属地原则建立的税收管辖权，按照本国主权涉及的地域范围确立，称为地域管辖权。按属人原则建立的税收管辖权包括两种类型：一是居民管辖权，是指征收国对其境内所有居民的全部所得行使征税权；二是公民管辖权（又称国籍管辖权），是指征收国对有本国国籍的公民在世界各地取得的收入行使征税的权力，而不考虑其是否在国内。在实践中，几乎没有哪一个国家单纯地行使一种税收管辖权，大多数国家以一种税收管辖权为主，以另一种税收管辖权为补充，而美国则实行三权并行。这样，各国在一定程度上就存在着差异，使纳税人利用这种差异进行税收筹划成为可能。

（二）课税范围和方式的差别

有些国家对法人或自然人的所得、财产及财产转让都不征税；大多数国家对此征税；有的国家则只对所得征税，对财产及财产转让不征税。即使都征税，对同一种税税目的多少、税负的高低、课税的具体范围和方式也因国而异，从而可能导致各国纳税人之间存在税负差异。

（三）税率的差别

税率常常是各国税收制度中差别最大的一个要素。例如，同样是对所得征税，有的国家采用比例税率征收，如巴西、德国、加拿大等；有的国家则采用累进税率征收，如美国、沙特阿拉伯等。即使是实行同一税率制度，各国也根据本国的政治经济状况确定适合本国国情的税率，累进级次、级距、起征点、免征额和最高税率的规定也千差万别。只要简单比较一下各国的税率表就会发现国际税收筹划的巨大潜力。

（四）税基的差别

税基是指课税的基础和依据。一般而言，税基不外乎三种：一是对收入课税，即以纯收入或总收入为课税基础；二是对财产课税，即以财产的实物量或价值量作为课税基础；三是对商品流转额和非商品流转额课税。对于从事跨国经营的人，需要掌握每类税基所包括的具体范围及其在各国的差异。例如，对作为所得税课税基础的所得来源，由于各国制定税法时所考虑的侧重点不同，同为所得课税的税基，其外延在不同国家可能有很大差异，因此，对各种扣除项目的规定也会有很大不同。在税率一定的条件下，税基的大小决定着税负的轻重。因此，税基是跨国纳税人进行税收筹划时所考虑的主要因素。

（五）税收优惠措施的差别

出于各种经济或政治目的，各国在税收上实行一些优惠政策，尤其是发展中国家，发展经济迫切需要大量资金。为达到吸引外资的目的，许多国家采用大量税收优惠措施为投资者提供减免税及各种纳税扣除。由于各种纳税优惠措施的存在，税收的实际税率远远低于名义税率，这为跨国纳税人创造了国际税收筹划的良机，而各国税收优惠措施存在的程度上的差异又为跨国纳税人选择从事经营活动的国家和地区提供了余地。

（六）避免双重征税方法的差别

国际双重征税是指两个或两个以上国家的税务当局对同一纳税人的同一应税收入或所得重复征税。导致重复征税的根本原因是各国税收管辖权的重叠行使。国际双重征税既违反了税收公平负担原则，又不利于经济效率的提高。所以，减少、避免或消除国际双重征税是各国政府和从事国际经济活动的人们的共同要求，也是国际税收领域中所要解决的一个主要问题。要解决这个问题，必然会涉及国家之间的税收主权与税制，这是任何一家企业或个人都无法做到的，必须通过各国税法和国际税收协定与合作来实现。目前，在各国税法和国际税收协定中通常采用的免除国际双重征税的方法有免税法、扣除法、抵免法和减免法。① 其中，免税法会给跨国纳税人带来减轻税负的机会。

（七）反避税方法的差别

各国因经济而非法律上的原因需要进行反避税。例如，许多国家为了扩大纳税义务，在税法中规定公民税收管辖权以及各种国内和国际反避税措施等。但反避税是一项非常复杂的工作，而且各国对反避税的重视程度不同，反避税的措施也大相径庭。因此，跨国纳税人可以通过研究各国不同的反避税方案来制定自己的国际税收筹划策略。

（八）征收管理水平的差别

虽然各国在税收征管方面一般有法可依，但在“有法必依”“执法必严”和“违法必究”等方面依然存在很大差异。例如，有的国家虽然在税法中规定了较重的纳税义务，但由于征管不力，工作中漏洞百出，使本国法规如一纸空文。这样，不仅无法进行合法的税收筹划，连非法的偷税、逃税也层出不穷，从而造成税负的名高实低。进行国际税收筹划应了解各国征收管理水平上的差异，如在执行税收条约或协议的情报交换条款时，各有关税务当局管理水平上的差别。如果某一缔约国的管理水平不佳，就会导致该条款的效力大打折扣，从而为国际税收筹划提供条件。

除了上述因素外，国际税收筹划还存在多种刺激因素，主要是一些非税因素，如通货膨胀、资本流动、国际竞争等。这些因素直接影响着国际经济环境以及税收环境，跨国纳税人必须给予极大关注。

四、影响国际税收筹划的因素

国际税收筹划并不是在任何条件和任何环境下都可以进行，也不是在任何情况下都会取得预期的效果。我国在很长一段时间内没有税收筹划，而发达国家已经在很长一段时间内实践税收筹划并将其发展为一个非常有前途的产业。由此可见，国际税收筹划的存在和发展面临诸多影响因素。

（一）纳税人权利的保护

我国的税收筹划姗姗来迟的主要原因是不重视对纳税人权利的保护。目前，仍有人把税收筹划认定为纳税人投机取巧、与国家争利益的行为，这一认识误区是不利于税收筹划事业的发展的。

税收是国家依据法律的规定对具备法定税收要素的人所实施的强制征收。税收不是捐款，纳税人没有承担多于法律所规定的纳税义务的必要。纳税人最基本的权利就是不缴纳比税法规定更多的税收。纳税人在法律允许的范围内选择税负最轻的行为是纳税人的基本权利。税收筹划本身就是纳税人的基本权利——税负从轻权的基本体现。如果对纳税人的权利不承认或者不重视，那么，作为纳税人权利之一的税收筹划当然也得不到保障。世界各国税收筹划的发达程度与对纳税人权利保护的完善程度正相关。税收筹划作为纳税人的一项基本权利，应当得到法律的保护，应当得到整个社会的鼓励和支持。我国对纳税人权利保护的水平在不断提高，税收筹划也必将不断发展。

---

①　免税法：居民国对于纳税人来源于外国的所得免税。
扣除法：居民国允许纳税人列支就外国来源所得支付给外国政府的税收，包括所得税。
抵免法：居民国允许纳税人将支付给外国政府的所得税冲抵本国纳税义务。

(二)税制的完善

国际税收筹划是纳税人在不违法的前提下对纳税行为的预先安排。税收筹划不仅要符合税法的规定,而且要符合国家的政策导向。如果没有完备的法律,就可能出现两种情况:一是无法确定自己所进行的税收筹划是否处于法律所允许的范围内,也就无法区分自己的行为是税收筹划还是偷税;二是税法不健全,纳税人往往会通过钻法律的空子来达到减轻税负的目的,而没有必要进行耗费人力、财力和物力的税收筹划。目前,我国正在加紧税收法制建设,这为国际税收筹划提供了发展空间。

(三)税法的执行

我国人口多、面积大、经济情况复杂、税收征管人员多、业务素质参差不齐,造成了税收政策法规执行的差异,主要表现在以下几个方面:

(1)自由裁权量。我国税法对具体税收事项常留有一定的弹性空间,即在一定范围内税务人员可以选择具体的征管方式。

(2)征管水平。由于税务人员的素质参差不齐,在税收政策执行上会存在偏差,主要表现在对政策的理解、贯彻的方式、执法的公平公正程度等方面。

(3)监管机构之间不协调。这主要表现在税务机关和其他工商行政管理机关之间缺乏沟通,国税、地税之间欠缺信息交流,税收征管机构内部各职能部门之间缺乏协调等。

以上税收政策法规执行中的差异可能造成税法实践中不同地区对税收法规解读的差异、同一地区不同税务局执法口径的差异,甚至同一税务局不同税务人员的操作差异。这些差异给税收筹划带来极大的困难,即使是合法的税收筹划方案也可能由于执法上的差异而变成一纸空文,这是因为税收筹划具有超前性,通过对税收效果的预测,在经济业务发生前对方案做出税务最优化的选择。所以,税收筹划需要建立在税法实践相对稳定的基础上。

(四)税收筹划方案的执行

税收筹划不应仅是管理人员和财务人员的事务,而应是整个企业上下层级共同努力的目标。税收筹划是预先的税务安排,经济发展的情况是否如前所料需要跟踪分析。税收筹划人员能否及时调整筹划方案、避免筹划方案的失败要依赖各管理层的信息反馈。也就是说,如果税收筹划方案得不到大多数员工的认可,没有相应的配合实施,就会影响整个方案的贯彻落实,致使税收筹划失败。因此,企业在实施具体的税收筹划方案时要在企业内部进行必要的沟通,保证方案的顺利施行。此外,税收筹划者要保证筹划方案的可调节性,税收筹划能随经济信息的变动及时调整。更重要的是,税收筹划者要主动收集数据,考核计划的实施情况,保证方案的动态分析,避免税收筹划风险,真正成就税收筹划。

(五)经济环境

税收筹划是市场经济个体的一种经营决策,个体的经济活动必然会受整体经济环境的影响,很多理论上可行的方案在实践时会变得举步维艰。例如,虽然企业在西部地区或者民族地区投资经营可以享受税收优惠政策,但企业会面临投资环境不完善、经济管理手段相对落后、供求关系不稳定、经营风险较高等问题。总之,客观经济环境对税收筹划方案的影响不容忽视。

企业应根据国民经济的运行数据,客观分析经济环境对企业经营的影响,科学预测行业的发展前景,为企业的税收筹划提供参考。尤其在投融资方面,企业必须充分掌握与项目相关的经济信息,如果割裂投融资计划与客观经济环境的有机联系,片面强调税收筹划,将会导致税收筹划失败。税收筹划是一个必须兼顾企业生产、经营、投资、理财等多方面的综合课题,仅有理论知识是不够的。税收筹划者需客观分析影响税收筹划成败的各个要素的特点，设计出合理、合法、可操作的税收筹划方案。成功的税收筹划方案不但可以使企业实现追求利润的目标，而且可以使国家实现宏观经济调控的目标，从而创造一个和谐的税收环境。

第二节　国际税收筹划的方法和应考虑的因素

一、国际税收筹划的方法

跨国公司税收筹划主要是通过建立灵活的公司内部结构，并在这个结构的范围内开展一系列使税收最小化的业务活动，包括利润再分配和利润减少等。利润再分配是指将跨国公司的全球利润安置到税负水平相对较低的国家。利润减少是指将部分费用、利息、股息、特许权使用费的付款归入跨国公司内部低税国居民公司的财务收益中。其具体筹划方法如下：

（一）利用对投资地点的合理选择进行国际税收筹划

1. 选择税负水平低的国家和地区进行投资

不同国家和地区的税收负担水平有很大差别，且各国都规定了各种税收优惠政策，如加速折旧、税收抵免、差别税率、亏损结转等。跨国投资者可通过计算，比较不同国家或地区的税收负担后选择税收负担低、综合投资环境好的国家或地区进行投资。如果能选择有较多税收优惠的国家或地区进行投资，必能长期受益，获得较高的投资回报率，从而提高在国际市场上的竞争力。

我国在改革开放后曾出台了各种税收优惠政策以吸引和鼓励外商在我国投资。这些税收优惠政策主要包括：投资在经济特区可享受低企业所得税税率（15%）；投资生产性企业可享受“两免三减半”的所得税优惠期；采购国产设备可享受增值税退税和企业所得税减免，采购进口设备可享受免关税和进口增值税；税后利润汇回可享受免征预提所得税；等等。这些超国民的税收优惠待遇极大地吸引了世界各国的投资者到我国投资，在其取得税收筹划巨大收益的同时，也为我国的经济发展做出了很大贡献。随着我国经济的发展和加入世界贸易组织，我国在近几年逐渐取消了对外商投资的超国民税收待遇。跨国经营者也开始考量新崛起的发展中国家的税收优惠政策，如印度、越南、柬埔寨等国已经成为跨国投资者新的投资热土。

2. 选择在国际避税地投资

实行低税制模式的国家和地区一般被称为避税地，主要有三种类型：(1)纯国际避税地，即没有个人所得税、企业所得税、净财产税、遗产税和赠与税的国家和地区，如百慕大、巴哈马等；(2)只行使地域管辖权，完全放弃居民管辖权，对来源于国外的所得或一般财产等一律免税的国家和地区，如瑞士、中国香港、巴拿马等；(3)实行正常课税，但在税制中规定了便利外国投资者的特别优惠政策的国家和地区，如加拿大、荷兰等。如果投资者能选择在这些避税地投资，无疑可以获得免税或低税的好处。通常，跨国纳税人可以在避税地建立基地公司以达到国际税收筹划的目的。较典型的是在避税地建立总部作为母公司与子公司或子公司之间的中转销售机构，通过设在避税地的总部中转，整个公司将利润体现在免税或低税的避税地，从而达到总体税负减轻的目的。

3. 选择签订国际税收协定的国家和地区投资

在跨国投资中，投资者会遇到国际双重征税问题，规避国际双重征税是跨国投资者在选择投资地点时必须考虑的因素。为了避免国际双重征税，国家与国家之间普遍签订了双边的全面性税收协定。根据协定，缔约国双方的居民和非居民均可以享受许多关于境外缴纳税款扣除或抵免等的税收优惠政策。因此，跨国投资应尽量选择与母国（母公司所在国）签订国际税收协定的国家和地区，以规避国际双重征税。截至 2017 年 10 月，我国已与 103 个国家签订了避免双重征税协定，其中包括 54 个“一带一路”沿线国家。世界上国与国之间签订的双边全面性税收条约已有一千多个。

（二）选择企业组织方式进行国际税收筹划

跨国投资者在国外新办企业、扩充投资组建子公司或设立分支机构都会涉及企业组织方式的选择问题，不同的企业组织方式在税收待遇上有很大差别。

就分公司和子公司而言，子公司由于在国外是以独立的法人身份出现，因此可享受所在国提供的包括免税期在内的税收优惠待遇；而分公司由于是作为企业的组成部分之一被派往国外，因此不能享受税收优惠。另外，子公司的亏损不能汇入国内总公司，而分公司与总公司由于是同一法人企业，经营过程中发生的亏损可汇入总公司账，减少了公司所得额。因此，跨国经营时，可根据所在国企业自身的情况采取不同的组织形式以达到减轻税负的目的。例如，海外公司在初创期，由于亏损的可能性较大，可以采用分公司的组织形式。当海外公司转为盈利后，若能及时将其转变为子公司形式，便能获得分公司无法获得的许多税收优惠。

就股份有限公司制和合伙制的选择而言，许多国家对公司和合伙企业实行不同的税收政策。跨国投资者可以在分析比较两种组织方式的税基、税率结构、税收优惠政策和投资地具体的税收政策等多种因素的前提下，选择综合税负较低的组织形式来组建自己的海外公司。

（三）选择有利的资本结构和投资对象进行国际税收筹划

企业的经营资本通常由自有资本（权益）和借入资本（负债）构成，各国税法一般规定股息不作为费用列支，只在税后利润中分配；利息则可作为费用列支，允许从应税所得中扣减。因而企业要选择自有资本与借入资本的适当比例以获得更多利益。例如，企业选择融资租赁既可以迅速获得所需资产以保障企业的举债能力，支付的租金利息又可按规定在所得税前扣除，减少了纳税基数。对于投资对象的选择，跨国经营者应着重了解投资国有关行业性的税收优惠及不同行业的税制差别。

（四）利用关联企业交易中的转让定价进行国际税收筹划

转让定价是指关联企业之间内部转让交易确定的价格，通常不同于一般市场价格，其可以高于、低于或等于产品成本。国际关联企业的转让定价往往受跨国公司集团利益的支配，不易受市场一般供求关系的约束。由于在现代国际贸易中，跨国公司的内部交易占有很大比例，因此，可利用高低税收差异，借助转移价格来实现利润的转移，以减轻公司的总体税负，从而保证整个公司系统获取最大利润。

（五）通过避免设立常设机构进行国际税收筹划

常设机构是指企业进行全部或部分营业的固定场所，包括管理场所、分支机构、办事处、工厂、作业场所等。目前，它已成为许多缔约国判定对非居民营业利润征税与否的标准。对于跨国经营而言，避免了常设机构，就有可能避免在该非居住国的有限纳税义务，特别是当非居住国税率高于居住国税率时，这一点显得更为重要。因而，跨国公司可通过货物仓储、存货管理、货物购买、广告宣传、信息提供或其他辅助性营业活动而非设立常设机构来达到在非居住国享受免予纳税的优惠。例如，韩国不少海外建筑公司在中东和拉美国家承包工程，这些国家规定非居民公司在半年内获得的收入可以免税，于是，这些韩国公司常常设法在半年内完成其承包工程，以免缴纳收入所得税。又如，日本早在 20 世纪 80 年代初就兴建了许多海上流动工厂、车间，这些工厂、车间全部设置在船上，可以流动作业。这些流动工厂曾先后到亚洲、非洲、南美洲等地进行流动作业。1981年，日本的一家公司到我国收购花生，该公司派出它的一个海上车间在我国港口停留27日，把收购的花生加工成花生浆，把花生皮压碎后制成板又卖给我国。结果，我国从日本获得的出售花生收入的64％又返还给了日本，而且日本公司获得的花生皮制板收入的税款分文未缴。造成这一结果的原因就是我国和其他多数国家对非居民企业存留时间的规定，日本公司就是利用这一规定来合法避税的。

随着科技的发展，电子商务日益成为国际贸易的一种重要方式。电子商务的诸多特点为国际税收筹划提供了便利。我国的跨国经营企业应充分利用电子商务的特点来合法避税。

（六）通过选择有利的会计处理方法进行国际税收筹划

会计方法的多样性为税收筹划提供了保障。会计准则、会计制度等会计法规，一方面起到了规范企业会计行为的作用，另一方面为企业提供了可供选择的不同会计方法，为企业在这些框架和规则中“自由行动”创造了机会。我国跨国经营企业应熟悉东道国的各种会计制度，巧妙地使用各种会计处理方法，以减轻税负或延缓纳税。例如，适当地将收益和费用的结算日期延后数日或提前数日，可达到延期纳税的目的；而在免征或低于所得税税率征收资本利得所得税的国家，海外企业应及时调整财务决策和会计政策，尽量将流动性收益转化为资本性收益。平均费用分摊是最大限度地抵消利润、减轻纳税的最佳方法，企业可把长期经营活动中发生的各项费用尽量平均分摊到各期，使其所获利润平均，不会出现某阶段纳税过高的现象；在物价上涨的情况下，存货计价中采用后进先出法可以有效减轻纳税负担；在对固定资产进行折旧处理时，采用加速折旧法可达到早日收回固定资产投资、减少同期利润、延缓缴纳所得税的目的。

二、国际税收筹划应考虑的因素

跨国纳税人面对风云变幻的世界经济气候和错综复杂的国际税收环境制订国际税收计划的根本目的在于使纳税负担最小化。我国跨国经营企业在进行国际税收筹划时应考虑以下几个方面的因素：

（一）要深入了解各国税收制度及相关信息

要深入了解各国的税收制度、税种、税率、计税方法以及各国的经营形态、收益种类、经营内容、税收地点以及政治、军事、科技、文化、民俗等，这些都影响着企业的经营活动，进而影响企业的财务和税务安排。

（二）要有多个备选方案

跨国经营企业应全面分析情况，从各个角度尽可能地设计多个备选方案，并从中选择最有利的方案。

（三）要有全局观念

跨国企业应站在全球宏观角度看问题，每项税收的税负最小化并不等于整体纳税负担最小，税负最小不等于收入最多。例如，某国的税收政策有优势，但该地的经济环境和地理环境却很糟糕，利用它反而会因小失大；等等。

（四）要有长远观念

税收筹划应具有前瞻性，不能杀鸡取卵，为追求眼前利益而忽略长远利益。我国跨国经营企业应有长期的总体税务计划和经营计划。

第三节 跨国公司国际税收筹划

从税收角度看，跨国公司指的是集团公司的内部结构体系，包括总持股公司和分布在与母公司非同一税收管辖区内的其他国家中的子公司、分公司、代表处等。跨国公司的国际税收筹划在国际范围内开展，涉及各国税收法规和国际税收协定，面临的是多变的国际政治、经济、税收环境，规划的是跨国投资经营等活动，其复杂程度及不可预见性远远超过一般税收筹划。

由于税收筹划贯穿企业财务决策的各个领域，包括筹资决策、投资决策、生产经营决策和利润分配决策，因此，本节将从这四个决策阶段展开分析。

一、跨国公司筹资决策的税收筹划

（一）合理采用债务筹资模式

企业的筹资方式分为债务筹资和权益筹资。债务筹资需要偿还，而权益筹资不需要偿还，只需要在有盈利时进行分配。债务筹资包括向银行借款、向非金融机构或企业借款、发行债券等；权益筹资包括留存收益和发行股票。企业筹集和使用资金，不论是短期的还是长期的，都存在一定的资金成本。筹资决策不仅要求筹集到足够的资金，而且要使资金成本最低。不同筹资方案的税负轻重存在差异，这为企业在筹资决策中运用税收筹划提供了可能。从税收筹划的角度讲，选择债务筹资，利息可以在税前扣除，从而减少企业所得税；而选择权益筹资，股息不能作为费用列支，只能在企业税后利润中分配，所以权益筹资所承担的税负要重于负债筹资。资本结构是由企业筹资方式决定的，不同的筹资方式形成不同的税前、税后资金成本。企业在筹资过程中应比较债务资本与权益资本的资金成本，包括资金占用费和资金筹集费。不同筹资渠道的资金成本各不相同，取得资金的难易程度也不同。下面比较各种筹资方式的筹资成本，为跨国公司选择筹资方式提供参考。

1. 长期借款成本

长期借款是指借款期在 5 年以上的借款，其成本包括借款利息和借款费用两个部分。一般来说，借款利息和借款费用高会导致筹资成本高，但因为符合规定的借款利息和借款费用可以计入税前成本费用扣除或摊销，所以能起到抵税作用。例如，某企业取得 5 年期长期借款 200 万元，年利率为 11%，筹资费用率为 0.5%，因借款利息和借款费用可以计入税前成本费用扣除或摊销，假如企业所得税税率为 25%，则企业可以少缴企业所得税 27.75 万元［(200×11%×5＋200×0.5%)×25%］。

2. 向非金融机构或企业借款

向非金融机构或企业借款，其成本也包括借款利息和借款费用。一般来讲，企业之间资金拆借的利息费用在企业所得税前扣除会受到一些限制，如不高于金融机构同期利率水平的利息可以税前扣除，超过的部分不可以税前扣除。例如，某企业向非金融机构借入 200 万元，不考虑借款费用，年利率为 15%，金融机构同期贷款利率为 11%，则企业可以少缴企业所得税 5.5 万元(200×11%×25%)。

3. 债券成本

发行债券的成本主要是指债券利息和筹资费用。债券利息的处理与长期借款利息的处理相同，可以在企业所得税前扣除，应以税后的债务成本为计算依据。例如，某公司发行总面额为 200 万元的 5 年期债券，票面利率为 11%，发行费用率为 5%，由于债券利息和筹资费用可以在企业所得税前扣除，因此，企业可以少缴企业所得税 30 万元[(200×11%×5+200×5%)×25%]。若债券溢价或折价发行，为更精确地计算资本成本，应以实际发行价格作为债券筹资额。

4. 留存收益成本

留存收益是企业缴纳企业所得税后形成的，其所有权属于股东。股东将这一部分未分配的税后利润留存于企业，实质上是对企业追加投资。如果企业将留存收益用于再投资，所获得的收益率低于股东自己进行另一项风险相似的投资所获得的收益率，企业就应该将留存收益分配给股东。留存收益成本的估算难于债券成本，因为很难对企业的发展前景及股东对未来风险所要求的风险溢价做出准确测定。计算留存收益成本的方法很多，最常用的是资本资产定价模型法。由于留存收益是企业所得税后形成的，因此，企业使用留存收益不能起到抵税作用，也就没有节税金额。

5. 普通股成本

企业发行股票筹集资金，普通股成本一般按照股利增长模型法计算。发行股票的筹资费用较高，在计算资本成本时要考虑筹资费用。例如，某公司普通股目前的市价为 56 元，估计年增长率为 12%，本年发放股利 2 万元。若公司发行新股票，发行金额为 100 万元，筹资费用率为股票市价的 10%，则新发行股票的成本为 14.2%[2÷100×(1+10%)+12%]。企业发行股票筹集资金，发行费用可以在企业所得税前扣除，但资金占用费即普通股股利必须在企业所得税后分配。该企业发行股票可以节税 2.5 万元(100×10%×25%)。

从税收筹划的角度看，发行债券筹资和向金融机构、企业等借款筹资的效果比发行股票筹资要好。负债筹资的方式各有不同，如企业通过向社会公开发行债券可以避开对中间商的利息支出，其税负又低于通过借款所承担的税负；而向非金融机构借款或是企业之间拆借，由于涉及较多人员和机构，有可能降低企业的应纳税利润规模，使企业所承担的税负低于直接向金融机构借款所承担的税负。

跨国公司在进行税收筹资决策时，在考虑效果的同时还要关注东道国对筹资方式的限制。例如，我国一直没有明确的法规引导外商投资企业在我国境内公开发行股票和债券，而外商投资企业向境外金融机构或企业借款要接受外汇管理局的外债管理。另外，当企业的债务资本超过权益资本过多、主要靠负债经营时，被称为资本弱化。资本弱化一方面可以使企业通过更大比重的贷款融资获得更多利息扣除，从而减少应税所得，达到减轻税收负担的目的；另一方面可以减少对股息分配所征收的税。但提高负债筹资比重乃至运用资本弱化手段时要注意以下几点：

(1)负债筹资虽然可以极大地降低企业的资金成本，但并不意味着负债越多越好，企业的负债筹资应该以保持合理的资本结构、有效地控制风险为前提。

(2)要注意我国以及相关实行资本弱化税制的国家对资本弱化进行判断的差异。

(3)各国有关资本弱化税制的规定差异很大。在计算方法上，美国只笼统地将公司的所有股本与所有债务相比来确定是否构成资本弱化，而大部分实行资本弱化税制的国家要考虑贷款提供人是否与公司存在关联关系。这些国家规定，只有当贷款提供人为公司股东时，其所提供的贷款才能计入贷款资本金。与公司无任何关联关系的独立第三方(如无关联关系的银行)提供的贷款不能计入上述所谓的贷款资本金中，无论其数额多大都不能适用资本弱化税制的规定。对于短期贷款是否计入贷款资本金，各国的规定也有所不同。我国跨国企业在利用资本弱化手段进行税收筹划时，要对各国关于资本弱化的限制情况仔细研究、合理运用。

（二）组建国际金融公司

国际金融公司是指为跨国企业集团内部融资或者为集团与境外第三方融资充当中介的机构。我国跨国企业在跨国经营过程中往往需要向国外金融机构或公司筹措资金。如果是向一个没有与我国签订税收协定的国家或地区借款，我国对跨国企业支付给境外贷款者的利息要征收预提税。通常情况下，境外贷款者不愿意承担这笔税收，而是通过提高贷款利率或其他费率的方式把税收负担转嫁给我国跨国企业。为了解决这个问题，跨国企业可以通过在第三国设立国际金融公司向境外贷款者融入所需资金，从而减轻自身税负。一般认为，国际金融公司的建立需要具备以下条件：(1)所在国与我国签有税收协定，国际税收协定网络较发达，国际金融公司可以享受协定提供的税收优惠；(2)利息支付免征或少征预提税；(3)允许国际金融公司将其向境外贷款者支付的利息作为费用项目从应税所得中扣除，以减轻其所得税负担；(4)没有负债权益比率及其他防止资本弱化的限制；(5)没有反对滥用税收协定的法律规定。此外，还要考虑所在地的政治、经济是否稳定，有无外汇管制，通货是否坚挺等。目前，荷兰、卢森堡、瑞士、荷属安的列斯等国家和地区是建立国际金融公司的理想之地。

【案例 8—1】 我国永丰有限责任公司为跨国企业，因业务发展需要从甲国 B&T 银行借入一笔资金。因我国与甲国之间尚未签订税收协定，我国要对本国跨国企业向甲国该银行支付的利息征收 20%的预提税(根据我国《企业所得税法》的规定，有关非居民企业的税收优惠减按 10%的企业所得税税率征收企业所得税)。为此，我国永丰有限责任公司可事先在乙国设立金融子公司 B(我国与乙国、甲国与乙国分别签订税收协定，对利息支付免征预提税，同时符合上述其他条件)。那么，我国跨国企业将不直接从甲国该银行借款，而由乙国金融子公司向甲国该银行借款，然后由乙国金融子公司将借入的资金转贷给我国跨国企业。依据我国与乙国之间的税收协定，我国不征收预提税，同时乙国对本国居民企业向非居民企业支付的利息不征收预提税，最终这笔贷款免予征收预提税。

我国跨国企业有时会在集团内部向他国子公司筹资，同时也会发生子公司之间相互融资的情况，有时会面临较高的预提税。为了减轻税负，同样可以通过国际金融子公司进行周转，从而实现税收筹划的目的(如图 8—1 所示)。

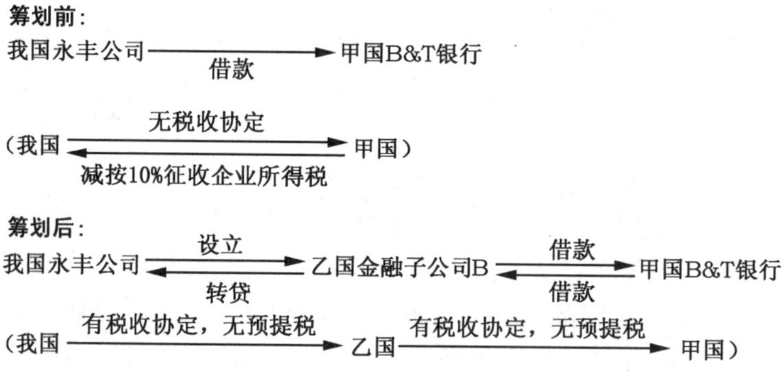

图 8—1　债务筹资的税收筹划

二、跨国公司投资决策的税收筹划

(一)跨国公司投资地点的选择

1. 选择国际避税地

跨国公司在选择投资地点时,应该首先考虑国际避税地。

国际上通常所说的避税地分为三类:第一类是纯国际避税地,即没有个人所得税、企业所得税、净财产税、遗产税、赠与税的国家和地区,如百慕大、巴哈马等;第二类是只行使地域管辖权,完全放弃居民管辖权,对来源于国外的所得或一般财产等一律免税的国家和地区,如瑞士、中国香港、巴拿马等;第三类是实行正常课税,但在税制中规定了便利外国投资者的特别优惠政策的国家和地区,如加拿大、荷兰等。如果投资者能选择在这些避税地进行投资,无疑可以获得免税或低税的好处。

跨国公司利用避税地的做法通常是在避税地设立子公司,又称基地公司,然后通过内部交易或以支付股息、管理费等方法将利润转移到其基地公司账上,从而使总体税负减轻。在国际上,利用避税地避税的方式主要有以下几种:

(1)以基地公司作为贸易公司

贸易基地公司包括销售基地公司和采购基地公司。销售基地公司从跨国公司内部企业取得制成品,通过跨国公司自己的销售网络向不同国家的消费者销售,抑或在其他生产子公司之间进行半成品和成套组件的分配。采购基地公司向跨国公司外部生产企业发出订单,并将购得的商品在整个跨国公司内部体系中分配。当跨国公司在不同辖区之间进行较大规模的贸易活动时,通过发挥贸易基地公司的中介作用,几种进出口业务可以将集团的贸易利润重新分配,即将利润从高税收管辖区转移到税收较低的国家。在这个过程中,贸易基地公司所在辖区能向进出口中介业务提供优惠,从而促进利润再分配机制的形成。

(2)以基地公司作为国际金融公司

这类国际金融公司是为跨国公司内部的借贷充当中间人或为第三方提供资金的机构,如为在不同东道国的子公司转送贷款。其财务目的是降低或免除利息所得税,利用税收协定减轻预提税。只要东道国当地的法律允许,同时可降低资金成本,则可在此设立金融公司。欧洲美元市场的存在给金融公司的活动带来了方便。我国首都钢铁总公司、中国化工进出口总公司都在海外设立了自己的金融公司(财务公司)。

(3)以基地公司作为国际控股公司

以基地公司作为国际控股公司的作用表现为以下三个方面:首先,集中其所控股的子公司的股息和资本利得,在其居住地实现避税;其次,其为最终控制母公司和子公司、孙公司之间的中继站,在母国没有实行国际反避税的情况下可以起到推延母国对其国外子公司的税收,在一定情况下还有逃避外汇管制的作用;最后,其可以容易地筹集资本,调整子公司的财务状况,如用一国子公司的利润冲抵另一国子公司的亏损。

(4)以基地公司作为国际海运公司

基地海运公司的所有权和经营权无须在同一国,总管理机构可在第三国,拥有的船舶还可以在别处注册,由该类公司的组织结构便可知其避税的潜力。从税收的角度考虑选择悬挂哪国的国旗,一般是用“方便旗帜”,即可由非居民船东悬挂的国旗,旗帜国除收取一定的注册费外,对挂旗的船东不实行财政或其他控制,利比里亚和巴拿马是典型的该类国家。例如,1980年3月中国船舶工业总公司、中国租船公司与香港环球航运集团在百慕大设立了国际联合船舶投资有限公司，这是典型的利用避税地海运公司避税的案例。

2. 选择有税收优惠政策的国家和地区

不同国家和地区的税收负担水平有很大差别。各国规定了各种税收优惠政策，如加速折旧、税收抵免、差别税率、亏损结转等。跨国投资者如果能选择有较多税收优惠的国家和地区进行投资，必能长期受益，获得较高的投资回报率，从而提高其在国际市场上的竞争力。通常，这些企业可通过计算，比较不同国家和地区的税收负担后选择税负低、综合投资环境好的国家或地区进行投资。

我国在改革开放后出台了各种税收优惠政策以吸引和鼓励外商在我国投资。这些超国民的税收优惠待遇极大地吸引了世界各国的投资者来我国投资，在其取得税收筹划巨大收益的同时，也为我国的经济发展做出了很大贡献。随着我国经济的发展和加入世界贸易组织，我国在近几年内逐渐取消了对外商投资的超国民税收待遇。跨国经营者也开始考量新崛起的发展中国家的税收优惠政策。企业必须注意的是，一般发展中国家为吸引外资会提供各种税收优惠，但这些国家往往又会对外资子公司的股息、利息、特许权使用费和利润汇出实施限制，希望以此促使外商进行再投资。发达国家则一般实行内外资企业同等税收待遇，但其对利润汇出的管理较发展中国家宽松。因此，在选择投资地点时，有必要在这两者之间进行权衡。

（二）跨国公司企业组织形式的选择

企业是指依法设立、以营利为目的、从事生产经营活动的独立核算的经济组织。一般情况下，按照法律地位的不同，可以将企业分为公司企业、合伙企业和个人独资企业；按照经济性质的不同，可以将企业分为内资企业和外资企业；按照内部关系的不同，可以将企业分为总分公司和母子公司。不同组织形式的企业在税收方面有着不同的特点，投资者对企业不同组织形式的选择会导致其投资收益的差别，进而影响企业的整体税收和获利能力。因此，跨国公司在设立时，有必要在组织形式的选择上进行一番积极的筹划。通过合理的公司组织形式选择，可以有效降低跨国公司的国际税负。

1. 个人独资企业、合伙企业与公司的选择

个人独资企业是指由一个自然人投资，全部资产为投资人所有和控制的营利性经济组织。这种企业在法律上是自然人企业，不具有法人资格。根据我国《个人独资企业法》①的规定，个人独资企业是指“依照本法在中国境内设立，由一个自然人投资，财产为投资人个人所有，投资人以其个人财产对企业债务承担无限责任的经营实体”。

合伙企业是指由两个或两个以上合伙人订立合伙协议，为经营共同的事业共同出资、合伙经营、共享收益、共担风险的营利性组织。这种企业在法律上也是自然人企业，不具有法人资格。根据我国《合伙企业法》②的规定，合伙企业是指“自然人、法人和其他组织依照本法在中国境内设立的普通合伙企业和有限合伙企业。普通合伙企业由普通合伙人组成，合伙人对合伙企业债务承担无限连带责任。有限合伙企业由普通合伙人和有限合伙人组成，普通合伙人对合伙企业债务承担无限连带责任，有限合伙人以其认缴的出资额为限对合伙企业债务承担责任”。

公司一般是指以营利为目的，从事商业经营活动或因某些目的而成立的组织。根据我国

① 1999年8月30日由第九届全国人民代表大会常务委员会第十一次会议通过并公布，自2000年1月1日起施行。
② 2006年8月27日由第十届全国人民代表大会常务委员会第二十三次会议修订，自2007年6月1日起施行。

《公司法》[1]的规定，公司是指“依照本法在中国境内设立的有限责任公司和股份有限公司。公司是企业法人，有独立的法人财产，享有法人财产权。公司以其全部财产对公司的债务承担责任”。

许多国家对公司、个人独资企业和合伙企业施行不同的税收政策。一般而言，公司的利润应先缴纳企业所得税。税后利润作为股息或者红利分配给投资者，投资者还要缴纳个人所得税；而个人独资企业和合伙企业一般无须缴纳企业所得税，国家仅就各个合伙人分得的收益征收个人所得税。显然，单就总体税负而言，个人独资企业和合伙企业一般要轻于公司。

我国自 2000 年 1 月 1 日起对个人独资企业和合伙企业停止征收企业所得税[2]，合伙企业以每一个合伙人为纳税义务人。合伙企业合伙人是自然人的，缴纳个人所得税；合伙企业合伙人是法人或其他组织的，缴纳企业所得税。[3] 合伙人为个人的比照个体工商户按照 5%～35% 的税率缴纳个人所得税。合伙企业的投资者按照合伙企业的全部生产经营所得和合伙协议约定的分配比例确定应纳税所得额；合伙协议没有约定分配比例的，依次按照协商比例、合伙人实缴出资比例和合伙人数量平均计算每个投资者的应纳税所得额。自 2010 年 3 月 1 日起，我国允许外国企业或者个人在我国境内设立合伙企业，这是指两个以上外国企业或者个人在我国境内设立合伙企业，以及外国企业或者个人与我国的自然人、法人和其他组织在我国境内设立合伙企业。[4] 因此，跨国公司在我国可以选择设立公司或者合伙企业（个人独资企业目前不被允许），合伙企业可以选择以外国企业作为合伙人，或者以外国个人作为合伙人。

【案例 8－2】 外国公司 A 拟与中国企业 B 共同投资一个合资项目，正在考虑以下三种方案：方案一是成立外商投资合资企业，即公司制，A 公司的持股比例为 60%；方案二是成立合伙企业，A 公司作为合伙人，合伙协议约定 A 的分配比例为 60%；方案三是成立合伙企业，A 公司的自然人股东 C 作为合伙人，合伙协议约定 C 的分配比例为 60%。

若不考虑公司与合伙企业应纳税所得额的调整差异，假设年度应纳税所得额为 100 万元，企业所得税税率为 25%，向境外分配利润的预提企业所得税税率为 10%，则三种方案在我国的所得税税负分别是多少？

合资项目的应纳税所得额为 60 万元（100×60%）。

方案一：合资企业就 60 万元应纳税所得额缴纳企业所得税 15 万元（60×25%）。

A 公司分得的利润为 45 万元（60－15），预提企业所得税 4.5 万元（45×10%）。

总税负为 19.5 万元（15＋4.5），税负比率为 32.5%（19.5÷60×100%）。

方案二：合资项目作为合伙企业，是非法人制企业，就 60 万元不需要缴纳企业所得税。

A 公司就分到的 60 万元经营所得预提企业所得税 6 万元（60×10%）。

总税负为 6 万元（0＋6），税负比率为 10%（6÷60×100%）。

方案三：合资项目作为合伙企业，是非法人制企业，就 60 万元不需要缴纳企业所得税。

自然人 C 就分到的 60 万元经营所得缴纳个人所得税 12.35 万元［(60－6)×35%－6.55］，其中，6 万元（0.5×12）为年度扣除额，税率为 35%，速算扣除数为 6.55 万元。

总税负为 12.35 万元（0＋12.35），税负比率为 20.58%（12.35÷60×100%）（如表 8－1

---

① 2013 年 12 月 28 日由第十二届全国人民代表大会常务委员会第六次会议第四次修订，中华人民共和国主席令第八号公布，自 2014 年 3 月 1 日起施行。

② 《国务院关于个人独资企业和合伙企业征收所得税问题的通知》（国发〔2000〕16 号）。

③ 《关于合伙企业合伙人所得税问题的通知》（财税〔2008〕159 号）。

④ 《外国企业或者个人在中国境内设立合伙企业管理办法》（国务院令第 567 号）。

所示)。

表 8—1　　三种方案的比较　　单位:万元

方　案	公司	合伙企业 公司 A 为合伙人	合伙企业 自然人股东 C 为合伙人
合资外方应纳税所得额	60	60	60
合资项目应缴企业所得税	15	—	—
外国投资者应缴预提所得税	4.5	6	12.35
在我国的总税负	19.5	6	12.35
税负比率	32.5%	10%	20.58%

可见,跨国公司在我国进行投资决策的税收筹划时,从我国的税负角度看,设立以外国个人作为合伙人的合伙企业,外国个人缴纳 5%~35%的累进税率的个人所得税。因此,当经营利润较少时,合伙企业比公司节税;当经营利润超过一定金额时,公司比合伙企业节税。

当然,跨国公司的税收筹划不仅要考虑东道国的税负,而且要考虑本国的税负。通常,东道国与本国会签订双边或多边的避免国际重复征税的税收协定来免除国际重复征税,基本的免除办法有免税法、扣除法和抵免法:(1)当采取"免税法"时,跨国公司来源于东道国并已向东道国纳税的所得在本国免税,如德国"就来源于中华人民共和国居民公司支付给直接拥有该公司至少 10%资本的德意志联邦共和国居民公司(不是合伙企业)的股息"①免除德国税收。(2)当采取"扣除法"时,跨国公司就境外所得向东道国缴纳的税款视同费用,允许从国内外应税所得额中扣除,就其余额适用相应的税率计算应纳税额。它只是减轻重复征税,没有完全消除重复征税,因此,实行扣除法的国家较少。(3)当采取"抵免法"时,跨国公司根据来源于国内外的全部所得额计算应纳税额,但允许在东道国缴纳的全部或部分税款从应纳税额中抵免。抵免法是目前国际上比较通行的避免国际重复征税的办法。我国对来源于境外的所得普遍采取抵免法以消除重复征税。

当跨国公司在我国投资并考虑整体税负时,应首先考虑本国与我国的税收协定。若跨国公司母国与我国没有签订税收协定,或者虽然签订税收协定但采用的是免税法消除来源于我国的双重征税,那么,在我国设立合伙企业(外国公司作为合伙人)比设立公司节税。若税收协定采用的是抵免法,那么,在我国设立合伙企业(外国公司作为合伙人)与设立公司在整体税负上差异不大,因为其在我国缴纳的所得税可以在本国的税款中抵扣。当然,在选择组织方式时,税收只是其中一个方面的因素。对于跨越多个国家、规模庞大的企业来说,可能会出现非公司制企业使企业的经营管理面临种种困境,而公司制企业较个人独资企业和合伙企业在筹资和分散风险方面具有优势,投资者应该在综合比较这几种组织方式的特点后做出慎重选择。

2. 子公司与分支机构的选择

跨国公司在国外直接投资时,可采用子公司和分公司形式。子公司是独立的法人实体,在东道国设立子公司被视为居民纳税人,通常要承担与该国的其他居民公司一样的全面纳税义务。母公司所在母国的税收法规对子公司没有约束力,而分公司恰好相反,它不是独立的法人实体,在东道国被视为非居民纳税人,其所发生的利润和亏损要与总公司合并计算,主要受母

---

① 《中华人民共和国和德意志联邦共和国关于对所得和财产避免双重征税的协定》第二十四条,消除双重征税的方法。

国税法的约束。

一般来说，与设立分公司相比，设立子公司有如下优点：(1)在东道国只负有限的债务责任；(2)子公司向母公司报告企业成果只限于生产经营活动方面，而分公司要向总公司报告全面情况；(3)子公司是独立法人，其所得税的计征独立进行；(4)子公司可享受东道国给其居民公司包括免税期在内的税收优惠待遇；(5)东道国的适用税率低于居住国时，子公司的累计利润可得到递延纳税的好处；(6)子公司的利润汇回母公司要比分公司灵活得多；(7)许多国家对子公司向母公司支付的股息规定减征或免征预提税；(8)许多国家允许在境内的企业集团内部公司之间盈亏互抵，这样，子公司可以加入某一集团得到这一好处；(9)某些国家的子公司适用的所得税税率比分公司低。

然而，分公司的设立也有其优点：(1)分公司一般便于经营，对财务会计制度的要求比较简单；(2)分公司承担的成本费用可能比子公司节省；(3)分公司不是独立法人，只就流转税在所在地缴纳，利润所得由总公司合并；(4)分公司交付给总公司的利润通常不必缴纳预提税；(5)分公司与总公司之间的资本转移因不涉及所有权的变动而不必负担税收；(6)在经营初期，境外企业往往出现亏损，分公司的亏损可以冲抵总公司的利润，减轻税收负担。

从税务角度考虑，子公司和分公司各有千秋，不可一概而论，企业需根据具体情况做出选择。

3. 跨国公司在我国设立分公司与子公司的选择

依据我国《公司法》和国家工商行政管理局《外国(地区)企业在中国境内从事生产经营活动登记管理办法》第三条的规定，国家并不限制外国企业来我国设立从事生产经营活动的分公司。外国企业从事下列生产经营活动应办理登记注册：(1)陆上、海洋的石油及其他矿产资源勘探开发；(2)房屋、土木工程的建造、装饰或线路、管道、设备的安装等工程；(3)承包或接受委托经营管理外商投资企业；(4)外国银行在我国设立分行；(5)国家允许从事的其他生产经营活动。

除此之外，外国企业在我国设立的分支机构只能采取外国企业常驻代表机构的组织形式。根据《外国(地区)企业在中国境内从事生产经营活动登记管理办法》第二条的规定，“外国企业常驻代表机构(以下简称代表机构)，是指外国企业依照本条例规定，在中国境内设立的从事与该外国企业业务有关的非营利性活动的办事机构。代表机构不具有法人资格”。可见，虽然代表机构和分公司都是总机构的分支机构，但代表机构在中国不能直接从事经营活动，即不能签署商业合同、发出订单、签发发票、收款、持有存货等。代表机构最主要的业务是从事与外国企业产品或者服务有关的市场调查、展示、宣传活动以及与外国企业产品销售、服务提供、境内采购、境内投资有关的联络活动。

跨国公司在我国投资可以选择子公司和分支机构的组织形式，其中，分支机构包括分公司和代表机构。

跨国公司在我国设立的分公司在我国的经营所得按照《企业所得税法》缴纳 25%的企业所得税，缴完企业所得税后汇出属于营运资金返回而非利润汇出，无须扣缴预提所得税。

代表机构可以辅助外国企业在我国从事经营活动。根据《外国企业常驻代表机构税收管理暂行办法》的规定，“代表机构应当就其归属所得依法申报缴纳企业所得税，就其应税收入依法申报缴纳增值税”。代表机构的纳税方法包括据实申报，按照经费支出核定征收和按照收入核定征收。由于代表机构不允许从事经营活动，因此，通常按照经费支出核定方法，计算公式如下：

$$应纳税所得额=\frac{本期经费支出额}{1-核定利润率}\times核定利润率$$ [1]

其中，核定利润率不应低于15%。

【案例8—3】 某外国企业拟在中国投资，假设年度应税收入为250万元，成本费用为150万元，在设立代表机构的情况下，收入属于外国企业，代表机构的费用为150万元，按照经费支出核定方式纳税。请从税收筹划的角度讨论设立子公司、分公司和代表机构中，哪种组织方式更优？暂不考虑流转税等其他税费。

①子公司应纳税所得额=250—150=100(万元)

子公司缴纳企业所得税=100×25%=25(万元)

外国企业分得利润=100—25=75(万元)

预提企业所得税=75×10%=7.5(万元)

总税负=25+7.5=32.5(万元)

②分公司应纳税所得额=250—150=100(万元)

分公司缴纳企业所得税=100×25%=25(万元)

外国企业分得利润 100—25=75(万元)

不需要缴纳预提所得税。

总税负=25+0=25(万元)

③代表机构应纳税所得额 $=15\%\times\frac{150}{1-15\%}=26.47$(万元)

代表机构缴纳企业所得税=26.47×25%=6.62(万元)

外国企业没有分得经营利润。

三种组织形式的纳税情况如表8—2所示。

表8—2　　三种组织形式的纳税情况　　单位：万元

方　案	子公司	分公司	代表机构
应纳税所得额	100	100	26.47
中国的企业所得税	25	25	6.62
中国的预提所得税	7.5	—	—
在中国的总税负	32.5	25	6.62

跨国公司在我国进行投资税收筹划时，从企业所得税角度考虑，设立分公司比设立子公司节税。但是，目前来我国设立分公司的外国企业实际上只有几种类型可以得到审批机关的批准，包括外国石油勘探公司中国分公司、外国银行中国分行、外国工程公司中国分公司和外国保险公司中国分公司。在代表机构和子公司的选择中，如果利润率低于15%，设立子公司就比设立分支机构节税；如果利润率高于15%，设立分支机构就比设立子公司节税。

在考虑跨国公司整体税负的税收筹划时，需要考量跨国公司本国的税负以及税收协定有关消除重复征税的安排。另外，税收因素只是选择组织形式时需要考虑的一个因素，在债务连带责任、在当地的公众形象和对附属公司的管理等非税务因素方面，子公司和分支机构各有利弊。

---

① 国家税务总局发布《关于修改按经费支出换算收入方式核定非居民企业应纳税所得额计算公式的公告》(国家税务总局公告2016年第28号)，自2016年5月1日起施行。

三、跨国公司生产经营的税收筹划

（一）利用转移定价进行税收筹划

转移定价是指跨国公司管理当局为实现总体经营战略目标，谋求跨国公司集团整体利益极大化，在公司内部各关联企业或子公司之间相互购销产品、提供劳务、转让无形资产和提供资金的时候确定的内部“交易”价格，这种价格纯粹是为了跨国公司内部结算和整体运营的需要，不同于一般的市场价格，不受市场供求关系变动的影响。因此，从严格意义上讲，它是一种“非正常交易”价格。

跨国公司转让定价可分为两类：低转让定价和高转让定价。为了不同的目的，跨国公司往往采取不同的转让定价。具体来说，利用转让定价影响跨国公司的成本、利润的常见方式有以下几种：一是通过商品交易，如在关联企业之间供应原材料和零部件、在销售商品上采用“高进低出”或“低进高出”，增加或减少子公司利润；二是通过关联企业之间相互提供技术、管理、设计、维修、广告咨询等劳务，影响子公司的成本和利润；三是通过抬高向子公司出售的固定资产的价格以扩大折旧基数，影响子公司的产品成本；四是利用子公司的销售系统人为提高或降低佣金回扣，影响公司销售收入；五是利用公司的运输系统，通过向子公司收取较高或较低的运输装卸和保险费用，影响子公司的销售成本；六是在关键公司之间人为制造呆账、损失赔偿等以增加子公司的费用支出；七是通过提供贷款的利息的高低，影响产品的成本和费用；八是关联公司之间通过租赁机器设备转移利润（如表 8—3 所示）。

表 8—3　　**跨国公司转让定价策略**

利润从母公司转移到子公司	利润从子公司转移到母公司
母公司以低转让价格提供商品或服务，或者子公司以高转让价格提供商品或服务	母公司以高转让价格提供商品或服务，或者子公司以低转让价格提供商品或服务
子公司东道国情况： ①较低的企业所得税税率 ②较高的从价关税 ③出口补贴或出口税收贷款 ④当地激烈的市场竞争 ⑤需要改善子公司财务形象以获取当地贷款或其他优惠 ⑥较低通货膨胀 ⑦政府对进口商品实行配额管理	子公司东道国情况： ①有当地的合资或合作者 ②有被东道国国有化或没收的政治风险 ③限制利润或红利汇回 ④工会可能要求提高工资待遇 ⑤存在大量关联销售协定 ⑥存在以产品成本为依据的最终产品价格限制 ⑦子公司的高盈利可能会引诱竞争者进入 ⑧东道国政局不稳定

转让定价受多种因素的影响，税制差异是跨国公司制定转让定价的重要因素。由于大部分国家的税制差别较大，因此，跨国公司管理层可以利用转让定价策略人为调减公司的总体税负，增加公司总利润。为使整个公司的纳税最小化，跨国公司可采取下列方法制定转让定价：

第一，跨国公司通过转让定价，调整总公司与子公司之间、子公司相互之间的利润分布，把盈利从位于高税率国家的公司转移到位于低税率国家的公司，以便利用各国企业所得税的差异，减少公司整体的所得税税额。

【案例 8—4】　假定母公司所在国 A 国的所得税税率为 40%，子公司所在国 B 国的所得税税率为 30%。子公司要把一批产品卖给 A 国的母公司，这批产品的总成本为 5 000 元，子公司原定价为 7 000 元，现增加到 8 000 元，母公司最后以 9 000 元的价格出售。现比较子公司提高转移定价后跨国公司总税负的变化。

该跨国公司的原税负＝(7 000－5 000)×30％＋(9 000－7 000)×40％＝1 400(元)

提高转移定价后的税负＝(8 000－5 000)×30％＋(9 000－8 000)×40％＝1 300(元)

如果母国政府征收“差额税”，即母国政府对跨国公司的母公司所接收的海外利润汇款征收一种特别税，那么，跨国公司通过在A国与B国之间改变利润分配所得到的任何“横向”利益都可能被在母国内部实行这类“纵向”措施所抵消。跨国公司普遍采用的相应措施是：运用转让定价把利润转移到设在母国境外的低税区或免税区的控股公司。例如，在避税地设立“皮包”子公司，这类子公司不从事任何生产活动，只是作为中间商，通过提供发货清单的方式在跨国的母公司与子公司之间活动。“皮包”子公司在某种程度上成为跨国公司海外利润的“贮存器”，跨国公司将利润暂时存放在这种“贮存器”里，以待日后进一步调遣。这样，跨国公司既可以逃避东道国的征税，又可以逃过母国对母公司海外利润汇回的课税。

第二，通过转让定价，调整母公司与子公司之间、子公司与子公司之间非有形产品的相互支付额，从而减少公司整体的所得税税额。例如，调整子公司欠母公司的无形资产的价格、贷款资本利率和各种特别服务费，或调整子公司分摊的总的管理成本费用支付等，都可给跨国公司运用转让定价达到少纳税的目的提供广阔的筹划空间。

第三，通过转让定价来减轻关税(主要是进口税)负担，从而减轻公司的总体税负。其常用方法有：利用区域性关税同盟或某些双边优惠协定；对设在高关税国家的子公司以偏低的转让定价发货，降低这类子公司的进口税，以达到少纳关税的目的。在进口税领域，依环境不同，有利可图的转让价格可以采用与正常价格相比偏低或偏高的水平。如果要同时达到企业所得税最小化和进口税最小化这两个目标，这两个目标就可能产生矛盾。例如，进口国的利润税高于出口国，那么，来自为了少纳关税而实行偏低转让定价的节省就会被进口国更高的利润税负担或多或少地抵消。

(二)利用保税制度的税收筹划

保税制度是允许对特定的进口货物在入关进境后、确定内销或复出口的最终去向前暂缓征缴关税和其他国内税，由海关监管的一种海关制度。进口货物可以缓缴进口关税和其他国内税，在海关的监管下于指定或许可的场所、区域进行储存、中转、加工或制造，是否征收关税视货物最终进口内销或复运出口而定。保税制度是一种国际上通行的海关制度，其在国际贸易中的广泛应用对国际贸易活动的发展起着重要的促进作用。

一般来说，一国海关的保税体系大体由保税区(或称自由区)、保税仓库和保税加工厂组成，美国、欧盟、日本等国家海关的保税体系基本如此。

我国《海关法》对“保税货物”的定义：经海关批准未办理纳税手续进境，在境内储存、加工、装配后复运出境的货物。国际上，对保税货物的概念，无论在内涵或外延上，一般都比较宽泛。不论是属于转口贸易、加工贸易①、期货贸易、一般贸易方式的货物，还是性质尚未确定、不知最终会做何种海关业务制度处理的货物，均允许运入保税区、保税仓库或保税加工厂，暂缓适用关税的保护机制。保税货物的通关程序与一般进出口货物有明显的区别。

保税仓库是保税制度中应用最广泛的一种形式，是指经海关批准设立的专门存放保税货物及其他未办结海关手续的货物的仓库。保税区也称保税仓库区，是一国海关设置的或经海关批准注册、受海关监督和管理的可以较长时间存储商品的区域，是经国务院批准设立的、海

① 加工贸易是一国通过各种方式进口原料、材料或零件，利用本国的生产能力和技术加工成成品后再出口，从而获得以外汇体现的附加价值。加工贸易是以加工为特征的再出口业务，按照所承接的业务特点的不同，常见的加工贸易方式包括进料加工、来料加工、装配业务和协作生产。

关实施特殊监管的经济区域，是我国目前开放度和自由度最大的经济区域。保税区具有进出口加工、国际贸易、保税仓储商品展示等功能，享有"免证、免税、保税"政策，实行"境内关外"运作方式，是我国对外开放程度最高、运作机制最便捷、政策最优惠的经济区域之一。目前，我国共批准设立了15个保税区，分别是上海浦东新区的外高桥保税区、天津港保税区、深圳沙头保税区、深圳福田保税区、大连保税区、广州保税区、张家港保税区、海口保税区、厦门象屿保税区、福州保税区、宁波保税区、青岛保税区、汕头保税区、深圳盐田港保税区和珠海保税区。

跨国公司在跨国经营中通过充分利用保税制度，可以免除进口关税或者暂免缴纳关税。我国现行保税制度的主要形式：一是为国际商品贸易服务的保税仓库、保税区、寄售代销和免税品商店；二是为加工制造服务的加工贸易、保税工厂、出口加工区。

四、跨国公司利润分配的税收筹划

跨国公司的利润分配决策涉及利润分配的程序、比例、方法及企业的保留利润等。跨国公司的利润分配活动既关系到各有关投资方及相关国家的利益，又关系到企业自身的生存和发展状况，还会涉及税负问题。所以，我国的跨国公司在进行利润分配时，为了达到减轻税负的目的，同样应进行税收筹划。

（一）充分利用税收抵免政策

目前，世界上大部分国家的税法一般规定，跨国母公司从其外国子公司分得的利润，其所在国一般允许母公司就这笔境外所得进行税收抵免；但各国都有抵免限额的规定，而且在计算抵免限额时，许多国家规定采用分国限额抵免法。我国《企业所得税法》规定，我国企业来源于我国境外的所得已在境外缴纳的所得税税款准予在汇总纳税时从其应纳税额中扣除，但扣除额不得超过其境外所得依照我国法律规定计算的应纳税额，同时规定对纳税人从境外多个国家取得的所得在汇总纳税时采取分国不分项的限额抵免。在实际操作中，如果我国跨国公司在国外许多国家设有子公司，由于这些国家的所得税税率不可能整齐划一，必将出现有的高于、有的低于我国税率的情况，因此，母公司在进行税收抵免时，有的国家会出现"超限额抵免"，有的国家会出现"不足限额抵免"，这将在一定程度上降低母公司的整体利润水平。为了充分利用税收抵免政策，跨国公司可以通过在避税地设立国际控股公司的方式来汇总公司的境外利润，从而达到充分利用抵免限额以减轻税负的目的。

【案例8－5】 我国的跨国公司母公司A（适用的所得税税率为25%）在甲国有全资子公司B（适用的所得税税率为40%），在乙国有全资子公司C（适用的所得税税率为20%）。某一纳税年度内，B、C两家公司均实现利润5 000万元，分配利润2 500万元。

情况一：B、C两家公司所分配的利润直接汇总到母公司A。

A公司来源于B公司的股息已承担的境外所得税税额 $=5\ 000\times40\%\times\dfrac{2\ 500}{5\ 000\times(1-40\%)}=1\ 666.67$（万元）

A公司来源于B公司的应税所得＝2 500＋1 666.67＝4 166.67（万元）

A公司来源于B公司的股息已纳境外所得税的抵免限额＝4 166.67×25%＝1 041.67（万元）

A公司来源于B公司的股息已承担的境外所得税不能抵免的所得税税额为625万元（1 666.67－1 041.67）。A公司来源于C公司的股息已承担的境外所得税税额为625万元 $\left[5\ 000\times20\%\times\dfrac{2\ 500}{5\ 000\times(1-20\%)}\right]$。

A 公司来源于C公司的应税所得＝2 500＋625＝3 125(万元)

A 公司来源于C公司的股息已纳境外所得税的抵免限额＝3 125×25%＝781.25(万元)

A 公司来源于C公司的股息已承担的境外所得税不足抵免的所得税税额＝781.25－625＝156.25(万元)

可见，A 公司来源于B、C两家公司的收入实际可以抵免的所得税税额为1 666.67万元(1 041.67＋625)。

情况二：A 公司在避税地丙国设立了控股子公司D，由D公司作为B、C两家公司的控股公司。该避税地应符合以下条件：拥有广泛的税收协定、对本国居民在国外取得的股息免税或实行低税率、向非居民支付的股息征收的预提税尽可能低。假设丙国与我国、丙国与甲国、丙国与乙国都签订了税收协定，丙国政府规定丙国居民来源于境外的股息免税；同时，根据我国与丙国的税收协定，对丙国居民向我国居民支付的股息免予征收预提税。在此情况下，如果B、C两家公司的利润分配方案相同，则D公司来源于B、C两家公司的股息免所得税。由D公司将这两笔股息全部汇回我国，根据我国与丙国的税收协定免预提税。

A 公司来源于D公司的这两笔股息已承担的境外所得税$=5\,000\times20\%\times\dfrac{2\,500}{5\,000\times(1-20\%)}+5\,000\times40\%\times\dfrac{2\,500}{5\,000\times(1-40\%)}=2\,291.67$(万元)

A 公司来源于D公司的这两笔股息的应税所得$=\dfrac{2\,500}{1-20\%}+\dfrac{2\,500}{1-40\%}=7\,291.67$(万元)

A 公司来源于D公司的这两笔股息已纳境外所得税的抵免限额＝7 291.67×25%＝1 822.92(万元)

A 公司来源于D公司的这两笔股息已纳境外所得税的可抵免所得税税额为1 822.92万元。

通过比较可以看出，在情况一中，实际允许抵免的税额为1 666.67万元；在设立了控股子公司的情况二中，实际允许抵免的税额为1 822.92万元，有效节约了156.25万元(1 822.92－1 666.67)。

由此例我们可以发现，如果母公司通过国际控股公司持有其国外各子公司的股份，就可以将原来对各子公司分别计算税收抵免限额的做法改变为综合计算，这样可以使高税国子公司与低税国子公司的抵免限额相互调剂，最终使母公司当年的国内外总税收负担减轻。

(二)充分利用有关利润分配政策

首先，我国和其他许多国家都允许企业用税前利润弥补亏损，但在具体弥补方法和弥补年限上有差异。跨国公司可以结合有关的会计处理方法，充分利用利润补亏的规定进行税收筹划。

其次，在具体利润分配方案的处理上，跨国公司可以根据各分支机构和子公司利润的具体情况，确定利润分与不分、分多分少的具体方案。例如，我国和其他一些国家规定，国外子公司在没有汇回股利前，母公司不必为这笔股利缴纳所得税。跨国公司可采用保留利润不分的方式以达到减轻税负的目的。

最后，利用利润再投资的税收优惠政策。部分国家为了鼓励投资，对于新办企业和对原企业的追加投资规定了一系列优惠政策。我国跨国公司在进行跨国筹资和利润分配活动时可结合自身特点，充分利用各国的税收优惠政策和税收差异，减轻企业的税收负担。

第四节　跨国个人国际税收筹划

一、跨国个人国际税收筹划的内容

跨国个人的国际税收筹划不仅仅是指自然人的税收筹划，而且包括非公司法人(如个人独资企业、合伙企业)，其所得被视作自然人即企业所有人的所得。我们将非公司企业组织放到这类企业的创建者即自然人的地位上，将其人格化。就税收影响而言，非公司法人与自然人之间没有原则上的差别。

跨国个人的国际税收筹划包括下列主要内容：

(一)个人所得税最小化

对于从事对外经济活动并拥有来自不同国家所得的自然人来说，要实现个人所得税的最小化，应该挑选个人所得税水平最低的管辖区作为自己的居住国。税收管辖权的相关内容明确了每个国家确定自然人居民身份的法定程序，其主要决定因素是一个自然人在某个报告年度内在该国的居住时间(一般不少于 183 日)。世界上有些国家将国籍认作税收居民不可或缺的因素而往往不考虑自然人的实际居住地点，如美国，因此，美国公民很难利用个人所得税水平低的国家来实现税收的最小化。

世界上部分国家的个人所得税水平可能超过 40%。从税收角度，自然人可以挑选个人所得税税率较为理想的居住国，在发达国家中，个人所得税税率较高的为加拿大(29%)、新西兰(33%)和美国(31%)；也可以挑选对外国公民不征收个人所得税的避税地作为自己的居住国，如欧洲的摩纳哥和安道拉，但摩纳哥对法国的公民和居民可能要征收法国的个人所得税。[①]无税管辖区一般会竭力为本国的外国居民的交易活动保密，不愿意与发达国家的财政部门合作，不希望与别国签订双边税收协定，以免构成对客户的威胁。避税地正是以这个特征吸引了不少投资者前往。挑选避税地的唯一限制在于，自然人在该国的实际居住时间必须不少于 183 日，此规定由当地税务部门严格执行。在现代交通、通信和金融设施高度发展的条件下，对于某些经济活动如管理位于国外的跨国公司将所得汇入避税管辖区的个人银行账户等，前述时间限制似乎不会带来很明显的障碍。然而，对于那些在其他国家从事专业活动，并想利用避税管辖区作为掩护的自然人来说，如在避税地不能通过 183 日居住时间的测定，那么就不能享受所有税收上的利益。例如，在摩纳哥逃避德国高所得税的德国著名网球选手波里斯·贝克曾迫不得已从摩纳哥移民至美国。因为贝克经常在国外旅游，在一个纳税年度内在摩纳哥未住满 183 日，所以，他失去了摩纳哥这个无税管辖区的居民身份。对于那些从事独立专业劳务并获取高收入的人，或者那些专靠利息生活的人来说，贝克把无税管辖区作为居住国的例子是很有代表性并值得注意的。

非公司法人也可以在无税管辖区登记注册，通过这类企业开展对外经济活动(最好是使业务成为离岸业务，在高税国进行无常设机构的经济活动)，并使所得积聚在避税地。如果能成为该国的自然人居民，那么，个人所得税最小化的优势就更明显了。

---

① 摩纳哥的银行系统在法国的控制下。1963 年，两国签订了有关调查法国资本转移到摩纳哥公国的协定。因此，对于法国公民来说，摩纳哥并不是理想的避税地。

专栏 8—1

避税地是非法所得的庇护所?

1997年,加拿大媒体曝光了与前加拿大总理马尔罗尼有关的经济丑闻。在马尔罗尼的参与下,加拿大纽芬兰省省长佛朗克·穆尔斯和有着德国与加拿大双重血统的商人什莱伯尔出面促成了由欧洲空中客车工业公司(Airbus Industry)向加拿大航空公司(Air Canada)供应34架飞机的交易,交易价值为18亿美元;以及由MBB公司向加拿大BBC公司供应直升机,价值为2 450万美元。除此之外,他们还参与了在诺法斯科西亚省的Thyssen公司的建设项目的合同。这些合同的中介佣金可能超过500万美元。当然,这类佣金的支付是不合法的。由于美国波音(Boeing)公司对此心怀不满,并密切关注欧洲空中客车工业公司向自己的潜在客户的供货,黑幕终于暴露于世。这笔业务的交易处于监督下,德国《明镜》周刊对此跟踪调查,并公布了一些令人瞩目的细节,其中包括佣金的支付过程。空中客车工业公司、MBB公司和Thyssen公司支付的佣金进入了由什莱伯尔控制的在列支敦士登的控股公司(International Aircraft Leasing,IAL)的账户,尔后又从列支敦士登转入苏黎世的瑞士银行公司(Swiss Bank Corporation,SBC)的秘密账户。SBC这个账户内的总金额为3 500万美元。丑闻暴露后,什莱伯尔向加拿大法院提出申诉,甚至还胜诉了,因为空中客车工业公司与IAL公司之间没有书面协议,不能证明向加拿大供应飞机与什莱伯尔、穆尔斯和马尔罗尼个人参与交易之间的联系。之后,由于德国税务部门的干预,并认为什莱伯尔有隐瞒所得和逃税嫌疑,此案又被重新提出。结果,隐瞒所得和贪污的事实得以证实,什莱伯尔不得不到瑞士逃避税务部门的追查,而马尔罗尼的名誉也因此被严重败坏。

从这件丑闻中引出的结论是,税务局是追究所有非法行为责任的终审机构,而通过在避税地开展业务(如在这个案例中的列支敦士登和瑞士)是隐瞒应税所得最为普遍的手法,与我们所研究的个人所得税最小化的税收筹划毫无关系。

[资料来源] http://www.cnnsr.com.cn/jtym/swk/20050328/20050328154648806.shtml。

(二)财产税最小化

财产的信托管理是国际税收筹划中实现财产税最小化最为重要的机制。信托表示人(自然人与法人)与财产之间的某种托付关系,这种关系是建立在信托契约的基础上的,该契约明确了财产信托转移的程序、利润分配的条件以及受托管理人的权利和义务。受托管理人为信托财产受益人的利益而管理某项财产。在盎格鲁-撒克逊信托业中,受托管理人是就信托财产登记其姓名的人。受托管理人依据信托条件持有信托财产,作为法律上的所有者,而不作为事实上的所有者。在一项信托业务中,通常由两个或三个人充当受托管理人,但更常见的是由一家专业信托公司充当唯一的受托管理人。最初的受托管理人是由财产授予人在建立信托的契约中指定的,后来则根据信托条款指定受托管理人。

受托管理人与信托财产受益人即信托财产的衡平法所有者之间存在着信用关系。受托管理人必须为信托财产受益人的最大利益进行业务活动,必须做到不为自己从信托财产中赚取任何利润,除非根据信托契约规定的条件,其无权就其劳务收取任何报酬。当信托将终止时,财产要归属信托财产受益人,受托人即成为被动受托人,直至其把财产的法定所有权交给财产享有人。

财产的信托管理曾在英国取得长足发展。早在中世纪,英国的某些教会就将教徒捐赠的土地和其他不动产交给专人照看，那些未成年贵族继承的遗产被转交给专人监护。7～8世纪，信托已在英国立法，与其他国家的法律标准相比，它更有利于保护财产所有人的权益。盎格鲁-撒克逊协调财产关系的法系对世界上大部分英语语系国家产生了很大影响，信托业正是在英语语系国家才得到了发展和完善（如进入英联邦的国家和地区以及美国）。其中，美国的信托业与银行系统有着密切的联系。美国的一些大银行成立时大多是从事存款管理的信托公司（金融信托），之后才发展为银行。

经济的全球化赋予信托业新的内涵——与税收有了联系。个人独资企业和合伙企业的经营活动都有限期，企业主或合伙人死亡后，这些企业也就不存在了。当企业的财产所有权无偿转移时（遗产和赠与），就要承担相应的税收（遗产税和赠与税）。目前，在一些国家中，对直系亲属等进行的家庭财产转让被作为对亲人的赠与而课以重税；向外人的转让则要承受最重的税负，税率可能高达50%以上。例如，德国继承和赠与税的最高税率为70%、法国为60%、丹麦为90%。如果将财产转为信托管理，这类税收就可以避免。由于不同国家之间财产、财产所得和财产所有权无偿转移的税收水平不一致，财产信托管理的作用也就体现出来了。立足于英国法律的国际信托，接受信托人的外国财产的信托管理可以成为税收筹划的一个有效组成部分。

目前，在西方国家中较为流行的信托种类是有选择权的信托。在大批待选信托财产收益者中如何选出实际应收益者，如果受托管理人对此有绝对处理权力，此类信托组织就被称为有选择权的信托。受托人虽然未被约束一定要找到应收益者，但一般来说，他常常会关心受托人的意愿，据以选定合理的收益者。有些国家的法律规定降低这类信托的价额或减轻其税负，如英国。如果信托的所在地位于低税管辖区，而财产所得又在该管辖区以外形成（即信托展开的是离岸业务），那么，这类信托在所在国可免除所有税收。有选择权的信托通常与非公司客户的财产管理有联系，它对公司，特别是从事国际运输的公司（如航运公司）十分有利。

（三）不动产和动产的税收最小化

自然人所属的资本、产权和财产的课税对象主要是交通工具（如汽车、汽艇、快艇、飞机）、金融资产（如银行账户、有价证券）和不动产（如土地、房屋、建筑物）。这类课税对象中的大部分是难以逃出税务部门的视线的，这些课税对象可以十分容易地按市场价格或财产原值评估。因此，纳税人可以利用税收筹划中的相应原理来解决税收问题。

就交通工具而言，国际税收筹划的原理对其税收负担的减轻是最好的方法。只要将自己的交通工具在没有财产税的管辖区登记注册，就可能收到成效。在这种情况下，一般是把交通工具转到专为自己建立的公司接受信托管理，最好是利用专业性的管理服务。例如，那些试图避开国籍国沉重的财产税，但保持自己对快艇的实际所有权的人，可以将自己的快艇到加勒比海地区登记注册。从法律角度看，船转到避税地公司接受信托管理后，就成为该公司的财产了。这种方法也可适用于汽车、飞机等。但是，这里也可能会出现某些限制，交通工具需要离开实际使用和所有者的居住国到其他管辖区暂避，以免引起税务部门的注意。

将金融资产转为外国公司信托管理是一种将资本转移出所有者所在的高税居住国的途径。但是，如果居住国拥有外汇管制法，禁止非法手段汇出外汇，那就可能会出现障碍。如果委托人在将自己的金融资产转入外国受托人的过程中没有任何违法行为（所得预先申报，合法汇出资本），那么，从税收角度看，唯一的问题可能出现在以后受托人将获取的信托财产所得汇给委托人的时候，这类汇出的所得应并入委托人的总所得中，在受益人居住国一并缴纳个人所得税。

不动产因其不能移动的特性，为其转入信托管理带来了一定的困难。但是，不动产一旦由外国信托公司受托管理，特别是当该信托公司所在国与信托人所在国签有双边税收协定，以及该国的不动产税率较低时，将有利于减轻受益人在所在国的财产税负担。在当地国家，即使没有相应的国际税收协定，占有不动产的外国公司也有可能享受给予外国投资者的某些税收优惠。

（四）财产所得和利得的税收最小化

各类财产所得可能成为两种税，即个人所得税和财产利得税的课税对象。即使财产转为信托公司管理，汇给受益人的财产所得也将增加其在相应管辖区的个人所得税总应税所得。财产利得税可能适用于某些特别类型的所得，如有价证券市场价值的增值以及不动产的销售所得等。在这种情况下，个人国际税收筹划可能会建议不将受托人获取的所得直接汇给受益人（既不直接汇到受益人的国籍国，也不汇到第三国的个人银行账户），因为隐瞒所得可能会引起税务部门的严肃处理，而全部和按时纳税又会丧失组织信托的优势。在这种情况下，可以将所得积聚在位于无税管辖区的信托公司的账上，再将受益人的利益以受托人的名义对外投资。

对于个人国际税收筹划来说，类似的流程主要是针对受益人所在管辖区的财产所得税的最小化。为了达到这个目的，应该以信托公司的名义将所得投资于第三国或受益人所在国，财产和财产所得的真正所有者则失去了自己的资本人格化的权利。在形式上，税法未受到任何破坏，而节税的效应却是十分明显的。为了获取所得和减轻税收负担而转入信托的财产可以是不动产（如土地、房屋和建筑物），也可以是动产（如交通工具、有价证券和其他金融资产）。唯一的税收义务可能会出现在不动产的业务方面。在这里，所得的来源与所有者的不可分割性导致了不可避免的源泉纳税（不动产所得汇给信托公司时应缴纳预提所得税）。如果财产是动产，那么减轻预提所得税最为适宜的方法是将财产转移至预提税负担很轻或没有预提税的管辖区。如果财产所得的来源国与受托人所在国签有双边税收协定，那么预提所得税的最小化是完全可以实现的。

（五）财产转移课税（遗产税和赠与税）最小化

各国税收制度都普遍开征针对财产和财产权转移的特别税，即遗产税和赠与税。遗产税是一个历史悠久的税种，早在古埃及时期就开征了对财产继承人征收的遗产税。现代意义上的遗产税始于1598年的荷兰，采用比例税率，并按继承人与被继承人的亲疏关系等具体情况设置不同的税率。我国历史上开征遗产税的动议始于北洋军阀政府时期。1950年颁布的《全国税政实施要则》中列有遗产税，但并未实施。赠与税的开征较晚，它是对遗产税的一种补充，目的是减少遗产税的逃漏和公平税负。遗产税和赠与税开征的理论依据主要反映在调节社会财富的分配，保证社会的公平，增加国家的财政收入。

遗产税和赠与税的税率一般取决于财产的市场价值，税率较其他税种高。例如在英国，遗产市场价值中的第一个20万英镑可免税，超过免税额的比例税率为40％；美国遗产税的税率为18％～50％；法国赠与税的税率为5％～60％，起征点为30万法郎；德国是按被继承人与继承人或受遗赠人、赠与人与被赠与人之间的亲疏关系设计不同的超额累进税率，最高税率为70％；日本遗产税的税率为10％～70％。不能误认为遗产税和赠与税是仅仅针对富裕的继承人和家庭的。对于一个中等收入的人来说，接受一套公寓的赠与或遗产，按市场价值评估，也算是一份巨额财产；个人独资企业或合伙企业清算时，其财产所有权也可能转为原业主继承人所有。

【案例8—6】 某加拿大公民于1975年死于美国佛罗里达州，死者的遗嘱立于加拿大，该遗嘱指定某加拿大公司为遗产管理人，并说明死者生前为加拿大居民。死者出生于加拿大，其妻子是加拿大公民，其生前在加拿大拥有企业和经营业务，并拥有两幢住房。1955 年退休后，其在佛罗里达买了一幢住房，并填写了美国居民和公民申请表，但一年后又撤回申请表。之后，其卖掉了加拿大的一幢住房，每次到加拿大仅是为了与投资顾问和朋友会面。美国政府表示有权对死者的部分财产征收遗产税。然而，美国法院接受死者家属提出的申诉后的判决结果是：按美国遗产税的有关规定，死者的身份应是外国公民和非美国居民。法院从死者与加拿大方面的多份合同中查明，死者有保持加拿大居民身份的愿望。其曾在加拿大提交了纳税申报表，转让自己的专利发明权；平时其使用的是加拿大护照和加拿大驾驶执照；其汽车在加拿大境内购买、登记牌照和保险；其每年去加拿大是为了管理自己的投资和位于当地的财产。法院不予认定死者有成为美国税收居民的愿望。死者在 25 年间仅每年冬季才去佛罗里达，而且没有长期居住的愿望。鉴于法院的判决，加拿大籍的家属可以免于承担美国的遗产税。

为了不发生类似的复杂问题（须知，美国法院也完全有可能做出不利于死者的加拿大家属的判决），最为适宜的方法是取得专业的财产管理服务，即信托公司管理。在任何情况下，将财产转为信托公司管理都是合法的使财产转移税最小化的方法。如果按照信托合同，财产转为受托人所有，那么，即使财产的实际所有权转变为名义上的所有权，其法律上的所有者仍为信托公司。因为在形式上，财产的所有权没有发生变化，所以也就不存在遗产税的缴纳问题。委托人一般会在信托合同中列入有关可能的遗产继承人和遗赠人的要求。信托关系的有利之处在于，根据委托人的声明，财产可以不受任何家属关系亲疏的限制而转移给任何一个人（而遗产税却要按家属的亲疏关系适用不同的税率）。在这之后，信托公司开始为由原受益人选定的财产实际所有者的利益承担受托业务。于是，那些拥有大量财产而又不愿意在死后承担巨额遗产税的人纷纷涌向信托公司。

在财产赠与时，实际所有人会发生变更，但拥有全部财产权的法定所有人仍是信托公司。以后，信托公司与新的财产所有人重新签订信托合同（信托合同一般都有期限），并且为该信托人的利益开始重新分配由信托公司取得的信托财产的所得。在发生遗产和赠与的情况下，信托公司应该完全按原信托人的指示行事。借助于信托公司来掌握财产和资本不会产生负债。因为信托人有权取得财产所得，所以，为了自己的利益，信托人也必须控制业务的进程，并实际参与管理。就实质而言，信托管理人是一个受雇的专业管理人员，为财产所有者的利益服务。

二、个人国际税收筹划的界限和可行性

与公司国际税收筹划不同，个人国际税收筹划面临的是来自政府部门更为严格的限制。凡违反税法和隐瞒所得的自然人，面临的不仅是罚款，而且可能是监禁。如此严厉的税法说明，在大部分经济发达国家，个人所得税起着举足轻重的作用。不少个人纳税人不如实申报自己的所得，特别是那些非法所得。他们采用现金结算的方法逃避税务部门的跟踪调查，并通过其他人非法地将所得转移到避税地。这里必须指出的是，这些手法与税收筹划毫无共同之处。个人国际税收筹划要求纳税人首先是守法的个人，而且纳税人的行为不应引起税务部门的任何不信任。因此，对个人纳税人而言，来自政府部门的主要限制是，任何税收筹划都不能有悖于法律，因为任何隐瞒所得的企图都将受到税务部门的严惩。

为了防止个人纳税人大量迁移至个人所得税较低的国家，不少经济发达国家强化了自然人居民和公民身份的认定标准。例如，美国《国内收入法典》第八百七十七节规定，如果一个美国人以逃避美国联邦所得税为其主要目的而放弃美国国籍移居他国，美国在该人移居后的 10

年内保留征税权；对其实现的全部美国来源所得和外国的有联系所得，按累进税率征税；出售位于美国的财产以及出售由美国人发行的股票或债券所实现的收益被视为美国来源所得，美国税务当局通过对该人滞留在美国境内的银行存款、房地产等财产行使留置权，实行有效的征管，从其在美国的财产中扣除应纳税款。美国的这种方法强化了公民税收管辖权。类似国家与那些对自然人很有诱惑力的避税地国家（如摩纳哥、爱尔兰、塞浦路斯、瑞士等）签订税收协定，相互交换有关个人和个人银行账户的信息。

类似的措施的确限制了高税国纳税人试图获取欧洲避税地国家居民身份的可能性。于是，有些纳税人的目光便投向了一些鲜为人知的异国避税地。为了避免高额的所得税，不少纳税人甚至不惜手段获取双重国籍，或者改变自己的国籍。

针对纳税人利用信托这一财产权的“分离功能”，美国《国内收入法典》中列入了被称为“委托人信托”的特殊规定：一项信托的委托人如果在该信托中保留相当大的控制与支配权，或在信托中享有一定比例（超过信托资产的5%）的“将来应享有的利益”，即被认定为“委托人信托”，不能享受分离规定，该委托人仍被视为信托财产的所有人，并对信托所得负有纳税义务。所谓“将来应享有的利益”，是指在若干年后信托终止时，可返还给信托人的信托资产。大陆法系国家（也称罗马法系，包括除英国外的大部分欧洲国家，以及亚洲、非洲、拉丁美洲的部分法语国家和地区）并不赞同“信托”这一概念的部分内涵。因此，这些国家的财产所有者可能会设法改变自己的国籍，或者将自己的财产转移到更有利的管辖区。然而，对于那些不动产的所有者来说，这种转移就十分困难，他们也许不得不放弃这些财产，转而到更有利的国家购置新的不动产，或者将转让财产后的所得投资于新的项目。应该指出的是，不能轻率地与那些位于完全没有所得税的国家的居民信托公司建立信托关系，因为从无税管辖区汇给受益人的所得势必引致税务部门的猜疑。

显然，将财产所得汇回自己的管辖区用于消费还不如投资于国际金融市场中能带来新的收益的金融项目或购买不动产和交通工具等。资本应该带来收益，而资本收益又保证了资本本身的增值。此外，不少国家对资本收益丝毫不征税，也有的国家把它列为特殊项目，按差额征税待遇以较低的税率征税。例如，美国通常把长期资本收益的一半列入应税收入，其最高税率不超过25%。

为了克服免税旅游超市的消极影响，很多国家加强了海关管理和外汇管制，如对个人携带商品出入境实行限量控制。欧盟已做出规定，自1999年6月30日起，在欧盟成员国内部边界上的免税商店应停止营业，仅在统一欧洲的外部边界地区保留免税商店。这项措施不仅冲击了欧洲内部的旅游业，而且削弱了边境贸易。例如，法国戴高乐机场区域内原有110家免税商店，因上述规定每年可能失去6亿法郎收入。与这些免税商店相关的生产企业也难以逃脱损失，仅一家法国的葡萄酒厂商每年就将因此减少收入2.5亿法郎。而仍希望继续去免税商店购物的人只能另辟“旅游线路”，走出欧盟边界。例如，从法国到意大利就绕道瑞士，从丹麦到瑞典就绕道挪威，而非欧盟公民和居民则一切如旧。

上述有关自然人的税收筹划与非公司制企业有着直接的联系，因为从税收角度而言，非公司制企业的纳税实体是该企业的所有者。他们可以去国外创建个人独资企业或合伙企业来开展商业活动，也可以将公司的基金转为信托管理，甚至可以通过自己的个人独资企业，利用免税旅游超市开展“穿梭”贸易。

这里的信托关系系统同样适用于企业的国际税收筹划。为了减轻财产税的负担，可以在集团内部建立内部企业信托，而财产的所有权以及财产所有权转让所得的支配权，在税收负担方面，与自然人组织的信托机制保持一致。在这里，仅仅是企业所得税(其中包括信托公司)替代了个人所得税。信托的优势除了所有其他促成因素外，还包括信托建立的快捷、受益人信息的保密，以及能把信托转移到税收更有利的管辖区。如果这一切没有任何违反法律之处，那么，不管是个人国际税收筹划还是企业国际税收筹划，都可能利用信托关系机制来减轻财产税的负担。

三、跨国个人在我国的税收筹划

对跨国个人进行税收筹划的第一步是考虑该人是否应负担在我国的纳税义务，如果应负担，负担的程度是多少？我国对跨国个人雇佣所得征税的基本原则取决于对居住时间的判断。

成为我国的居民纳税人有两个标准：在我国境内有住所，或在我国境内居住满 1 年。有住所一般适用于我国居民，而居住满 1 年更多适用于外籍人员。居民纳税人在世界范围内的全部应税所得都应在我国缴纳个人所得税，而非居民纳税人仅就其来源于我国境内的所得缴纳个人所得税。在我国境内无住所而在我国境内居住满 1 年不满 5 年的个人，除其来源于我国的所得应纳税外，其源自我国境外但由我国境内的企业或个人支付的所得也应纳税。

我国的个人所得税分项征收，跨国个人在我国的纳税义务主要是工资、薪金所得。以下主要就跨国个人在我国的工资、薪金所得的税收筹划展开讨论。

(一)我国对临时居留者免税

在我国境内居住不满 1 年的个人被视为临时居住者，如果其同时满足下列条件，则免于缴纳个人所得税：(1)支付或实际负担该人报酬的雇主非我国居民；(2)该人的报酬不由或不被视为由我国境内的营业机构或固定场所负担；(3)该人在一个日历年度内在我国境内居住的时间不超过 90 日(与我国签订双边税收协定的国家的居民为 183 日)。因此，跨国个人雇员必须保留一份我国境内居住天数的精确记录。计算天数的标准为：到达和离开我国的当日计为在我国境内居住的天数，在我国境内工作期间所度过的周末和公共假期同样计算在内。对于没有达到上述免税标准的临时居住者，其源自我国境内的所得依据其实际在我国境内居留的天数进行税款的缴纳。

个人在我国境内临时性居住，确定其是否适用我国的免税规定取决于雇佣的费用是否由我国境内的实体来负担。如果费用由我国境内的实体负担，那么，即使个人在我国境内提供劳务的时间为 1 日，也要在我国纳税。

例如，A 先生被一法国雇主雇佣，被指派到我国的某项目工作，此项目将持续 5 个月。如果 A 先生是被临时指派到公司的在华子公司，且费用不由该子公司负担，那么，A 先生免于缴纳我国的个人所得税。如果我国子公司负担的费用等同于 A 先生的薪金，则 A 先生对其归属于我国境内工作的所得应缴纳我国的个人所得税，我国境内的子公司应扣缴 A 先生的个人所得税。如果负担的费用超过 A 先生的薪金，则法国雇主因 A 先生在我国境内的工作而获得了一项源自我国的收益，此收益可能要缴纳增值税和企业所得税；如果负担的费用少于 A 先生的薪金，就负担比例缴纳我国的个人所得税。

(二)跨国个人可利用免税补贴进行税收筹划

如果满足某些标准，外籍雇员取得的合理数额的附加福利或非现金津贴可以不计入个人应税所得，从而免于缴纳个人所得税。这些津贴可以由雇主直接偿付给卖方或者由雇主以报销方式支付给雇员。目前，外籍人员取得的下列非现金形式的补贴可视为免税补贴，暂免征收个人所得税：

1. 利用住房补贴免税进行个人所得税筹划

通过自己租房并向雇主进行实报实销或者由雇主租房提供给自己居住，免征部分个人所得税。采用上述方式须向主管税务机关提供有效的租房合同、收据、发票、支付凭证等相应凭证。申报与提交凭证的时间是初次取得住房补贴或补贴数额、支付方式发生变化的月份的次月。在实践中，住房补贴免征个人所得税须获得主管税务机关的核准，如在上述期间提交了相应凭证，便能获得税务机关的核准。

2. 利用伙食补贴、洗衣费免税进行个人所得税筹划

通过自己就餐并向雇主进行实报实销或者由雇主提供就餐条件，免征部分个人所得税。采用上述方式须向主管税务机关提供有效的消费收据、发票、支付凭证等相应凭证。在初次取得伙食补贴或补贴数额、支付方式发生变化的月份的次月申报与提交凭证。在实践中，伙食补贴免征个人所得税须获得主管税务机关的核准，如在上述期间提交了相应凭证，便能获得税务机关的核准。

3. 利用搬迁费免税进行个人所得税筹划

外派到我国境内工作的、开始和结束相关的、以报销形式取得的合理搬迁费可免于缴纳个人所得税。采用此方式须向税务机关提交相关证明文件，如员工任职书、员工调动书、来回机票及住宿费、支付给运输公司的报酬凭证等。一般此搬迁费免税只适用于初始任职与离职时，但如果搬迁补贴是由我国境内的外商投资企业或外国企业一次性总付、月付或固定时期支付，则被视为薪金所得缴纳个人所得税。因此，须尽量避免上述几种支付形式。在实践中，如报税时提交相应凭证，便能被认为属于合理范围并可以获得税务机关的核准。

4. 利用出差补贴免税进行个人所得税筹划

目前，在我国境内与境外的出差补贴皆可免征个人所得税。我国没有规定出差可免税的次数。纳税人应提供出差的交通费、住宿费凭证(复印件)或企业安排出差的有关计划。报税时向税务机关提交相应凭证便能被认为属于合理范围并可以获得税务机关的核准。

5. 利用探亲费免税进行个人所得税筹划

本优惠政策仅限于外籍人员本人在我国受雇地与其家庭所在地(包括配偶或父母居住地)之间搭乘交通工具的费用和旅行费用；但如果配偶和受抚养人支付交通费用，则此费用应包括在薪金所得中缴纳个人所得税。此政策的适用每年不超过两次。纳税人须提供探亲的交通支出凭证(复印件)。在上述期间提交了相应凭证便能被认为属于合理范围并可以获得税务机关的核准。

6. 利用子女教育费免税进行个人所得税筹划

外籍人员子女须在我国境内接受教育，其费用包括学费、书本费、伙食费、制服费及其他与教育相关的费用。纳税人须提供在我国境内子女接受教育的支出凭证和期限证明材料，即与教育相关的费用支出的各种发票。报税时提交相应凭证便能被认为属于合理范围并可以获得税务机关的核准。

7. 利用语言培训费免税进行个人所得税筹划

此规定仅对外籍人员个人的语言培训费用免税。跨国个人适用此政策时应注意提供发票、培训协议、支付凭证等相关凭证。在报税时提交相应凭证便能被认为属于合理范围并可以获得税务机关的核准。

8. 利用保险费在一定条件下免税进行个人所得税筹划

我国雇主为外籍雇员缴纳的工伤保险费作为免税收入，不缴纳个人所得税。外籍雇员个

人缴纳的境外保险费不得从工资、薪金所得中扣除，须据实缴纳个人所得税。雇主为外籍雇员缴纳了境外保险费并在应纳税所得额中扣除的，该外籍雇员不能扣除该款项，须并入工资、薪金所得缴纳个人所得税。企业未在其应纳税所得额中扣除而支付或负担的其在我国境内工作雇员的境外保险费，原则上应计入该雇员个人的工资、薪金所得，按规定申报缴纳个人所得税；但对其中确属于按照有关国家法律规定应由雇主负担的社会保障性质的费用，报经当地税务主管机关核准后，可不计入雇员个人的应纳税所得额。

9. 利用存款利息在一定条件下免税进行个人所得税筹划

外籍人员从我国境内取得储蓄存款的利息所得，其居民国（地区）与我国（内地）签订的税收协定、安排（包括与香港特别行政区、澳门特别行政区分别签订的税收安排）规定的税率低于我国法律法规规定的税率的，可以享受税收协定（安排）的待遇，但须提交享受税收协定（安排）待遇申请表。税收协定（安排）的税率高于我国法律法规规定的税率的，按我国法律法规规定的税率执行。

【案例 8—7】 新加坡公民 L 先生被我国一家外商独资企业雇为工程师。其雇佣所得在我国全部应税且个人所得税由个人完全承担。依据雇佣合同，L 先生的年薪为 480 000 元，同时，每月收到月薪 25%的生活费补贴。L 先生的我国雇主不再提供其他附加福利。

基于 L 先生的薪酬情况，基础薪金和生活费补贴在我国都应纳税。但如果雇主通过免税的附加福利项目对其薪酬计划进行重新安排，则其每月的应税所得将会有效减少，具体情况如表 8—4 所示。

表 8—4　　L 先生生活补贴的税收安排　　单位：元

薪酬项目	没有免税福利（原薪酬安排）	有免税福利（税收筹划安排）	是否应税
基础薪金	480 000	319 200	是
生活费补贴	120 000	79 800	是
住房补贴	—	72 000	否
探亲补贴	—	14 000	否
子女教育费	—	115 000	否
所得总额	600 000	600 000	
年应纳税所得额	600 000	399 000	
月应纳税所得额	50 000	33 250	
月费用扣除额	4 800	4 800	
月实际应纳税所得额	45 200	28 450	
税率	30%	25%	
月应纳税额	10 805	4 908	
年应纳税额	129 660	58 890	
年税款节省额		70 770	

L 先生每年个人所得的税收节省额为 70 770 元，此数额是相当可观的。

对于在我国工作的外籍人员个人所得的纳税筹划来说，附加福利是一个很重要的部分。

(三)跨国个人奖金的税收筹划

纳税人获得的一次性发放的年度奖金应视为单独的月薪,平均分配到12个月来计算适用税率。但是,这一规则一年只能适用一次。其他奖金,如半年奖金、季度奖金、加班奖金和优秀业绩奖金应当在当月与薪水合并,并按最高边际税率计算个人所得税。如果外籍人员在其离开我国境内后取得一笔奖金,则此笔奖金的所得很可能不用缴纳个人所得税。一般来说,雇员仅对其在我国境内工作期间实际取得的奖金数额负担个人所得税。我国适用于年度业绩奖金的税法比较宽松,通过适当安排,最大化利用这一税则可以节省可观的税款。

【案例8—8】 M先生每年收入60万元。如果重新安排,其薪酬大致为45万元,外加15万元奖金,其节省的税额如表8—5所示。

表8—5　　M先生个人奖金的税收安排　　单位:元

薪酬项目	没有奖金	有奖金
基础薪金	600 000	500 000
奖金	—	100 000
总计	600 000	600 000
薪金月所得	50 000	41 667
月费用扣除额	4 800	4 800
月应税所得额	45 200	36 867
薪金税率	30%	30%
月应纳税额	10 805	8 305
薪金年应纳税额(A)	129 660	99 660
奖金税率		20%
奖金应纳税额(B)		19 445
应纳税总额(A+B)	129 660	119 105
年税款节省额		10 555

由于其奖金一次性发放,M先生的税负减少了10 555元。

(四)跨国个人工作外派津贴的税收筹划

为了鼓励外派工作,许多公司给外籍人员的国外工作偿付激励性的款项,被称为外派津贴。在一些情况下,这些款项与搬迁有关,以帮助其迁入我国,且表现为一笔总付的款项,受派遣人的家庭可以将此款项用于任何他们认为必要的用途。这些工作外派津贴可以在外派工作开始前预付,也可以在受派遣人搬迁到外国后支付,还可以在受派遣人回国后支付。

如果雇主支付给雇员的工作外派津贴与我国境内的工作相关,且雇主让我国境内实体来负担此款项,则该外派津贴应缴纳我国的个人所得税;但在某些情况下,雇员取得的工作外派津贴准许免于缴纳在我国的个人所得税。下面讨论关于外派工作前津贴、外派工作后津贴和借款形式津贴的税收筹划。

1. 外派工作前津贴

一般情况下,如果雇员取得的外派工作前支付的津贴与我国境内工作相关,则该津贴在我国为应税所得。但雇主可以通过对雇员的款项支付进行安排以使该款项免于缴纳我国的个人所得税。对委派到我国境内工作的雇员来说,如果满足雇主政策中关于外派工作前津贴支付的标准,则雇员将收到一笔总付的款项。也就是说,达到此标准的雇员将在外派到我国境内工作之前收到该津贴，该津贴将不被视为因在我国境内提供劳务而取得的所得，从而免于缴纳我国的个人所得税，但该津贴将被外籍人员去我国之前所居住或工作的国家课税。

2. 外派工作后津贴

一般来说，对外派工作后支付的津贴的税收筹划与外派工作前支付的津贴的税收筹划方法相同。如果雇员取得的外派工作后支付的津贴与我国境内的工作相关，则该津贴在我国为应税所得。雇主可以通过对雇员的款项支付进行安排，以使该款项依照我国的个人所得税法成为非应税所得。

雇员接受再次去异国的工作委派，且满足其他外派工作后支付的津贴的标准，则在其回到母国或到达下一工作国家时可能取得一笔外派工作后支付的津贴。外派工作后的津贴仅在雇员满足所有外派工作津贴支付标准后才能得到雇主的支付，目的是确保雇员从我国回国后依然跟随雇主。如果该津贴与我国境内的工作不相关，则不必缴纳我国的个人所得税，这也意味着该津贴很可能在外籍人员去我国后居住或工作的国家课税。

如果津贴与我国境内的工作相关，雇主应妥善保管可说明津贴对应的工作期间的证明文件。此外，如果津贴支付先于我国境内开始的工作，则付款存根也应反映此情况，以使这些津贴所得免于缴纳我国的个人所得税。

3. 借款形式津贴

雇主向雇员提供一项借款(通常用于抵补雇员每月应纳的我国税款)，雇员从我国回国后会得到一笔津贴使其能够偿还此借款。与外派工作之前或之后支付的津贴相同，如果满足了某些预先确定的标准，用于偿还借款的这些津贴可以被证明不归属于我国境内的工作，从而不必缴纳我国的个人所得税。但该借款形式的津贴很可能被外籍雇员的母国或下次工作的所在国征税。

如果雇主经常给收到工作委派的雇员提供借款，则这些借款应提供内部借款证明文件。文件应注明偿付期限、利率、借贷方的权利和义务等。

上述所有津贴安排中，津贴款项都不能由我国境内的实体负担；否则，津贴款项将被我国课税。

(五)股权报酬的税收筹划

期权是在指定日期或其后按照某一价格购买或销售财产的权利。通常，对期权的出售或交易将产生一项利得或损失，未能行使有偿取得的期权也将产生损失。有时，雇主发给雇员股票期权作为报酬的一种形式。发放的股票期权使雇员拥有分享增长的公司股份价值的权利。股票期权(或者对雇主股权所拥有的任何权益)能够达到很多重要的目的，包括增加雇员的财产所有权的感觉、对雇员业绩的回报以及挽留雇员从事更长时间的工作。

此外，还有很多其他类型的股权报酬。替代股票期权最常用的形式包括限制性股票、雇员股票购买计划(以折扣价格购买股票的权利)、股票增值权以及虚拟股票。各股权报酬计划的条款、环境、实施及参与等方面差异很大，这些差异不可避免地影响针对某一特定计划的税务处理。

股票期权是在规定期限内以预定的价格购买股票的契约性权利。在任何特定的时间，一项未行使的股票期权的经济价值基于期权价值增值的潜力，与股票价格增长的潜力直接相联系。如果发生增值，期权取得人通过行使期权就能够以低于市场的价格获得股票。因此，当期权对应的股票没有增值时，雇员也不存在发生损失的风险。

（六）双重雇佣安排

有些外籍人员在我国境内和境外同时拥有职务，在这种情况下，不管其薪金是否确实由两处单独确定，其从两处获取的所得应合并，并依照我国的个人所得税计算缴纳税款。但基于其在我国的实际工作期间和在境外逗留的时间，可以适用按时间分摊原则减少其在我国的个人所得税纳税义务。

对于负责地区性业务或者执行我国境外与公司的全球业务相关的职责的外籍高层管理人员，按时间分摊原则可以设立双重雇佣安排来进行个人所得税的支付以获取收益。此外，对于在我国居住满 1 年、不满 5 年的外籍高层管理人员，1 个月内在我国境外从事工作且其薪金所得由境内和境外分别支付的，可以适用一项特别的税收豁免。这些个人在我国境外工作的天数中由境外雇主支付的薪金所得可以免于缴纳个人所得税。我国境外工作的天数是指个人在我国境外向我国境外实体提供服务的工作天数以及在此期间经历的公共假期的天数。

如果外籍人员没有到我国境外从事工作，则不由我国境内实体负担的雇佣报酬被视为同时归属于我国境内和境外。因此，在雇佣费用不由我国境内的实体负担且外籍人员确实在我国境外居住过的情况下，双重雇佣合同才是有效的。

在我国的某些地区（北京和上海），外籍人员如果要对其负担的个人所得税申请适用按时间分摊原则，在实践中并不一定需要签订双重雇佣合同，关键是要在雇佣合同中陈述清楚个人在我国境内和境外负有的双重工作职责。

复习思考题

一、简答题

1. 简述国际税收筹划的概念及特点。
2. 简述国际税收筹划的产生条件和影响因素。
3. 简述国际税收筹划的主要方法。
4. 结合跨国公司的生产经营实践，谈谈国际税收筹划的操作重点。
5. 举例说明跨国个人国际税收筹划的操作要点。

二、实务题

1. A 国的一家公司原打算在 B 国拥有一家子公司，但 B 国要对该子公司汇往 A 国的股息征收 25%的预提所得税。B 国与 C 国缔结了税收协定，按照税收协定的规定，股息按 5%的税率征收预提所得税。A 国与 C 国缔结了相互按 5%征收股息预提所得税的税收协定。

要求：如果 A 国的这家公司预期 B 国子公司将有大量股息汇出，那么，A 国的这家公司应如何进行税收筹划才能降低预提所得税负担？

2. 甲公司专门制造特种煤炉，2019 年产量为 50 000 个，单位成本为 30 元，加工利润每个为 7 元，商业利润每个为 3 元。该公司共设 4 个销售网点，这 4 个销售网点是独立经营的。甲公司生产的 50 000 个煤炉能全部销售完，企业所得税税率为 25%，每个销售网点减按优惠所得税税率 20%缴纳企业所得税。假设该公司打算与税务机关预约定价，且定价可被税务机关接受。

要求：该公司应如何利用转让定价进行税收筹划？

第九章　税收筹划风险的管理与控制

【本章导读】

税收筹划是一项系统工程，在给企业带来税收收益的同时也蕴含着巨大的风险，即风险与利益并存。如果企业无视这些客观存在的风险，任其发生而不加以防范，将有悖于税收筹划的初衷，其结果是以节税目的开始，却以遭受更大的损失结束。在进行税收筹划的过程中，应正视税收筹划风险的存在，并采取相应的防范措施，才能实现税收筹划的目标。因此，税收筹划风险的控制与管理应引起关注。本章阐述税收筹划风险的概念、分类、产生的原因及危害，提出了税收筹划风险管理的原则、模型、评估方法及控制措施。通过本章的学习，应了解税收筹划风险的概念、分类、产生的原因及危害；熟悉税收筹划风险管理的原则及模型；掌握税收筹划风险管理的评估方法及控制措施。

第一节　税收筹划风险概述

一、税收筹划风险的概念及特征

（一）税收筹划风险的概念

税收筹划风险是指企业的税收筹划行为因未能正确履行税收法律法规的有关规定，或者因为经济、社会、法律等环境因素的变化所导致的企业税收筹划方案的失败及未来经济或其他利益的可能损失，具体表现为企业税收筹划行为中对税法的理解和运用的偏差及外界不确定因素的影响，最终导致企业少缴税款，引发税务管理机关对其进行处罚所需支付的巨额罚款等。纳税是每家企业经营过程中不可回避的问题，税收筹划可以降低企业的实际税收负担，但企业必须面对税收筹划风险。

税收筹划风险不同于一般商业风险。从商业角度讲，风险越大，可能的损失越大，同时意味着收益越多。但税收筹划风险却是个例外，企业的税收筹划风险对企业而言是净损失，谈不上收益。如果企业由于税收筹划的原因少缴了税款，税务机关将保留无限期追索的权力，一旦被检查出来，企业除补缴税款外，还将承担巨额的罚款和滞纳金，甚至还要付出负刑事责任的代价。如果说企业的税收筹划风险有收益，那也只是一时避过了税务机关的检查而不用补缴的税款、罚款和滞纳金等。但这种收益随时会引发更大的风险，而且其收益的可能性将随着税收法治程度的加深而越来越小。

（二）税收筹划风险的特征

1. 税收筹划风险具有客观性

决定企业或纳税人做出税收筹划决策的条件主要有两个方面：一是企业或纳税人所从事

的经济活动;二是企业所处的税收环境,即相关税收法规与政策。税收筹划的过程实际上就是企业或纳税人运用相关税收政策对经济行为所进行的策划与安排。企业的经营行为和所依据的税收法规、政策都是在不断发展变化的,所以,税收筹划风险是客观存在且不可避免的。

2. 税收筹划风险具有主观相关性

税收筹划风险的主观相关性是指税收筹划风险发生与否和造成损失的程度对于面临风险的不同行为主体会产生不同的效果,而同一行为主体由于其决策或采用的策略不同,也会导致不同的风险。实际上,税收筹划风险事件的发生是受主观和客观条件影响的。对于客观条件,税收筹划主体无法自由选择,只能在一定程度上施加影响,主观条件(即税收筹划主体的行为及决策)则可自主选择。

3. 税收筹划风险的复杂性

之所以说税收筹划风险具有复杂性,主要是由两个方面决定的:一方面,税收筹划风险的形成原因是复杂的,有客观环境造成的,如社会经济环境和国家政策法规等客观因素的变化;也有主观认识造成的,如税收筹划人缺少对风险的判别,不了解相关税收法律法规,甚至违反了国家法律法规。另一方面,税收筹划风险带来的结果是复杂的。企业税收筹划方案失败是由多方面原因造成的,如内外部环境的变化导致税收筹划方案不适应变化了的环境。税收筹划失败除了会给企业带来经济上的损失外,还会使企业的名誉受损,如果企业处理不当的话,甚至会影响企业未来的发展。

4. 税收筹划风险的潜在性

税收筹划风险的潜在性是指税收筹划风险的可能性和不确定性。税收筹划风险是客观存在的,不易做出精确判断,而风险的不确定性客观上也决定了税收筹划风险的不确定性。社会经济环境的变化、政策法规的不断修改、企业内部筹划人员对政策理解的不同、税务机关执法力度的差异等都是造成税收筹划风险的可能性与不确定性的因素。

5. 税收筹划风险的可度量性

风险的可度量性决定了税收筹划风险是可度量的。任何事物都有其发展的一般规律,风险是其中比较难把握的一类。税收筹划风险涉及对筹划方案结果的预测,虽然是对未来不确定事项的预测,但造成税收筹划风险的因素能够借鉴经验数据,运用数理统计等技术手段来加以分析估算,并在此基础上采取相应措施对风险加以预防和弥补,从而间接地评估整体风险,并对其进行控制。

二、税收筹划风险产生的原因

税收筹划是一种事前行为,具有前瞻性和计划性,由于社会、经济和政治环境未来的不确定性,导致纳税人在进行税收筹划时面临诸多不确定因素,这种不确定性就决定了风险的客观存在。所以,企业的管理层在进行决策时应首要考虑税收筹划的潜在风险。导致税收筹划失败的风险主要表现在两个方面——法律责任和经济损失。“税收筹划风险产生的主要原因在于税收筹划的事前筹划性与项目执行过程存在不确定性及不可控因素之间的矛盾。这种不确定性和不可控因素既可能是客观情况发生了变化,也可能是主观估计的误差。”[①]具体而言,税收筹划风险的成因主要有以下几个方面:

(一)税收的本质属性是产生筹划风险的根本原因

税收的基本内涵包括以下几个共同点:(1)征税的主体是国家;(2)国家征税依据的是其政

① 李大明:《企业税收筹划原理与方法》,武汉大学出版社2008年版,第83页。

治权力；(3)征税的基本目的是满足国家的财政需要；(4)税收分配的客体是社会剩余产品；(5)税收具有强制性、无偿性和固定性的特征。其中，无偿性是其核心，强制性是其保障。税收的强制性决定了税法属于义务性法规，说明了在税收法律关系中政府或税务机关与纳税人之间的权利和义务是不对等的，纳税人是以尽义务为主。纳税人不仅要依法纳税，而且其涉税行为处于被动地位，纳税人的税收筹划行为是否合法由税务机关认定，这就导致了税收筹划风险的存在。

(二)税收筹划原则是导致筹划风险的直接原因

企业的税收筹划行为必须要遵循一定的原则，而这些原则之间的相互影响和作用就直接导致了税收筹划风险的产生。

1. 系统性原则

企业在进行税收筹划时不能只从法律的角度思考，还应该考虑企业整体的战略管理决策。在制订税收筹划方案时，企业必须同时考虑税收因素和非税收因素的影响。如果只考虑税收因素，虽然实现了节税的目的，但可能导致企业整体利益的减少，产生筹划风险。

2. 时效性原则

企业必须在纳税义务产生之前采取有效的筹划行为对企业的生产经营活动进行筹划安排。但是，现实中税收法律法规变动频繁，补充条款多，企业的经营环境和经营状况也在不断变化，这些不确定因素必然导致税收筹划方案存在风险。

3. 守法性原则

企业不管采取怎样的税收筹划方案，都必须符合国家的法律规定，即具有法律性，不遵守法律规定就不存在税收筹划。一方面，纳税人的税收筹划要遵守国家相关法律法规；另一方面，纳税人要正确理解国家的立法意图和政策导向，税收筹划方案要得到税务机关的认同。而这两点都是很难实现的，如果纳税人没有把握好这两点，不符合守法性原则，就有可能被税务机关认定为偷税、逃税，导致税收筹划风险的产生。

(三)筹划人员的有限理性是产生筹划风险的主观原因

1. 税收筹划与偷税、逃税相混淆

企业进行税收筹划是在不违反国家相关法律法规的前提下，运用合法合理的手段对企业的生产经营活动进行筹划安排，以达到节税、减税的目的。企业的税收筹划行为在根本上是一种理财活动，其最终目标是实现企业价值的最大化。偷税、逃税是指纳税人故意违反税收法律法规，采用欺骗、隐瞒等手段不缴或者少缴应纳税款的行为，目的只是少缴税或不缴税，而偷税、逃税最终会受到法律的惩处。

(1)政策理解不当导致风险

广义的税收筹划包含避税筹划，尤其是在进行国际税收筹划时。避税是指企业利用我国税收法律法规的漏洞或缺陷，通过对经营及财务活动的筹划安排，使企业实现税收负担最小的经济行为。在实际操作中，企业往往因为政策运用不当或理解有误而极易滑向偷税和逃税，或是避税筹划行为得不到税务机关的认可，被认定为偷税、逃税而面临税务机关的处罚甚至名誉受损，最终得不偿失。

(2)筹划目标不明确导致风险

税收筹划目标制订得不明确，导致筹划人员对目标的理解错误，以致税收筹划方案只强调减轻税负，偏离了企业的理财目标，认为只要能少缴税，怎么做都行。在经济利益的驱使下，很多企业冒着被税务机关惩处的风险，打着税收筹划的幌子，大行偷税、逃税之道，违反国家的税收法律法规，最终结果只会使企业遭受更大损失。

2. 税收筹划人员素质参差不齐

税收筹划要求筹划人员对相关税收法律法规、会计、财务等知识有全面的了解。但是，我国税收法律法规繁多且政策变动频繁，众多补充条款常随着经济情况的变化或为配合政策的需要而不断修正和完善。这在一定程度上对筹划人员提出了更高的要求，不但要掌握当前的税收法律政策，而且要随时关注国家出台的相关补充条款并能加以运用。但就目前我国的情况而言，税收筹划起步较晚，理论研究还不够成熟，实践操作也不多，无论是企业还是税务机关，对税收筹划的认识和理解都是有限的，且缺乏高素质的税收筹划人员。

从制订、选择税收筹划方案到税收筹划方案的实施，取决于税收筹划人员的主观判断，包括对税收政策的认识与理解。税收筹划人员限于自身业务水平，对有关法律法规理解不深入、不细致，不能及时掌握最新的政策变动导向，虽然其主观上并不想偷税、逃税，但实际纳税行为却违反了税法规定，造成事实上的偷税、逃税，给企业带来税收筹划风险。因此，面对外部税收法律环境的变化和由此形成的税收筹划风险，纳税人必须且迫切地需要提高自身的素质和风险防范意识。

(四)征纳双方的博弈是产生筹划风险的客观原因

税法的不完善导致企业常常利用税法的漏洞与缺陷进行税收筹划。税收作为财政收入的主要来源，政府为了保证收入的稳定与增长，必会不断完善税收法律法规，并加强税收的征管与稽查，两者之间的矛盾必会导致纳税人在进行税收筹划时存在风险。

我国现有的税法往往只是对一些基本问题做出相关规定，对于具体问题的解释和说明比较模糊，存在大量补充条款，而且税收政策调整频繁。企业的决策往往具有一定的长期性与规划性，纳税人根据现有的税收政策进行筹划，一旦政策发生变化和出台相关的补充规定，企业不能及时掌握这些信息，预先制订的税收筹划方案就很可能不再适用于现在的政治经济环境，从而导致税收筹划风险的产生。

三、税收筹划风险的种类

从税收筹划本身存在政策依赖性、事前筹划性和被动判断性三大特性分析，税收筹划的风险可以分为政策风险、经营风险、执法风险、诚信风险和心理风险。

(一)政策风险

税收筹划是对政府制定的税收政策进行比较后的纳税优化选择，是一种符合政府政策导向的经济行为。因此，税收筹划的实际操作与政府政策有着密切的关系，由此带来的税收筹划风险称为政策风险，包括政策选择风险、政策变化风险和政策模糊风险。

1. 政策选择风险

由于国家目标的多重性和经济生活的复杂性，各国或各地区在制定税收政策时往往会根据所要实现的目标，对不同的经济活动采取差别的税收待遇。这种差别的税收待遇主要有：(1)不同国家之间税收政策和税收制度的差异；(2)同一国家税制规定上的差异，如不同税种适用不同的纳税人、征税对象、税率、纳税环节、纳税期限、减免税优惠规定等。

各类企业因从事生产经营投资的不同而分别适用不同的税种，即使一些企业适用相同的税种，也会因从业地点、生产销售产品的性质、企业组织形式及盈利规模的不同而适用不同的税率、减免税优惠等。这就要求税收筹划人员对税收政策应严格按照税法条文的字面含义理解，既不能扩大，也不能缩小，同时必须注意立法机关、行政机关做出的有效力的解释，才能准确把握税法。例如，某服装厂接受个体经营者代购的纽扣，由于未按要求完成代购手续，被税务机关确认为接受第三方发票而受到查处。

2. 政策变化风险

税收调节经济的作用的良好发挥依赖于正确、务实的税收政策，税收政策必须随着经济环境和经济条件的变化而不断调整，因此，税收政策尤其是优惠政策具有不定期性或相对较短的时效性。企业的生产经营行为及与之相匹配的纳税选择属于事前行为，具有长期性和可预见性，这种事前性、长期性和可预见性与税收政策的不定期性或相对较短的时效性给企业的纳税选择尤其是长期纳税规划带来一定的风险。我国正处于市场经济不断完善与发展的过程中，作为国家重要经济杠杆的税收政策，调整较为频繁，尤其是税收优惠政策，具有零星分散、期限短、变化快的特点，许多政策的优惠期限定在 1～3 年。如果企业不能及时掌握政策变化的情况并进行综合权衡，就很可能导致投资、经营失败。

3. 政策模糊风险

我国现有的税收法律法规层次较多，除了全国人民代表大会及其常务委员会制定的税收法律和国务院制定的税收法规外，还有大量由有关税收管理职能部门制定的税收行政规章。这些行政规章往往不够明晰。在这种情况下，企业如依据这些行政规章开展税收筹划，就有可能因为对这些行政规章体现的税法精神理解错误而导致税收筹划失败。

（二）经营风险

税收筹划的超前性是导致其经营风险的主要原因，具体可分为以下几类：

1. 税收筹划方案设计风险

一般来说，企业在法律许可的范围内存在多种可供选择的税收筹划方案，企业可以通过经营、投资、理财、组织、交易等事项的事先安排和策划，实现最低税负和财务利益的最大化。然而，在现实生活中，由于认识上的局限性，许多企业为了达到少缴税款的目的，运用各种手段设法直接降低自身的实际税收负担，难免在操作上产生以下两个方面的风险：

（1）利用税法漏洞带来的税法“陷阱”及风险

以直接减少税负为目标的税收筹划方案可能导致企业不考虑现行法律法规中的一些限制而误入税法“陷阱”。税法“陷阱”是税法漏洞的对称，是指税法中貌似优惠的规定漏洞会给纳税人带来更重的税负。税法漏洞的存在给企业提供了避税的机会；而税法“陷阱”的存在会使企业不得不小心，以免落入税务当局设置的看似漏洞、实为政府反避税措施之一的“陷阱”。企业一旦落入税法“陷阱”，就要缴纳更多税款，从而影响企业的正常收益，给企业造成不必要的经济损失。

（2）利用税收筹划方案带来的纳税成本“陷阱”及风险

纳税成本“陷阱”与风险有以下两种：一是税收筹划成本超过税收筹划收益，二是单一税种税负下降而企业整体税负上升。

税收筹划成本是企业为进行税收筹划所付出的一切成本，有以下 5 个组成部分：

①直接成本，指企业为节约税款而发生的人、财、物的耗费，包括税收筹划方案的设计成本和实施成本两个部分。

②设计成本，指聘请税务咨询机构的税务专家进行税收筹划而支付的方案设计及咨询费，企业财务人员参与方案的设计与实施而支付的工资和奖金。

③实施成本，指方案在实施过程中需额外支付的相关成本费用。

④风险成本，指税收筹划方案因设计失误或实施不当而造成的纳税筹划目标的落空以及

由此带来的经济损失和法律责任。

⑤机会成本，指采用税收筹划方案而放弃其他方案的最大收益。

税收筹划“收益”包括直接收益和间接收益，前者是指因税收筹划使纳税人免缴或少缴的税款；后者是指因税收筹划方案顺应了税收政策导向，优化了资源配置，促进了企业长期稳定的良性发展而带来的收益。根据成本收益原则，如果成本小于收益，则税收筹划是成功的；反之，则失败。

在实际操作中，许多企业过分关注税收筹划方案所带来的直接收益而忽略为此支付的成本，可能造成税收筹划成本超过税收筹划收益的结果。另一种风险是单个税种税负减轻而企业综合税负上升，纳税人在税收筹划过程中由于缺乏整体的筹划思路和方案，忽略经济活动及税种之间的关联性，实际操作时仅就单一经营项目、单一税种或单一纳税环节进行税收筹划，往往顾此失彼，导致企业整体税负的增加。

综上所述，企业在进行税收筹划方案的选择时，必须进行合理的成本—效益分析，不可以忽略企业税后收益最大化这一最终目标。

2. 经营变化风险

税收筹划的过程实际上就是对税收政策的差别进行选择的过程。但是，无论何种差别，均应建立在一定的前提条件下，即企业日后的生产经营活动必须符合所选税收政策的特殊性规定。这些特殊性在给企业的税收筹划提供可能性的同时，也对企业某一方面的经营活动（经营范围、经营地点、经营期限等）带来了约束，从而影响企业经营活动的灵活性。如果项目投资后经济活动本身发生变化，或对项目预期经济活动的判断失误，就很可能失去享受税收优惠的必要特征或条件，不仅无法达到减轻税负的目的，而且可能加重税负。

3. 方案实施风险

科学的税收筹划方案必须通过有效的实施来实现。即使有了科学的税收筹划方案，如果在实施过程中没有严格的实施措施，或者没有得力的实施人才，或者没有完善的实施手段，都有可能导致税收筹划的失败。

（三）执法风险

执法风险是由税收筹划的被动判定性决定的。严格意义上的税收筹划应当是合法的，符合立法者意图的，但这种合法性还需要税务行政执法部门的确认。在这一确认过程中，客观上存在着税务行政执法偏差从而导致税收筹划失败的风险，具体体现在以下几个方面：

（1）税收制度一般只对有关税收的基本问题做出相应规定，具有税收条款设置不完善、无法涵盖所有税收事项的特点，加之客观情况的不断变化，税法又具有滞后于经济发展的特性，由此可能导致税企双方对税法理解和执行上的不一致。

（2）税法对具体税收事项常留有一定的弹性空间，在一定的范围内，税务机关拥有自由裁量权，客观上为税收政策的执行偏差提供了可能性。

（3）税法执法人员的素质参差不齐，这也是导致税收政策执行偏差的一个不可忽视的因素。

（四）诚信风险

诚信风险是纳税人制订和实施税收筹划方案时所面临的因预期结果的不确定性而可能承担的信用危机和名誉损失。如果纳税人的税收筹划行为不被税务机关认可，就有可能被税务机关认定为偷税、逃税，从而被税务机关确定为有问题或不讲诚信的“重点户”，导致税务机关对其进行更加严格和频繁的稽查，使纳税人增加纳税申报及应付频繁的税务稽查在时间及经济上的成本，这将严重影响企业正常的生产经营活动，甚至影响企业的经济效益。成都恩威集团以假合资形式实施的“避税”行为被曝光查处后，产生了信誉危机，其产品的销售量急剧下降就是例证。

（五）心理风险

心理风险是纳税人在制订和实施税收筹划方案时所面临的因预期结果的不确定性而在可能承担涉税经济风险、法律风险和信誉风险的同时所承受的心理负担和精神折磨。由于税收筹划行为有承担经济、法律和信誉风险的可能性，因此，每当纳税申报或税务稽查时，纳税人便会害怕税务机关发现其破绽，总是提心吊胆，遭受精神上的折磨。一位会计专家说：造假心里不踏实，老是担心出问题，即使还没有出问题，心里也不愉快，这样的钱还是不“赚”为好。

除上述风险外，纳税基础环境不良也将导致税收筹划风险的产生。纳税基础环境是指企业的决策层和相关管理人员对纳税问题的认识程度、企业的会计核算和财务管理水平、企业纳税诚信度等方面的基础环境。纳税基础环境不良具体表现在：企业决策层对纳税问题不了解、不重视，甚至认为搞关系、找路子、钻空子就可以减少纳税；企业会计核算不健全，账证不完整，会计信息严重失真，企业有偷税、逃税等违反税法的记录；企业税务岗位员工频繁变动，缺乏定期的员工技能培训和奖惩机制；等等。这些问题的存在都可能导致税收筹划风险。

税收筹划风险的存在不但会使企业经济利益遭受极大的损失，而且会深刻影响企业的生产行为、投资行为等，甚至影响企业的生存。

专栏 9—1

税收筹划面临的风险

税收筹划可以给企业带来节税利益，同时也存在相应的风险。企业如果无视这些风险的存在而盲目进行税收筹划，结果可能事与愿违。税收筹划风险是指税收筹划活动因各种原因（如税收政策的调整和经济活动的变化）导致失败而付出的代价，具体分为：

1. 经济环境变化的风险

企业的纳税事宜与税收政策以及所处经济环境密切相关。一般来说，政府为促进经济增长，会施行积极的财税政策，制定减免税或退税等税收优惠政策，鼓励企业生产和投资。这时，企业的税负相对较轻或稳定；反之，政府为抑制某产业的发展就会利用税收杠杆调整税收政策，这样，企业的税负就可能加重或不稳定。另外，政府在国民经济发展的不同阶段、不同时期或地区，运用税收杠杆在内的宏观经济政策，针对不同产品或行业实行差别性税收政策，使得税收政策经常处于变化之中。从这个意义上讲，政府的税收政策总是具有应时性或相对较短的时效性。这种税收环境的不确定性将会给税收筹划人员开展税收筹划（特别是中长期税收筹划）带来较大风险，所以，任何企业的税收筹划都将面临经济环境变化所引致的风险。

2. 税收政策改变的风险

由于我国正处于经济变革时期，为了适应经济发展的需要，税收政策的变化比较频繁、不够稳定，如果企业不及时调整自己的涉税业务，就会使自己的纳税行为由合法变为不合法，从而产生税收风险。

3. 税收行政执法力度的风险

随着我国国民经济的发展和国家财政支出的不断增加,国家对税收检查和处罚的力度不断加强。从国家税务总局到地方各级税务机关都不断出台新的规范税务检查工作的文件和政策。这就意味着纳税人在规范纳税操作方面的工作必须相应加强;否则,纳税人会因对税务机关执法力度、程序和步骤不熟悉而导致税收风险的增加。

4. 筹划人员的纳税意识风险

企业纳税人员的纳税意识与企业的税收风险有很大的关系。如果企业依法纳税的意识较强,税收筹划的目的明确,那么,只要税收筹划人员依法严格按照规程精心筹划,风险一般不高。但是,有的企业纳税意识淡薄或者对税收筹划有误解,认为税收筹划的目的就是尽可能少纳税或不纳税,甚至授意或唆使税收筹划人员通过非法手段达到偷税的目的,从事这类税收筹划事项的风险就很高。所以,企业必须提高纳税意识。

5. 筹划人员的职业道德风险

税收筹划人员的职业道德水平影响其对风险的判断和税收筹划事项的最终结果。有的企业为了增加利润、减少成本,会要求税收筹划人员做出违背职业道德的行为,如伪造、变造、隐匿记账凭证等,在账簿上多列支出或者不列、少列收入等,这些都会给企业带来税收上的风险。

6. 财务管理和会计核算风险

企业的财务管理能力、会计核算水平以及内部控制制度既影响可供税收筹划的涉税资料的真实性和合法性,也易导致税收筹划人员筹划方案的失误。如果税收筹划方案是依据虚假的涉税资料做出的,就很可能产生失误,风险极大。

[资料来源]苏丽洁:《论企业面临的税务风险及其防范措施》,《现代经济信息》2009年第23期。

第二节　税收筹划风险管理

一、税收筹划风险管理的概念

税收筹划风险管理是企业依据税收法律法规的规定,通过对税收筹划风险的确认和评估,采用合理的经济及技术手段对税收筹划风险加以规避、控制或转移,以保障税收筹划活动安全、正常地开展,降低税收筹划风险给企业带来的经济及名誉损失的一种管理活动。

税收筹划风险管理的主体是企业自身,进行税收筹划风险管理的依据是税收法律法规及相关经济法规的规定,进行税收筹划风险管理的方式是依据税收法律法规的规定,通过对企业生产经营活动及税收筹划方案进行事先筹划、事中控制、事后检查与调整来尽可能规避、控制或转移税收筹划风险,降低由此带来的经济和名誉上的损失。

二、税收筹划风险管理的内容

税收筹划风险管理包括风险识别、风险度量和风险控制等方面,其中,核心内容是风险度量。税收筹划风险管理的目标是降低税收筹划风险,减少风险损失。因此,在进行税收筹划风险管理决策时,要处理好成本与效益的关系,应该从最经济合理的角度处置风险,制定税收筹划风险管理策略。风险的动态性特征决定了税收筹划风险管理是一个动态的过程。由于企业内外环境的不断变化，在税收筹划风险管理计划的实施过程中，应根据税收筹划风险状态的变化，及时调整税收筹划风险管理方案，对偏离税收筹划风险管理目标的行为进行修正，主要包括以下三个方面的内容：

（一）税收筹划风险的识别

针对企业生产经营过程中面临的各种风险进行分类，对各种风险的暴露情况及对企业税收筹划的影响程度进行辨识。

（二）税收筹划风险的测量与评估

企业税收筹划的风险管理包括对税收筹划风险的大小进行测量，对有关税收筹划风险的数据及相应的税收筹划风险管理信息系统进行量化处理，在此基础上，借助风险评估方法和有关模型，对税收筹划的风险因素做出评估，以便为税收筹划风险决策提供依据。

（三）税收筹划风险的控制与化解

企业税收筹划的风险管理是以监控税务风险和化解税务风险为核心内容的风险控制过程，具体是指根据企业的经营方针和风险管理策略对企业的人财物、供产销等各有关环节的经营行为实施有效监控，并为改善税收筹划风险状况、化解企业税收筹划风险采取的相应管理措施和行为。

三、税收筹划风险管理的功能

（一）提高企业资源配置的效率

企业税收筹划可以提高企业资源配置的效率，但税收筹划风险的客观存在以及企业本身对待风险的态度与偏好会影响企业对税收筹划决策的选择及税收筹划决策的有效性。尤其是企业过度而消极的风险回避态度可能使企业丧失很多潜在的甚至较大的投资及盈利机会，从而降低企业的资源配置效率与经济效益。如果企业能实施有效的税收筹划风险管理，通过对风险的预先防范、转移及分散，提高企业自身的核心竞争力和抵御风险的能力，则可以降低企业遇到风险时出现的剧烈波动，有效化解税收筹划风险，实现资源的最优分配，提高企业的整体运行效率。

（二）提高股东价值

税收筹划可以降低企业的纳税成本，提高企业的经济效益和股东的价值，因此，有针对性地对税收筹划风险进行管理可以降低投资风险、分散经营风险、增强投资者信心、降低风险损失及企业财务和纳税成本、提高股东的价值和企业的经济效益。

（三）降低企业税收筹划风险的成本

市场风险、自然灾害风险、经营决策风险、税收筹划手段不当等都有可能导致税收筹划失败，如果不能及时采取有效措施改善不利状况，就有可能引发企业不必要的现金流出，给企业带来巨大的损失，甚至导致企业资产大幅缩水，股东价值下降。一般而言，企业税收筹划所带来的损失及成本可分为两个部分：一部分为直接损失或直接成本，即企业因税收筹划失败而产生的资产账面损失，以及进入破产清算程序或被兼并收购时，在法律、会计等中介机构专业服务方面所发生的费用支出；另一部分为许多不可预见并难以从财务账面反映的间接损失或间接成本，如投资项目无法正常进行而出现较大幅度的经济效益下滑、与正常合作的客户或原材料供应厂家中断合作关系、银行或其他金融机构停止对企业提供贷款或其他融资支持等。如果企业采取有效的税收筹划风险管理措施，则有可能降低税收筹划风险所造成的直接损失及间接损失，并明显减少企业因为税收筹划风险而发生的现金流出，从而降低企业税收筹划风险的成本。

四、税收筹划风险管理的原则

税收筹划风险管理应从整体角度系统地分析、识别和评价企业在税收筹划活动中的风险并实施相应的控制，以实现税收筹划风险控制目标。为了达到税收筹划风险管理的目的，在进行税收筹划风险管理时应遵循以下基本原则：

（一）时间管理原则

在时间层面上，税收筹划风险的形成分为潜伏期、扩散期、爆发期和恶化期，前面阶段的风险如不加以有效控制必定会在后面阶段不断扩散和积聚，最终必将影响企业的生产经营活动。因此，税收筹划风险管理应遵循时间管理原则。在时间层面上，应从整体角度对税收筹划风险的潜伏期、扩散期、爆发期和恶化期分阶段进行管理，控制每一阶段税收筹划风险能量的积聚度和扩散度，避免前面阶段税收筹划风险能量爆发并向后面阶段扩散和积聚。应重点对潜伏期、扩散期的税收筹划风险加以监控，尽量避免发生税务风险和税务危机。

（二）空间管理原则

在空间层面上，税收筹划风险表现为政策风险、经营风险、执法风险、诚信风险和心理风险，而且它们是相互影响的。政策风险控制是起点，经营风险和执法风险控制是核心，诚信风险和心理风险控制是保障。因此，税收筹划风险管理应遵循空间控制原则，从整体的角度对政策风险、经营风险、执法风险、诚信风险和心理风险进行控制。

（三）时空管理原则

由于空间层面的税收筹划风险具有时间性的特征，因此，税收筹划风险管理应遵循时空控制原则，从时空管理的角度分别对潜伏期、扩散期、爆发期和恶化期的政策风险、经营风险、执法风险、诚信风险和心理风险进行控制并对政策风险、经营风险、执法风险、诚信风险和心理风险的潜伏期、扩散期、爆发期和恶化期进行控制。

（四）系统性原则

企业税收筹划风险的产生有其内在根源和外部诱因，这些内在根源和外部诱因是相互影响的。税收筹划风险是外部诱因和内部根源不利影响的积聚。当这种不利影响的积聚达到一定程度时，便会爆发税务风险，甚至会导致企业破产。因此，在进行税收筹划风险管理时，应遵循系统性原则，从系统的角度对税收筹划风险的外部诱因和内部根源进行控制。

（五）动态性原则

企业所处的内部环境、外部环境和经营管理活动是不断变化的，通过规范财务管理的基础性工作，重视和加强对税收筹划风险的防范，做到“居安思危”，充分发挥信息技术在税收筹划风险控制中的作用，提高企业的抗风险能力，就能有效防范和化解税务风险，避免税务危机的爆发，实现企业可持续发展的财务目标。因此，在税收筹划风险管理中应遵循动态性原则，针对不同行业、不同地区、不同时间、不同企业对税收筹划风险进行动态控制。

五、税收筹划风险管理的管理形式与管理方法

税收筹划风险管理的管理形式是指企业通过何种方式对税收筹划的风险进行管理。目前，企业进行税收筹划风险管理的主要形式有三种：一是企业自身设有纳税管理机构，由专职人员负责税收筹划的风险管理工作，该形式适用于税收问题较为复杂的大型企业；二是企业纳税管理人员与外聘税务咨询机构的税务专家共同负责税收筹划的风险管理工作，该形式适用

于税收问题较为复杂的大、中型企业；三是企业委托税务咨询机构的税务专家负责税收筹划的风险管理工作，该形式适用于各种类型的企业。

企业税收筹划风险管理的主要方法包括税收筹划风险事前预防法、税收筹划风险检验法、税收筹划风险评估法、税收筹划风险预警法和税收筹划风险控制法。这些方法均具有积极、主动的特点。

（一）税收筹划风险事前预防法

税收筹划风险事前预防法是指在税收筹划方案形成之前采取一些必要的管理措施，以控制和防范税收筹划风险的发生。

1. 树立税收筹划风险防范意识

首先，税收筹划必须遵守国家的法律法规。企业开展税收筹划只能在法律许可的范围内进行而不能违反税收法律法规的规定，逃避税收负担。其次，税收筹划必须密切关注国家法律法规环境的变更。随着时间的推移，国家的法律法规可能变更，企业的财务人员必须对税收筹划方案进行相应的修正和完善。最后，纳税人应树立正确的税收筹划观：税收筹划可以节税，但税收筹划不是万能的，其筹划空间和弹性是有限的，要坚持合法筹划，防止违法减税。

2. 贯彻成本效益原则

成本效益分析是指企业首先制订出若干个税收筹划方案，详细列出各种方案可能发生的预期成本和收益，通过比较分析，选择最优方案，既考虑税收筹划的直接成本，又将税收筹划方案比较选择中所放弃方案的可能收益作为机会成本加以考虑。只有当税收筹划方案的成本和损失小于收益时，该税收筹划方案才是合理和可以接受的。在进行成本效益分析时，还要注意不能认为税负最轻的方案就是最优的方案，一味追求税负的降低会导致企业总体利益的下降。

3. 税收筹划应从整体着眼

降低企业税收筹划财务方面的风险应从企业的整体着眼，把握全局。税收筹划首先应着眼于整体税负的轻重，而不仅是个别税种税负的高低；应认真衡量税收筹划中的个别税种与增收的综合效果，避免个别税种的税负降低而整体税负增加产生的财务方面的风险。

（1）注意各税种税基相互关联、此消彼长的关系，防止某税种税基的缩减而致使其他税种税基扩大的情况。

（2）既要考虑税收筹划带来的直接利益，也要考虑减少或免除处罚带来的间接利益；既要考虑某一税种的税收利益，也要考虑多税种之间的利益抵消因素。

（3）应选择使整体利益最大的税收筹划方案。

4. 营造良好的税企关系

企业要加深对税务机关工作程序的了解，加强与其的联系和沟通，争取在税法的理解上与税务机关取得一致，特别是在某些模糊和新生事物的处理上得到税务机关和征税人的认可。只有企业的税收筹划方案得到当地主管税务机关的认可，才能避免无效筹划，这是税收筹划方案得以顺利实施的关键。与税收管理的操作者关系好对于纳税人有特别的意义，这种意义根植于税务机关和税务干部在执法中的自由裁量权——在税法规定尚无力顾及的地方、在税法规定偏于原则性的领域、在税法规定有一定弹性幅度的区间，税务干部有其特定场合下的管理威严。贴近这种威严并使这种威严为我所用是纳税人规避风险的重要举措。此外，税务机关在制定一些具体的税收管理制度、办法、措施时，应进行广泛的调查研究，征求多方面的意见和建议，其中包括向一些纳税人“讨教”。在这种情况下，适时提出对税务机关有建设性的建议会使征纳之间的友好度增加。纳税人的建议一旦被税务机关采用，可以产生两个方面的积极影响：一方面，标志着纳税人与税务机关的关系融洽；另一方面，这种建议被采纳后有可能对一些纳税人不利，增加其某一方面的成本，从而在竞争中多了一些代价，使提建议者在竞争中获得优势。

5. 提高企业涉税人员的业务素质

提高企业涉税人员的业务素质是有效防范企业税务风险的基础。企业应采取各种行之有效的措施，利用多种渠道，帮助企业涉税人员加强税收法律法规、各项税收业务政策的学习，了解、更新和掌握税务知识，提高运用税法武器维护企业合法权益、规避企业税务风险的能力，为降低和防范企业税务风险奠定良好的基础。正确把握税收筹划风险对企业的健康发展和国民经济的繁荣具有积极的意义，理应引起企业和各界的高度重视，通过相应的措施规避、防范税收筹划风险，最终实现国家和纳税人“双赢”。

6. 保持税收筹划方案的适度灵活性

企业所处的经济环境千差万别，加之税收政策和税收筹划的主客观条件时刻处于变化中，这就要求在税收筹划时，要根据企业的实际情况制订税收筹划方案，并保持适度的灵活性，以便随着国家税制、税法、相关政策的改变及预期经济活动的变化调整投资项目，对税收筹划方案进行重新审查和评估，适时更新筹划内容，采取措施分散风险，趋利避害，保证税收筹划目标的实现。

7. 聘请税收筹划专家，提高税收筹划的科学性

税收筹划是一项高层次的理财活动和系统工程，涉及法律、税收、会计、财务、金融、企业管理等多方面的知识，具有很强的专业性和技能性，需要专门的筹划人员来操作。因此，对于那些综合性的、与企业全局关系较大的税收筹划业务，最好聘请税收筹划专业人士来操作，以提高税收筹划的规范性和合理性，进一步降低税收筹划的风险。

（二）税收筹划风险检验法

税收筹划风险检验是指税收筹划风险相关管理人员依据税收法律法规，通过调查企业生产经营状况，审阅相关的财务处理资料以及有关税收筹划方案，从中发现税收筹划方案制订或执行过程中已有的或潜在的风险的一系列方法，主要包括实地调查法和账证资料审查法。

1. 实地调查法

实地调查法是指通过一系列实地调查的方法，结合现行税收法律法规，对企业现有的生产经营状况及未来发展趋势进行调查分析，从中发现税收筹划方案制订或执行过程中已有的或潜在的风险的一系列方法，主要包括走访、座谈、征询、对实物资产进行盘点等一系列实地调查的方法。运用这些方法可以厘清企业生产经营行为及所涉及税种的缴纳状况；有关税收筹划方案有无不合法、不合理的问题，如果有，可能引发何种涉税风险，将对企业的生产经营产生多大影响；企业未来的生产经营行为是否会有所改变，其改变的趋势如何，是否会影响税收筹划方案的实施，将对有关税收筹划方案中所纳税种及税款数额产生怎样的影响，潜在涉税风险有多大；等等。

2. 账证资料审查法

账证资料审查法主要是依据现行税收法律法规，通过一系列审查账务处理相关资料的方法，对企业的账、证、表等纳税资料进行审查，检查有关税收筹划方案的执行情况，从中发现税收筹划方案执行过程中已有的或潜在的纳税风险的一系列方法。经常使用的方法包括审阅法、逆查核对法、比较分析法和抽查法等。

(1)审阅法

审阅法是指依据有关税收政策与法规,对企业一定时期内的有关会计资料和其他经济信息资料及管理资料进行仔细观察和阅读,鉴别资料本身所反映的经济活动是否符合税收筹划方案,税收筹划方案本身及其执行过程是否存在或潜在涉税风险的一种方法。

(2)逆查核对法

逆查核对法是依据有关税收政策与法规,按照会计记账程序的相反方向,从会计报表、账簿到凭证,并对会计报表、账簿、凭证以及相关实物进行核对,以检查账表、账账、账证、账实是否相符,账务处理及所缴税款是否正确,是否按照税收筹划方案执行,税收筹划方案本身及其执行过程是否存在或潜在涉税风险的一种方法。使用该方法还可以结合审阅和比较分析方法,根据重点和疑点,逐个进行追查,及时调整税收筹划方案,解决税收筹划方案执行过程中出现的错误和问题。例如,先通过会计报表分析,揭示财务活动中的薄弱环节和反常现象,发现线索,掌握重点和疑点,再据以溯源查对总分类账及其明细分类账,然后核对记账凭证,最后审查原始凭证,以了解其诱发税收筹划方案本身及其执行过程中风险的原因和经过,确定风险的大小。

(3)比较分析法

比较分析法是依据有关税收政策和法规,将企业报表或账面资料的本期实际完成数与企业的各项计划指标、历史资料或同类型企业的相关资料进行静态或动态对比,从中发现税收筹划方案本身及其执行过程中存在或潜在风险的一种方法。运用比较分析法时,应注意运用逻辑思维,把客观对象分解为各个方面、特性、因素,加以比较分析。例如,对应税产品,应分析所生产的产品能否构成应税产品,其适用税率是多少,从产品结构、原材料的构成、加工深度入手分析,有无潜在纳税风险问题。再如,应分析国家时期性政策的变化和调整对企业应纳税额的影响。在分析时可以结合控制计算法,利用数据之间的等量原理进行计算,如用定额控制、以耗控产计算相关产品的成本等。对发现的风险疑点,还可以结合排他法进行排他分析。

(4)抽查法

抽查法又称选查法,是指对企业一定时期内的全部会计账簿、报表及凭证只选择与税收筹划方案本身及其执行过程有关的部分进行重点审查,从中发现税收筹划方案本身及其执行过程中已存在或潜在涉税风险的一种方法。抽查法按照选择资料的依据和方法又可分为以下三种具体方法:

①资料抽查法,指检查人员根据平时掌握的确切情况,有针对性地选择某一时期和某一部分会计账簿、报表及凭证进行审查的方法。

②判断抽查法,指检查人员在对纳税人不太熟悉的情况下,根据其实际情况,完全凭主观经验选择纳税人某一阶段、某一部分会计账簿、报表及凭证进行审查的方法。

③随机抽查法,指检查人员依据统计抽样调查的原理,随机选择某一阶段、某一部分会计账簿、报表及凭证进行分析审查的方法。

不论企业采取上述哪一种审查方法,都要注意把企业的凭证、账簿、报表及其他活动记录所反映的内容联系起来加以对照审查,将上述方法综合运用。

(三)税收筹划风险评估法

税收筹划风险评估是指税收筹划风险管理人员依据税收法律法规,在检验税收筹划方案本身及其执行过程中的风险的基础上,对已发现税收筹划方案本身及其执行过程中存在的或潜在的纳税风险进行量化评估并排序的方法。

（四）税收筹划风险预警

税收筹划风险预警是指税收筹划风险管理人员依据资料审查与评估后的排序结果填制企业税收筹划风险预警表，并对相关部门提出预警的方法。

（五）税收筹划风险控制

税收筹划风险控制是指税收筹划风险管理人员依据税收法律法规，对所发现的税收筹划风险进行规划、控制和安排的方法，包括税收筹划风险规避法、税收筹划风险控制法、税收筹划风险转移法和税收筹划风险保留法。

1. 税收筹划风险规避法

税收筹划风险规避法是指为避免风险的发生而拒绝从事某一事件的方法。税收筹划风险规避是避免涉税风险最彻底的方法，但其适用范围比较窄，属于消极控制风险的方法。因为企业不能为了避免税收筹划风险而彻底放弃某些经营计划与行为。常用的税收筹划风险规避措施有：改进原税收筹划方案，停止某些特定的经营活动（如退出某个区域市场、放弃某项经济业务）；改进原税收筹划方案，避免选择低回报率、高税务风险的投资项目；改进原税收筹划方案，设定新的目标，制定及实施有效防范涉税风险的措施。

税收筹划风险规避法具有一定的局限性，具体表现为：(1)回避风险在人们感知风险的存在并且对损失的严重性完全有把握的基础上才具有实际意义；(2)对某一具体的风险单位来说，有些风险是无法避免的，如全球性经济危机、地震、瘟疫等；(3)避免某种风险又可能产生另一种新的风险。一般来说，只有在特殊情况下，才采用风险回避策略：税收筹划方案本身或执行过程中的某些风险带来的损失的概率高和幅度大，或者在控制风险时使用的方法所需成本相当大，甚至超过了其产生的效益。

2. 税收筹划风险控制法

税收筹划风险控制法是指那些用以使风险程度和频率达到最小化的方法。税收筹划风险控制的目的在于降低税收筹划风险发生的可能性、减轻涉税风险损失的程度，包括税收筹划风险的事前、事中和事后控制。税收筹划风险控制法更多的是事前控制，即结合企业经济业务操作的变化，合理调整税收筹划方案，减少税收筹划风险触发的机会，或对内部纳税程序进行有效控制，将不可预见的税收筹划风险事件的损失降低到可接受的范围。至于事中、事后税收筹划风险控制，只能是补救或减小税收筹划风险的损失和不利影响，其实施的主要途径有三种：一是调整相关经济业务的处理计划或规程；二是调整有关账务处理；三是及时补偿所欠税款，避免遭受更大的税务违章处罚。

在实施税收筹划风险事中或事后控制时，账务调整必须遵循如下原则：

(1)凡属本年度的错、漏问题，可以根据正常的会计核算程序，按照冲销调账法、补充调整法、转账调整法的要求进行账务调整。

(2)凡属上年度的错、漏问题，如果对上年度的税收产生直接影响、在上年度决算编报前发现的，可直接调整上年度账目；在上年度决算编报后才查出的，应通过以前年度损益账户进行调整。

(3)上年度错、漏账目不影响上年度税收，但与本年度核算有关的，应按上年度账目的错、漏金额影响本年度财务成果的数额调整本年度有关账目。

调整过的账目必须符合税收法规和财会制度的要求，符合会计核算原理和方法的要求，符合实事求是、简便有效的要求。账务调整的方法主要采用分录调整法，即根据查账报告，对检查中发现的账务处理错误采用分录的方法进行账务调整。

3. 税收筹划风险转移法

税收筹划风险转移法是将税收筹划风险转嫁给参与该项经营计划的其他企业的方法，一般通过合约的形式转移税收筹划风险。例如，企业可以通过重组、分立、改变销售渠道及方式等手段，充分利用税收政策，将税收筹划风险责任转移给其他企业。

4. 税收筹划风险保留法

税收筹划风险保留法是风险融资的一种方法，是指遭遇税收筹划风险的经济主体自我承担税收筹划风险所带来的经济损失。税收筹划风险保留法的重心在于寻求和吸纳风险融资资金，但这取决于人们对待风险的态度：一是涉税风险的承担，即在风险发生后，以积极的态度承担因纳税风险而带来的损失，在法律和能力允许的范围内尽可能减少由处罚带来的纳税风险支出；二是为可能出现的涉税风险做准备，在财务上预提纳税风险准备金；三是在市场及法律允许的范围内，通过对产品或服务重新定价来弥补因税收筹划风险而带来的损失。

第三节　税收筹划风险控制

一、税收筹划风险控制的步骤

税收筹划风险管理是一项渗透到企业各个纳税环节的工作，应按以下步骤进行：

（一）改善企业纳税风险控制环境

影响企业纳税风险控制的环境资源包括纳税意识、纳税管理机构、纳税管理人员素质、纳税法规信息资源库及纳税管理运作制度环境。改善企业纳税风险控制环境应从以下四个方面入手：

（1）应自上而下，认真学习领会税法精神，树立正确的纳税意识，建立风险控制观。企业管理层在实施企业经营决策时，对纳税风险控制策略和目标应提出书面要求，必须明确：本企业应遵守国家税收政策规定，照章纳税；应积极争取与企业经营活动相关的税收优惠政策；企业和分支机构必须设置相应的纳税管理机构或纳税管理岗位，确立相关负责人员。

（2）建立、健全企业内部纳税管理机构或纳税管理岗位。企业应视其经营规模的大小建立相应的纳税管理机构或设立纳税管理岗位，以从组织上保证企业纳税风险控制的有效实施。

（3）加强对纳税管理人员的业务知识培训，提高纳税管理人员的素质。提高企业纳税管理人员的业务素质可通过以下途径来实现：一是订阅如《中国税务报》和《中国税务》等报纸、杂志，让纳税管理人员及时学习、了解税收法律法规的变化；二是企业内部定期举办学习讨论会，以促进纳税管理人员对税收法律法规认识水平及执行水平的提高；三是定期进行税企对话与沟通，在双方的交流与沟通中促进纳税管理人员业务素质的提高。

（4）加强税收政策管理，建立与企业实际情况相适应的税收法律法规信息资源库和纳税管理制度。税收政策层次多、数量大、变化频繁，掌握起来非常困难。企业应建立与企业实际情况相适应的税收信息资源库，对适用的政策进行归类、整理、学习和掌握，并跟踪政策的变化。企业还应依据自身的实际情况建立企业纳税管理制度，如发票管理制度、大税种缴纳管理程序与制度、纳税管理人员管理与奖惩制度等。

（二）建立税收筹划风险预测与控制系统

建立税收筹划风险预测与控制系统是企业进行税收筹划风险控制的核心，应包括税收筹划风险检验、评估、预警与控制三大环节。税收筹划风险检验是基础，税收筹划风险评估是核心，税收筹划风险预警与控制是目的。

1. 税收筹划风险检验

税收筹划风险检验就是企业通过组织调查厘清现有的经营行为中哪些涉及税款缴纳问题，这些纳税问题的具体表现及在税收筹划方案执行过程中的预计变化情况，如所纳税种、纳税环节、纳税金额、账务处理和缴纳方式等。审查相关账务资料，确认是否存在错误、是否与税收筹划方案的设想一致、是否存在潜在的纳税风险。通过检测，还应明确纳税管理的相关责任人是谁、谁将对有关税收筹划风险控制措施的实施负责、责任是否已落实到位。

2. 税收筹划风险评估

税收筹划风险评估就是对税收筹划方案中涉及的具体经营行为及风险进行鉴别、定性分析、数量测算，并明确责任人的过程。税收筹划风险鉴别主要是指分清引发税收筹划风险的原因是对现有经济业务及税收政策认识不清，还是经济业务及税收政策的变化。鉴别税收筹划风险属于哪一类问题引发的风险：是税收筹划方案所涉及税种的错误、纳税环节错误、纳税申报错误、税收优惠政策使用错误，还是账务处理错误；认真鉴别税收筹划风险存在的时期是近期的、中期的，还是远期的。税收筹划风险的定性分析与数量测算主要是指结合税收法律法规及有关违章处理的规定对已发现的税收筹划方案及执行中存在的风险进行数量测定，并就其对企业生产、经营、资本运作、市场、未来收益等方面的影响进行严重性与否的定性分析。

3. 税收筹划风险预警与控制

税收筹划风险预警与控制是企业对检查、评估出的税收筹划风险提出预警，制订相关控制方案，组织相关纳税管理人员实施。税收筹划风险控制除了制订税收筹划风险控制方案外，还应包括运作税收筹划风险控制方案、监控税收筹划风险控制方案的实施、反馈税收筹划风险控制方案的实施效果、进行税收筹划风险控制方案的再调整与运作。

企业应当充分利用先进的网络设备，建立科学、快捷的税收筹划预警系统，对筹划过程中存在的潜在风险进行实时监控，一旦发现风险，立即向筹划者或经营者示警。税收筹划预警系统应当具备以下功能：

(1)信息收集功能。通过大量收集与企业经营相关的税收政策及其变动情况、市场竞争状况、税务行政执法情况和企业本身生产经营状况等方面的信息进行比较分析，判断是否预警。

(2)危机预知功能。通过对大量信息的分析，当出现可能引发税收筹划风险的关键因素时，该系统应能预先发出警告，提醒筹划者或经营者早做准备或采取对策，避免潜在风险演变成客观现实，起到未雨绸缪、防患于未然的作用。

(3)风险控制功能。当税收筹划可能发生潜在风险时，该系统应能及时寻找风险产生的根源，使税收筹划者或经营者能够有的放矢、对症下药，制定有效的措施，遏制风险的发生。

(三)加强信息交流与沟通，监控实施效果

信息交流与沟通是税收筹划风险管理工作平稳运行的“润滑剂”。即使设计清晰的目标和措施，也会因为相关采购、生产、仓储、销售等部门和人员的不理解、不配合而导致责任人不能有效执行税收筹划风险控制方案，使方案实施的效果大打折扣。监控实施效果是由财务部门对税收筹划风险控制过程进行监督、对税收筹划风险控制效果进行检查并对税收筹划风险控制效果进行总结与反馈。

税收筹划风险控制的步骤如图 9—1 所示。

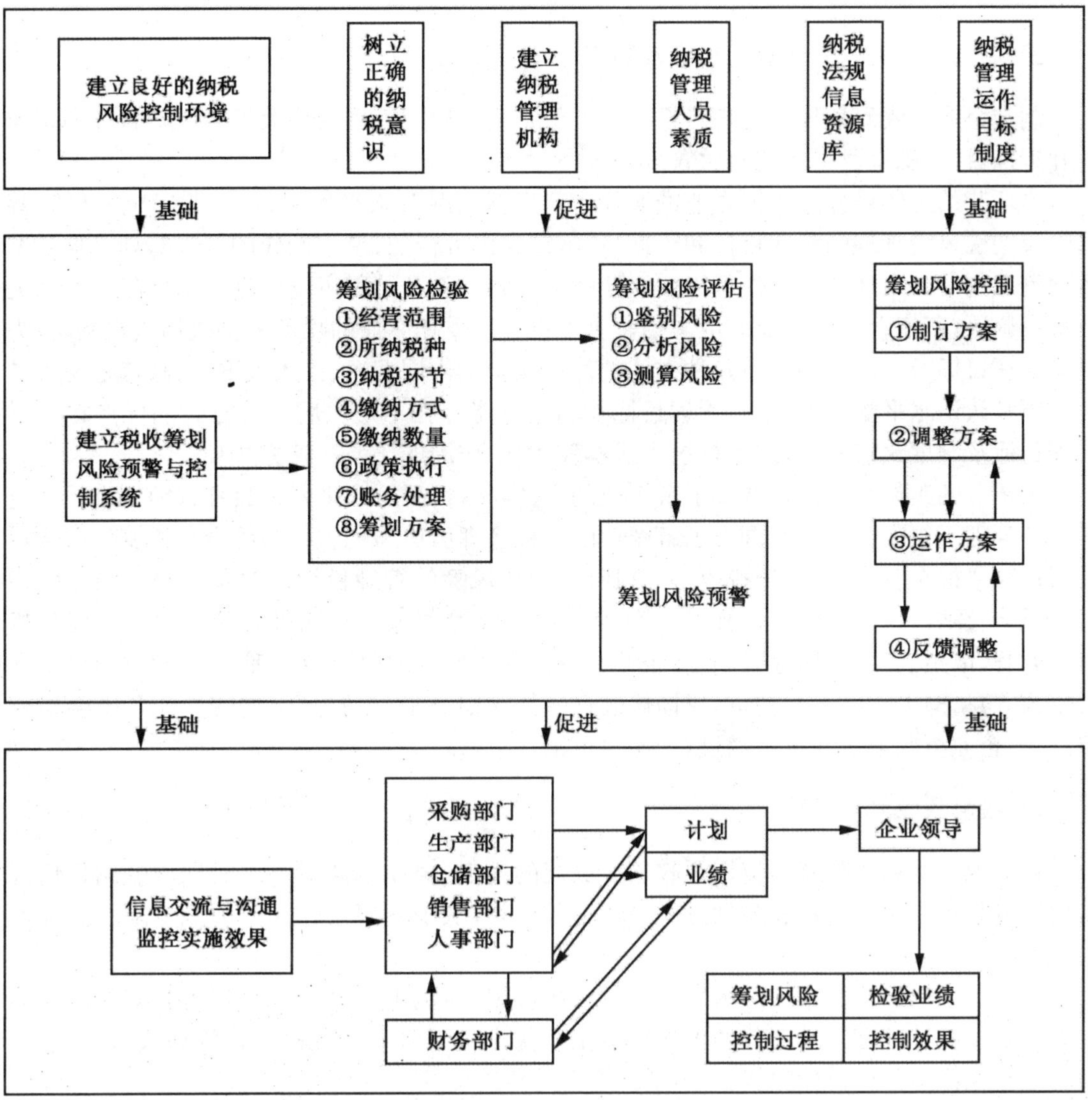

图 9—1　税收筹划风险控制的步骤

二、建立税收筹划风险管理机构或专职岗位

企业应按自身规模的大小及纳税业务的繁简程度建立企业税收筹划风险及纳税风险管理机构或专职岗位。规模较大、纳税业务较繁杂的企业可以在财务部下设由 2～3 个专职人员组成的税务科，负责企业税收筹划风险、纳税风险及其他纳税事务的管理工作。中小型企业可在财务部内设 1～2 个专职岗位，负责企业税收筹划风险、纳税风险及其他纳税事务的管理工作。

本环节的工作目标是建立与企业实际情况相适应的企业税收筹划风险及纳税风险管理机构或专职岗位。

本环节的工作要点：(1)财务部门提出设岗请求报告；(2)管理层研究决定；(3)人事及财务部门联合制定岗位责任制及考核要求；(4)人事及财务部门联合考察并确定人选；(5)对上岗人员进行企业文化、经营及财税政策、企业管理制度等背景知识的相关培训；(6)相关人员正式上岗。

三、制定税收筹划风险管理目标及制度

制定企业税收筹划风险管理目标及制度就是确定税收筹划风险及纳税风险管理的长期目标和近期目标，围绕目标制定相关管理制度。

本环节的工作目标是依据企业的实际生产经营状况及未来发展目标，明确企业税收筹划风险及纳税风险管理的长期目标和近期目标，制定出可行的、易于操作的税收筹划风险及纳税风险管理制度。本环节的工作可以由企业税收筹划风险及纳税风险管理机构（岗位）的相关人员负责调研，草拟管理目标及制度文档。企业也可以委托专业的税务咨询机构负责调研，为其草拟管理目标及制度文档。前一种方式的优点在于工作周期短、投入成本少；缺点是受人员专业素质和认识水平的局限，草拟管理目标及制度可能存在不足。后一种方式的优点在于草拟管理目标及制度比较专业；缺点是投入成本较大，工作周期比前一种方式长。

本环节的工作要点：(1)调查了解企业的生产经营情况及未来发展目标；(2)调查了解企业的财务管理历史与现状；(3)调查了解企业的纳税管理历史与现状；(4)综合分析调研所取得的资料；(5)草拟企业3～5年的税收筹划风险及纳税风险的管理目标；(6)草拟企业当年的税收筹划风险及纳税风险的管理目标；(7)草拟企业税收筹划风险及纳税风险管理的制度与规范（包括纳税申报制度，定期检查制度，企业税收筹划风险及纳税风险管理报表、报告等各类文档的格式等）；(8)提交财务部初审，反馈修改；(9)提交财务部，由财务部递交企业董事会研究审议；(10)企业董事会研究审议通过，开始执行。

四、检测税收筹划风险

检测税收筹划风险就是依据税收法律法规的规定，企业定期对一定时期内的纳税情况及将要执行或正在执行的税收筹划方案进行自我检查，从中发现已存在的涉税风险及潜在的涉税风险。

本环节工作的目标是依据国家的税收法律法规，检测出企业已存在的税收筹划风险和潜在的风险种类及程度。本环节的工作可由企业税收筹划风险及纳税风险管理人员完成，也可由企业委托税务咨询机构完成。

本环节的工作要点：(1)设立由财务部领导，财务人员及纳税风险管理相关人员组成的检测小组；(2)制订检测分工与时间进度计划；(3)确立检测方法与方案；(4)收集相关税收法律法规，讨论学习并统一认识；(5)召集采购、生产、销售及其他相关部门人员参加座谈会，了解企业的生产经营情况；(6)到生产、销售、仓库等相关部门实地调查询问；(7)调阅、审查企业的账簿、凭证、财务报表及其他相关纳税资料；(8)审查将要执行的税收筹划方案；(9)对所发现的问题进行查证、落实；(10)提交初步审查报告。

五、评估税收筹划风险

评估企业税收筹划风险就是企业自检初步的审查报告所反映的税收筹划风险并进行分析、分类，用科学的方式测算出税收筹划风险的大小及可能给企业带来的影响。

本环节的工作目标是依据国家的税收法律法规，对企业的税收筹划风险进行分类，测定风险级别，确定风险警示排序。

本环节的工作要点：(1)分析企业自检的初步审查报告及相关资料；(2)汇总归类税收筹划

风险；(3)依据税法的规定测算税收筹划风险的大小；(4)依据税法的规定测算税收筹划风险给企业带来的损失；(5)依据测算结果对税收筹划风险进行警示排序；(6)编写税收筹划风险评估报告；(7)建立企业税收筹划风险数据库。

六、预警税收筹划风险

预警企业税收筹划风险是按纳税风险评估结果编写税收筹划风险预警表，对相关业务部门提出税收筹划风险预警，建立并完善企业税收筹划风险预警机制。

本环节的工作目标是编写税收筹划风险预警表，向相关业务部门提出预警警报，建立并完善企业税收筹划风险预警机制。

本环节的工作要点：(1)汇总分析税收筹划风险评估报告及相关资料；(2)编写税收筹划风险预警表；(3)财务主管审核税收筹划风险评估报告和税收筹划风险预警表；(4)由财务主管向企业董事会呈报税收筹划风险评估报告和税收筹划风险预警表；(5)召开相关业务部门参加的税收筹划风险预警通报会；(6)与相关业务部门协商税收筹划风险控制策略。

七、控制税收筹划风险

控制企业税收筹划风险应按照税收筹划风险预警表的预警排序，针对税收筹划风险的大小、特征及对企业生产经营管理的影响程度，确定风险控制方法，制订风险控制方案，组织风险控制方案的实施，以达到真正控制税收筹划风险的目的。

本环节的工作目标是制订并积极组织实施税收筹划风险控制方案，有效控制税收筹划风险。

本环节的工作要点：(1)召开税收筹划风险策略研讨会，确定税收筹划风险控制方法；(2)税收筹划风险管理人员依据确定的税收筹划风险控制方法，提出风险控制预案；(3)财务部门负责人组织相关业务部门负责人，对税收筹划风险控制预案进行初审，并提出反馈意见；(4)税收筹划风险管理人员依据反馈意见，修订风险控制预案；(5)财务部门负责人对修订后的风险控制预案进行审核或呈交企业董事会研究；(6)财务部门负责人负责组织实施企业董事会研究通过的税收筹划风险控制预案；(7)税收筹划风险管理人员负责监督检查风险控制预案的执行及对执行方案的再修订；(8)纳税风险管理人员负责对税收筹划风险控制预案在执行中出现的突发事件进行紧急处理；(9)纳税风险管理人员负责对税收筹划风险控制预案的执行结果进行总结。

八、税收筹划风险管理绩效评价

企业税收筹划风险管理绩效评价是指定期对企业税收筹划风险及纳税风险的管理情况进行总结，与预定的企业纳税风险管理目标进行核对，总结实际取得的成绩及存在的问题；就税收筹划风险及纳税风险管理对企业生产经营业绩及资本运作的影响进行总结测算，分享管理成果和经验，改进税收筹划风险及纳税风险管理的理念与文化。

本环节的工作目标：一是对税收筹划风险及纳税风险管理本身的绩效做出客观、公正的评价；二是就税收筹划风险及纳税风险管理对企业生产经营业绩及资本运作的影响进行评估；三是改进税收筹划风险及纳税风险管理的理念与文化。

本环节的工作要点：(1)定期总结企业税收筹划风险及纳税风险的管理情况；(2)测算企业税收筹划风险及纳税风险的管理绩效；(3)测算企业税收筹划风险及纳税风险管理对企业生产

经营业绩及资本运作的影响;(4)编制企业税收筹划风险及纳税风险管理绩效分析报表及报告;(5)召开企业税收筹划风险及纳税风险管理绩效通报会;(6)改进税收筹划风险及纳税风险管理的理念与文化;(7)修订原有企业税收筹划风险及纳税风险管理系统的不足。

依据上述内容,可将企业税收筹划风险及纳税风险管理流程描绘如图 9—2 所示。

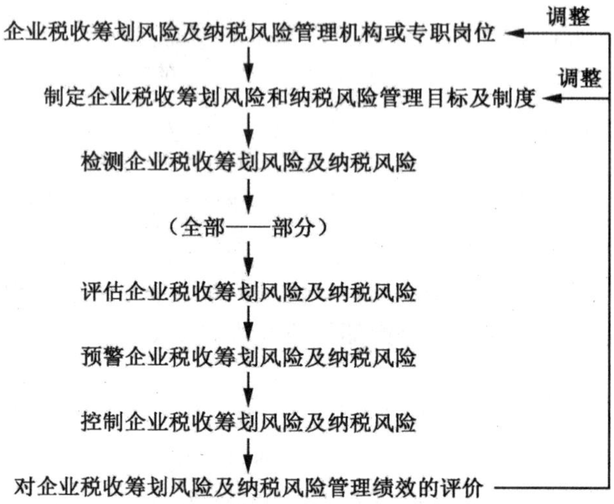

图 9—2　企业税收筹划风险及纳税风险管理流程

复习思考题

1. 简述税收筹划风险管理的含义及原则。
2. 简述税收筹划风险产生的原因。
3. 简述税收筹划风险管理的功能。
4. 简述税收筹划风险管理的程序。
5. 简述税收筹划风险管理的形式与方法。
6. 简述税收筹划风险规避及转移方法在实际运用中应注意的问题。
7. 聘请税务师事务所的专业人员进行税收筹划时,应如何控制相关风险?

参考文献

[1]艾华:《税收筹划研究》,武汉大学出版社 2006 年版。

[2]蔡昌:《税务风险防范、化解与控制》,机械工业出版社 2007 年版。

[3]谭光荣:《战略税收筹划研究》,湖南大学出版社 2007 年版。

[4]梁蓓:《国际税收筹划》,对外经济贸易大学出版社 2011 年版。

[5]都新英:《税收筹划》,北京大学出版社 2012 年版。

[6]梁俊娇:《税收筹划》(第七版),中国人民大学出版社 2019 年版。

[7]翟继光:《新税法下企业纳税筹划》,电子工业出版社 2019 年版。

[8]应小陆:《税法》(第三版),上海财经大学出版社 2019 年版。